U0554113

主编　张冠梓　黄晓勇

智库的再造

——中国社会科学院管理创新案例分析

社会科学文献出版社

SOCIAL SCIENCES ACADEMIC PRESS (CHINA)

编委会成员

目 录

智库的再造

1

第二篇　人才强院篇

第三篇　管理强院篇

前　言

　　本书是中国社会科学院科研管理人员攻读公共管理硕士学位的论文选编，论文的作者们在中国社会科学院各类管理岗位上奋发有为、工作多年，对发展过程中面临的一些问题有自己直观和独到的感受。正是出于对中国社会科学院迈上更高台阶和更高层次的深切期待，同时也为更好履行推动中国社会科学院创新发展的神圣使命，攻读公共管理专业硕士学位的院青年管理骨干，利用学习掌握的公共管理理论和方法，并充分发挥自己多年积累的管理工作实践优势，就当前管理中的一些突出问题展开大胆求索、深入论证。围绕科研管理、人才管理、经费资源管理、信息管理等重要内容，从理论、政策、实践三个方面，深入剖析我院管理体制机制的现状和问题，寻求创新发展的思路和举措。

　　中国社会科学院当前正处于自身发展的一个关键节点。大力推进和实施的哲学社会科学创新工程与"科研强院、人才强院、管理强院"三大战略，打开了建设哲学社会科学创新体系的新局面，中国特色、中国风格、中国气派的哲学社会科学正在加快建设和有效推进。

　　党的十八大报告明确提出"发挥思想库作用"，这对以党中央和国务院重要思想库和智囊团为职责和明确定位的中国社会科学院来说，面临着重大的发展机遇和难得的发展契机。在迎来前所未有发展机遇的同时，如何有效满足当前科学决策、专家咨询论证等政策研究的需求，顺应政策研究机构知识生产和传播的发展规律，我院需要充分结合深入推进的创新工程，更加积极和富有创造性地推进科研强院、人才强院和管理强院三大战略。

中国社会科学院推行的科研强院、人才强院和管理强院三大战略，三者之间不是互不相关的割裂关系，而是紧密配合、互相支撑的三位一体关系。在这三大战略中，人才强院处于关键的枢纽地位，高水平的管理需要政治坚定、能力突出的高素质管理人才，高质量的科研成果需要业务突出、视野开阔的高水平科研人才。

正是看到了人才培养在三大强院战略中的重要地位，同时也为了扎实贯彻三大强院战略尤其是人才强院战略，人事教育局和研究生院密切合作，自2007年开始面向全院中青年管理骨干举办公共管理专业学位科研管理方向硕士学位班，以管理人才培养为抓手和着力点，作为推进"科研强院、人才强院、管理强院"落实的具体举措。几年的实践证明，培养高层次、复合型管理人才既同步实施了管理强院和人才强院两大战略，也直接推动了科研强院战略。收录在这本论文集中的青年才俊们关于科研管理、人事管理、组织建设、信息化建设等问题的思考和探索，就是这种同步推进和落实的鲜明例证。

探索科研强院，推动科研管理创新，是我院很多科研管理工作者思考的落脚点。《平衡记分卡与科研绩效管理体系》以我院的科研管理为例，尝试运用平衡记分卡为管理工具，设计了基于战略目标的科研绩效管理模式，着眼于提高我院现行的科研管理水平和工作效率。《人文社会科学的资助体制》一文深入分析了中国社会科学院的科研资助体制、资助结构和资助效果，提出要正确把握和处理传统管理体制与绩效管理、科学研究规律与绩效管理、定量指标与定性评价的关系，对如何构建以绩效为核心的人文社会科学资助体制新框架进行了极具价值的探索。

落实人才强院，推动人事制度改革和人才队伍建设，成为多名优秀人事管理人才论文选题的聚焦点。《专业技术的岗位分级制度》通过对有代表性、示范性的科研院校专业技术岗位分级的任职标准、聘用程序、动态管理等进行比较分析，从制度本身与实施层面探讨和解释了专业技术岗位分级制潜在或初现端倪的问题，并提出了进一步完善分级制的总体思路和建议。《引进海外高层次人才的走向政策》一文在深入研究的基础上提出要树立"大引才观"，建立常态化引才机制建设，大力拓宽引才渠道等政策建议。

　　落实管理强院，运用现代传播理论和信息技术扩大我院影响力和提高我院管理效率，是有志于推动创新发展管理者的着力点。我院作为国家级哲学社会科学研究机构，科研成果的发布和话语权与影响力的扩大，都离不开信息的发布和信息化技术手段的运用。《中国社会科学院新闻发布制度研究》运用管理理论和危机传播理论对我院新闻发布制度发展历程和现行发布制度进行了分析和研究，根据我院改革实际情况，提出进一步改革、规范我院新闻发布制度，恢复和完善院级新闻发言人制度，加强我院新闻办公室"窗口"作用和管理职能，构建与媒体沟通的良性工作机制的建议和措施。《社会科学研究机构的科研管理信息化建设》在案例分析的基础上，描述了中国社会科学院科研管理信息化建设的现状，并分析了当前发展过程中存在的问题，指出今后的信息化建设应走出"办公自动化"应用局限及信息化建设与科研管理改革脱节的两个误区。

　　党和国家正积极推进理论创新、制度创新、实践创新等各方面和各领域的创新，肩负为党和国家事业发展提供智力支持使命的中国社会科学院正努力在实践中加快探索一条哲学社会科学的创新之路。本论文集的作者们关于科研组织创新、用人制度创新、知识生产和信息传播创新的思考与探索虽已竭尽所能，但囿于这样或那样的局限和自身知识积累的不足，论证的逻辑、论证的过程、提出的观点和文字的驾驭等诸多方面还存在各种各样的缺陷。我们恳请领导和专家们给予批评和指正，同时也希望能用这些略显稚嫩的求索，激发出更多的创造性成果。

　　哲学社会科学创新永无止境，围绕科研组织方式、用人制度改革和岗位管理、资源配置和信息传播等重要问题的探索也没有终点。相信在哲学社会科学创新工程的推动下，中国社会科学院将会"而今迈步从头越"，迎来更加辉煌灿烂的未来！

第一篇
科研强院篇

平衡计分卡与科研绩效管理体系

作　　者：何馨，中国社会科学院科研局科研规划处主
　　　　　任科员，中国社会科学院研究生院 2011 届
　　　　　MPA 毕业生。

指导教师：李汉林

　　摘　要： 将符合科研管理规律的基于战略导向的绩效管理理念和模式引入科研管理中，用先进的平衡计分卡管理方法提高现行科研管理效率，是本文研究的出发点和落脚点。本文立足我国哲学社会科学繁荣发展的现实背景，着眼于哲学社会科学研究机构的责任，以及其具有的自求发展的战略特性，并以科研管理研究与实践的历史积累为基础，开始进行科研管理更新理念和创新模式的思考。本文在深入分析哲学社会科学科研管理面临的新机遇和挑战之后，结合"中国社会科学院科研管理体系"这一具体案例的分析研究，就如何在科研院所实施以平衡计分卡为工具，构建基于战略的科研绩效管理模式进行了探讨和思考，以期能够提高科研院所的科研管理水平和工作效率。

　　关键词： 科研管理　绩效管理　平衡计分卡

第一章　导论

一　引言：繁荣发展哲学社会科学需要创新科研管理模式

　　科研是研究机构的第一位的工作，科研的关键是要出好的成果，成果从哪里来，答案是出成果离不开管理。没有管理，科研工作的战略目标就会落空，正常的工作就可能陷入无序状态。所以，哲学社会科学研究机构要想在新时期完成好自己的新使命和新要求，就必须在科研这个中心工作上下功夫。而科研工作不仅是研究人员参与的各个学科和领域的研究工作，其效率的高低、质量的好坏也同时受到科研管理工作和科研管理人员的影响。在科研工作中，科研管理组织及人员如果能不断更新管理理念，创新管理模式，建立管理制度，提高管理水平，实施科学的、严格的管理，就能以实现科研和人才资源的科学配置，进一步解放和发展科研生产力，达到多出成果特别是精品成果、多出人才特别是拔尖人才的目的。

因此，将符合科研管理规律的现代化的管理理念和模式引入科研管理中，用先进的管理方法提高现行科研管理效率，这是本文研究的出发点和落脚点。而管理理念和模式的选择上，本文不是一对一的引进和应用，而将两种管理模式相融合，在融合中相互借鉴，并结合科研管理规律和特点，打造一种新型的科研管理模式，这更是本文的创新之处。

二　文献综述

综观国内外关于平衡计分卡研究的众多文献，大致可以分为三种类型：理论研究型、实践应用型和案例分析型。理论研究型和实践应用型的文献主要是从平衡计分卡的定义、理论发展、设计、现实应用中遇到的问题和解决方案等角度介绍平衡计分卡及其相关内容，案例分析性的文献主要是就某一领域、某一行业或具体企业或公司的某一方面进行平衡计分卡绩效管理的分析和问题解决方案的提供。

利用"读秀"学术搜索引擎，本文对"平衡计分卡"这一词条进行了检索，其中包含"平衡计分卡"全字段内容的图书资料共有 649 种，期刊资料共有 2912 篇，中文学位论文 1857 篇。其中，关于非政府组织的平衡计分卡应用的文献中，大多数研究成果集中在教育领域——例如大学战略绩效管理的构建，《大学战略与规划——美国高等教育管理革命》（乔治·凯勒，2005）、《基于战略的大学绩效管理》（戴玉纯，2007）；医疗领域——例如医疗绩效评价中平衡计分卡的应用，《平衡计分卡在医院管理中的应用》（姜合作，2007）、《医院规范化管理操作范本》（王淑霞编，2008）；或是在更加宏观的角度来讲，非政府组织或非营利组织中平衡计分卡的应用，例如

《非营利组织的治理和评估》（王伟昌等，2005）、《我国事业单位组织绩效评估研究》（王辉等，2006）等。王辉等（《我国事业单位组织绩效评估研究》，《安徽大学学报》2006年第6期）认为，随着绩效评估在企业中的成功运用，这种新型的管理工具越来越多地被政府部门和非政府组织接受和采用。而我国事业单位绩效评估基本上还停留在低水平基础上，因此探讨构建我国事业单位组织绩效评估体系显得尤为重要。我们应从事业单位组织绩效评估的价值和现状出发，借鉴平衡计分卡来构建我国事业单位组织绩效指标评估体系。该书借助平衡计分卡对事业单位的管理进行了创新，但是范围限定在组织绩效的评估研究中。而专门研究科研机构的平衡计分卡应用的文献在此次搜索中甚是鲜见。保罗·R.尼文在《政府及非营利组织平衡计分卡》一书中，展示了如何设计适合政府和非营利组织的平衡计分卡，并构建一种通用的框架，将组织的战略宏图转化成具体的运营目标和执行指标，以帮助政府及非营利组织显著提高运营效果和财务效果，更好地满足利益相关者的需求。诸如此类的文献可以对本文研究相关问题提供可供借鉴的框架参考，但是将平衡计分卡应用于科研机构的具体做法和实际效能分析的文献就没有查到。可见，利用该搜索引擎，笔者在可实施文献检索的范围内没有找到相关问题的研究文献，因此本文的研究具有一定的创新性。

本文力图在科研机构的科研管理领域中引入平衡计分卡进行绩效评估和管理，不仅丰富了我国事业单位绩效管理研究的内容，更推进了将平衡计分卡引入科研机构中的步伐，为今后研究者在科研管理体制机制创新的研究中，铺垫道路。

三　研究内容

广义的科研管理是指对科学技术领域中研究和发展活动的管理。它是科技管理的一个极为重要的组成部分。科研管理的范围包括所有研究所、设计院、规划院，即任何类型科研机构活动的管理，也包括对工厂企业附属的实验室中不是直接为生产服务研究活动的管理。[①] 笔者对本文所涉科

---

① 王玉琛等编写《科研管理概论》，中国科研管理研究会，1985，第1页。

研管理作如下定义：科研管理的对象是科学技术领域中的哲学社会科学研究管理，是哲学社会科学研究机构对科学研究和发展活动的管理。科研管理工作涉及很多方面，基本上包括对科研课题、项目、成果、经费、人员等的管理。

本文在文献回顾的基础上，通过对具体案例的分析，试图构建一种新的基于战略的科研绩效管理模式，并回答文章所提出的研究问题，给出解决问题的具体建议。文章的主要内容包括四个部分。

第一章绪论，主要有五方面的内容：引言部分主要论述了繁荣发展哲学社会科学需要创新科研管理模式，其中分别论述了研究背景和问题的提出；文献综述部分，利用"读秀"文献搜索工具检索了相关词条，并分析了现在关于平衡计分卡的文献资料中研究关注点分布的相关情况，得出了在科研机构管理应用中引入平衡计分卡仍属于"缺氧地带"的判断；在介绍研究内容中，界定了研究对象的定义和文章的结构内容；研究工具一段介绍了文章在研究中运用的理论工具和分析工作——平衡计分卡。

在第二章中，主要是对哲学社会科学科研管理应用平衡计分卡的可行性和必要性进行分析。在对平衡计分卡的相关理论和概念进行评述的基础上，分析了平衡计分卡与传统绩效评估管理的区别，提出科研管理机构应用平衡计分卡的核心内容，并对科研管理机构应用平衡计分卡的可行性和必要性进行了评述。

本文在第三章中利用中国社会科学院这一个案例，来映射对哲学社会科研究机构整体研究的思维视野。该章是本文进行具体案例分析的部分，通过运用大量数据和材料对中国社会科学院科研管理（案例分析的重点在科研管理中的项目管理上）的历史、现状和存在的问题进行了深入、细致的分析，总结出了对中国社会科学院项目管理发展的一些规律性认识，梳理出了中国社会科学院科研管理存在的不足。其中，最主要的是对存在的不足进行了分析，提出了进一步的思考，来说明新的管理理念和模式的引入势在必行，是科研机构长远发展的必然选择，而平衡计分卡是选择手段之一。

第四章是本文的核心部分，是对平衡计分卡在科研管理体系中应用的具体设计。该章在科研管理众多工作和内容中选择课题管理作为研究对象，主要对平衡计分卡在课题管理中的应用进行了详细的论述。同时，该章将着重设计平衡计分卡四大测评维度、平衡计分卡战略地图、评价指标体系、绩效考核的标准和具体方法等。

四　创新之处

（1）根据新时期下的新形势和新要求，认真总结并分析了哲学社会科学科研管理所面临的新机遇和挑战，其中不乏一些新的观点。例如，在国家创新体系中，除"211工程"、"技术创新工程"、"知识创新工程"之外，应该建立哲学社会科学发展的创新体系，并和其他体系一同形成国家创新体系建设的战略布局。实施哲学社会科学创新体系建设，加强理论创新、制度创新和方法创新能力建设对哲学社会科学未来的发展具有重大战略意义。其中，科研管理模式的创新就是重要的组成部分，将会对科研能力的提高起到巨大的推动作用。

（2）在第三章中，专门对"中国社会科学院科研管理体系形成及改革历程：以项目管理为例"进行了资料搜集、汇总、分析和总结。该特点的总结不局限于科研管理各项具体内容和科研管理中具体管理手段的运用，而是将重点放在科研管理体系发展的规律性总结和呈现特点的梳理上。这些特点的挖掘和总结，是对整个中国社会科学院科研管理发展思路的整体把握，也是对未来科研管理发展前景和趋势的一种预测。未来科研管理的不断改革和升级一定是按照自身发展规律进行的，对这些特点的总结和把握也有利于我们在设计和创新科研管理模式与方法上有据可循，使新的管理理念和制度设计更能贴近实际及获得更好的可操作性。

（3）在第四章构建战略科研绩效管理体系中，本文根据哲学社会科学发展和科研绩效的特点，设计了战略性科研绩效的测评维度。其中，包括科研资源自主投入能力、科研产出能力、科研影响力及科研的持续发展能力等方面。

（4）将战略性科研绩效测评维度与平衡计分卡对应，设计了战略性科研绩效管理平衡计分卡示意图。同时，本文将平衡计分卡的战略地图作为战略性科研绩效管理平衡计分卡设计的模板，设计中国社会科学院战略性科研绩效管理的平衡计分卡地图。

五 研究工具及方法

(一) 分析工具

本文采用平衡计分卡作为研究工具。平衡计分卡可以通过不同的目标设定结合众多不同层次的需求，并通过设定四个维度（见图1）的评价体系，将全面的关于产品生产质量因素、全面的过程管理、全面的员工参与、全面的社会促进作用有效地结合起来，是科研机构可以借鉴的、实施卓越管理的有力分析工具。

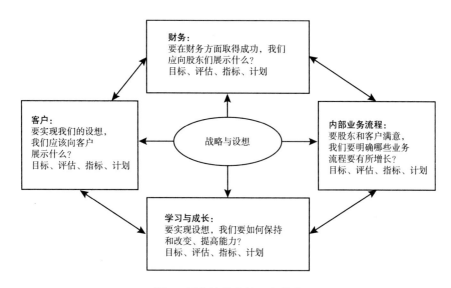

图1 平衡计分卡的四个维度

在现实科研机构的科研管理中，不会有像平衡计分卡模型中的四个一样的分析角度，但是基于借鉴平衡计分卡这种分析工具，我们就要抓住工具的分析本质，将分析的四个方面的维度进行重新分析，找到维度的本质，并将其对应到科研管理工作中，找出符合科研管理工作的四个分析维度。在研究中，要视研究的内容而有所变化，笔者暂将"客户"设定为国家或社会其他组织；"股东"设定为政府以及成员，或其他科研投资方等。科研管理，从环境和背景分析开始，到战略制定、战略实施、战略评估等环节，最终表现为绩效管理的状况。为此，我们将根据考察和研究的管理对象，设计出相应的平衡计分卡，并最终设计出绩效管理模式。

（二）研究方法

本文采用的研究方法包括以下几种。

系统分析法——本文自始至终都遵循系统分析思路，时刻强调文章结构的完整性。

演绎推理法——本文在研究背景、研究意义、论题导出及文献综述的论述中，都包含有大量的归纳演绎、逻辑推理。采用演绎推理的方法，有助于保证研究过程的逻辑性。

定性与定量相结合的方法和案例法——本文在已有理论的基础上，通过实证研究，对中国社会科学院科研管理的相关情况进行分析和汇总，通过收集到的数据进行统计分析和对比，找到科研管理存在的问题和不足，并结合平衡计分卡对现行科研管理进行改革，构建基于战略的科研绩效管理模式。

第二章 哲学社会科学科研绩效管理应用平衡计分卡的可行性分析

本文将科研机构看作一个战略型组织，试图以战略管理理论和绩效管理理论为基础，并借用平衡计分卡等工具，来分析和探讨基于战略的科研绩效管理，那么，对于有关理论的基本原理和适用性加以认识就显得非常重要了。

一 科研机构实施战略管理的必要性和可行性

（一）科研机构实施战略管理的必要性

（1）科研机构实施战略管理，是可以更快地提高科研水平，实现科研机构目标的重要保障。科研机构资源的有限性，决定了科研机构必须依据已有的和可以利用的潜在资源与科研能力优势，服务国家和社会，以便能够产生出适应社会需要和国家发展的、在同行中具有竞争力的知识产品。这就需要战略管理来实现。现在很多科研机构都在制定长期战略发展规划或中短期战略计划，而实施战略管理不仅要注重战略规划的制定，更要注重战略的有效实施、控制和评估，并能有效整合全部力量去实现战略目标。在科研机构中实施战略管理，可以为科研机构提出明确、清晰的发展目标和方向，制定实施战略目标的各项措施，采取准确的行动，以保障实施科研机构的目标和使命。

（2）科研机构实施战略管理可以适应复杂多变的外部环境，积极应对激烈的同行竞争。针对不同研究领域的科研机构有很多，针对同一研究领域设立的科研机构也很多，有国家级或省部委的研究院所、高校的研究所或中心、党校系统的研究机构、中国社会科学院系统的研究院所等。这些研究机构相互竞争的态势日渐显现，主要体现在：对高水平科研人员的竞争；对国家支持和资助研究经费的竞争；对无形资源和国内外声誉的竞争等。所以每一个研究机构都在面临"不进则退"或是"缓进则退"的巨大压力。科研机构只有开展有效的战略管理，才能积极应对竞争，减少与环境挑战的有关风险。

（3）科研机构实施战略管理，是更新管理理念，改进工作体制机制，提高管理科学化的重要举措。科研机构提高科研能力的重要举措之一是实施科学、高效的管理。而科研机构实施战略管理，可以通过制定发展战略规划、学科建设和队伍建设规划，确立科研机构发展定位、战略目标、战略重点及战略措施，并在管理中进行积极有效的控制和评估，这样既可以提高管理效率，更可以集中力量实现主旨和目标。

（二）科研机构实施战略管理的可行性

从战略管理在企业界的广泛应用到引入非营利组织，制定战略规划，在非营利组织内部实行战略管理已经是一种改革的趋势。以大学为例，在世界一流大学的发展历史中，不难发现战略管理的身影。美国是世界上最早将战略管理引入大学管理的国家。在大学运作中，最为著名的是卡内基—梅隆大学。这所办学历史不长的大学，1988～1998年其教学质量的提高最明显，在计算机和信息技术领域成为全美顶尖的大学，这主要取决于该大学对战略管理的成功运用。[①] 在亚洲，日本和韩国的大学也十分重视战略管理。韩国的首尔大学建设世界一流大学的主要经验就是"大学发展是一个战略管理过程"。在我国，20世纪90年代开始，许多学者也开始研究在非营利组织内部开展战略管理。虽然目前还没有形成一套系统的体系和方法，也没有完整的成功案例，但是我们也已经张开了探索的翅膀。

---

① 戴玉纯：《基于战略的大学绩效管理》，中国科学技术大学出版社，2007，第59页。

二 科研机构实施绩效管理的必要性和可行性

（1）实施绩效管理能增加科研管理人员的归属感。绩效管理能够促使科研管理人员的个人工作目标与科研机构的发展目标相一致，使科研管理人员和科研机构负有共同完成既定工作目标的责任，科研管理人员能够清楚地知道其工作绩效与科研机构最终绩效之间的关系，他们会充分体会其工作的价值，能够提升归属感。

（2）通过绩效管理能促进每个科研管理人员提高工作绩效和胜任力，提高科研管理队伍整体水平。绩效管理需要科研管理人员积极参与绩效管理的设计和实施，科研管理人员在整个绩效管理的过程中不是被动的而是主动的，这能最大限度调动其工作积极性和创造性，有利于提高科研管理人员完成工作的质量，提高工作水平，从而提升科研管理队伍整体素质和水平。

（3）绩效管理能促进科研管理人员与科研人员之间的沟通、交流和理解，增强两类人员的凝聚力，使两者始终保持良好的关系，建立共同努力的合作团队，有利于形成和谐进取的氛围。

（4）通过绩效管理，可以保证科研机构整体目标的实现，提高其整体实力和核心竞争实力。绩效管理通过引导、促进和监督，使科研管理人员的工作目标始终与科研机构的总体计划和目标相一致，科研管理人员绩效的改善必将带动组织绩效的提高，最终实现科研机构整体绩效的提高。

（5）有助于为科研机构组织承担公共责任建立一种约束机制。科研机构涉及多方面的利益人和政府的规划管理。这种关系实际上是一种责任系统。作为委托人有权利了解科研机构的基本运营绩效，并根据组织的绩效水平来决定是否继续委托给该组织。定期对科研机构进行绩效的测量和评估能够提醒其时刻肩负起自己的社会责任，只有通过量化的比较分析，才能评估科研机构是否真正履行了公共责任。[①]

三 战略管理与绩效管理的融合

目前，实践中应用的战略导向的绩效管理体系主要有两个：平衡计分卡

---

① 王丽娟、何妍：《绩效管理》，北京交通大学出版社，2009，第247页。

方法和关键绩效指标法。而针对非营利组织的现代管理方法，主要有标杆管理、目标管理和平衡计分卡。综合以上因素，本文将创新科研管理方法的理论工具定位为应用平衡计分卡，既基于战略导向的绩效管理，又能够适应科研机构作为非营利组织的特点。

（一）平衡计分卡

20世纪90年代初，哈佛商学院的罗伯特·卡普兰（Robert S. Kaplan）和诺朗诺顿研究所所长戴维·诺顿（David P. Norton）提出一种全新的组织绩效管理方法：平衡计分卡（Balanced Score Card，BSC）。实际上，该方法打破了传统的只注重财务指标的业绩管理方法，而强调组织应从财务、客户、流程、学习与成长四个角度来审视自身业绩。① 平衡计分卡方法认为，企业应从四个角度审视自身绩效：学习与成长、内部运营、客户、财务。BSC将绩效评估提升到战略层次，采取整体观点考虑绩效，打破传统的功能部门自订目标的观点与本位主义。自平衡计分卡方法提出之后，其对企业全方位的评估及关注企业长远发展的观念受到学术界与企业界的充分重视，许多企业尝试引入平衡计分卡作为企业管理的工具。据统计，世界500强企业中，已有至少80%推行了平衡计分卡（BSC）体系。平衡计分卡被《哈佛商业评论》（*Harvard Business Review*）评选为过去80年来最具影响力的管理模式之一，并已成为全球企业战略与绩效管理的重要工具。

平衡计分卡的核心思想是从使命、价值观、愿景与战略出发，通过财务、客户、内部流程、学习与成长四个方面来测量绩效。平衡计分卡作为非营利组织的绩效评估方法，对组织使命和战略的实现有重要意义。平衡计分法实现了在以下四个方面保持平衡：在长期和短期目标之间；在外部计量和关键部门的计量之间；在所需要的结果和这些结果的执行之间；在强调客观性测量和强调主观性测量之间保持平衡。平衡计分卡有助于实现组织长期战略目标和短期行动的结合，有助于全面掌握组织的现状和未来，是非营利组织绩效评估值得借鉴的重要方法。

（二）平衡计分卡与传统绩效评估管理的区别

平衡计分卡与传统绩效评估管理的区别主要在五个方面。

---

① 胡君辰、宋源：《绩效管理》，四川人民出版社，2008，第251页。

（1）传统绩效评估管理的核心是财务管理，使用过管理财务数据，对有形资产的管理。而平衡计分卡将有形资产和无形资产（信誉、员工的专业技能、客户满意度、员工忠诚度等）都纳入管理视野中。在竞争激烈的环境下，平衡计分卡增加了对无形资产的评估，这对于企业在激烈竞争中取胜至关重要。

（2）传统绩效评估管理的时间维度定格在对过去和现在进行的活动和行为的财务评估，出现相应结果后再做出反馈，控制力具有短期性，财务效果的维持力同样具有短期性特征。平衡计分卡能避免像前者那样容易出现急功近利，只看重短期绩效，无视或抑制了企业长期可持续发展的潜在实力。平衡计分卡注重长期发展的能力。

（3）企业内部管理水平的高低、企业生产效率的高低是传统绩效评估管理的核心内容。这样的做法在企业为市场主导的境况下可以发挥作用，但是如果市场是买方市场，企业面临激烈的竞争，平衡计分卡要求企业不断提升创新能力、把眼光投向外部利益相关者，关注顾客对企业的影响和股东的支持、社会的赞誉。

（4）传统绩效评估管理在财务指标的设立与量化方面，比较容易，而平衡计分卡则在指标创建和量化方面比较困难，需要管理层根据企业的发展战略及业务、外部环境精心编制。

（5）传统绩效评估管理主要是管理层的工作，他们制定评估指标、评估流程及方法，其他人员都只是被评估的对象，只能被动参与其中。而平衡计分卡要求企业从财务、客户价值、内部管理、学习与成长四个方面考虑战略目标的实施，就需要全体成员参与每一方面的目标和指标体系的制定工作。

（三）科研管理机构应用平衡计分卡的核心内容

平衡计分卡的核心内容主要有以下四个方面[①]。

（1）以财务为核心。以财务为核心，就是在绩效评估过程中，要从科研管理机构出资人的立场出发，树立"科研管理机构只有满足投资方的期

---

① 核心内容借鉴胡君辰、宋源的《绩效管理》（四川人民出版社，2008，第252页）。该部分在借鉴该书论述企业在运用平衡计分卡的核心内容的基础上，根据科研管理机构和人员的特点进行了撰写。

望，才能取得立足与发展所需要的资本"的观念。

（2）以客户为核心。科研管理机构的客户就是服务的对象，可以是课题出资方，可以是政府某一部委，可以是企业或其他机构，也可以是参与课题研究的科研人员。以客户为核心所设计的平衡计分卡包括以下五项内容：学界成果占有率、客户的获得、客户的保持、客户满意度与客户获利能力，且每一项都有其特定的衡量指标。客户因素在平衡计分卡中占有重要地位，因为如果无法满足或达到客户的需求时，科研机构的远景目标很难实现。

（3）以内部运营为核心。科研机构因资金投入和占有资源的有限性，为有效地运用和发挥内部资源与过程，首先需要以客户的需求和出资方的偏好为依据，设法分析科研机构的优势在哪里，向哪个方向发展，才能创造全面和长期的竞争优势。

（4）以学习和成长为核心。平衡计分卡中的设计体现了以学习和成长为核心的思想，将科研管理机构的人员、管理水平和部门文化作为决定因素，分别衡量管理人员保持率、管理人员的工作能力、管理人员满意度的增长等指标，以评估管理人员多个方面的现状与变化。如果科研管理机构改善了这些方面，则管理人员的潜能就可能得以充分发挥，而科研机构的管理水平就会进一步得到提高，部门的文化氛围就会向更好的方向发展。

第三章　案例研究：中国社会科学院科研管理体系分析

一　中国社会科学院科研管理体系形成及改革历程：以项目管理为例

（一）起步阶段（1977 年至 20 世纪 90 年代）

新中国成立以来，特别是改革开放以来，中国社会科学院研究机构和队伍从少到多、从弱到强，迅速壮大。新中国成立伊始，哲学社会科学研究基础薄弱。为满足新中国经济社会建设的紧迫需要，1950 年中国科学院设立了近代史、考古、语言、社会四个研究所，成为新中国最早创办的哲学社会科学研究机构。1955 年，中国科学院哲学社会科学部成立，随后相继成立了哲学、文学、历史、经济等 15 个研究所，调集全国一大批知名专家学者从事相关学科的研究工作。1977 年，党中央、国务院决定在原中国科学院哲学社会科学部的基础上，成立中国社会科学院。1982年，中共中央发文指出，"我国哲学社会科学事业今后必须有一个大的发展，没有哲学社会科学的发展，要开创社会主义现代化建设事业的新局面是不可能的"。这极大地推动了全国哲学社会科学研究机构的恢复和快速发展。1983年，全国哲学社会科学规划领导小组成立。1986年，国家社会科学基金设立并逐年开展课题立项资助工作，有力地指导、推动了全国哲学社会科学研究工作的发展。

建院伊始，科研局这一机构经历了数次变迁。1977年建院后，曾设立科研组织局和规划联络局，后于1982年两局合并成立科研办公室，1985年更名为中国社会科学院科研局。成立初期，科研局组织研究人员围绕国家的经济建设，对商品经济、价值规律等重大现实问题进行深入研讨，推出了一批重要研究成果。改革开放后，组织科研人员积极探索中国特色的社会主义发展道路，对于社会主义市场经济理论、经济体制改革等关系中国经济社会发展方向的重大问题，进行了大量深入的探讨，为我国社会主义市场经济建设提供了重要的理论参考和政策支持。除经济主战场外，哲学社会科学界还对民主法制、人权理论、社会发展、国际关系等领域的重大问题开展了广泛深入的理论和对策研究，为经济社会发展做出了重要贡献。成立初期，中国社会科学院的科研活动以历史、语言、考古等学科为主。改革开放后，在实践需要推动下，哲学社会科学的研究领域不断拓展和深化，同时，随着当代社会科学与自然科学的交叉融合，还产生出一系列的交叉、边缘、新兴学科，极大地拓展了社会科学的研究领域。

这一时期，科研局组织科研人员从国家社会科学基金、国家自然科学基金、科技部以及其他资助机构获得一定数量的科研课题，但是数量还是很少的。主要的课题来源还是院内在20世纪90年代设立的重点研究项目、基础研究项目和青年研究项目三种课题类型。[①]

（二）发展阶段（2000～2005年）

之所以将2000年作为一个发展阶段的节点，源于中国社会科学院于2000年在科研课题管理上的重大调整，即将原来课题设立中的三分法（重

---

① 黄浩涛、王延中主编《课题制研究》，社会科学文献出版社，2009，第11页。

点研究项目、基础研究项目和青年研究项目）取消，建立了"重大课题"制度。重大课题较之取消的重点项目，更注重对一些重大的、具有战略性和前瞻性的理论和现实问题研究给予较高数额的资助。2000 年，中国社会科学院制定了《中国社会科学院重大课题管理办法》，同时实行了院重大课题的申报制度，确定了课题经费的预算申报项目和预算审核程序。

2001 年，中国社会科学院将重大课题分设 A、B 两类。A 类重大课题选题计划由院制定，B 类重大课题由研究所自行设计和组织，也可以从基础较好、较为成熟的所重点课题中遴选。B 类重大课题是指研究规模较小、所需经费较少、研究所可以独立组织和承担的重大课题。① 分类设置，细化了重大课题的设立和管理，赋予研究所更大的管理权限和发展空间，调动了研究所的积极性；同时，分类设置能使有限的经费更集中、更高效地使用在最需要资助的课题研究中。在分类设置的同时，2001 年科研局为了进一步完善重大课题经费的管理，制定了相应的完善措施，提出了实行两上两下的院重大课题经费审核批复程序，② 在预算项目的编报中增设项目编号，细化课题其他支出的内容。这些措施提出的目的是加强课题的经费管理，同时将课题经费管理的关键定位于进一步规范课题费预算的申报、审批程序，同时细化预算内容，使核定的预算在实际执行中不仅能实现总额的控制，而且能做到分项考核，更加科学合理。中国社会科学院在 20 世纪 90 年代及之前，也积极承担过国家或各部委委托交办的课题，但是都是单次承担、单次管理，没有形成完整的管理体系，工作较为零散。2001 年，科研局面对日益增多的交办委托课题，制定了《中国社会科学院交办委托课题管理办法》，在管理办法中，首次对交办委托课题的定义进行了界定，提出了对于交办委托课题的立项、过程管理、经费支持、结项等相关细化规定，为更好地完成党中央、国务院及部、省级党政机关或领导同志交办、委托的科研项目，进一步加强和规范交办委托课题的管理，奠定了坚实的基础。

---

① 关于《中国社会科学院重大课题管理办法》的补充规定（2001 年 4 月 9 日院务会议审议通过）。

② 院重大课题申报立项时，课题组提出的课题预算首先经院重大课题审核部门实施审核，对课题预算提出审核意见并向课题组下达课题经费预算指标（一上一下）。各课题组根据下达的经费预算指标以及审核部门的意见，按预算的具体项目调整预算内容，重新上报预算，经主管部门再次审核后正式批复实施（二上二下）。

2003 年，为了吸引优秀青年人才来院工作，扶持和促进青年科研人员的成长，中国社会科学院特设青年科研启动基金。① 基金用于资助新来院的青年科研人员进行课题研究、知识准备和学术交流等活动，帮助他们在来院初期顺利启动科研工作。青年科研启动基金项目的设立既弥补了课题资助在对象年龄结构上的空白，更调动了青年科研人员的工作积极性，为他们以后申请院级重大课题奠定了基础。同年，《中国社会科学院重大课题鉴定结项办法》出台，该办法对重大课题的结项程序、结题报告、结项申请、鉴定评估、公布结论等方面做了更加细致、完善的规定，对于保障中国社会科学院精品战略的实施，保证具有重大学术价值和巨大社会效益的优秀成果不断涌现，规范并完善中国社会科学院重大课题的结项鉴定工作，奠定了基础。

2004 年，科研局在重大课题管理过程中继续进行改革和摸索，发出了《关于对在研院级课题进行 2004 年年度检查及续拨款的通知》，通知要求在研院级课题的年度检查与续拨款自 2004 年起改为年度检查、次年续拨款。通知进一步严格了课题的过程管理，并将课题研究进度和研究质量与经费支持紧密结合起来，通过年度检查和次年续拨款严把课题过程管理质量关。

2005 年，科研局将管理的重点放在了课题结项后的成果鉴定及管理上，并制定了《中国社会科学院重大课题成果及鉴定意见公示办法》。办法对成果公示的内容、公示方式、异议内容、异议处理、二次鉴定等成果管理方式进行了严格、细致的规定，体现了成果管理中公平、公正、公开的原则，为加强中国社会科学院重大课题的成果管理，更好地推进精品战略的实施，进一步规范并完善重大课题管理制度做出了新的贡献。

（三）壮大阶段（2006 年至今）

2006 年，又是一个科研体系发展的节点。为了避免科研项目名称的混淆，完善科研管理体系，中国社会科学院于 2006 年取消了 B 类重大课题制度，建立了新的重点课题制度。② 新的重点课题的资助方向为，对促进重大

---

① 《中国社会科学院青年科研启动基金管理办法》（2003 年 1 月 17 日院务会议审议通过）。
② 此处的重点课题与中国社会科学院在 20 世纪 90 年代使用的重点课题不同，课题名称虽然相同，但是资助范围和力度不同，更改的目的主要是改变重大课题中 A 类、B 类容易混淆的问题，而将原来的 A 类课题直接命名为"重大课题"，将原来的 B 类课题命名为"重点课题"，以示区别。

现实问题和应用对策性研究具有重要意义的课题；对加强基础理论及基础性
研究具有重要意义的课题；对推动学科建设和发展，特别是对新兴学科和交
叉学科的建设与发展具有重要意义的课题。在管理办法中，最为引人注目的
就是关于"后期资助"的规定。未获立项资助的研究，最终成果基本完成
（书稿80%以上）的，可申请院重点课题后期资助。① 后期资助摆脱了原来
必须先申请课题，再获得资助，最后产生成果的课题资助过程，而是将重点
放在最后的成果产出部分，以成果为资助导向，避免了课题中期管理、结项
管理等诸多环节，直接将有限的经费投到成果产出部分。同时，为加强对国
情的了解和研究，在国家财政专项资金支持下，从2006年起设立了与研究
课题并列的国情调研项目，但组织管理模式与研究课题基本相同。科研局同
时制定了《中国社会科学院国情调研项目管理办法》，对国情调研项目的立
项、检查、结项、经费管理和成果管理等具体方面进行了详细的规定。国情
调研活动的开始，为促进科研人员、党政干部深入了解我国国情，加强对改
革开放和社会主义现代化建设重大理论与现实问题的研究，树立理论联系实
际的优良学风，培养锻炼人才队伍，奠定了坚实的基础。2006年，根据中
国社会科学院的工作要求和部属，科研局开始组织科研管理研究课题的申报
工作。科研管理课题是为适应构建哲学社会科学创新体系建设的需要，推进
科研管理体制和机制改革，加强科研管理理论研究和创新，提高科研管理水
平，更好地为出人才、出成果服务。

国情调研工作自2006年开展以来，到2007年取得了重要进展，促进了
中国社会科学院哲学社会科学创新体系建设和各项工作的开展。2007年的
国情调研工作在2006年的基础上，作了进一步的细化，将国情调研项目分
为国情调研重大项目、国情调研重点项目和国情调研持续跟踪项目、国情调
研活动、个案与访谈项目。同年，对2006年开始设立的科研管理研究课题
的结项工作加大重视力度，下发了《关于中国社会科学院科研管理研究课
题结项的通知》，对课题结项工作做了更为细致的规定。

2008年，随着2006年和2007年立项的部分国情调研项目的相继结项，

---

① 中国社会科学院重点课题后期资助的成果以学术专著为主，也可少量资助学术译著、学术
资料汇编和工具书。

科研局又根据实际情况制定了《中国社会科学院国情调研项目鉴定结项管理办法》，对重大项目和重点项目鉴定结项的申请方式、程序、经费、成果评级等方面做了详细的规定。同时制定了《中国社会科学院国情调研成果印制样式的规定》，统一了成果出版时的封面、书脊和正文格式、样式；制定了《中国社会科学院国情调研丛书管理办法》，为集中、系统展示国情调研工作成就，规范国情调研成果的出版管理奠定了基础。同年，科研局制定了《中国社会科学院课题后期资助实施办法》，2006 年制定的《中国社会科学院重点课题管理办法》中有关后期资助的规定同时停止执行。此次制定的后期资助实施办法较之前的规定更具可操作性，不仅严格规定了资助的范围，还将后期资助与《中国社会科学院文库》的出版结合起来，更明确规定了资助课题完成并出版的稿酬标准。

2009 年，科研局制定了《中国社会科学院基础研究学者资助计划实施办法（试行）》，该项计划是中国社会科学院进一步构建和完善科研管理体制机制的一项重大举措，是切实提升和加强基础研究分量、贯彻实施"人才强院"战略的一项重要内容。该办法详细规定了计划的资助对象、资助周期、资助金额、受资助人条件、资助程序和资助计划结项规定，将重点通过课题来资助研究人员科研工作直接确定了对人的资助，在结项时并不要求严格的成果评级，而是要注重受资助人在资助期间的学术养成和积累。与此同时，为了促进青年学者成长，鼓励青年学者提高学术素质、学术水平和科研创新能力，科研局制定实施了"中国社会科学院青年学者资助计划"。该项资助计划分为青年科研启动基金项目和青年学者发展基金项目。① 该办法实施时，2003 年院务会议审议通过的《中国社会科学院青年科研启动基金管理办法》同时停止执行。

经过十几年的实践，中国社会科学院基本形成了以重大课题为重点、重点课题为基础、其他项目相配套的院、所两级课题制项目体系（见图 2）。

---

① 青年科研启动基金项目资助新来院的青年学者进行课题研究、知识准备和学术交流等活动，帮助他们在来院初期顺利启动科研工作。青年学者发展基金项目主要资助青年学者的学术积累和基础性研究。

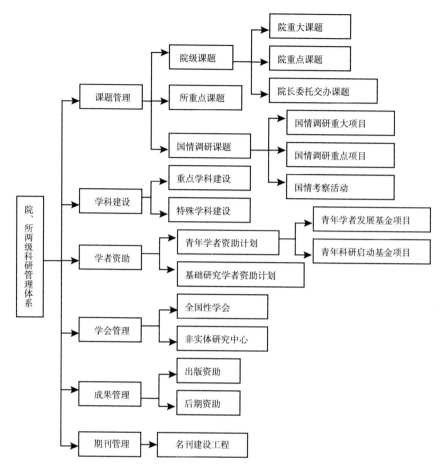

图 2　中国社会科学院院、所两级科研管理体系（2011 年）

二　中国社会科学院科研管理的特点

在总结和归纳中国社会科学院科研管理发展历程的基础上，本文从科研管理发展脉络自身体现的规律性出发，总结了中国社会科学院科研管理的特点。该特点的总结不是局限于科研管理各项具体内容的自身特点和科研管理中具体管理手段的运用，而是将重点放在科研管理体系发展的规律性总结和呈现特点的梳理上。这些特点的挖掘和总结，是对整个中国社会科学院科研管理发展思路的整体把握，也是对未来科研管理发展前景和趋势的一种预测。未来科研管理的不断改革和升级一定是按照自身发展规律进行的，对这些特点的总结和把握也有利于我们在设计和创新科研管理模式与方法上有据可循，使新的管理理念和制度设计更能贴近实际和获得更好的可操作性。

（一） 科研管理体系发展呈平台上升态势

综观整个中国社会科学院科研管理发展历程，三个发展阶段只是在时间节点上的一种表象的概括，但是也体现出了科研管理体系发展中的一些规律性特征——平台上升态势。所谓平台上升态势，是指发展总体呈现两种态势：一是平台期的发展；二是快速上升期的发展。两种态势交替发生、循环往复。在一个平台期内不是说没有纵深幅度的上升变化，而是这种上升变化存在但表现得不很明显，在平台期内部调整更为频繁，都是在同一维度上升空间内的横向发展，但是会更为丰富化。随着平台期内部不断丰富、调整和改革，量的积累引发了质的飞跃，所以在平台期过后的快速上升期来势勇猛，上升幅度非常大。在一次上升期后，又进入了一个内部丰富、调整和不断创新积累的平台期，并且正在孕育着下一次的再上升。

以中国社会科学院科研管理体系发展历程为例，起步阶段就是一个漫长的平台期，但是在平台期内也不断孕育着进步和发展，20 世纪 90 年代的科研管理发展明显加快，象征着这一起步阶段的平台期到达了末端，即将迎来上升期。2000 年这一节点出现了，在对平台期科研管理中三大课题种类研究和实践的基础上，创新性地提出了改革课题设置，取消了原来课题设立中的三分法（重点研究项目、基础研究项目和青年研究项目），建立了"重大课题"项目制度。重大课题项目的设立更注重对一些重大的、具有战略性和前瞻性的理论和现实问题研究给予较高数额的资助，并大幅度提升了中国社会科学院的研究起点以及服务党和国家的能力和水平。2000 ~ 2005 年，无论是将重大课题分设 A、B 两类，还是制定了一系列的相关制度，都是对重大课题制度的完善、细化和发展。这一阶段就是 2000 年上升期后的平台调整积累期。

2006 年，又迎来了第二次上升期。第一，为了避免科研项目名称的混淆，完善科研管理体系，中国社会科学院于 2006 年取消了 B 类重大课题制度，建立了新的重点课题制度。第二，为加强对国情的调查和研究，在国家财政专项资金支持下，从 2006 年起设立了与研究课题并列的国情调研项目。第三，根据中国社会科学院的工作要求和部署，科研局开始组织科研管理研究课题的申报工作。这三大创新同时在 2006 年出现，不是巧合，而是在 2000～2005 年这一发展过程中，中国社会科学院通过不断发展重大课题制度，调动了广大科研人员的积极性，迸发出了前所未有的强大的研究潜力，这就使得科研管理人员不仅要通过管理激发潜力，更要关注研究力量的梯队培养，这样各类重点研究课题的设计就诞生了；为了加强目前的研究力量，提升研究水平，深入、了解国情就显得非常重要且刻不容缓，所以国情调研课题的设置也就顺理成章了；多年的科研管理取得了丰硕的成果，积累了众多的经验，但是不断发展和创新是快速发展的科研工作对科研管理提出的更高要求，所以科研管理研究课题的设置就顺应了新发展和新要求。2007～2009 年，又进入了第三个平台期。这一时期，主要是对 2006 年新的设置进行不断完善和充实。

特别需要关注的是 2009 年制定了"中国社会科学院基础研究学者资助计划"和"中国社会科学院青年学者资助计划"。该计划是中国社会科学院进一步构建和完善科研管理体制机制的一项重大举措，是切实提升和加强基础研究分量、贯彻实施"人才强院"战略的一项重要内容。计划改变了人们常规上对于经费资助对象的概念，将资助对象由课题变成直接对人。这一改变不仅弥补了课题制设置的一些弊端，更能为长期的人才培养打下坚实的基础。可见，2009 年是这一大平台期中的小上升期，这表明新的上升期即将到来。中央对中国社会科学院"三个定位"的要求，中国社会科学院制定了"科研强院、人才强院、管理强院"三大战略，这将会直接作用于整个中国社会科学院科研管理事业的改革和创新，必将在"十二五"规划实施期内完成新的上升和事业发展的飞跃（见图 3）。

（二）科研管理体系在平台期呈现由宏观规划到微观设计的动态发展过程

无论是制定《中国社会科学院重大课题鉴定结项办法》，对重大课题的结项程序、结题报告、结项申请、鉴定评估、公布结论等方面做了更加细致、完善的规定，还是发出《关于对在研院级课题进行 2004 年年度检查及续拨款的通知》，进一步严格课题的过程管理；无论是将管理重点放在重大课题结项后的成果鉴定及管理上，还是制定《中国社会科学院重大课题成

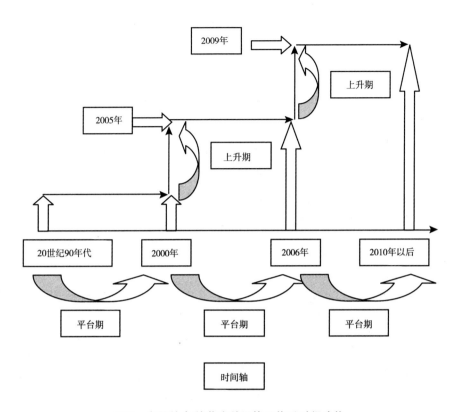

图3 中国社会科学院科研管理体系时间脉络

果及鉴定意见公示办法》，都是在重大课题管理的平台上不断丰富、细化、创新和发展，使得重大课题的各个环节设计和管理都更趋科学化、完善化。

以国情调研项目的设立和不断完善为例，从2006年起设立了与研究课题并列的国情调研项目，在2006年开始的相对平台期内，国情调研项目的管理不断丰富和细化，但是不管出台了多少制度和规定，都是在国情调研项目的范围内进行的。先是制定了《中国社会科学院国情调研项目管理办法》，对国情调研项目的立项、检查、结项、经费管理和成果管理等具体方面进行了详细的规定。2007年又将国情调研项目分为国情调研重大项目、国情调研重点项目和国情调研持续跟踪项目、国情调研活动、个案与访谈项目。2008年，又根据实际情况制定了《中国社会科学院国情调研项目鉴定结项管理办法》，对重大项目和重点项目鉴定结项的申请方式、程序、经费、成果评级等方面做了详细的规定；同时制定了《中国社会科学院国情调研成果印制样式的规定》，统一了成果出版时的封面、书脊和正文格式、样式；制定了《中国社会科学院国情调研丛书管理办法》，为集中、系统展示国情调研工作成就，规范国情调研成果的出版管理奠定了基础。这一系列的完善工作，不仅使得国情调研项目的管理日趋科学化，更体现了科研管理平台期中不断深化和丰富的特点（见图4）。正是由于平台期给了一个项目一段相对完整的时间去不断深化和丰富自己，从而使得科研管理整体能够在平台期内蓬勃发展，才能积蓄力量和智慧迎来新的上升期的到来。同时，我们看到一个新生事物的诞生都是一个从不成熟到成熟的过程，平台期为成熟期的酝酿和到来创造了相对稳定的时间和空间保障（工作时间和政策保障）。

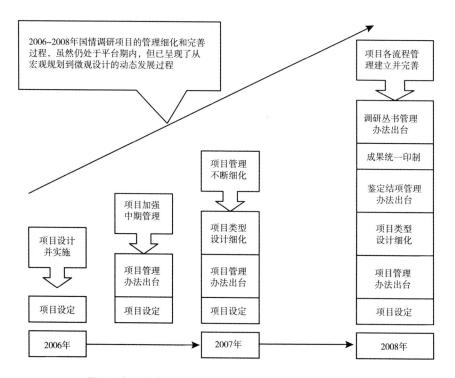

图4　中国社会科学院国情调研项目管理体系发展脉络

（三）科研管理体系从单项深入化向多项丰富化发展

2000～2005年，中国社会科学院科研管理的主要精力都放在了重大课题的各流程管理的设计和实施上。从2000年建立"重大课题"项目制度以来，相继制定了《中国社会科学院重大课题管理办法》，同时实行了院重大课题的申报制度，确定了课题经费的预算申报项目和预算审核程序；2001年，中国社会科学院将重大课题分设 A、B 两类，并为进一步完善重大课题经费的管理，制定了相应的完善措施，其中提出实行两上两下的院重大课题经费审核批复程序，在预算项目的编报中增设项目编号，细化课题其他支出的内容；2003 年，《中国社会科学院重大课题鉴定结项办法》出台，该办法对重大课题的结项程序、结题报告、结项申请、鉴定评估、公布结论等方面做了更加细致、完善的规定，为保障中国社会科学院精品战略的实施，保证具有重大学术价值和巨大社会效益的优秀成果不断涌现，规范并完善中国社会科学院重大课题的结项鉴定工作，奠定了基础；2004 年，中国社会科学院科研局在重大课题管理过程中继续进行改革和摸索，发出了《关于对在研院级课题进行 2004 年年度检查及续拨款的通知》；2005 年，科研局将管理的重点放在了课题结项后的成果鉴定及管理，并制定了《中国社会科学院重大课题成果及鉴定意见公示办法》。在这一时期内，中国社会科学院科研管理集中体现出单项深入化的特点，即在中国社会科学院重大课题项目这一单项上，不断深化管理，完善机制，将重大课题管理从对单一项目的管理引申为对重大课题从立项设计、立项评审、中期管理、经费分阶段管理、鉴定结项管理、成果评价、出版管理等多环节、多角度、纵深式的庞大的科学管理体系。

但是从 2006 年至今的管理发展历程中可以看出，每一单项的深入化在推进，同时醒目的是多项工作同时推进的特点更为突出了。中国社会科学院于 2006 年取消了 B 类重大课题制度，建立了新的重点课题制度，并于同年开始实施国情调研项目的工作。2006 年，根据中国社会科学院的工作要求和部属，科研局开始组织科研管理研究课题的申报工作。2007 年，国情调研项目和重点课题项目管理的进一步细化和完善工作同时展开，出台了许多相应的管理办法。2008 年，制定了《中国社会科学院课题后期资助实施办法》。2009 年，中国社会科学院科研局制定了《中国社会科学院基础研究学者资助计划实施办法（试行）》。与此同时，为了促进青年学者成长，鼓励青年学者提高学术素质、学术水平和科研创新能力，科研局制定实施了"中国社会科学院青年学者资助计划"。可见，在 2006～2009 年的发展时期内，中国社会科学院的科研管理呈现多头并进、处处开花的特点，不仅每一个单项都在逐年细化和完善，而且工作视野被同时放在多个单项管理中（见图5、图6）。

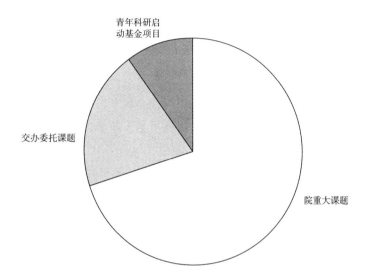

图5　2000～2005年中国社会科学院科研管理项目对比

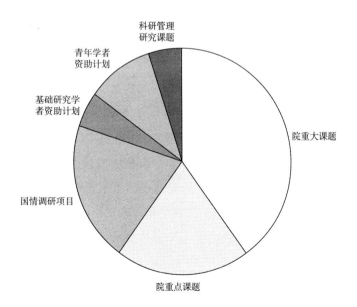

图6　2006～2009年中国社会科学院科研管理项目发展对比

三　中国社会科学院科研管理体系现状分析

建院以来，中国社会科学院以科研为中心的各项工作取得了巨大的发展成就。在此过程中，中国社会科学院的科研管理体制和机制改革也不断推进，目前已基本形成了较为完整的课题研究、学科建设、国情调研、学术奖励、成果管理和学部工作等各项管理制度，建立起具有中国社会科学院特点的院、所两级科研管理体制框架。

——课题体系不断完善。经过多年的探索实践，目前中国社会科学院已基本形成了以重大课题为龙头、院重点课题为主体、临时性交办委托课题为补充、研究所重点课题为基础的多层次、多形式的课题体系，形成既确保重点又兼顾一般的比较完善的课题结构。与此同时，各类课题的管理工作也逐步严格、规范，既符合现代学术研究规律，又具有中国社会科学院特点的课题管理制度正在形成。

——学科建设持续推进。"九五"期间，中国社会科学院根据需要和可能，对学科布局进行了适当调整，初步形成了既重点突出，又兼顾各学科共同繁荣的学科体系。在此基础上，加大了对107个重点学科和24个重点扶持学科的支持力度。"十五"中期，中国社会科学院开始实施"重点学科建设工程"，在全院范围遴选102个重点学科，加大投入力度，以此带动全院学科建设的整体水平不断迈上新台阶。多年来，在学科建设方面，中国社会科学院还非常注重充分发挥各类学术社团作为同行学者的学术桥梁和纽带的独特作用。

——国情调研全面启动。自2006年以来，中国社会科学院国情调研工作全面推进，广大科研人员和机关干部纷纷走出书斋，深入基层、深入群众、深入实际，通过开展广泛深入的调查研究，锻造了学风，提高了思想水平和工作能力，也完成了一大批重要的调研成果。在此过程中，有关国情调研项目的立项评审、中期管理、成果宣传等的规范化、制度化建设也在不断推进。

——学术奖励日益规范。建院以来，中国社会科学院先后开展了六次优秀科研成果评奖活动。目前，中国社会科学院以优秀科研成果奖为核心的学术奖励制度日益规范，对优秀成果的奖励力度不断加大，奖励体系逐步丰富，评奖程序更加科学、严格，评奖过程更加公开、公平、公正。与此同时，中国社会科学院还建立了规范的优秀学术期刊和优秀出版物的奖励制度，全院性的学术奖励体系日益健全。

——成果管理更加有效。目前，中国社会科学院已建立了科研成果发布制度，院、所两级优秀科研成果发布模式正在形成。与此同时，优秀成果的出版资助方式不断改进。建立了《中国社会科学院文库》；对部分入选不了《文库》但质量较高的选题，也给予资助出版；进一步整合出版资源，《学者文选》、《国情调研丛书》、《青年学者文库》的出版质量稳步提高。

——学部工作扎实开展。组建学部，是中国社会科学院的一项重要改革举措，是构建中国社会科学院哲学社会科学创新体系的重要内容。自2006年学部组建以来，中国社会科学院各学部坚持充分调动全体委员的积极性和创造性，坚持从各学部的实际出发，妥善处理好学部和研究所的关系，探索建立各具特色的有效的工作机制，学部的学术指导、学术咨询和科研协调作用不断凸显。学部已成为代表中国社会科学院学术形象的重要标志。

第四章　构建基于战略导向的科研绩效管理体系

一　战略性科研绩效

（一）战略性科研绩效内涵

明确机构的战略性科研绩效的内涵是什么，是构建管理体系的第一步。我们知道哲学社会研究机构的中心工作是科研工作，而科研管理直接作用于科研工作、服务于科研工作。科研管理绩效的状况将直接影响科研管理的战略目标，以及整个机构的整体发展目标能否实现。所谓"战略性科研绩效"，就是从战略管理的角度探查机构内科研活动过程或科研结果对该机构整体战略实施的贡献程度，包括数量与质量两个方面。[1] 战略性科研绩效概念的提出，提升了科研管理的重要地位，强调了科研管理对科研活动的促进力，更体现了科研活动在哲学社会科学研究机构整个功能体系中的战略性地位。

---

[1]　戴玉纯：《基于战略的大学绩效管理》，中国科学技术大学出版社，2007，第178页。

（二） 战略性科研绩效的表现形式

组织的绩效管理系统至少要体现三个方面的目的：战略目的、管理目的与开发目的，[①] 因此，从科研机构内部的整体科研活动来看，置于战略框架下的科研绩效应当至少包括五个方面的具体内容，即科研项目、科研成果、科研活动、人才培养以及内部业务改进五个方面。

第一，科研项目。科研项目主要是指通过三种方式获得的项目，一是机构自行设立的研究项目；二是通过国家各级、各类科研管理机构获得的纵向科研课题；三是通过与企业或其他机构进行合作的横向课题项目。这其中主要包括科研项目和科研经费两个方面的具体内容，这两个方面在很大程度上体现了科研机构中科研活动的自身活力和外部科研资源的竞争能力。自行设立的课题研究和纵向交办委托课题的承担状况，是"标尺竞争"的典型形式，也是一所研究机构借此获得"马太效应"派生待遇的依据。因此，在科研活动开展过程中，科研项目占有重要的地位，具体表现为在科研绩效评估体系中占有较大的权重系数。

第二，科研成果。科研成果主要是指体现科研活动结果的各种表现形式，主要包括学术论文、研究报告、专著、译著、学术资料、工具书，以及成果奖励、成果鉴定等方面。这些都是科研绩效的结果性指标，也是一般科研绩效统计的口径。由于论文、专著等一般都由国家或国际统一的杂志、期刊或出版社等通过一定的评审方式予以公开发表，而成果奖励和成果鉴定也往往是由第三方机构或科研主管机构等开展，因此，科研成果的各项具体内容在大学科研绩效的考核过程中往往提供直接的考核依据，同时也具备较高的公信度。[②]

第三，科研活动。科研活动主要包括组织学术会议、学术报告及学术兼职三个方面的内容。科研活动一般体现了一所研究机构在某一专业领域对国家甚至国际的影响力状况。

第四，人才培养。这方面既包括青年研究人员的锻炼、学术带头人的培养和学术大家的养成等方面，也包括博士后、博士生、硕士生等层次的人才培养，更要包括对于管理人员掌握先进管理理念和管理方法的培养。研究机

[①]　戴玉纯：《基于战略的大学绩效管理》，中国科学技术大学出版社，2007，第179页。
[②]　戴玉纯：《基于战略的大学绩效管理》，中国科学技术大学出版社，2007，第179页。

构不仅是科研活动的平台，科研成果产出的基地，更应该成为科研人员培养和锻炼的舞台。因此，对科研机构整体科研水平评价的重要指标之一就是这些高层次、研究型人才的培养能力，具体的指标不仅包括高层次人才的培养数量，而且更应当从总体上包括这些高层次、研究型人才的培养质量。

第五，内部业务改进。内部业务改进是指科研机构中从事科研管理的相关部门在进行科研管理的过程中，对自身管理内部的业务分工和流程进行改进和创新，以达到不断提高工作效率，提升管理水平，并根据不同的科研项目、活动、成果和人才培养的阶段性特点和需求配置管理资源，以达到最优的管理运行状态。虽然内部业务改进是管理部门内部的事情，但是关乎整体科研机构科研工作的开展，是保障上述四个方面顺利进行的组织保障和制度保障。

这五个方面是科研机构科研活动的具体表现形式，其质量及数量将直接影响整体的科研绩效，并进而影响整体机构战略的实施。

二　战略性科研绩效管理测评维度

（一）战略性科研绩效管理测评维度的设计

战略性科研绩效管理的实施，需要通过一系列的测评来实现。在各项绩效测评中，测评维度的设计就成了构建整个绩效管理体系的关键问题。战略性科研绩效测评维度的确定主要依据科研绩效的表现形式，主要是通过测评维度来反映战略性科研绩效的主要内容。

战略框架下的科研绩效测评维度的确定，应当秉持系统观点从全局进行考虑。[①] 本文拟从科研资源自主投入能力、科研产出能力、科研影响力及科研的持续发展能力等方面考虑。

维度一，科研资源自主投入能力。科研机构的科研投入能力取决于当年的财政投入和在其他资金渠道中经费的获得，或者是通过竞标、合作等形式。因此，所谓科研资源自主投入能力，实际上是通过科研资源的外部竞争能力加以体现的，是科研竞争力的重要构成。[②] 该维度主要通过科研机构自

① 戴玉纯：《基于战略的大学绩效管理》，中国科学技术大学出版社，2007，第181页。
② 戴玉纯：《基于战略的大学绩效管理》，中国科学技术大学出版社，2007，第186页。

行设立的项目和纵向科研项目的申报及立项状况、立项科研项目等级状况、横向科研课题项目的获得及其立项单位竞争力状况、科研项目经费总量及结构状况等具体可量化的指标加以体现。

维度二，科研产出能力。科研的产出，主要是指科研成果的产出，这其中包括数量和质量两个方面，即公开发表的论文、论著数量，在国家各等级期刊中的分布状况。此外，还应该包括专利数、项目成果鉴定状况、项目成果的获奖状况等。

维度三，科研影响力。科研机构的影响力体现在诸多方面，其中最重要的方面是通过论文、论著的被引用频次以及科研成果的应用深度与广度等指标体现出来，同时也在科研活动的活跃程度和层次上体现出来。

维度四，科研可持续发展能力。科研可持续发展能力，主要是指从相对长期的发展角度讲，科研活动应当具有可稳定发展、可持续改进的自我组织能力。这不仅包括科研本身的可持续发展，也包括科研管理的可持续提高。这种能力最终体现在科研人才梯队和高级科研管理人才的培养上。

综上所述，科研绩效的测评以科研资源自主投入与实际产出两个维度的衡量为主，同时，也从战略的角度考虑影响科研绩效的科研影响力和科研可持续发展的能力（见图7）。

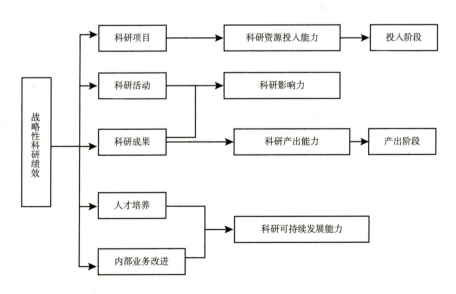

图7　战略性科研绩效管理测评维度

（二）战略性科研绩效测评维度与平衡计分卡的对应

本文的研究工具是平衡计分卡，体现在设计战略性科研绩效管理体系的过程中，引入平衡计分卡的测评方法。这就需要在测评维度的设计上，将上文设立的四大维度和平衡计分卡的测评维度进行对接，同时在对接中体现战略性科研绩效管理的五大外在表现形式。

一般意义上平衡计分卡的结构见图1。具体落实到战略性科研绩效管理的体系构建中，平衡计分卡的结构图的各项指标就要根据实际需要研究的对象而进行细化和改变（见图8）。

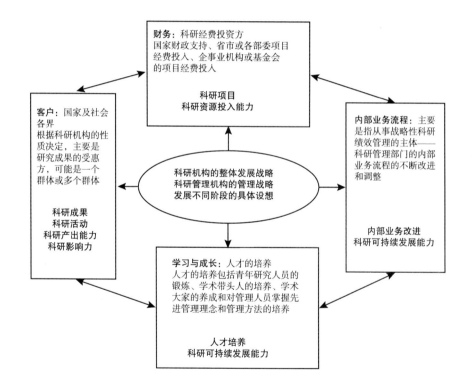

图8 战略性科研绩效管理平衡计分卡示意

科研管理机构的客户就是服务的对象，可以是课题出资方，可以是政府某一部委，可以是企业或其他机构，可以是参与课题研究的科研人员。以客户为核心所设计的平衡计分卡包括以下五个方面：学术界成果占有率、客户的获得、客户的保持、客户满意度与客户获利能力，且每一方面都有其特定的衡量指标。科研机构因资金投入和占有资源的有限性，为有效地运用和发挥内部资源与过程，首先需要以客户的需求和出资方的偏好为依据，设法分析科研机构的优势在哪里，向哪个方向发展，才能创造全面和长期的竞争优势。因此，要在平衡计分卡中强调财务的重要作用，在绩效评估过程中，从科研管理机构出资人的立场出发，满足投资方的期望，以取得立足与发展所需要的资本。平衡计分卡中的设计体现了以学习和成长为核心的思想，将科研管理机构的人员、管理水平和部门文化作为决定因素，分别衡量管理人员保持率、管理人员的工作能力、管理人员满意度的增长等指标，以评估管理人员多个方面的现状与变化。

三 战略性科研绩效管理的平衡计分卡战略地图：以中国社会科学院科研管理为例

战略性科研绩效管理系统的构建是本章的核心内容。在给定的战略情况下，如何通过管理提高现有条件下的科研绩效，则是科研绩效管理的重点，也是科研绩效管理的目标。这一节将在上文概述的基础上，将问题研究具体到一个例子的研究上，这样从宏观和微观两个角度来分析、运用平衡计分卡在战略性科研绩效管理中的衡量和测评功能。

（一） 平衡计分卡战略地图分析

著名的平衡计分卡大师卡普兰认为，实施战略的关键是让人们理解战略，平衡计分卡是一种管理沟通的工具，是一个组织用来向员工阐明战略并有助于该战略实施的流程和系统。[①] 为便于组织进行战略管理的沟通．可以借助一定的方式将组织战略描绘成图，这就是平衡计分卡战略地图[②]，如图9所示。

（二） 构建平衡计分卡战略地图

构建平衡计分卡地图首先要确立战略目标是什么，并结合测评维度来具体设计每一项维度中的具体测评因素，最后要厘清各维度间不同因素间的相

---

① 转引自方正帮《战略与战略性绩效管理》，经济科学出版社，2005。

② Robert S. Kaplan, David P. Norton, The Strategy-focused Organization：How Balanced Companies Thrive in the New Business Environment, Harvard Business School Publishing Corporation, 2000.

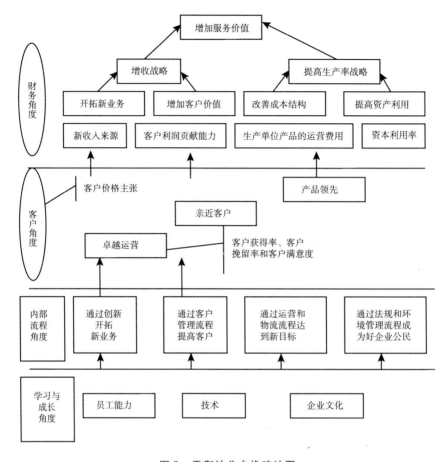

图 9 平衡计分卡战略地图

互关系。以下我们将假设中国社会科学院发展战略已经给定，在此战略框架下，以科研管理为相对独立的系统，重点勾画出"科研绩效管理的战略地图"，如图 10 所示。

具体到中国社会科学院平衡计分卡战略地图的设计中，可以看到：中国社会科学院科研管理的目标是达到中央要求的"三个定位"，即建立马克思主义的坚强阵地、中国哲学社会科学的最高殿堂、党中央国务院的思想库和智囊团。自上向下地看该战略地图，我们可以看到中国社会科学院要想在未来发展中实现中央"三个定位"的要求，就要在总的战略目标指引下，注重三大行动规划的安排和发展：科研主体素质的提高、科研管理效率的提高以及中国社会科学院整体外部科研影响能力的提高。这也集中表现在三大指

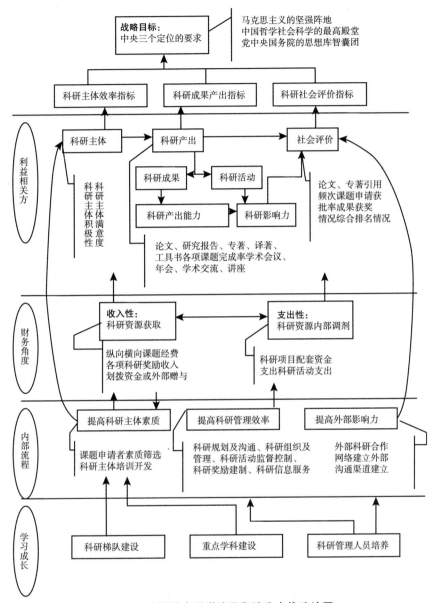

图 10　中国社会科学院平衡计分卡战略地图

标上：科研主体效率指标、科研成果产出指标和科研社会评价指标。而科研管理效率的提高则综合体现在三大指标提升的整个过程中。科研主体效率指标的主体是科研主体，即中国社会科学院的科研人员，要想提升他们的工作效率，就要从科研主体满意度和积极性两个方面进行考量。科研主体的效率提升了，直接的积极影响就是科研产出指标的提升，具体表现在科研成果的不断推出和科研活动的活跃开展方面。而这两点就是前文中涉及的平衡计分卡四大维度中科研产出能力和科研影响力的来源。当科研主体和科研产出不断优化的同时，中国社会科学院的社会影响也就不断凸显出来，这就直接与科研社会评价指标相连接。

同时，为保证行动计划的展开与实施，中国社会科学院应当能够从财务角度对科研工作加以保障，这就是科研资源的获取。充足的科研经费可以保障科研工作和科研管理工作的顺利进行，但是由于经费的有限性和众多科研机构的业内竞争性，科研资源的获取就显得越来越重要。在这其中除了政府相对定额的财政拨款，其他的资源都源于其他课题的申请。申请通过率就直接与中国社会科学院科研主体的效率、科研产出效率和科研社会影响力息息相关。此外，内部的业务流程改进和创新也是以上各个环节顺利进行的保障。最后，科研的发展是一个长期渐进的过程，需要从学科建设、科研能力、人才资源等角度保证科研的可持续发展。

四　构建战略性科研绩效管理的评价指标体系

一个完整的战略性科研绩效管理体系，不仅需要构建平衡计分卡的战略地图来明晰战略实现的路径和各个因素间的相互关系，而且还要设计相应的战略性科研绩效管理的评价指标体系。只有具备一个具体的、可操作性的评价指标体系才能将战略地图贯彻落实，并量化各个阶段的指标，以指导相应阶段的管理工作。

战略性科研绩效管理的评价指标体系的设计，是根据战略性科研绩效管理平衡计分卡测评维度和战略地图的设计而设计的。它们的数据和影响因子都具有相关性，如表1所示。

表1指标体系的构建主要分为四个维度、两个层次。四个测评维度分别是科研资源自主投入能力、科研产出能力、科研外部影响力和科研可持续发展能力。在这四个测评维度中，又有硬指标和软指标之分。所谓硬指标是测评维度可以量化，可操作性强，对于测评维度的分析可以依靠其下涵盖的众多量化因子来进行绩效测量和考核。软指标是指不能简单用数据来测量，指标大小不能用数据大小来表示，在测评操作中比较难操作。

表1 战略性科研绩效管理评价指标体系

一级指标	权重(P_i)	二级指标(S_{ij})	权重(P_{ij})
科研资源自主投入能力(I)		纵向课题经费	
		横向课题经费	
		各类奖励收入	
		外部科研资金赠予	
		划拨科研经费	
科研产出能力(O)		公开发表论文数	
		公开出版专著数	
		各类课题完成率	
		各类课题成果鉴定状况	
		各类课题成果获奖状况	
科研外部影响力(E)		论文、专著被引次数	
		论文、专著被三大索引收录数	
		科研项目立项数	
		科研项目申报获批率(纵向)	
		科研课题竞标成功率(横向)	
		成果获奖情况	
		综合评价排名	
科研可持续发展能力(C)		科研梯队建设	
		学科发展与基地建设	
		科研管理人员培养	
		可持续发展准备金	

总绩效评分：$\sum p_i \cdot \sum p_{ij} \cdot S_{ij}$

其中 $i=1,2,3,4,5$；j 的取值上限为 i 值给定下的二级指标具体测评维度数

注：参见戴玉纯《基于战略的大学绩效管理》，中国科学技术大学出版社，2007，第186页。本文根据具体研究情况做了一定内容的修改。

"科研资源自主投入能力"主要通过科研机构自行设立的项目和纵向科研项目的申报及立项状况、立项科研项目等级状况、横向科研课题项目的获得及其立项单位竞争力状况、科研项目经费总量及结构状况等具体可量化的指标加以体现。"科研产出能力"主要是指科研成果的产出，这其中包括数量和质量两个方面。这两大维度集中反映了科研绩效水平的基础指标，且其中的众多具体内容易量化，可操作性强，可谓科研绩效状况测评的硬指标。

"科研外部影响力"维度主要测评各项科研活动的外部被认可程度。科研机构的影响力体现在诸多方面,其中最重要的方面是科研影响力通过论文、论著的被引用频次以及科研成果的应用深度与广度等指标体现出来,同时也在科研活动的活跃程度和层次上体现出来。科研活动在外部的整体影响力状况,直接影响科研绩效"自增强"能力,是科研活动的无形资产,将会从更加深远的角度上影响科研发展。①"科研可持续发展能力"维度则是将科研放到长期稳定协调发展的框架中进行考虑,是战略性的考察。

另外,指标体系的设计分为两个层次,一级指标和二级指标。一级指标主要是宏观的指标概括,具体表现为四大测评维度。二级指标是对一级指标的分解与细化,提高整个指标体系的可操作性。其内在影响因子主要根据平衡计分卡战略地图中对于各个环节和角度的分析后,对地图有些目录的细化内容。在一些具体实践过程中,我们还可以根据具体的工作安排,设计三级指标,这是对二级指标的进一步细化。三级指标主要用于指定小部门的战略绩效管理指标体系中。

如表1所示,要计算总绩效,就需要设计权重,而且不同的指标级别,其权重大小值也不相同。在权重确定后,科研管理部门就可以根据指标体系核算出各个关节和部门的总绩效,并可以根据发展战略及其战略推进情况,实时调整工作重点,以保障总战略目标的实现。

五 战略性科研绩效管理体系的考核

(一)战略性科研绩效管理体系的考核标准

绩效考核的标准有很多种选择,而最终确定哪种考核标准则取决于该工作和工作主体的特点。关于科研主体的特点,涵盖一些考核标准,例如,科研主体特征中的科研知识、科研能力、科研态度和毅力。虽然科研主体在科研活动中是很重要的影响因素,同时也直接影响着科研绩效的相关指标,但是在具体的考核和实践中,科研主体特征的相关考核指标,操作起来具有相当的难度,同时也很难掌握,个体差异非常大。而基于科研行为和科研结果的考核,其包含的主要内容与第一个考核标准相比就容易量化、实施和操

① 戴玉纯:《基于战略的大学绩效管理》,中国科学技术大学出版社,2007,第189页。

作。但是这两者也有不同。基于科研行为的考核标准，其考核遵循注重过程的原则；基于科研结构的考核标准，其考核遵循注重结果的原则。结合科研工作的特点和科研主体的特征，笔者认为，单一的考核标准无法准确体现科研工作和科研主体的特征，更不能较为全面地涵盖前文设计的平衡计分卡战略地图和测评维度及评价体系，所以笔者将会在"注重结果，兼顾过程"的原则下，对于战略性科研绩效管理的考核标准选择为"科研结果与科研行为相结合，以基于科研结果的考核标准为主"的综合考核标准。

（二）战略性科研绩效管理的考核办法

根据上述对科研绩效考核标准类型的划分与选择，本文确立了"科研结果与科研行为相结合，以基于科研结果的考核标准为主"的综合考核标准，由于科研绩效考核实践中的可操作性要求，我们选择了"结果导向"为主，"过程导向"为辅的考核模式。因此，在现行众多的绩效管理方法中，与"科研结果与科研行为相结合，以基于科研结果的考核标准为主"的综合考核标准相适应的绩效考核方法，包括平衡计分卡、目标管理法与关键绩效指标法等。

在前文测评维度的设计和战略地图制定的内容中，本文已经使用了平衡计分卡的方法。这里，在战略性及绩效管理的考核环节，本文将使用目标管理的考核方法。

在科研绩效管理过程中，目标管理法中的"目标"就是在战略基础上确定的科研绩效目标。"目标"最终主要是通过以下八个步骤的顺利实施而逐渐达成的。

第一步：部门目标的确定。部门目标是在总目标的基础上根据各个部门的特点分别确立的，这是由各个部门领导和他们的上级共同制定的。这是对总体目标的细化，也是总体目标在各个部门的延伸。真正落实目标的是每一个具体的工作部门，而它们往往只能承担一部分的目标实现，确立部门的二级目标，对于它们更好地工作与完成目标更为有利。

第二步：部门目标的计划。部门领导就本部门目标与部门下属人员展开讨论，并要求他们分别制订个人的工作计划。这是非常重要的环节，是将工作目标具体为工作计划的环节，也是将单位的整体性工作计划细化为个人行为的环节。因此，在此步骤需明确的是：本部门的每一位员工如何才能为部门目标的实现做出贡献。

第三步：自我分析。个人的工作计划一旦与部门的目标建立起联系后，就需要个人根据自身的实际情况，结合部门目标和工作计划，找出自己对于此份工作的优点和存在问题。结合自身的优点，丰富完善自身的个人工作计划，并在设计中尽量避免自身不足对工作的阻碍作用。

第四步：时间界定。时间设定决定着工作整体进程能否顺利进行。这包括开始和结束的时间设定。只有设定一定的工作时间范围，才能结合工作计划合理、高效地安排工作进度。

第五步：对预期结果的设定。经过上一个环节的充分讨论，部门领导和部门成员已经就部门目标和个人工作计划的设计达成了共识。在这一环节，部门领导与他们的下属人员共同确定短期的绩效目标。短期的绩效目标，是部门目标的阶段性体现，也是个人工作计划的阶段性分工，是更加具体和明确的工作安排。

第六步：做一个为达到目标的明细安排表。明细安排表越具体越好，要包括部门中个人的工作计划和进度安排、具体工作的完成时间点、实际工作与预期结果设定的矫正、工作发现的问题的反馈准备等。

第七步：工作绩效评价。这是一定时间段中，对工作结果进行的审查。部门领导就每一位雇员的实际工作成绩与他们实现商定的预期的目标加以比较，对工作状况和完成任务的情况进行评价。

第八步：提供反馈。部门领导定期召开绩效评价会议，与下属人员展开讨论，一起来对后者的目标达成和进度进行讨论。

目标管理方法在具体的科研绩效管理中，主要用于在研究机构总体发展目标确定的基础上，根据发展战略要求，对研究机构内部的各个研究领域和专业进行分类、分层管理，与每一个研究所明确各自的科研绩效目标，然后再由每一研究所负责人逐级讨论分解目标，最终落实到具体的人员那里，并同时明确绩效的最终考核方法。

六　战略性科研绩效管理体系的评价

（一）战略性科研绩效管理体系的评价主体

确定科研绩效评价主体，是指在衡量与评价过程中应该由谁来承担相应工作的问题。科研绩效的评价主体根据评价内容的不同而不同，主要分为内部评价和外部评价。科研绩效衡量与评价的主体主要包括外部科研任务来源部门、内部科研管理部门以及团队负责人（课题负责人）等。科研绩效衡量与测评主体则主要由科研机构内的科研管理部门负责，并通过与各科研单元的负责人协作的方式进行衡量与评价的操作。这些都属于内部评价的范围。由于科研工作的外在表现形式是科研成果的社会影响力和作用力，所以对科研绩效的衡量与评价还可以通过科研共同体的舆论监督实现，这是外部评价。

在内部评价中，科研任务来源部门的评价多以结果评价为主。因为科研绩效评价与一般工作绩效评价的主要差异在于科研工作过程难以观测，绩效表现形式相对确定，并且往往与科研任务来源相关。科研任务来源部门在制定课题时，就已经确定了研究的结果形式，而申请到课题的研究人员在科研任务来源确定时往往就同时确定了科研绩效的具体表达形式。但是，无论是纵向课题还是横向课题，其最终科研绩效的衡量与评价往往是由该课题来源部门确定相关绩效标准，并由该来源部门负责科研绩效的衡量与评价或负责组织对科研绩效进行衡量与评价。衡量与评价过程主要是与预先确定的标准进行比较的过程，从而最终确定科研绩效的数量与质量是否达到最初的约定。

而对于科研总体绩效目标能否达成的衡量与评价，则往往由科研管理部门承担。科研管理部门依据整体发展战略，确定科研绩效目标，在此基础上依据发展战略的要求分解目标，并通过阶段性绩效衡量达到监督与促进绩效目标达成的作用。而在具体的课题研究过程中，单一课题的绩效评价则由课题主持人负责。

（二）战略性科研绩效管理体系实施的流程

一个完整的绩效管理体系不仅要在建立时作科学的测定和设计，更要在实施中设计科学的流程，这样才能保障绩效管理的顺利运行和战略目标的逐级实现。所以，战略性科研绩效管理体系的实施流程也是科研绩效管理的重要环节。科研绩效衡量与评价主要包括以下实施步骤（见图11）。

从图11我们可以看出：确定目标是非常重要的第一步。这其中包括，基于战略的科研绩效目标和科研任务确定的绩效目标。战略绩效目标的确定

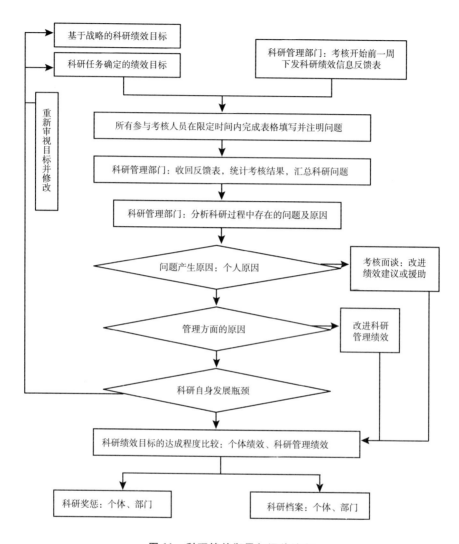

图 11　科研绩效衡量与评价流程

资料来源：见戴玉纯《基于战略的大学绩效管理》，中国科学技术大学出版社，2007，第 198 页。

是基于战略的绩效管理的首要工作，也是将部门战略细化为具体工作目标的重要工作。目标的确定不仅要考虑整体战略的布局，更要结合科研任务的实际需求，使之具有可操作性和阶段可实现性。实施管理的第二步是下发表格。这是一般工作绩效考核的基本工作，也是整个管理工作正式开始着手实施的标志。表格下发后，所有参与考核的人员在限定时间内完成表格填写并注明问题。第三步的工作虽然不是由管理者进行的，但是在限定时间内完成表格填写就直接关系到整个管理的时间进度和整个质量。其中，注明问题是非常重要的，这为下面的分析问题和反馈修改奠定了基础。第四步是科研管理部门对表格的回收和分析，其中统计考核结果和汇总科研问题是关键的环节。在汇总问题后，科研管理部门最重要的工作就是分析科研过程中存在问题的原因。原因根据对象不同而分成个人原因、管理原因、科研自身发展瓶颈。前两项原因相对较为简单，只需要根据具体情况进行改进即可，这是一个较为短期的调整过程。第三种原因是深层次的原因，涉及科研自身发展的问题，这就需要对整个发展战略和科研任务的设置进行重新的审视和部署。这是一个较为长期的调整过程。问题分析的目的是在较为确定的时间内达成科研绩效目标。目标的达成是一个过程，由很多阶段组成。科研管理部门要定期比较科研绩效目标达成的程度，这其中包括个体绩效和管理绩效。根据目标的达成程度，可以引入科研奖惩，以激励所有参与考核的人员，并做好科研档案工作。

通过整个战略性科研绩效管理体系实施流程图，笔者认为，科研绩效管理具有一般绩效管理的一些特点和基本工作流程，但是与一般绩效管理最大的不同就是：科研绩效的衡量与考核的重点在于科研绩效的改进与科研主体科研能力的提升。而一般工作绩效的考核主要通过审查实际绩效与绩效目标之间的差距，实现与绩效水平相称的奖惩。

参考文献

[1] Hart, O. & Holmstrrom, 1987, *Theory of Contracts in Advances in Economic Theory*: *fifth world congress*, edited by T. Bewley. Cambridge University Press.

[2] Max Weber, *Economy and Society*. Edited by Guenther Roth and Claus Wittich. New York: Bedminister Press, 1968, vol. 1.

[3] 克罗齐耶著《员工激励机制存在的问题和局限》，李路路等编《组织管理与组织创新》，上海人民出版社，2008。

[4] 乔治·凯勒：《大学战略与规划——美国高等教育管理革命》，别敦荣主译，海洋大学出版社，2005。

［5］ 李新荣著《高等院校科研管理研究》，中国经济出版社，2008。

［6］ 张成福、党秀云：《公共管理学》，中国人民大学出版社，2001。

［7］ 戴玉纯著《基于战略的大学绩效管理》，中国科学技术大学出版社，2007。

［8］ 胡君辰、宋源：《绩效管理》，四川人民出版社，2008。

［9］ 王丽娟、何妍：《绩效管理》，北京交通大学出版社，2009。

［10］ 闻效仪著《绩效管理》，中国劳动社会保障出版社，2009。

［11］ 张建国、曹嘉晖主编《绩效管理》，西南财经大学出版社，2009。

［12］ 黄浩涛、王延中主编《课题制研究》，社会科学文献出版社，2009。

［13］ 韩伯棠、张平淡编著《战略管理》，高等教育出版社，2004。

［14］ J. 戴维·亨格、托马斯·L. 惠伦：《战略管理精要》，王毅、应瑛译，电子工业出版社，2002。

［15］ 周三多、邹统钎：《战略管理思想史》，复旦大学出版社，2002。

［16］ 方正帮：《战略与战略性绩效管理》，经济科学出版社，2005。

［17］ 马立荣、肖洪钧：《知识工作者的激励机制设计》，《大连理工大学学报（社会科学版）》2001年第1期。

［18］ 黄速建、黄群慧等著《中国管理学发展研究报告》，经济管理出版社，2007。

［19］《中国社会科学院青年科研启动基金管理办法》（2003年1月17日院务会议审议通过）。

［20］ 蒋一苇主编《中国社会主义工业企业管理研究》（中国社会科学院文库·经济研究系列），经济管理出版社，2007。

［21］ 马昀：《资源基础理论的回顾与思考》，《经济管理》2001年第12期。

［22］ 关于《中国社会科学院重大课题管理办法》的补充规定（2001年4月9日院务会议审议通过）。

［23］ 中国社会科学院科研局/学部工作局外部网站，www. kyj. cass. cn。

导师简介

李汉林，中国社会科学院研究生院教授、博士生导师。现任中国社会科学院社会发展战略研究院院长。

研究领域：社会组织与社会结构、社会流动、社会变迁、发展社会学和科学社会学、中国单位社会和单位制。

主要研究成果：《社会变迁过程中的结构紧张》，《中国社会科学》2010

年第 3 期；《资源与交换：中国单位组织中的依赖性结构》，《社会学研究》1999 年第 4 期；《中国单位现象与社会控制》，《社会学研究》1993 年第 5 期；《中国城市社区的整合机制与单位现象》，《管理世界》1994 年第 2 期；《中国的单位现象与体制改革》，《中国社会科学季刊》1994 年第 1 期；《中国单位社会：议论、思考与研究》，上海人民出版社，2004；《中国单位组织：资源、权力与交换》，浙江人民出版社，2000。

人文社会科学的资助体制

作　　者：白长茂，男，中国社会科学院语言研究所科
　　　　　研处处长，中国社会科学院研究生院 2010 届
　　　　　MPA 毕业生。
指导教师：赵　芮

　　摘　要：人文社会科学资助体制研究，既是科研管理规律的理论探讨，又是科研管理现实问题的对策研究。本文对国内外人文社会科学资助体制进行比较，包括国内外人文社会科学研究机构设置对比、资助渠道及经费来源对比、资助方式对比等；对中国社会科学院进行个案分析，包括对中国社会科学院资助体制进行历史考察、对资助结构进行横向考察，重点对我国人文社会科学广泛实施的课题制及其管理机制展开研究。最后，提出引入"绩效管理"工具和市场运营机制，构建以绩效为核心的人文社会科学资助体制新框架。

　　关键词：人文社会科学　资助体制　中国社会科学院

第一章　导论

一　选题意义

　　人文社会科学资助体制研究，既是科研管理规律的理论探讨，又是科研管理现实问题的对策研究。本文以中国社会科学院为例，对我国人文社会科学资助体制及科研管理规律进行考察，具有代表性和典型性。

中国社会科学院自 1977 年成立以来,在人文社会科学研究领域取得了重大进步和辉煌成绩。一切成绩的取得都离不开国家的财政支持。30 多年来,国家财政对中国社会科学院的资助体制可以划分为不同阶段,我们发现,中国社会科学院 30 多年的发展历程,和中国改革开放 30 多年的历程紧密相连。不同阶段、不同时期,国家对中国社会科学院的财政支持方式有不同的时代特点,体制的转型也带来了一些新的问题,如课题制实施以来,课题成为组织科研活动的基本单位,而研究室的行政领导力减弱。本文将探讨中国社会科学院资助体制随着社会进步和国家财政支持方式的改变而发生深刻变革的情况和规律,探讨以绩效为核心的科研管理新机制。

本文通过对中国社会科学院资助体制的历史考察,对资助体制演变的分析,把目前中国社会科学院正在进行的体制机制改革,放到国家改革开放以来的历史坐标中进行考察,将 30 多年来中国社会科学院在课题管理、学科建设、人才培养、学术交流等方面的资助情况进行梳理,为中国社会科学院当前的"强院战略"和体制机制改革的具体策略提供参考。本项研究希望成为探讨中国社会科学院科研管理体制机制改革的一部分,为今后的科研管理工作,特别是对制订有关资助方式方面的决策提供参考。

本文结合公共管理硕士(MPA)课程所学的公共管理理论,运用比较分析法、案例分析法、历史分析法等研究方法和手段,对人文社会科学科研管理制度进行分析研究,提出以绩效管理为核心的适应人文社会科学发展规律的资助体制新框架,为中国社会科学院科研管理理论和实践提供有价值的参考。

二 文献综述

国外关于人文社会科学资助体制的研究主要通过间接研究文献获得。比较有代表性的研究如:《美国联邦政府大学科研资助政策的演变及启示》(张东海,《研究与发展管理》2007 年第 3 期),对美国为代表的西方人文社会科学资助体制进行了介绍。《美国联邦政府开展的基础研究绩效评估及其启示》(龚旭、夏文莉,《科研管理》2003 年第 2 期),介绍了美国联邦政府采用绩效管理的经验。《美国如何进行科技创新和人才培养》(任国际,《中国人事报》2008 年 1 月 16 日),对美国科技人才的管理机制进行了详细介绍，提出了重要借鉴意见。我国以绩效为核心的人文社会科学评价体系尚未建立，上述文献引发了笔者的思考。

国内对于国外人文社会科学资助体制的研究，最权威的莫过于黄长著的《国外人文社会科学政策与管理研究》。这本著作是中国社会科学院重点学科"国外人文社会科学政策与管理"研究的成果。作者对美国、英国、法国、德国、俄罗斯、日本、韩国七国进行考察，对近年来国外对人文社会科学研究政策及管理模式进行了研究和比较，涉及内容包括资助体制（包括资助方式、费用支出、资助特点等）、评价体系、跨学科研究、学风建设等重要问题。

黄浩涛、王延中主编的《课题制研究》（社会科学文献出版社，2009）专门对人文社会科学课题制资助体制进行了研究。研究认为，科研活动的组织和管理主要针对课题制展开。课题制的实施，改变了改革开放之前的资助方式，计划经济体制下的科研事业单位，采取拨款制和计划任务制，而课题制的特点是通过改变资助方式，使申报程序和评审制度更加公平，资源配置更加科学，扩大了课题负责人管理和组织课题活动的权利。课题制作为当前普遍实行的一种科研组织和管理模式，给科研体制和资助体制带来了进步。

本文将讨论资助体制与课题制、资助体制与绩效的关系。强调课题制的管理模式是与整个科学事业发展相关联的，是与国家政治体制、经济体制相关联的。作为延伸思考，本文第三章、第四章、第五章将对中国社会科学院课题管理规律和绩效缺失进行分析研究，提出以绩效为核心的人文社会科学资助体制新框架。

本文有关研究涉及科学分类，主要参考和依据是经济合作与发展组织（OECD）通过的《研究与试验发展调查实施标准》的正式版本，即《弗拉斯卡蒂手册》（Frascati Manual）。目前，国内张玉勤翻译的《弗拉斯卡蒂手册——研究与试验发展调查实施标准》（经济合作与发展组织 2002 年发表的手册），作为内部资料，已经被我国科学技术部作为全国科技统计工作培训手册使用。也就是说，我国的《科学研究与技术开发机构调查表》（转制的科学研究与技术开发机构也适用）是在基于《弗拉斯卡蒂手册》分类标准的基础上实现数据采集的。

三　框架结构

本文分五章讨论（见图 1）。第一章，导论，提出问题。第二章，人文社会科学资助体制比较研究，采用比较分析方法，对国内外人文社会科学资助体制的机构设置、资助渠道和资助方式三个方面进行比较。第三章和第四章，采用案例分析方法，对中国社会科学院进行个案研究。第五章，引入绩效管理工具，以绩效为核心，构建人文社会科学资助方式新框架。

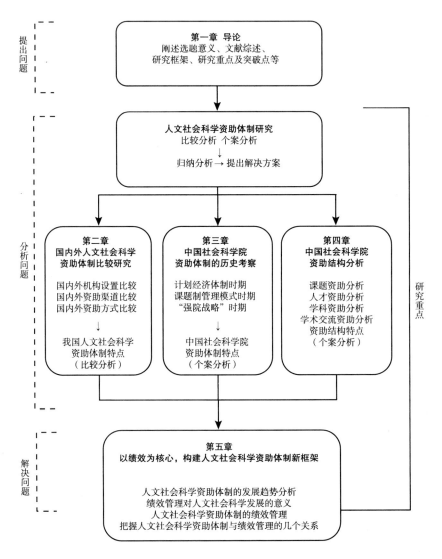

图 1　论文框架示意

第二章　国内外人文社会科学资助体制比较研究

本章采用比较分析的方法，讨论国内外人文社会科学资助体制异同。[①]主要从人文社会科学研究机构设置、资助渠道、资助方式三个方面进行比较。

一　国外人文社会科学资助体制分析

2003 年，中国社会科学院文献信息中心研究部承担了一项中国社会科学院 B 类重大课题："国外人文社会科学机构手册"（该课题于 2004 年通过结项鉴定），手册对 148 个国家进行调研，收录国外人文社会科学研究机构 4515 个。课题组还建立了国外人文社会科学研究机构数据库，该数据库收录机构 5628 个。课题组所收录的研究机构，学科范围既包括传统人文社会科学学科，还包括近年来涌现的大量新兴学科、跨学科研究机构。该资料比较全面地反映了国外人文社会科学研究机构的总体情况。

人文社会科学在世界范围内于 20 世纪有了突飞猛进的发展，有学者甚至把 20 世纪称为"社会科学的世纪"。因此，对国外社会科学资助体制的研究非常必要。目前我国学者在资助体制方面的研究成果比较薄弱，可资参考的文献十分有限。中国社会科学院学部委员黄长著一直关注国外人文社会科学的发展，他在研究国外人文社会科学政策与管理的时候，分别选取了美国、经合组织（OECD）国家、俄罗斯等作为研究对象。本文大体采用黄长著选取的三类国家代表为对象进行分析研究。研究人文社会科学资助体制，本文选取三个视角，即人文社会科学研究机构设置、资助渠道和资助方式。

（一）国外人文社会科学机构设置情况

人文社会科学领域的发展始终与世界经济发展紧密相连，与国际政治形

[①] 本文所指的人文社会科学资助体制主要是人文社会科学研究领域的资助形式和管理形式，讨论机构设置规模、资助渠道、资助方式三个方面。

势紧密相连。总的来说，一个特点是，政治体制的变化影响着人文社会科学机构的设置。进入 20 世纪以来，世界政治格局发生了重大变化，有的国家分裂消亡，有的重组或解体，有的政权发生变化。政治格局的变化对各国人文社会科学机构的设置产生了巨大影响，导致原有人文社会科学研究机构有的取消或解散，有的重新组合，有的更换名称，各国情况不一。另一个特点是，新兴学科发展迅猛，新的研究机构应运而生。20 世纪下半叶以来，随着国际政治、经济的发展，人文社会科学新兴学科、交叉学科迅猛发展，一些新的研究机构纷纷成立。此外，影响机构建制的因素受国家政体、经济发展水平、国家对学术重视程度、学科发展程度等因素影响比较明显。我们以美国、经合组织成员国、俄罗斯为代表，通过表格归纳其人文社会科学研究机构对比情况。

表 1   国外人文社会科学研究机构对比

代表国家	研究机构
美国	(1)美国最高学术机构——美国国家科学院(National Academy of Sciences)成立于 1863 年； (2)人文社会科学研究机构设在国家科学院下属的"行为科学与社会科学及教育分部"； (3)美国的人文社会科学研究机构绝大部分设置在高等院校，政府、企业和公司也设有研究机构； (4)美国国家科学院是一个 NGO 性质的机构，带有明显的 NGO 组织性质； (5)美国资助体制管理部门有：行政机构、立法院机构、国家科学研究机构。
经合组织成员国	(1)经合组织成员国的人文社会科学机构大多数设在高等院校； (2)经合组织成员国的资助体制受学科划分标准影响； (3)经合组织成员国对人文社会科学研究范围采用自己的划分标准，各国参照这一标准也有自己的更为细化的标准； (4)经合组织成员国采用的分类标准也影响学术基金会、社团组织对人文社会科学的资助。
俄罗斯	(1)俄罗斯科学院成立于 1724 年，1925 年更名苏联科学院，1991 年恢复原名，是俄罗斯联邦的最高学术机构，主导全国自然科学和社会科学基础研究； (2)俄罗斯 20 世纪 90 年代初成立俄罗斯基础研究基金会和人文科学基金会； (3)俄罗斯科学院设 18 个学部，其中人文社科方面 5 个； (4)俄罗斯人文社会科学研究机构主要由国家设置； (5)科研管理机构和职能局的设置与中国社会科学院完全一样。

注：本表格根据文献归纳整理。

（二）国外人文社会科学资助渠道考察

国外人文社会科学研究资助渠道的情况，我们依然通过对美国、经合组织成员国、俄罗斯之间进行比较。

表2　国外人文社会科学资助渠道对比

代表国家	资助渠道
美国	美国人文社会科学的资助渠道主要特点是： (1)美国人文社会科学资助渠道主要来自个人、企业、基金会、慈善机构等； (2)美国国家科学院设立的人文社会科学研究机构没有直接的政府财政资助，政府资助的领域主要集中在公共管理方面； (3)国家科学基金会资助，占资助预算的4%，资助领域主要面向基础研究和高校学术机构； (4)国会审批的国家预算资助，面向国家卫生研究院、食品药品管理局、美国疾病控制中心等公益机构； (5)美国国家科学院接受美国国家基金会资助，资助各种针对青年的培训活动； (6)美国的大型企业也设立自己的基金会。
经合组织成员国	经合组织成员国人文社会科学的资助渠道主要特点是： (1)经合组织成员国对人文社会科学的资助渠道主要是政府资助、基金会资助、社团组织资助； (2)研究经费的资助渠道呈多元化，如设立杰出学者研究基金、优秀青年学者研究基金等； (3)对人文社会科学研究机构的资助强调体制均衡发展； (4)强调加大人文社会科学学术管理部门权限，以保证对基础和应用学科的资助； (5)强调政府与学术团体之间、政府系统与非政府系统之间的沟通； (6)资助活动强调重视社会科学研究领域的新发现。
俄罗斯	俄罗斯政治体制改革前后资助体制有很大变化，资助渠道具有以下特点： (1)俄罗斯近30年处在转型期，受体制变化影响，后10年的资助渠道与前20年有明显不同； (2)国家预算拨款制度受到市场经济冲击，旧体制已不能满足科研发展的实际需要； (3)俄罗斯的人文社科研究资助渠道受政治体制转变影响，向多元化转变； (4)教育和研究受商业化、市场化影响，研究机构出现非体制化趋势； (5)研究机构的研究重点从基础研究转向应用研究； (6)研究经费中国家预算资助为主流，占2/3，基金组织占10%、企业资助占15%~20%，此外还包括部分预算外收入、国外资助、高校资助、私人非营利组织资助等。

注：本表格根据文献归纳整理。

比较发现，美国对人文社会科学研究的资助最为灵活，基金会资助形式最为普遍，社会资金的使用也最为充分。它主要是依靠个人、企业、基金会和慈善机构来实现对人文社会科学研究的资助。相比之下，经合组织成员国更重视资助体制的健全和合理。俄罗斯的情况和我国十分相似，表2总结的6个特点，体现了体制转型国家具有的相似性特点。

（三）国外人文社会科学资助方式及特点

资助方式是一个复杂的系统，经费如何申请，经费怎么拨付，最终拨付给谁，检查监督机制如何，管理效果如何，都属于资助方式范畴。本文从资助方式的特征，对上述三类代表国家进行比较。

表3　国外人文社会科学资助方式对比

代表国家	资助方式
美国	（1）美国资助方式的特点是资助方式多元化，资助渠道呈多元化。既有政府拨款，也有来自高等院校、基金会和公司企业和财团的资助。 （2）美国采用的这种多元化的资助方式，与发达的市场经济有密切关系。 （3）美国人文社会科学研究机构集中设在高等院校，受市场影响最为明显；企业在很大程度上也受市场驱动。 （4）美国政府资助的人文社会科学研究经费仅占所有研究与开发经费的5%。 （5）美国用于科学研究的资助总体上高于经合组织国家。
经合组织成员国	（1）在经合组织国家中各国对人文社会科学的重视程度存在很大差异。 （2）由于国家重视程度差异造成的资助方式也千差万别。 （3）资助经费最多的是日本，用于人文科学的经费占全部研究与开发拨款的38%。 （4）除日本以外，经合组织国家对人文社会科学资助的排名依次是：西班牙占30%，加拿大占27%，葡萄牙占22%，挪威占18%。
俄罗斯	（1）俄罗斯正处于社会转型期，政府指令性计划资助方式减弱。 （2）政府设置的研究机构研究经费十分有限。 （3）科研机构研究人员工资福利比较低。 （4）科研人员兼职和流失现象严重。 （5）俄罗斯由于市场化的影响，资助方式开始向多元化转变。

注：本表格根据文献归纳整理。

二　我国人文社会科学资助体制分析

为便于与上述国外资助体制研究进行比较，依然从我国人文社会科学研究机构设置情况、资助渠道、资助方式三个方面展开讨论。

（一）我国人文社会科学机构设置情况

我国现有人文社会科学研究机构，基本上是由计划经济时期发展而来的。讨论机构设置，需要从不同角度展开，因此，需要按照不同的分类来进行研究。不同类别属性带有不同的性质和特点。本文按照隶属关系、研究领域、研究内容三种方法来进行分类，分别讨论。

1. 按照隶属关系分类

我国人文社会科学研究机构按照隶属关系可分为五类：国家所属、地方所属、高校所属、企业所属、民营机构。国家所属和地方所属的研究机构属于独立事业法人单位，高校所属和企业所属的研究机构属于非独立法人机构，需挂靠在高校或企业，属于附属机构。中国社会科学院是国家所属机构。

2. 按研究领域分类

我国的研究机构按研究领域可分为五个：自然科学研究机构、医学科学研究机构、工程与技术研究机构、农业科学研究机构以及人文社会科学研究机构。前四种属于自然科学和技术研究机构。与这五个领域相对应的机构分别是：中国科学院、中国医学科学院、中国工程院、中国农业科学院以及中国社会科学院。

按研究领域分类常常有交叉情况，如中国社会科学院也有理科实验室，如实验语音学。随着学术发展，新兴学科、交叉学科的不断涌现，按研究领域分类的情况就更为复杂。

3. 按研究内容分类

我国现有研究机构按研究的主要内容大体可分为三类：基础性研究、技术开发类研究、社会公益类研究。

（二）我国人文社会科学资助渠道考察

我国人文社会科学资助渠道在新中国成立初期是采取苏联模式，改革开放以来，虽然计划经济时代结束，但是行政管理制度还延续旧模式，人文社会科学研究机构依然是以政府资助方式为主。包括地方政府和高等院校建立的人文社会科学研究机构，资助渠道都保留着政府计划的特点。1982年科学基金制度在我国建立，资助格局发生了重大变化。1985年课题制资助模式在研究机构中占主导地位，人文社会科学研究资助体制开始发生变化。研究机构除了继续按照原有体制实施国家计划的科研任务以外，研究机构的自主权得到扩大，学者选择研究课题的自主性也越来越大。获得课题资助的渠道也从单一的政府计划拨款到各种基金资助形式并存，资助渠道呈现多元化趋势。政府资助和科研基金资助成为我国主要资助渠道。

我国科研基金资助体系和国家设立的科学研究机构的资助体系，二者相比，共同点是都由国家财政支付研究经费，为国家人文社会科学事业开展研究工作，为促进国家哲学社会科学发展进步发挥重要作用；不同点是资助效率的差异。

科研基金资助体系中，我们以国家社科基金为例；国家科研机构资助体系中，我们以中国社会科学院为例，进行比较。根据效率原则，把最好的经费资助给最好的科学家，完成最好的课题，出最好的成果，取得最好的社会效益，即所谓"好钢用在刀刃上"。从这个角度看，国家社科基金资助体系比中国社会科学院资助体系具有明显优势。

国家社科基金的课题资助采取全国公开申报制度。各学科基金组每年定期召开专家会议，来自全国的哲学社会科学专家对课题进行论证，根据国家需要与学科发展建设情况制定和发布年度课题指南。课题指南分类发布，设重点课题、一般课题和青年课题，供全国从事哲学社会科学研究的学者自由申报。通过严格审议制度，从全国范围内遴选出最适合的学者承担项目进行研究。因此，国家社科基金资助体系的优势是，一方面，课题选题质量高，由专家制订课题指南；另一方面，课题承担人从全国申报者中间遴选，可以保证承担人为最适合的人选。

中国社会科学院资助体系中分自选课题和招标课题，自选课题比重更大。资助对象是本院科研人员。对选题比较看，中国社会科学院课题比社科基金课题有更大的自由度，科研人员可以根据自己的学术专长和学术兴趣在院、所各类课题中自由申报。从资助对象来说，中国社会科学院面向本院专业人员进行资助，和社科基金相比，在承担课题的学者选择上有一定局限性。有时候，好的选题不一定有适合的课题承担者。以中国社会科学院 A 类课题为例，2000 年、2001 年、2002 年、2003 年，课题资助立项数为：69 项、57 项、31 项、21 项，立项课题逐年递减，2003 年的立项数仅为 2000 年的 1/3。分析其中原因之一，A 类课题尽管是中国社会科学院最好的课题，但本院学者资源是有限的，最好的学者都已经有了课题。因此尽管有好的课题选题，没有适合的学者则不能进行资助。

（三）我国人文社会科学资助方式特点

我国现代科研管理制度成形于新中国成立之后，新中国成立前属于萌芽阶段。1949 年新中国成立之后，中央政府仿照苏联的模式建立了我国科学技术体制。人文社会科学和国家科技体系一样，采取政府计划、全额拨款方式。管理模式采取行政审批方式。这种体制的选择有历史的必然性，在当时国家的经济情况和政治条件下，这种模式具有进步意义，在促进新中国的科技发展过程中起到过不可替代的作用。然而改革开放以来，随着经济领域、政治领域体制改革的不断深入，这种科技体制已经明显与国家经济、政治的发展不相适应了[①]。

通过对国内外人文社会科学机构设置、资助渠道和资助方式的对比，笔者认为，虽然问题具有复杂性，但是从对人文社会科学发展的效果看，核心问题是投入和产出的效率问题。无论集中的设置还是细化的设置，单一的资助还是多元的资助渠道，计划体制的资助方式还是市场化的资助方式，对科学发展的影响都体现在效率方面。

第三章 中国社会科学院资助体制的历史考察

中国社会科学院资助体制是我国政府资助模式的典型，以中国社会科学院为个案，把政府财政拨款方式资助的人文社会科学研究机构的发展情况进行分析研究，具有代表性和典型性。

中国社会科学院发展阶段的划分，本没有固定的说法。为讨论方便，笔者认为中国社会科学院的资助体制可以分作三个阶段：第一阶段是计划经济体制下的科研资助方式，第二阶段是课题制管理为主导模式下的科研资助方式，第三阶段是"强院战略"下的科研资助方式。

一 计划经济体制下的科研资助方式

1949 年新中国成立，我国的政治体制决定了我国以计划经济体制为经济模式，从新中国成立初期到改革开放之前，我国科学研究管理体制也是借

---

① 顾海兵、王宝艳：《中国国立研究机构：问题与出路》，《学术界》2004 年第 3 期。

鉴和采用苏联的模式，资助方式采取事业单位拨款制，科研任务来自政府计划。在计划经济体制下，由国家设立研究机构，研究任务来源于国家计划，经费来源于政府财政拨款。科研管理主要以行政方式下达任务和组织实施。研究所的科研项目立项也主要是通过行政审批确立。

计划经济体制下的科研经费资助特点是：资助经费是按部门、按地区、按单位、按人头分配。科研管理采用行政审批制。中国社会科学院于 1977 年成立，是政府资助设立的人文社会科学国家级研究机构、资助体制完全执行国家计划，科研任务由国家下达，学科设置方案由国家制定，管理上采取行政审批制。

二 课题制管理为主导模式下的科研资助方式

20 世纪 80～90 年代，国家实行改革开放政策，国家经济体制、财政体制、科研体制都发生了重大变化，科学研究资助体制和管理方式也随之不断发生着变革。我国科研资助体制走进了课题制时代。

《国家科研计划实施课题制管理的规定》给出的课题制的权威定义是：课题制是按照公平竞争、择优支持的原则，确立科学研究课题，并以课题为中心，以课题组为基本活动单位来进行课题的组织、管理和研究活动的一种科研管理模式。

中央财政科技投入包括五种类型：

（1）国家科学基金项目、国家科技计划项目资助，采取课题制方式资助；

（2）科研机构科研业务费资助，采取行政事业拨款方式资助；

（3）公益性行业科研经费，由国家专项财政资助；

（4）科研基础设施建设与维护费用，由国家专项财政资助；

（5）《国家科技发展规划纲要》确定的国家基础研究发展规划项目费用，采取课题制方式资助。

中国社会科学院进入课题制时代是从 1999 年开始的。中国社会科学院下设 30 多个直属研究所（中心），以课题形式承担着大量科研任务。中国社会科学院根据国家拨付的年度科研专项业务经费，在院内组织课题立项工作。此外，每年还从国家社会科学基金、国家自然科学基金、科技部以及其他资助机构获得一定数量的科研课题。至此，中国社会科学院资助体制和管理模式发生了重大变化。

课题制区别于计划任务制主要是引入市场机制，其实质是"合同制"，特别强调人、财、物三者的统一，是基于市场机制的管理模式的全面进步，而不仅仅是一种科研经费管理方式的改变。课题制的主要内容可以归纳为以下四个方面。

（1）人力资源配置：由于课题制加大了课题负责人权限，课题负责人可以自主组织研究队伍，课题研究任务的分配也由课题负责人协调、设计和实施。明确了课题组、课题组负责人、课题组成员的责权利，人力资源得到有效利用。

（2）财力资源配置：打破了计划体制下的经费管理模式，资金使用上形成了一套严格的管理制度。如中国社会科学院重大课题采取课题经费两上两下的管理制度。经费审批部门、课题主持人、经费管理部门、审计部门构成了系统化管理体系。

（3）物力资源配置：课题制对物力资源进行了整合，采取资源共享的方式，充分利用研究机构的物力资源。

（4）评价体系：从课题的遴选、论证、评议、审批，到课题的评估（含优、良、合格、不合格）结项（不合格不得结项）、验收等，都采用与课题制相适应的评价体系。学术委员会为最高学术评价机构，取代了行政审批。

课题制在人力资源配置、财力资源配置、物力资源配置和评价体系重建几个重要环节形成了新的管理模式，一个按照市场机制建立起来的高效的科研管理机制逐渐形成。

三 "强院战略"下的科研资助方式

2009年3月18日召开的中国社会科学院2009年度工作会议上首次提出"强院战略"，中国社会科学院将重点进行课题制改革，完善科研资助体系，实施人才强院战略，开展学术名刊建设工程，全面推开聘用制，改进非实体研究中心管理等。

通过资源合理配置来改革课题制和科研资助体系。主要有两项新措施。

措施一，科研资源配置方面，增加对学者个人的资助。科研资助体系和资源配置从资助课题、学科、出版"三位一体"的科研资助体系，扩展为课题、学科、学者、出版的"四位一体"的科研资助体系。

措施二，实施成果"后期资助"，该措施是对课题制的完善和补充，目的在于加强研究所和课题承担人的责任意识。"后期资助"思想不仅针对课题，还可以探讨扩展到学科建设上。

2010年3月23日召开的院工作会议上王伟光副院长代表院党组做了题为《深入实施科研强院、人才强院、管理强院战略，进一步开创我院改革发展新局面》的报告，再次提出深入实施"强院战略"。中国社会科学院"强院战略"包括科研强院、人才强院、管理强院三个内涵，其中科研强院包括科研资助体制的改革，主要是针对课题制的进一步完善采取措施。从课题资助到人的资助的转变，这需要对课题制实践进行总体评价和分析。我国人文社会科学1999年实施课题制管理，仅仅经历了10年的发展，但在实施过程中，仍然具有阶段性特点，课题制本身也在探索前进。根据10年课题制实施情况，我们总结出六个特点，概括如下。

（1）课题类别多样化。如中国社会科学院内部管理的课题类别繁多，既有院级课题，又有所级课题，院所两级又分出更细化的课题类别（见下文表5"中国社会科学院课题类别情况"）。由于年度课题逐年长期立项审批，课题总体数量累计增多。

（2）周期性和循环性。每一项课题都经历一定周期：申报—审批—立项—中期管理—鉴定—评估—验收—出版。课题管理呈周期性，新旧课题呈循环性。课题活动成为研究所中心工作，课题管理成为科研管理最主要的工作。

（3）大型课题、巨型课题、系列课题不断涌现。原本在自然科学领域的巨型课题形式，在人文社会科学领域也出现了类似情况。如中国社会科学院某些A类课题，课题组人数达数十人，会集全国相关专业的科研力量开展研究。

（4）中长期课题不断涌现。课题组人员由于研究相关性，越来越团队化，科研团队保持一定的稳定性、长期性，与学科发展高度一致。

（5）国际化发展方向。课题活动常常包括国际研讨会和国际考察等内容，有的课题组还从国际范围聘请客座教授参与研究。课题资助活动扩大了研究者的国际视野。

（6）课题管理信息化。科研管理越来越制度化、规范化。科研局和研究所建立了科研管理信息平台，主要针对课题管理和成果管理。科研管理逐步走上信息化轨道。

以上六个发展特点，也是"强院战略"下中国社会科学院的课题资助新特点。为下一步科研体制进一步完善，以及管理措施制度化做了必要准备。值得关注的是，课题制还在发挥它的管理作用，只是需要改进，从管理的角度说，有许多新的问题值得探索，比如：根据人文社会科学特点，对课题的后期资助形式给以充分考虑；对重大课题，实施目标管理；对课题资助逐步转为对人的资助；对多元化资助方式的再研究；等等。从"管理强院"的战略视角来看，对于课题制管理模式而言，笔者认为，中国社会科学院课题管理已进入"后课题制时代"。

四　中国社会科学院科研资助方式特点

我们把计划经济体制下的资助体制、课题制为主导的资助体制和"强院战略"下的资助体制进行比较，可以发现，以政府为主要资助方的中国社会科学院，在资助方式上越来越灵活，越来越"以人为本"，管理思路十分清晰，简要归纳如下（见表4）。

表4　中国社会科学院科研资助方式特点

阶段	体制	主要特点
1	计划经济体制下	(1)资助体制为拨款制。 (2)科研任务为国家计划任务。 (3)经费采取按单位、按人头分配。 (4)科研管理形式为行政审批制。
2	课题制模式下	(1)引入市场化管理，采取分类管理、竞争申报、择优资助的原则。 (2)经费管理采取项目拨款制。 (3)发挥学术委员会职能，采取科学公正的专家评审制度。 (4)实行课题主持人负责制。充分发挥课题组在选择课题，选择科研合作人，以及项目实施计划方面的主动性和创造性。
3	"强院战略"下	(1)进一步对课题制进行改进，采取更为合理的资助方式，既有对课题形式的资助，也有对人的资助。 (2)评审制度更民主、更科学、更公正。多种人文社会科学成果评估系统应运而生。 (3)人文社会科学成果后期资助理念逐步形成。 (4)建立更为科学的信息化管理平台，资助方的综合控制能力逐渐提高。

注：本表格根据中国社会科学院有关文献归纳整理。

五　中国社会科学院资助体制与内部管理机制

（一）中国社会科学院内部管理机制特点

中国社会科学院资助体制和内部管理机制密不可分。内部管理机制是资助体制得以实现的保证。中国社会科学院对研究机构的管理有着较为有效的内部运行机制，特点如下。

（1）在领导体制上，实行党委领导下的所长负责制。

（2）在业务管理上，科研管理采取课题制形式实施院所两级管理。课题负责人对课题享有自主权，经费自主核算，人员自由组合。

（3）在人事管理上，所长由上级主管机构任免，研究人员实行职务聘任制，专业技术职称仍然采取严格的评审制。

（4）在经费管理上，中国社会科学院研究经费以课题方式下达。由课题所在单位财务部门统一管理，接受审计部门监督。对于课题所需的基本建设费用和大型设备费用，进行专款管理。

（二）中国社会科学院研究室与课题制的关系

中国社会科学院研究室与课题制的关系是值得思考的管理问题。研究室是在中国社会科学院建院时候，根据学科建立起来的。在计划经济时代，研究室作为一级行政组织，负责管理研究所所属以室为单位的科研活动。根据层级管理的体制，研究室主任有一定的行政审批权限。在课题制模式下，课题组成为科研活动的主要形式，课题负责人对课题组的活动享有责、权、利。而研究室主任对课题的领导力相对减弱，甚至失效。有的研究室主任抱怨说，现在的研究室主任的工作角色基本就是工会小组长。因此如何加强研究室建设成为当今中国社会科学院科研组织建设和内部管理机制建设的重要课题。但是，研究室的设置和管理不能脱离开学科建设。

（三）中国社会科学院内部管理机制建设的方向

课题制是按照市场机制建立起来的科研管理机制，继续沿着市场化方向改革管理模式和资助体制是科研管理改革的方向。

对中国社会科学院管理体制的研究，落脚点是提高人文社会科学管理水平。特别是对于课题制管理规律的研究，将直接指导科研管理工作。中国社会科学院发挥内部管理机制作用，逐步完善课题制资助形式，同时也要逐步改进内部管理机制本身存在的缺陷，使之更为有效地实施科研管理，最终实现"管理强院"的战略目标。

第四章　中国社会科学院资助结构分析

本章讨论中国社会科学院建院 30 多年来资助体制的资助结构情况，笔者认为，中国社会科学院的科研资助活动主要在以下四个方面：①科研课题投入；②人才培养投入；③学科建设投入；④学术交流活动投入。其他如基建等投入不在考察范围之内。

一　中国社会科学院课题资助情况

课题资助在资助方式结构中占有主要地位，本节拟分院、所两级课题的资助情况进行考察，同时对中国社会科学院承担的各类院外课题做比较分析。分别进行项目描述、分析立项据、项目产出情况、管理条例分析等研究。

（一）中国社会科学院课题资助体系

中国社会科学院课题体系大致有三类：一是中国社会科学院管理的各类课题；二是中国社会科学院研究所管理的各类课题；三是中国社会科学院承担的各类院外课题（见表 5）。

表 5　中国社会科学院课题类别情况

序号	课题类别	设立年代	主要特点
1	重点课题	20 世纪 90 年代设立,2000 年取消	以国家规划和院规划项目为主。
2	基础研究课题	20 世纪 90 年代设立,2000 年取消	面向基础研究课题设立。
3	青年研究课题	20 世纪 90 年代设立,2000 年取消	面向青年学者设立。
4	重大课题 A 类	2000 年设立	对一些重大的、具有战略性和前瞻性的理论和现实问题给以较高数额的资助,资助力度为几十万至上百万元。
5	重大课题 B 类	2001 年设立,2006 年取消	相对 A 类而言,不是特别重大的课题由院级设立课题,资助力度一般为十万元左右。
6	重点学科建设工程	2002 年设立	对研究机构(主要是针对目标管理的研究室)进行一定周期(一个周期一般为 5 年)的定额资助制度。

序号	课题类别	设立年代	主要特点
7	青年科研启动基金	2003年设立,2009年取消	针对引进人才和新来中国社会科学院工作的毕业生的实际需要设立。2009年取消了青年启动基金,设立了青年学者资助计划。
8	院重点课题（新）	2006年重新设立	为了避免科研项目的名称混淆,完善科研管理体系,2006年取消了B类重大课题制度,建立了新的重点课题制度。
9	国情调研项目①	2006年设立	国情调研项目旨在加强对国情的了解和研究,2006年设立,由国家财政专项资助,管理采取课题管理方式。2007年立项范围包括:①国情调研重大项目(10项);②国情调研重点项目和国情调研持续跟踪项目(50项);③国情考察活动;④个案与访谈项目(50项)。
10	国情考察项目②	2006年设立	2006年设立的国情调研活动类,于2008年改为国情考察活动,分系统组织的国情考察活动和研究所国情考察活动两类。
11	办公厅调研项目	2000年设立	办公厅《要报》编辑部组织管理的专项调研活动,由专项资金资助。
12	基础研究学者资助计划③	2009年设立	基础研究学者资助计划是课题制的重要补充,为从事基础研究的优秀学者提供资助,管理采取课题方式,遴选原则是宁缺毋滥、统筹考虑,研究所按指标限额推荐,一次核定,适用三年。资助期内若申报其他课题,并获得资助,此项资助暂停。
13	青年学者资助计划④	2009年设立	该项资助计划是课题制改革措施之一,为促进青年学者成长、鼓励青年学者提高学术素质、学术水平和科研能力而设。资助计划包括青年科研启动基金和青年学者发展基金项目。
14	院老年科研基金课题	2000年设立	由老干部局设立,专项资助离退休学者的研究课题。
15	交办委托课题⑤		党中央、国务院及各部、省级党政机关或领导同志交办、委托的科研任务。主要包括三类:①根据党中央、国务院及其领导同志的具体指示和要求立项的课题;②尚未列入当年科研计划,时效性较强,根据院党组、院务会议以及院领导的指示立项的课题;③部、省级党政机关委托中国社会科学院组织研究的课题。

①中国社会科学院文件,社科（2007）研字44号:《关于2007年国情调研项目申报工作的通知》。
②中国社会科学院文件,社科研字（2008）1号:《关于2008年国情调研立项工作的通知》。
③中国社会科学院科研局文件,社科（2009）研字100号:《关于2009年中国社会科学院基础研究学者资助计划项目申报工作的通知》。
④《中国社会科学院青年学者资助计划实施办法（试行）》（经2009年7月2日院长办公会议审议通过）。
⑤中国社会科学院科研局文件,社科（2008）研字72号:《关于印发中国社会科学院交办委托课题管理办法（修订）的通知》。
注:本表格根据中国社会科学院有关课题文件归纳整理。

（二） 中国社会科学院课题资助体系的管理形式

以上 15 类院级课题除第 11 项和第 15 项由中国社会科学院办公厅管理，其余均由科研局管理。管理办法主要是：以研究所学术委员会为评议机构，负责审议研究所推荐承担的院重大/重点课题和重点学科建设项目；院科研局组织重大课题评审委员会负责评议，经院务会议审批立项。经费预算需根据立项批准额度，作二次预算，施行"两上两下"的预算制度，核准的课题经费由院科研局统一拨付。

重大课题 B 类则由研究所自行设计并组织评议，该项研究经费由中国社会科学院依据研究所科研人员数量、专业技术职务结构以及学科特点，从院重大课题经费中划拨部分经费额度给研究所，由研究所在额度内决定 B 类课题的经费分配。B 类课题需经所学术委员会评议，院重大课题评审委员会评议，院务会议审批，方可立项。未获通过的课题经费预算数额，从划拨研究所的经费额度中扣除①。

表6　院重大课题实施 5 年的立项状况 （2000~2004 年度）

年度	A 类重大课题				B 类重大课题			
	总数（项）	资助额（万元）	平均资助额（万元）	课题组人数（人）	总数（项）	资助额（万元）	平均资助额（万元）	课题组人数（人）
2000	69	2363.58	34.25	922	—	—	—	—
2001	57	1706.5	29.94	611	77	517.8	6.72	405
2002	31	1410.95	45.51	363	90	577.6	6.42	401
2003	21	755	35.95	243	89	612	6.88	381
2004	48	1755	36.56	575	113	778.5	6.89	503
合计	226	7991.03	35.36	2714	369	2485.9	6.74	1690

资料来源：黄浩涛、王延中主编《课题制研究》，第 276 页。

1999 年全院实施课题制以后，参与课题人员规模逐年加大，大多数专业技术人员都参与到课题管理形式的研究活动中。2001 年统计数据，全院 34 个单位中在职人员总数 2837 人，专业人员总数 2451 人，参与重大课题研究的科研人员达 1938 人次，占全院专业人员的 79%。重大课题立项规模

①　中国社会科学院文件，社科（2001）研字 44 号：《关于 2001 年院重大课题申报的通知》。

过大将影响成果质量，2002 年科研局对课题立项比例进行了调整，表 6 显示，2003 年院重大课题 A 类立项数减少到 2000 年的 1/3。资助体系也进行了调整，从 2003 年起，增加了院青年科研基金项目，用以吸引优秀青年人才来院工作。

2005 年中国社会科学院取消 B 类重大课题，恢复原院重点课题。B 类课题经费并入研究所重点课题管理，扩大了研究所在组织课题研究方面的资助资源支配能力。

表 7　各学科片 A 类重大课题立项学科比较（2000 ~ 2004 年度）

单位：项，%

年度	合计	文学片		史学片		哲学片		政法片		经济片		国际片	
		数量	百分比	数量	百分比	数量	百分比	数量	百分比	数量	百分比	数量	百分比
2000	69	6	8.7	10	14.5	8	11.6	12	17.4	17	24.6	16	23.2
2001	57	5	8.8	6	10.5	7	12.3	10	17.5	15	26.3	14	24.6
2002	31	3	9.7	4	12.9	4	12.9	4	12.9	8	25.8	8	25.8
2003	21	0	0	0	0	3	14.3	4	19	10	47.6	4	19
2004	48	3	6.3	5	10.4	7	14.6	11	22.9	14	29.2	8	16.7
合计	226	17	7.5	25	11.1	29	12.8	41	18.1	64	28.3	50	22.1

资料来源：根据黄浩涛、王延中主编《课题制研究》第 283 页有关数据整理。

表 8　历年来院级课题经费使用情况（1996 ~ 2000 年度）

单位：万元，%

年度	1996	1997	1998	1999	2000
科研经费总额	806.75	693.95	1589.17	1322.51	3272.39
院级课题经费	339.10	337.75	965.73	737.16	2087.55
课题经费比例	42	48.7	60.8	55.7	63.8

资料来源：黄浩涛、王延中主编《课题制研究》，第 280 页。

（三）中国社会科学院课题资助结构特点

从表 7、表 8 的数据资料分析，人文社会科学研究资助方式既有共性又存在差异，体现了中国社会科学院资助结构的复杂性。实施课题制以来，根据中国社会科学院重大课题立项情况可以归纳出中国社会科学院在课题资助方面具有以下五个方面的特点。

第一，课题制的普遍适用性。中国社会科学院每年立项 100 多个课题，在经济片、哲学片、史学片、文学片、政法片、国际片六个学科片及院直属单位（如出版社、纪检组、院部等）都有一定数量课题获得立项，体现了课题制的公平、公正性和广泛的适用性。

第二，学科不同造成资助差异。差异性主要体现在人文科学和社会科学学科性质差异上，学科性质的差异导致课题立项上的差异。表 7 表明，人文学科（文/史/哲学科片）的立项数远少于社会科学学科（经济/政法/国际学科片）。

第三，研究方法不同造成资助差异。资助差异还体现在研究方法不同造成的资助差异。课题制具有选择性，例如资助国情调研类项目上，人文学科片几乎没有院国情调研重点项目，而社会科学学科片几乎包揽了院国情调研项目的全部经费。如 2007 年，国情调研重大项目（10 项），国情调研重点项目和国情调研持续跟踪项目（50 项），以及个案与访谈项目（50 项）主要集中在社会科学学科研究领域。

第四，需求差异造成资助差异。需求差异造成资助差异，如表 9 所示，需求最大的是史学和考古学研究为 17.44 万元，其次是文学片 10.89 万元，第三位是政法社会学片为 7.17 万元，哲学片为 5.92 万元，国际片为 4.14 万元，经济学片为 3.95 万元，院部课题资料搜集费平均为 6.15 万元。①

表9　中国社会科学院按学科片划分课题资助各项费用的平均水平

单位：万元

学科片	资料搜集费	调研费	会议费	设备使用/购置费	文稿印制费	其他支出
哲学片	5.9185	4.6296	4.6626	3.2611	1.7733	9.3222
史学片	17.4409	9.1273	6.8227	4.9682	2.0409	5.5545
文学片	10.8933	10.5667	5.1467	5.2333	2.1893	9.504
经济片	3.9519	8.5811	3.7323	2.2572	1.3494	4.6351
政法社会片	7.167	10.3695	4.4618	2.4345	1.3662	4.6025
国际片	4.1435	4.3196	4.7348	2.488	1.2791	5.9489
院部	6.1455	10.4182	8.1091	4.1527	5.7241	6.4659

资料来源：黄浩涛、王延中主编《课题制研究》，第 106 页。

---

① 资料来源：黄浩涛、王延中主编《课题制研究》，第 106 页。

第五，中国社会科学院院级课题现有规模表明，研究所主要科研力量基本都在从事院课题研究工作。

（四）中国社会科学院研究所课题资助情况

中国社会科学院各个研究所每年有一定数量的所级课题通过审议立项，规模一般视研究所经费状况而有所差别。科研经费充裕的研究所，所级课题一般比较多；经费充裕的年度，立项的课题一般比较多；所级课题立项情况，还跟学科带头人和科研业务骨干科研任务及手头课题多少有关。所级课题中还有一定数量的经费支持力度小于重点课题的所级一般课题或资助课题。因此，所级课题基本能够保证绝大多数科研人员都能承担课题任务，纳入课题制管理。

根据课题申请原则，同级课题不得重复承担。这个原则使得研究所科研人员申请课题受到一定限制，目的是保证科研人员专心研究，而非追逐课题经济效益。当然也有例外，研究所特别需要立项的课题，可以打破这条原则，用招标课题的形式，把研究任务交给适合的承担者承担。研究所级课题主要类别有以下几种（见表10）。

表 10   中国社会科学院研究所课题类别情况

序号	课题类别	设立年代	主要特点
1	重点课题	20世纪90年代设立	20世纪90年代设立，经费由院统一管理。1999年起课题制实施，经费由院按额度划拨，研究所审议批准课题立项使用。2006年原院重点B类课题经费也划拨研究所审批、管理、使用。但名称和管理形式还是院重点课题。
2	一般课题	1999年设立	实施课题制以来，研究所根据课题性质、规模、来源设立不同名称的课题，资助力度由研究所根据财力审议立项。
3	招标课题		
4	资助课题		
5	横向课题		指研究所和其他单位合作课题。研究所根据专业特点承担一部分与外单位的合作课题，经费一般由所财务代管。课题管理按照项目合同执行。

注：本表格根据语言研究所各类所级课题文件归纳整理。

（五）中国社会科学院获得院外课题的资助情况

中国社会科学院科研人员还承担了相当数量的院外课题。这些院外课题不仅是课题类别的补充，更主要的是充分发挥了中国社会科学院在人文社会科学研究中的整体力量和学科优势，承担社会需要的重大科研任务，推出具有重大学术价值和巨大社会效益的优秀成果，促进人文社会科学发展，更好地为社会主义现代化建设服务。

表 11　中国社会科学院院外课题申请类别情况

序号	课题类别	设立年代	主要特点
1	国家社科基金项目	1986 年设立	国家社科基金项目注重基础研究、新兴边缘交叉学科和跨学科综合研究。设立重点项目、一般项目和青年项目，每年评审一次。研究报告、论文的完成时限一般为 1 年，专著一般为 2~3 年。除重要的基础研究外，鼓励以研究报告、论文为项目的最终成果形式。研究类型分为应用对策研究和基础研究。应用对策研究一般要在 1~2 年内完成，基础研究一般要在 2~3 年内完成。
2	国家自然科学基金项目	1986 年设立	国家设立自然科学基金用于资助基础研究。基金主要来源于中央财政拨款。设立面上项目、重点项目、重大项目、重大研究计划、国家杰出青年科学基金、海外、港澳青年学者合作研究基金、创新研究群体科学基金、国家基础科学人才培养基金、专项项目、联合资助基金项目以及国际（地区）合作与交流项目等，以上类别构成国家自然科学基金资助体系。
3	国家"863"高技术研究发展计划项目	1986 年设立	1986 年 3 月党中央、国务院批准了《高技术研究发展计划（"863"计划）纲要》。从此，中国的高技术研究发展进入了一个新阶段。"863"计划主要是由政府主导，同时鼓励企业参与。国家级的科研机关和各高等院校是科学研究的主导力量。
4	国家"973"计划项目	1997 年设立	1997 年 6 月 4 日，原国家科技领导小组第三次会议决定要制定和实施《国家重点基础研究发展规划》，随后由科技部组织实施了国家重点基础研究发展计划（亦称"973"计划）。制订和实施"973"计划是党中央、国务院为实施"科教兴国"和"可持续发展战略"，加强基础研究和科技工作的重要决策。

　　注：本表格根据文献归纳整理。

　　中国社会科学院承担大量院外研究项目，其中以社科基金项目为主。国家自然科学基金项目、国家"863"计划项目、国家"973"计划项目主要针对自然科学和工程技术类的研究进行资助，中国社会科学院部分交叉学科也可以申请到这类课题，资助额度通常高于人文社会科学。也有部分科研人员承担了划分到地方科技项目类和其他科技项目类的情况，比如受地方政府委托所做的各类委托课题，受企业委托所做的项目规划或项目可行性报告等，此类课题不在管理机构备案，难以统计。

二　中国社会科学院人才资助情况

　　"人才强院"是中国社会科学院"强院战略"的重要组成部分。中国社会科学院对于人才的资助方式主要通过人才培养计划实现，本节考察中国社会科学院成立以来，各类人才培养计划和干部制度的实施情况。

（一）中国社会科学院优秀人才的奖励情况

中国社会科学院专家学者会集，30 多年来，中国社会科学院涌现了一大批国内外知名学者。院优秀专家不仅入选国家人才系列，本院也相应设立奖励制度，这是除科研课题资助以外的又一种资助形式，主要通过奖励津贴、补贴、享受休假、考察等方式实施（见表 12）。

表 12　中国社会科学院入选国家人才的系列情况

设立年份	奖励制度	中国社会科学院情况
1984	"有突出贡献的中青年专家制度"[①]	截至 1998 年，国家共组织了八批有突出贡献的专家选拔工作，中国社会科学院有 71 人当选国家级有突出贡献的中青年专家
1990	"国务院政府特殊津贴制度"[②]	截至 2006 年，中国社会科学院共有 1593 人享受国务院政府特殊津贴。胡绳、钱锺书、俞平伯、吕叔湘、冯至、贺麟、陈翰笙等学术大师级人物是中国社会科学院第一批享受津贴的学者
1995	"百千万人才工程"[③]	2002 年以前，中国社会科学院有 15 人入选"百千万人才工程"，2002 年以后，中国社会科学院有 5 人入选"新世纪百千万人才工程"
1998	"全国杰出专业技术人才"[④]	中国社会科学院参加两次评选推荐工作，共有 2 人获此称号
1998	"直接联系专家制度"[⑤]	中央直接掌握和联系高级专家数据库，中国社会科学院共有 66 人被列入该库
2003	"四个一批人才工程"[⑥]	截至 2006 年底，中国社会科学院有 10 位专家入选中宣部"四个一批"人才工程

① "有突出贡献的中青年专家制度"，1998 年国家暂停此项工作，酝酿出台新的措施。

② "国务院政府特殊津贴制度"2002 年之前每年选拔一次，2002 年以后每两年选拔一次。

③ "百千万人才工程"即培养造就上百名杰出青年科学家；上千名学术和技术带头人；上万名学术和技术带头人后备人选。2002 年，又制定了"新世纪百千万人才工程"实施方案，提出到 2010 年，培养造就数百名 45 岁左右的具有世界科技前沿水平的杰出科学家、工程技术专家和理论家；数千名 45 岁以下的具有国内领先水平，在各学科、各技术领域有较高学术造诣的带头人；数万名 30~45 岁在各学科领域里成绩显著、起骨干作用、具有发展潜能的优秀年轻人才。

④ "全国杰出专业技术人才"，人事部决定开展宣传专业技术人员先进典型的活动。目前，国家共表彰了三批 110 位全国杰出专业技术人才。

⑤ "直接联系专家制度"，中组部为了拓宽识人渠道，了解专家的心声，建立了直接联系专家制度。2004 年，中组部提出中央和省部都要建立高层次人才库，同时遴选一批近年来涌现的学术技术水平高、贡献突出的优秀专家，增列为中央直接掌握联系的高级专家。

⑥ "四个一批人才工程"即一批全面掌握邓小平理论和"三个代表"重要思想、学贯中西、联系实际的理论家；一批坚持正确导向、深入反映生活、受到群众喜爱的名记者、名编辑、名主持人；一批熟悉党和国家方针政策、社会责任感强、精通业务知识的出版家；一批紧跟时代步伐、热爱祖国和人民、艺术水平精湛的作家、艺术家。由中宣部具体组织实施。

资料来源：根据中国社会科学院人事教育局资料整理。

（二）中国社会科学院各项人才计划

中国社会科学院各职能局包括研究生院纷纷推出人才计划，用以鼓励其多出各方面有成绩和能力的学者。

中国社会科学院对于人才方面的资助还体现在激励制度建设上。一方面通过专业技术考核，对在职人员进行业务评估；另一方面，对不同贡献、不同职位的人员给予相应的津贴、补贴待遇。从表13可以看出人才管理和资助方式的发展和进步。

表13　中国社会科学院人才管理措施

起始时间	管理措施
1985 年	领导干部实行任期制、专业干部和行政科以下干部试行聘任制、工人实行合同制
1991 年	开始实施专业人员业务考核制度
1995 年	开始实施管理人员年度考核制度
1995 年	开始实施"双向选择"优化机构,其原则有三条:优化人员结构,合理配备资源,精减富余人员
2001 年	制定《中国社会科学院工作人员考核暂行办法》,将考核结果分为优秀、称职、基本称职、不称职四个等次
2002 年 2006 年	2002 年、2006 年两次分别制定了关于加强所局级、处级领导干部考核管理的有关规定,进一步完善考核制度
2002 年	执行人事部颁发的《事业单位实行聘用制的实施意见》
2003 年	制定并实施《中国社会科学院评选优秀管理人员暂行条例》。对符合条件的管理干部授予"中国社会科学院优秀管理人员"称号
2004 年	制定并实施《中国社会科学院专业人员津贴制度改革方案》
2005 年	在民族学与人类学所、数量经济与技术经济所和中国边疆史地研究中心三个单位开展聘用制试点工作,并取得了经验
2009 年	全院完成聘任制改革

资料来源：根据中国社会科学院人事教育局资料整理。

中国社会科学院实施"人才强院"战略，除了采取有效手段吸引国内优秀人才来院工作，还要研究和借鉴国外人才管理制度（从略），进一步解放思想，在全球范围内延揽人才，为我所用。需要进一步创造条件，吸引国外专家来院从事研究开发工作。落实好"请进来"的学术交流项目。

三　中国社会科学院学科资助情况

（一）中国社会科学院学科发展情况与"重点学科建设工程"

中国社会科学院对于学科的资助是资助体系中的重要方面，中国社会科学院学科建设与国家各个五年发展规划同步，在不同时期有不同的学科建设方案，对于学科的资助力度也相当大。

中国社会科学院学科建设经过"六五"时期到"十一五"时期的发展，其学科优势地位渐渐形成。中国社会科学院制订"十一五"规划时提出学科建设目标，要建设100个左右在国内具有重要影响的重点学科，其中1/3以上的学科有实现国际影响力的目标，按照"巩固、调整、发展"的原则，在"重点学科建设工程"的基础上，制订和实施"重点学科建设计划"。"重点学科建设工程"项目的管理，以研究室为依托单位。根据学科状况制定学科发展目标。"重点学科建设工程"项目采取责任制管理，五年为一个责任期，责任期中间进行一次学科检查和调整。中国社会科学院专款资助重点学科建设。学科成员可以向院所申请各类课题。

（二）中国社会科学院学科资助特点分析

第一，学科设置权、经费使用权逐步下移。中国社会科学院某些学科可以追溯到中国科学院哲学社会科学学部时期，中国社会科学院成立以来，学科由中国社会科学院设置、中国社会科学院管理，然后是研究所自主设置、自主管理，中国社会科学院备案。学科的设置权和管理权逐渐下移，经费使用权和管理权也越来越下放，体现了国家加强对学科发展宏观管理与学科设置权利下移的政策调整。

第二，学科建设经费与课题资助经费的区别。中国社会科学院课题经费主要资助以课题承担人为责任人的课题组，课题组可能是10人、20人，也可以是个人。重点学科经费资助的则是一个学科团队。根据重点学科条件，重点学科至少应有5名以上的研究人员，其中至少应有3名高级专业技术职称者。重点学科负责人应是本学科的学术带头人（可以是所、室领导，也可以是其他具备条件者），有正高级专业技术职称，具有较强的学术组织能力。

（三）"管理强院"战略下的学科资助方式

中国社会科学院建院之初设立的学科，与30多年后现有学科状况显然有了很大不同，新兴学科、交叉学科大量兴起，而当年的优势学科，有的已经渐渐成为绝学（例如梵文、西夏文）。因此，对不同学科应当采取灵活多样的资助方式给予支持，既要考虑普遍性，也要照顾到学科的特殊性，不能"一刀切"。

以中国社会科学院语言所语音与自然话语处理学科为例分析，我们可以发现资助政策对于学科发展至关重要。语音与自然话语处理学科是典型的文理交叉学科，是中国社会科学院第一批重点实验室，是院"七五"规划至"十一五"规划重点学科。该学科人才队伍方面，有102岁的寿星科学家，中国社会科学院荣誉学部委员吴宗济先生，有一批自己培养的博士研究生，也有海外引进的青年才俊，还有国外一流的学者以客座教授身份参与研究。研究队伍梯队整齐，基本都具有博士学位，年龄结构和学历结构都比较合理。实验设备购置得到院领导的亲自关怀，陈奎元同志、王伟光同志都到该实验室做过调研，2009年国务委员刘延东同志亲自考察过该实验室。在中国社会科学院"重点学科建设工程"专项经费支持下，实验室的研究设备已达到国内领先，与国际实验语音学研究同步水平。

从他们承担的课题类型看，除去中国社会科学院资助的重点学科建设费，他们的研究经费还分别来自家社科基金资助和自然科学基金资助渠道，我们通过表14、表15、表16可以看出，交叉学科在不同领域申请到的经费资助情况。

表14 "语音与自然话语处理学科"获得国家社科基金资助项目

	项目类别	起止时间	项目名称	资助额
1	重点项目	1996~2000年	基于语料库的普通话自然连续语音研究	8万元
2	"十五"重点项目	2001~2005年	基于口语语料库的语音研究及音段和韵律自动标注(鉴定等级:优秀)	8万元
3	重点项目	2008~2010年	普通话婴幼儿的早期词汇发展	14万元
4	一般项目	2002~2004年	汉语疑问句的实验研究	7万元
5	一般项目	2004~2006年	基于语音语料库的语音变化类型与模式研究	7万元
6	一般项目	2004~2005年	汉语语调模式研究	8万元
7	青年项目	2000~2002年	普通话语篇的标注和语音研究	3万元

注：本表格数据根据语言研究所科研处资料整理。

资料来源：中国社会科学院语言研究所重点学科报告。

表15   "语音与自然话语处理学科"获得国家自然科学基金资助项目

	批准号/分类号	起止时间	项目名称	资助额
1	60275015/F030404	2003～2005年	普通话不同语调语句中韵律词的变调规律	19万元
2	60475043/F030406	2004～2007年	汉语语调模式的研究	19万元
3	60075011/F030404	2001～2003年	普通话叙述句F0的构建和汉语语调研究	14万元
4	60975081/F030404	2009～2011年	跨文化多模态情感语音的心理、生理及声学研究	34万元

注：本表格根据语言研究所科研处资料整理。
资料来源：中国社会科学院语言研究所年度科研工作总结。

表16   "语音与自然话语处理学科"获得国家级科技项目资助项目

	项目类别	起止时间	项目名称	资助额
1	国家"973"项目	2000～2001年	基于会话语料库的汉语语音学分析	12万元
2	国家"863"项目	2001～2004年	四大方言区的地方普通话语料库	35万元
3	国家"863"项目	2004～2006年	六大方言区的地方普通话语料库	55万元
4	国家"863"项目（与中科院自动化所合作）	2008～2010年	自然人机交互中口语产生新方法的研究（鉴定级别A）	26万元
5	国家"985"项目	2007～2009年	藏族人说汉语的中介语语音数据库建设	19万元
6	国家"863"项目（与中国科技大学合作）	2008～2010年	藏语语音合成研究	30万元

注：本表格根据语言研究所科研处资料整理。

从表14、表15、表16，我们可以看出，语音与自然话语处理学科作为交叉学科，与中国社会科学院传统学科相比，有资助渠道多、经费需求大、硬件设备要求高、国外合作多、课题类别多、资助力度大等特点。从已经批准的课题资助力度看，国家社科基金项目的资助逐年提高，到2010年，社科基金年度项目的平均资助额度为：重点项目一般为20万元，一般项目12万元，青年项目10万元。[①] 国家自然科学基金课题，交叉学科一般只能获得面上项目（一般项目）力度为20万～40万元。国家科技项目、人文社会科学的交叉学科能申请到的也都是一般课题，资助力度与自然科学基金资助力度基本持平。

[①] 中国社会科学院科研局文件，社科（2010）研字1号：《关于2010年度国家社会科学基金项目申报工作的通知》，第5页。

对于交叉学科，中国社会科学院应继续给予足够的重视，随着科研强院战略实施和科研管理体制机制改革的深化，中国社会科学院启动了新一轮重点学科建设项目、第二批特殊学科建设项目。2010 年下半年，学科摸底工作已在全院展开，新的学科建设思路即将产生。

四　中国社会科学院学术交流资助情况

（一）中国社会科学院学术交流项目

1. 社团交流

中国社会科学院与国内学术交流活动丰富而频繁，有 101 个社会科学方面的学会由中国社会科学院主管，这些学会沟通了中国社会科学院与全国社会科学界的联系，在开展学术活动和学术合作，推动各学科领域研究工作的发展方面发挥了积极作用。值得重视的是，社团的管理也存在缺位现象，挂靠单位应加强管理，切实发挥好社团在学术交流方面的作用。

2. 社会科学研究机构之间的交流

中国社会科学院与各省、市、自治区中国社会科学院和其他社会科学研究机构之间，还以合作研究、资料交换、互通信息等形式保持着密切的学术交流关系。

3. 与国外的学术交流

中国社会科学院与国外学术交流活动非常广泛，每年的双向交流量由建院初期的几十人次发展到 1200 多人次。每年除接待大量外国学者来访外，根据学术交流协议和接受邀请等方式，派出相当数量的专家学者开展学术访问，参加国际学术会议和进行合作研究。

中国社会科学院对外学术交流涉及的研究课题、国际合作项目、国际交流协议，出国进修培训等情况直接反映了中国社会科学院资助方式，各类资助方式大致有以下几种：

（1）中国社会科学院学术会议资助；

（2）中国社会科学院国际合作课题资助；

（3）中国社会科学院国际交流协议项目资助；

（4）中国社会科学院公派出国进修培训资助；

（5）中国社会科学院其他学术交流资助。

（二）中国社会科学院国际交流资助特点

以国际合作局为代表的各职能局开始独立设置资助渠道，一方面体现了职能局从"办事型"向"研究型"的转变；另一方面丰富了中国社会科学院资助方式的种类。外事局名称改为国际合作局，体现了中国社会科学院的外事工作，由外事办事机构转向以加强学术交流，促进国际合作为宗旨的职能部门。

中国社会科学院的国际合作方式具有多样性。分派遣项目和邀请项目，合作级别有：院级协议交流项目、所级协议交流项目、国际课题合作项目、基金会交流项目等；合作类别有：所级协议/非协议、院级协议/非协议、中央交办、学部项目等；交流方式有：学术访问、讲学、双边讨论会、工作访问、合作研究、进修、国际多边会议等。中国社会科学院资助的学术交流项目涉及学科和专业比较广泛，资助经费数额也比较大，是其资助体制的一个重要方面。

第五章　以绩效为核心，构建人文社会科学资助体制新框架

本章归纳上述第二、三、四章的研究，找出人文社会科学资助体制与现行管理制度存在的问题并加以分析，分析发现，所有问题的根源都是体制与制度的矛盾。本章尝试引入绩效管理思想，探讨构建以绩效为核心的人文社会科学资助方式新框架。

一　人文社会科学资助体制的发展趋势分析

我国人文社会科学资助体制是在计划体制下建立起来的，带有浓厚的计划色彩。资助体制特点主要是体现在科研任务和学科建设施行国家计划，研究经费按"人头费"拨付、条块分割方面。行政审批制度为科研管理主导模式。这种体制决定了现在所存在的问题。

国家实施改革开放以来，有中国特色的社会主义市场经济逐步建立，人文社会科学研究在大的社会背景下，引入市场管理机制，实施课题制管理，大大改变了传统的资助方式。前面的研究表明，课题制的实施，根本原因是

国家经济体制的转变。这种体制上的转变给人文社会科学资助体制带来深刻影响，市场管理手段被引入科研管理成为可能。新的管理理念适应新体制管理模式的需要，课题制的实施就是提高资助效率，改进资助方式的成功范例。

任何一种好的管理模式，都要经过时间和实践的检验，根据客观规律产生。一定的政治、经济体制，决定着与之相适应的管理体制。我国当前的经济规模已经走在世界前列，社会主义市场经济发展良好。健康良性运转的经济体制建立以后，如何选择适合的管理模式就显得尤为重要。人文社会科学资助体制，需要新的思路来改革科研管理体制机制。20 世纪 20～30 年代，西方世界已经开始流行公共管理领域重视绩效和绩效管理，在政府管理、企业管理中广泛应用绩效管理工具，在一定程度上的确显示出了管理的科学性和进步性。在我国人文社会科学研究领域，如果说课题制是人文社会科学引入市场管理理念来改进我们的管理，那么绩效管理可以作为完善这一理念的工具。

二　绩效管理对人文社会科学发展的意义

绩效管理在公共管理领域应用广泛，在科研活动的管理中，许多国家也都引入了绩效管理。绩效管理是利用绩效信息，协助设定统一的绩效目标，进行资源配置与优先顺序的安排。绩效管理是组织系统整合组织资源达成其目标的行为，它包括了全方位控制、检测、评估组织所有方面的绩效。我们采用绩效管理，是因为绩效管理的基本功能恰好适用人文社会科学研究的管理，它的基本功能活动见表 17。

表 17　绩效管理的基本功能活动

	过程	内容
1	绩效评估	根据反馈的信息,管理者要对不同部门、岗位及个人的绩效作出评价,以便奖优罚劣,调动员工积极性,确保各项任务的顺利完成
2	绩效衡量	为了进行绩效评估,管理者必须设计一套足以衡量组织目标实现的指标系统,即衡量组织绩效的标尺,用以进行不同机构和不同时期的比较
3	绩效追踪	对组织的绩效进行持续性的检测、记录、考核,用以作为改进组织绩效的基本依据

资料来源：根据胡税根《公共部门绩效管理》（浙江大学出版社，2005）第一章归纳整理。

人文社会科学组织机构，可以根据绩效管理过程的活动内容，把绩效评估与奖励激励机制联系起来，通过绩效评估，使组织的奖励激励有了依据。中国社会科学院引入了绩效管理，第一，有利于调动和发挥科研人员的积极性、主动性和创造性；第二，作为一种管理工具，可以有效进行资源配置；第三，可以以绩效为核心，改进管理制度，把"管理强院战略"进一步落到实处。因此，可以通过对科研组织机构管理对象进行成本与效益的绩效评估，提高科研管理的运作水平。当然，对于人文社会科学的特殊性，如何"量化"，不同学科需要细致地研究，找出它们的区别和联系，采用不同的方法，不能一概而论。

绩效管理对人文社会科学发展具有重要的现实意义。在市场竞争体制下，很多行业的高级管理者都清醒地认识到了绩效思想的重要。美国《绩效测评宣言书》指出："新的发展战略与竞争现实，需要新的测评指标。"[1] 党中央、国务院发出"进一步繁荣发展哲学社会科学"的号召表明，当今我国人文社会科学正处于大发展、大繁荣时期，历史的机遇、历史的责任需要体制创新思想，需要解决现实问题的管理工具来支持这一伟大任务的圆满完成。

三 人文社会科学资助体制的绩效管理

人文社会科学资助体制对绩效管理的应用有重要决定作用。从一定意义上说，体制决定了管理的选择。如，我国政府绩效管理尽管起步较晚，绩效工具的技术运用水平也不够成熟，绩效理念和管理素质都还有很多不足，但是2004年全国开展的"效能革命"实际上是我国政府部门绩效管理的实践，在探索政府机构绩效评估方法上取得了经验。人文社会科学资助体制的绩效创新，是转变管理观念、改进管理方式的重要手段。目的很明确，就是提高管理效率，降低管理成本，规范管理行为。

本节分别以绩效为核心，讨论我国人文社会科学资助体系在机构设置、资助渠道、资助方式以及激励机制四个方面的绩效管理问题。

---

[1] 罗伯特·G. 埃克尔斯：《公司绩效测评》，李焰、江娅译，中国人民大学出版社，2004，第27页。

（一）人文社会科学机构设置的绩效管理

以中国社会科学院为例，机构建制历经 30 多年的发展，经验和教训值得思考。特别是机构设置合理化、资源配置科学化是体现行业绩效的一个重要方面。机构设置的绩效不仅与体制变化有关，还与机构的长期发展相联系。在经过 30 多年发展建设的今天，中国社会科学院的人才资源、学术资源、经费资源、环境资源已经发生了重大变化，如果以绩效思想来重新考量，在"管理强院"战略下，用绩效原则对中国社会科学院资源进行科学配置，是管理体制机制改革的重要途径。

中国社会科学院的定位是我国人文社会科学最高殿堂，但是由于种种客观原因，一流学者未能尽数会集于此。院党组提出的"人才强院"战略，应借鉴建院初期的做法，设定一定的标准，从全国范围甚至世界范围着眼，延揽优秀人才。不仅要从中国社会科学院内部体制机制建设方面着眼，还要从中国社会科学院外部更广泛的范围，从国家发展战略需求的高度，整合研究力量，建设一支国际水准的优秀学术研究队伍。

基于绩效思想的策略，国家对现有人文社会科学研究机构进行以绩效为核心的科研管理，体现为加强规划，合理设置研究机构，按需设立研究机构和学术团体。不同研究岗位享受不同的待遇，鼓励人才流动。根据绩效思想，国家人文社会科学研究机构应当避免重复设置和重复资助。

（二）人文社会科学资助渠道的绩效管理

随着我国经济建设的迅猛发展，国家财力有了重大提升，人文社会科学资助渠道呈多元化发展趋势，政府、企业、非政府组织对研究的资助方式都有不同侧重。中国社会科学院除了执行国家科研计划任务，把国家拨付的科研事业经费管理好、使用好，同时在基础研究和应用研究中，根据学科性质扩大资助渠道，利用多方资金开展研究。应继续鼓励社科基金项目申报，鼓励国家自然科学基金、国家科技进步项目等交叉学科的课题申报，对承担国家级课题的项目给予适当奖励。

此外，进一步发挥中国社会科学院管理的学术团体作用，根据研究性质，可采取非营利组织的管理方式，设立自己的专项基金，接受社会捐助，吸纳研究经费，用于资助国家社会在不同层面上的基础研究和应用研究课题。

多元化的资助渠道，是提高资助绩效的重要方面，应加强这方面的研究和指导，提高管理水平和对社会资金的驾驭能力。

（三）人文社会科学资助方式的绩效管理

人文社会科学资助方式主要通过学科和课题进行资助。

1. 学科资助的绩效管理

在中国社会科学院，对学科的资助是资助体系中的重要环节，学科的绩效关系重大。

建院时候的学科设置是根据当时的国家科学研究水平和条件，在国家统一计划指导下建立起来的。1995 年中国社会科学院进行学科调整，将 300 个学科调整为 260 个，调整后，确立了 107 个重点学科、24 个重点扶持学科，全院研究室设置 182 个。2008 年启动特殊学科调查，2009 年启动新一轮重点学科建设方案。目前中国社会科学院有特殊学科 23 个，重点学科 154 个，用于学科建设的资助经费达 1800 万元，而对于学科资助的绩效评估始终没有规范化、常规化、制度化。

表 18　中国社会科学院学科带头人分布情况

单位：个，%

序号	学科带头人数	学科	百分比
1	2 名以上	84	34
2	1 名	99	40
3	没有	65	26

资料来源：根据朱渊寿在中国社会科学院 2010 年度科研管理工作会议上的大会报告整理，2010 年 4 月 22 日。

表 19　中国社会科学院学科队伍情况

单位：个，%

序号	带头人	骨干	学科	百分比
1	有	有	118	48
2	有	无	65	26
3	无	有	27	11
4	无	无	38	15

资料来源：根据朱渊寿在中国社会科学院 2010 年度科研管理工作会议上的大会报告整理，2010 年 4 月 22 日。

根据表18，中国社会科学院全院拥有学科带头人300名，其中有2名以上带头人的学科84个，占34%；1名带头人的学科99个，占40%；没有带头人的学科65个，占26%。近年来中国社会科学院学科建设和发展出现了很多新的情况。有的学科团队整体发展良好；有的学科人员萎缩难以为继；有的学科则需要跨专业、跨研究所甚至跨院联合发展。中国社会科学院学科状况从学科队伍上看，根据表19分析，有的学科既有带头人，又有骨干，梯队整齐；有的学科有带头人而没有骨干；有的学科有骨干而没有带头人；有的学科没有带头人，也没有骨干。情况比较复杂。

因此，根据绩效原则，需要对中国社会科学院学科进行全面摸底了解，在充分掌握学科发展动向的基础上，为中国社会科学院学科建设谋划新的发展建设方案。

2. 课题资助的绩效管理

人文社会科学资助方式目前主要采用课题制资助方式，以中国社会科学院为例，对于大部分应用研究，课题制仍然是比较科学的资助方式，应当进一步完善。对于适合课题制管理形式的课题，要分清责、权、利。在相当时期内，课题制仍然是中国社会科学院的主要资助和管理方式。以绩效管理工具来完善课题制，比较容易量化课题的责任、权利和效益，符合管理规律。

资助方式也可以绩效管理思想为指导，以提高绩效为目的，采取多元化、多角度的资助方式。中国社会科学院的课题资助方式可以根据年龄特点考虑以下资助方式。

（1）前期资助，重点向青年科研人员倾斜，适当降低研究门槛和准入条件，既可以改善青年科研人员收入，又可以通过承担课题迅速成长起来。

（2）后期资助，重点是面向学者个人学术兴趣的研究，资助对象以从事基础研究的学者为主。特别是向40～50岁的中年学者倾斜，激励他们对自己感兴趣的问题做深入研究。后期资助的形式不仅仅针对课题成果，也可以面向学科或国情调研项目。

（3）大型课题，跨专业、跨学科课题，向知名学者倾斜。依靠中国社会科学院学部委员和学科带头人的学术影响力，发挥学术优势，组织对国家人文社会科学事业有重大影响的课题。

此外，以长期绩效为检验标准，建立基础研究学者长效资助机制。对从事基础研究、原创性研究、绝学研究的学者，应从严遴选学者，进行长期无条件资助，保证其完成必要的学术积累，从而获得高质量的成果。那些属于"十年磨一剑"性质的学科，就应采取特别的形式给予充分的支持，他们的成果也是需要时间来检验的，这类研究不能套用课题制管理，也不适用年度成果考核制度。他们的绩效需要用长期的对社会发展的影响效果来检验。中国社会科学院对课题的绩效管理应具有"不拘一格"的胸怀和眼光。

（四）人文社会科学激励机制的绩效管理

中国社会科学院奖励激励机制还没有运用绩效管理思想，采用绩效管理是改进奖励制度比较有效的方法。中国社会科学院奖励制度主要通过考核制度、用人制度、评优制度、津贴制度四个方面体现。

（1）考核制度方面，1991年起实施专业人员业务考核，1995年起实施管理人员年度考核。2001年起进一步把考核结果分为四个档次：优秀、称职、基本称职、不称职。对于各档次人员，采取不同的对待方式。

（2）用人制度方面，1995年实行"双向选择"工作。目标是优化人员结构，合理配备资源，精减富余人员。全院聘任制已于2009年底全面实行。

（3）评优制度方面，2003年根据《中国社会科学院评选优秀管理人员暂行条例》，对管理系统优秀管理人员授予"中国社会科学院优秀管理人员"称号。

（4）津贴制度方面，2004年中国社会科学院颁布"中国社会科学院专业人员津贴制度改革方案"。专业人员津贴标准分为11档。

考核制度、用人制度、评优制度、津贴制度，虽然不能反映中国社会科学院近期采取的人才激励制度的全部，但在稳定人才队伍，推进人事制度改革方面起到了重要作用。在各项奖励措施中一般都含有提高津贴、奖励奖金等方面的激励办法。这些激励机制，有的属于明显评优性质，有的虽然有级差，但是享受人群比例有的高达90%，很容易造成评优的盲目性，甚至有的时候也会产生消极影响，起不到鼓励先进的作用。

人文社会科学可行的激励机制，是采用绩效管理思想对激励机制进行改善，利用科学的评估体系，改进奖励制度。绩效评估比选优更体现公平，更注重激发工作积极性和满意度。在传统的公共管理理论中，马斯洛（Maslow）的"需求层次理论"、赫茨伯格（Herzberg）的"双因素理论"

仍然具有借鉴意义。

中国社会科学院属于知识型人才集中的机构，在需求上存在文化上的普遍性和特殊性。因此要注意区分几个关系：

一是要区分专业人员和管理人员的需求差异；

二是要注意区分国家经济状况、部门经济状况和个人经济状况的差异；

三是要注意区分基础研究和应用研究在学科性质上的差异。

人文社会科学绩效，应注意发现那些与自我价值实现紧密相关的因素，并以研究机构人员满意度的提升为目标，培养各种激励因素来促进专业人员和管理人员的工作积极性。

随着现代激励理论的发展，许多实证研究表明，机构员工的工作积极性和内部管理机制有密切关系。一方面人文社会科学内部管理因素具有复杂性；另一方面科研管理人员的创造性发挥具有不确定性。需要对内部机构管理机制进行改革，完善评估体系，改进奖励办法。

四 把握人文社会科学资助体制与绩效管理的几个关系

人文社会科学资助体制的绩效管理涉及如下几个关系：①传统管理体制与绩效管理的关系；②科学研究规律与绩效管理的关系；③定量指标与定性评价的关系。以上三个关系涉及人文社会科学体制问题、科研规律问题、评价尺度问题，需要在实际操作中把握好。

（一）传统管理体制与绩效管理的关系

我国近年来公共管理领域广泛应用绩效管理，很多政府部门和企业都引入了绩效管理工具，但绩效评估活动却千差万别。人文社会科学引入绩效管理应结合绩效管理核心思想，避免在运用中出现脱节或形式主义倾向。绩效管理与传统管理体制不可能割裂。因此，必须处理好新旧体制转换的关系。

（二）科学研究规律与绩效管理的关系

以中国社会科学院为例，现行的评估如：课题结项、重点学科建设项目结项，都要求同行专家参加评估，这只是项目管理的评估手段，评价内容是项目或者学科建设方面是否完成了相应的科研计划，是否达到预期建设目标，是否取得学术成果，以及成果的学术水平和社会影响。而整体的评估数据，对资助体制的完善将有重要意义。中国社会科学院的绩效管理对象，包括中国社会科学院资助体系下设立的各类基础研究课题、重点学科建设项目。评估工作的起点是课题或学科的立项，评估的完成是课题或学科的结项验收。各项评估均应在基于同行评议的基础上，对项目的资助数额、资助方式，完成的阶段成果、最终成果，学科建设的情况，人才培训的效果进行评估等。根据人文社会科学研究规律，事前评价的意义更为重要，立项阶段选择好一个课题主持人或学科带头人，对科研工作的顺利开展至关重要。

（三）定量指标与定性评价的关系

人文社会科学的绩效评估不一定与政府机构绩效评估一样使用定量指标，而应侧重定性的方式进行绩效评估。尤其是人文社会科学基础研究课题，对基础研究项目的资助结果评估不必每年进行，而是评估其长期资助的整体效果，这样才会避免科研的短期行为，为基础研究创造一个有利于创新的环境。

强调定量指标的现象在一些管理部门很流行，过于严格的评估活动也会导致科研人员盲目追求论文数量、忽视研究质量，甚至助长科研工作中的浮躁风气。绩效评估要有创新性、领先性，科研管理工作要科学地、高起点地制定评估体系和操作流程。引入绩效管理，一定要能够引导我国人文社会科学研究的健康发展。

人文社会科学研究成果不同于自然科学，往往是长期见效。很难用一种评估手段来进行绩效判断。但是我们可以用绩效思想来反观我们的科研管理活动，在科研管理过程中，在管理措施和制订、出台管理办法上，以绩效思想贯穿管理工作，讲究资源的科学配置，追求效果的最优化。以绩效为核心，改善我们的管理思路和管理作风，有利于"管理强院"战略的落实，有助于我国人文社会科学事业的发展。

绩效管理是一项复杂的系统工程，人文社会科学引入绩效管理还需要不断探索和实践。绩效不能解决所有管理问题，人文社会科学领域现行的评估体系存在的问题是，规范化程度低、评估方式分散在多种管理机制中、评估内容和侧重点差别很大、评估程序和方法不一致、缺乏制度化的评估标准等。

人文社会科学研究如何科学地进行绩效评估，还需要进行不断的探索、实践和创新。上述两个评价体系基本采用量化方式进行评估，缺乏定性的评价。目前的定性评价一般通过会议评议的方式进行，而从操作角度看，会议评议的重要参考依据则是定量评估得分。因此，如何解决这一矛盾，还需要深入研究。

为推动人文社会科学绩效管理的制度化、规范化和科学化，充分发挥绩效评估在人文社会科学科研管理现代化中的作用，必须从价值、理念、制度和技术等多个层面，对人文社会科学绩效管理的评估标准进行系统分析。绩效考核作为评价科研管理部门及其领导工作实绩的重要依据，要科学地使用，避免走两个极端：一是将绩效评估结果束之高阁，与干部任用、内部激励和资源配置完全脱节；二是在绩效评估结果的利用上急功近利，把奖惩、任用作为绩效评估结果利用的唯一形式。

运用绩效和绩效管理思想，是不是能够解决人文社会科学资助体制的所有问题，回答一定是否定的。研究国家资助体制和科研管理体制需要多角度进行，特别是中国社会科学院的体制机制改革，绩效和绩效管理作为一种管理思想，可以用来思考体制转型时期的一些问题，探讨解决这些问题的管理技术，获得一定的启发。本文的工作是步入文社会科学引入"课题制"管理之后，对进一步引入市场管理机制，解决科研管理问题做的思考。研究的不足是，篇幅和时间所限没有进行实验和调研工作，尚缺乏实践数据的检验。所谓框架的构建，也只是理论设想，操作层面的各项指标设计，还有许多工作要做，需要更为深入地研究。

本文的研究，是起点而非终点。

参考文献

［1］北京市财政局：《个人待遇 300 问——行政机关、事业、企业单位工资，津贴，补贴等制度摘编》，2001。

［2］陈庆云：《公共政策分析》，北京大学出版社，2006。

［3］董武：《冷战后世界战略格局与中国的发展》，华文出版社，2005。

［4］董之鹰：《完善科研资源配置机制的几点思考》，《中国社会科学院院报》2006年 3 月 30 日。

［5］ 韩璞庚：《公共理性视域中的人文社会科学期刊》，《中国社会科学报》2009 年
9 月 17 日。

［6］ 华琳、李栩辉：《课题制管理绩效探析》，《科技进步与对策》2005 年第 3 期。

［7］ 黄长：《国外人文社会科学政策与管理：现状及发展趋势》，2009 年度中国社
会科学院科研管理培训班上的专题报告（北戴河）。

［8］ 科研局主办的科研管理工作会议文件（北戴河），2009。

［9］ 黄浩涛、王延中主编《课题制研究》，社会科学文献出版社，2009。

［10］ 胡税根：《公共部门绩效管理》，浙江大学出版社，2005。

［11］ "科研项目课题制管理科学化问题研究"课题组黄浩涛、陈星：《人文社会科
学科研管理平台数据和结构特征分析》，《社会科学管理与评论》2007 年第 1
期（总第 33 期）。

［12］ 李铁映主编《中国人文社会科学前沿报告》No1.（2000 年卷），No2.（2001
年卷），No3.（2002 年卷），No4.（2003 年卷），社会科学文献出版社，
2002～2009。

［13］ 李晓琳、姜英梅：《我国党政人才发展历程》，《博士后交流》2009 年第 2 期。

［14］ 刘宝利：《中国积极开展国际教育合作与交流》，人民网，2004 年 11 月 19 日。

［15］ 刘琴、徐拥军、陈幸华：《论知识型员工的激励》，《求索》2002 年第 5 期。

［16］ 林坚：《人文社会科学地位、功能及其评价》，《社会科学管理与评论》2007
年第 1 期总（第 33 期）。

［17］ 毛昭晖：《公务员行为规范教程》，研究出版社，2004。

［18］ 乔治·泰奇著《研究与开发政策的经济学》，苏峻等译，清华大学出版社，
2002。

［19］ 潘晨光：《全球化下中国人才发展面临的机遇与挑战》，《出国留学工作研究》
2008 年第 4 期。

［20］ 潘晨光、杨新育、长江：《60 周年人才路系列之二——我国出国留学事业的
回顾与展望》，《博士后交流》2009 年第 2 期。

［21］ 钱伟：《中国社会科学院优秀科研成果奖励制度演进浅析》，《社会科学管理
与评论》2007 年第 1 期（总第 33 期）。

［22］ 全国哲学社会科学规划办公室编《国家哲学社会科学"十五"研究状况与
"十一五"发展趋势》（上卷、下卷），社会科学文献出版社，2006。

［23］ 中国社会科学院世界经济与政治研究所科研处编《2008 外事出访报告汇编
（内部文件）》，2008 年 10 月。

［24］唐小明：《完善我国政府科研经费管理体制的公共政策选择》，《中国社会科学报》2009 年 9 月 8 日。

［25］王名：《非营利组织管理概论》，中国人民大学出版社，2002。

［26］王苏粤：《人才强院制度创新：中国社会科学院建院 30 年人事人才工作发展历程与回顾》，中国社会科学出版社，2008。

［27］王伟光：《深入学习贯彻党的十七大精神，在新的历史起点上开创中国社会科学院工作新局面》，中国社会科学院 2008 年度工作会议文件，2008 年 3 月 25 日。

［28］王伟光：《巩固学习实践科学发展观活动成果以改革创新精神进一步办好中国社会科学院》，中国社会科学院 2009 年度工作会议文件，2009 年 3 月 17 日，审议稿。

［29］王伟光：《深入实践科研强院、人才强院、管理强院战略，进一步开创我院改革发展新局面》，中国社会科学院 2010 年度工作会议文件，2010 年 3 月 23 日。

［30］王延中：《哲学社会科学在中国特色社会主义事业中的地位与作用——以中国社会科学院为例》，《社科党建》2008 年第 3 期。

［31］王莹：《国务院政府特殊津贴选拔政策回顾与分析——以中国社会科学院为例》，《社会科学管理与评论》2007 年第 1 期。

［32］杨海蛟：《平等——人类对理想社会的诉求》，吉林人民出版社，2004。

［33］杨团、葛道顺：《中国慈善发展报告（2009）》，社会科学文献出版社，2009。

［34］杨建芳编译《对基础研究实行支持性公共政策的真正原因》，《中国社会科学报》2009 年 9 月 8 日。来源：k. Pavitt，"Public Policies to Support Basic Research：What Can the Rest of the World Learn from US Theory and Practice？（And What They Should Not Learn）"，*Industrial and Corporate Change* 10（2001）。

［35］罗德尼等编著《项目管理手册》，李世奇等译，机械工业出版社，2004。

［36］张成福、党秀云：《公共管理学》（修订版），中国人民大学出版社，2007。

［37］张望军、彭剑锋：《中国企业知识型员工激励机制实证分析》，《科学管理》2001 年第 22 期。

［38］张小明：《公共部门危机管理》，中国人民大学出版社，2006。

［39］郑国安、吴波尔、赵路主编《国家重点基础研究专项经费的管理实践》，当代中国出版社，2001。

［40］赵睿：《国际化背景下中国科研机构研究生教育发展战略思考》，《社会科学

管理与评论》2007 年第 1 期。

[41] 中共中央文件：《关于进一步繁荣发展哲学社会科学的意见》，2004。

[42] 中国社会科学院办公厅编《中国社会科学院 20 年》（画册），中国社会科学出版社，2002。

[43] 中国社会科学院：《中国社会科学院纪念建院 30 周年》（画册），中国社会科学出版社，2007。

[44] 中国社会科学院科研局编《新中国社会科学五十年》，中国社会科学出版社，2000。

[45] 中国社会科学院综合计划处：《中国社会科学院基本情况统计年报》（1985～2005）（内部资料）。

[46] 中国社会科学院科研局编《中国社会科学院科研管理规章条例》（1986～2002）。

[47] 中国社会科学院科研局编《中国社会科学院科研管理规章条例》（2003～2006）。

导师简介

赵芮，经济学博士，教授，硕士生导师。现任中国社会科学院研究生院副院长，中国社会科学院人力资源研究中心副秘书长。

研究领域：企业管理、公共管理、人力资源管理。

主要研究成果：《企业生命——析企业养生的理论基础》，《中国社会科学院研究生院学报》1997 年第 4 期；《企业生命周期》（译著），华夏出版社，2004；《国际化背景下中国科研机构研究生教育发展战略思考》，《社会科学管理与评论》2007 年第 1 期；《制度经济学》（译著），华夏出版社，2009；《高管—员工薪酬差距与企业绩效——基于中国制造业上市公司面板数据的实证研究》，《经济管理》2012 年第 6 期。

科研管理的信息化建设

作　　者：汤井东，中国社会科学院科研局项目处主任
　　　　　科员，中国社会科学院研究生院 2010 届 MPA
　　　　　毕业生。

指导教师：李汉林

摘　要：在信息时代的大背景下，科研管理工作的性质、任务和管理手段都已发生了很大的变化。如何有效利用计算机网络和数据库技术更好地进行科研管理，是科研管理部门面临的新课题。

本文通过对传统科研管理存在的问题和不足进行分析，指出进行科研管理信息化的重要意义，提出当前进行科研管理信息化建设的主要途径，并结合"中国社会科学院科研管理信息化系统"这一具体案例的分析研究，就科研管理信息化提出几点建议，以期能够提高科研院所的科研管理水平和信息化实施效率。

关键词：科研管理　信息化　中国社会科学院

第一章　信息时代背景下传统科研
管理存在的问题和不足

科研管理是各个科研院所进行科研工作的一个重要组成部分，科研管理水平的高低直接影响科研院所科研课题项目的顺利进展，影响优秀科研成果的产生，影响科研经费的使用，也决定了管理效益的高低。

一　科研管理工作方式落后，日常管理工作负担较重

目前很多科研院所科研管理还处于手工状态，从科研课题申请、课题

立项、课题中期检查、课题结项到课题成果鉴定这一系列过程所涉及的文件资料等大都以纸质或电子文档形式出现，科研管理人员主要通过 Word、Excel 等办公软件来对这些纸质或电子材料进行日常搜集、整理、统计、分析，通过纸质文件或电子文档形式对外发布科研管理的具体要求，以此来达到和实现一定的科研管理目标，相关科研信息的采集和加工的信息化程度较低。

随着计算机与通信技术的飞速发展，近年来，部分科研院所已开始通过建立网站、自行开发或设计一些简单的科研管理信息系统来进行科研管理工作，科研管理人员通过输入大量的数据，用简单的一些编程技术在计算机上建立数据库，以此来实现科研数据的录入、查询、删除和修改，从而代替了部分手工处理的工作。即使这样，科研管理工作在很大程度上还依赖人工进行，需要消耗科研人员和科研管理人员大量的时间和精力，同时也使得科研管理人员的工作愈加繁重，而且数据的准确性和及时性需要科研管理人员与科研人员进行必要的、及时的沟通。

二　科研管理工作传递信息不流畅，传递速度慢

现阶段，科研院所的科研管理工作大都还处在文件管理阶段，结合网络技术的应用还较少出现在科研院所日常科研管理工作中，在科研管理信息系统的研发及应用上更是薄弱。对于那些想要了解科研信息的人来说，需要查阅图书馆、期刊、科研成果汇编和科研档案等，这种方式费时耗力，无法满足人们对信息的准确、高效与实时的要求。同时，由于科研管理工作没有融入先进的网络技术，导致科研管理人员和科研人员之间以及科研人员之间不能及时有效地沟通，科研人员不能及时了解当前的科研状况，不能充分利用科研院所所拥有的各种科研资源，造成科研信息不流畅、传递速度慢的问题，从而无法为科研院所高效率、高质量地完成科研和管理提供各个环节的保障。

三　科研管理数据不全面，难以生成科研统计报表

大部分科研院所目前主要强调对科研成果和课题项目科研数据的管理，在一定程度上忽视了学术会议、学术报告、科研机构、科研人员等科

研数据，而这些被忽视的科研数据也是反映科研水平的重要依据，这些被忽视数据的缺失使得科研管理数据难以全面反映科研机构和科研人员的科研现状。

科研院所每年都要组织科研统计年报工作，这项工作中的每张报表都是高度复杂的多维表。科研统计年报工作涉及科研管理的方方面面，能够综合反映科研现状与科研水平。研究人员情况表、研究经费情况表、研究课题情况表、研究成果情况表、成果获奖情况表、学术活动情况表、学科建设情况表等，各类报表相互之间又密切关联，生成工作量大，工作难度高，耗时费力，难以及时完成，而且容易产生数据错误。

四　科研管理人员缺乏，管理水平参差不齐

科研管理不仅需要科研管理人员参与，也需要广大科研工作者的参与，只有广泛地调动科研院所科研人员的积极性和科研热情，让他们也参与科研管理，才能使科研管理活动搞得有声有色。但目前，由于观念和工作方式的落后，科研人员并没有广泛参与进来，从而导致科研管理人员孤军奋战的局面。同时，许多科研院所缺乏科研管理人员，有相当多的科研管理人员在单位内部身兼数职，在各项工作上往往又任务过重，真正"懂科研，善管理"的职业管理者相对较少。

同时，在科研管理人员的使用上还存在"重使用，轻培养"的倾向，许多科研管理人员学历结构不合理，知识结构老化、单一，管理水平和综合素质参差不齐，科研信息收集整理和传递发布方式比较落后，其管理能力、科学决策水平等方面也有所欠缺。

五　科研管理的规范化不足，科研资源利用程度低

科研管理规范化，是指按照科研管理的目标，将科研管理工作中定性、定量和规律性的信息加以总结归纳，从而形成统一要求的管理规范或标准。当前，科研管理中存在极大的随意性，各类文档的填写不规范，各种报表格式不统一，还存在重复填写等现象。计算机技术的利用，在客观上也要求科研管理工作标准化、规范化。科研管理信息的采集、加工、处理、统计都需要统一的规范和标准。

科研院所在自身多年发展过程中，积累了许多科研资源，如课题资源、成果资源、人才资源等。由于科研管理信息化程度不够，大部分科研院所的科研资源利用程度较低。科研资源的利用，基本上还停留在科研数据信息查询阶段，被挖掘和利用的科研信息占科研信息资源的比例还比较低。在数据共享概念越来越深入人心的今天，各科研单位间却还是以本单位的科研信息为主，单位之间相互资源共享的深度还不够，存在科研信息流通不够畅通、科研信息交流滞后等诸多问题，严重影响科研信息资源共享的实时性和有效性。同时，科研人员在获取科研信息时也存在障碍，不能及时了解和利用各种科研资源，而且寻求跨学科的科学研究和合作比较困难，从而导致对科研资源的挖掘不深，想进一步提高科研信息的价值有比较大的难度。

第二章　案例研究：中国社会科学院科研管理信息化系统

中国社会科学院科研管理信息化系统的技术路线：采用 Browser/Server（浏览器/服务器）体系结构，以数据库系统为基础，使用"ASP + COM + XML"技术开发应用系统。客户端利用浏览器（可使用 IE 或 Netscape Navigate），通过 HTTP 协议与 WEB 服务器通信，而 WEB 服务器使用 ADO 检索和操作数据库信息，工作机制如图 1 所示。

图1　工作机制

中国社会科学院科研管理信息化系统包括 13 个子系统（见图2）。其中，科研课题管理系统、科研成果管理系统、学科管理系统、学术活动管理系统、非实体研究中心管理系统、报刊图书管理系统、社团管理系统、学术评议专家系统、科研局编辑出版系统、科研局办公管理系统是基本系统，人员信息系统、主题词表系统和代码系统为公用系统。

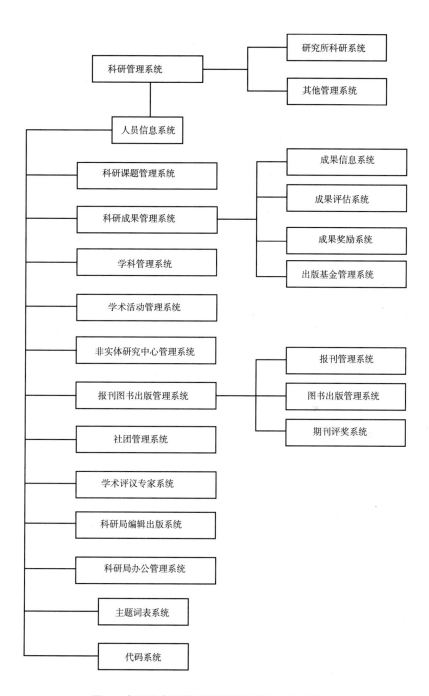

图2　中国社会科学院科研管理信息化系统结构

科研管理信息化系统是一个结构紧密的体系。10 个基本系统之间将建立有机的联系，互相协调，整体运行，避免信息冲突和重复性劳动。3 个公用系统为基本系统的运行提供统一性的支持和服务。

同时，系统采用分级用户管理的模式，系统设计了多种用户类型。如超级用户，即系统管理员级用户，拥有对数据增、删、改，改变数据库结构等全部权限。院级用户，院级用户指院领导及有关部门。院级用户权限为可以浏览课题全部信息，但没有录入、更新、编辑、删除记录的权限。局级用户，局级用户为科研局信息处理部门的权限，可以对数据进行增、删、改操作，不可以修改数据结构。片级用户，科研局各学科片用户，可以对本片数据进行增、删、改操作，不可以浏览其他学科片的数据。所级用户，研究所领导者用户。可以浏览本所重大课题情况，对数据无其他操作权。科研人员用户，根据本课题密码可以浏览本课题信息，可以更新课题进展、经费使用情况汇报、课题鉴定申请、课题成果出版基金申请等信息。

科研管理信息化系统也是一个开放的体系。将根据科研管理体制改革的进展和科研管理工作的实际需要，不断完善体系结构和功能，适时增加、调整内容。

中国社会科学院科研管理信息化系统是建立现代科研管理知识管理体系的大胆尝试，通过科研管理信息网络化运作和管理，促进管理信息的实时交流，形成信息共享的科研管理资源，逐步提供更加开放的科研信息资源。因此，它的运行牵扯到传统管理流程的改变，对科研人员和管理人员的计算机应用提出了更高的要求。

但是，在系统运行后，管理流程的改变需要一个适应过程和保障机制。目前，管理流程的变化尚未完全落实。有些研究所比较重视此项工作，数据录入比较及时；有些单位则没有及时录入数据。另外，由于数据资源间的共享机制尚未建立，存在较多的信息孤岛，对于科研管理者和科研人员来说，往往需要向不同的途径提交相同或类似的数据，加大了他们的工作量。这些问题需要通过建立数据操作规程和数据共享机制来解决。

总之，中国社会科学院科研管理信息化系统是我国专业社会科学研究机构进行科研管理数字化的一次大胆尝试，将会为我国社会科学研究机构的数字化建设提供较好的经验和示范工程。从人文社会科学科研管理的内容来看，不同类型中国社会科学院的科研管理工作有一定的共性，从信息化建设情况看，我国专业中国社会科学院的科研手段现代化水平仍然很低，IT 技术力量薄弱，因此，中国社会科学院科研管理信息化系统建设不仅可以为其他中国社会科学院的管理数字化建设提供可持续发展的经验，而且可以经过改造为地方中国社会科学院所应用。还可以进一步加强不同类型中国社会科学院之间的信息交流和共享，可以考虑通过建设全国社会科学科研网和社会科学研究成果网等方式，进一步加强社会科学研究的数据共享，拓宽学术交流渠道，扩大学术活动影响，促进社会科学的繁荣发展。

第三章　实施科研管理信息化的几点建议

科研院所应充分利用信息技术给科研管理带来的机遇和挑战，结合科研院所的实际情况，积极推进科研管理的信息化进程，大力提高科研管理水平。在前文分析阐述的基础上，本章在此试图对前文提出的问题进行回答，即如何对科研机构的管理信息化建设提出一个较为整体性的建设框架。

一　加强组织和领导，注重整体规划，分步实施

科研管理信息化并非简单的计算机化或无纸化办公，是一项复杂的系统性工程，也是科研单位管理体制改革的重要方面，因此，肯定会面临支持与反对的不同态势，故而，各级领导的重视和支持是科研管理信息化工作顺利实施的前提和保证。同时，科研管理信息化的实施需要人力、财力、物力的保证，如何在机构设置、队伍建设和经费支持上给予保障是信息化工作顺利完成的重要前提。

"没有调查就没有发言权"，在进行规划设计之前，需要通盘考虑，进行充分的前期调研和论证，避免盲目上项目。科研管理信息化是随着信息技术的发展而兴起并得到运用的，而信息技术日新月异的发展步伐使得科研管理信息化也要不断发展、随时完善。应该在科学的规划指导下，确定阶段性目标和长远目标，采用分步实施的方式，避免急于求成。这样不仅可以将管理信息化规划与科研院所的发展目标相结合，还可以规避由于计划不周而造成的资源浪费。

毫无疑问，科研院所的科研项目管理是其管理的核心业务，因此信息化的建设与推进应该注重将信息化手段的先进性与管理系统的实用性相结合，不可偏废。只有这样才能达到降低管理成本、提高管理效率的目标。

二 强化以人为本的管理理念，建立适应信息化的科研管理模式

如果说科学技术是第一生产力，那么人力资源无疑是科技活动中最活跃、最宝贵的因素。科技的发展进步源于人的创造，而进步的科技也是为了人们的生产生活需要。传统自上而下的管理方式已经越来越不适应社会的发展趋势，尤其对科研院所而言，其核心是研究人员，研究人员往往要求自由宽松的研究氛围，"以人为本"的管理模式更适宜于科研单位。

霍桑试验早就告诉我们，对个体的关注和重视能够激发意想不到的效果。同样的道理，科研人员往往身处独立研究与团队合作研究之间，对其主导地位的确定能够激发主体感受。除了在观念上的转变，还需要为科研人员创造良好的工作环境，管理信息化不仅是为了提高管理效率，同样是为了科研人员方便使用，尽量减少他们在繁文缛节的程序性事件上花费时间。另外，由于管理信息化可以在某种程度上改变传统自上而下的垂直机构，改进落后的管理方式，对僵化的组织结构进行改革，从根本上对低效的管理流程进行创新，也对建立一种扁平化的、符合人性的组织结构创造了契机。这种自由、灵活的组织结构和管理方式无疑更能激发科研人员创造活力。

适应科研管理信息化的要求，科研管理模式亦需要不断改革与创新。摒弃原有冗余、繁杂、不合理的程序，建立与信息技术手段相适应的模式和流程。以科研管理信息化建设加速科研管理模式的转变，促进科研管理模式的改革和创新，提高科研管理信息化的作用和效率。

三 加强科研管理人员的培训和队伍建设

前文已经论述到，科研管理人员是管理信息化的软要素，在一定程度上，管理人员的信息化素质及其应用能力将是影响科研管理信息化的关键因素。由于我国信息技术在科研管理中的应用较晚，再加之很多科研单位的管理岗位只是辅助部门，管理岗位的人员年龄梯次差异比较大，因此管理人员的素质和队伍建设比较滞后，制约着科研管理信息化的进一步发展。

科研院所要从硬件到软件、从内到外都实现管理信息化，就要重视对管理人员的培训和管理队伍建设，打造一支技术精、管理灵、年龄梯次合理、知识结构完善的管理队伍，使科研管理工作良性循环。

现代社会的特征之一就是知识的更新加快，科研管理人员亦不能故步自封，"一张报纸一杯茶"的时代早已过去，通过培训，不断获取新知识，提高工作技能，是科研管理信息化的重要环节。科研管理人员要加强现代信息管理的理论学习，了解信息技术的特性，掌握计算机应用技术，转变管理理念，树立服务意识，全方位打造新型的管理人才。

另外，科研院所应该将管理人员与科研人员同等看待，采取积极措施吸引优秀的管理人才，保持科研管理队伍的稳定。以往，管理人员往往处于边缘化的地位，不仅不受领导重视，也得不到科研人员的尊重。他们往往忽略了管理不仅是门艺术，也是门学问，只有管理有序，各种科研活动才能有条不紊地进行。科研单位应通过不断提高科研管理人员的工作和生活待遇，解除他们的后顾之忧，使其能够专心地投入工作和事业之中；同时，积极创造条件，全方位调动现有人员的积极性和创造性，为其发展提供有利的环境。

四　建立和完善科研管理信息化制度

"无规矩无以成方圆"，各种管理目标的实现有赖于制度的保证。科研管理信息化的实现也是一样，只有建立科学、合理、健全的管理制度，制定科研管理数据标准，才能进一步规范管理业务流程，进而保障科研管理信息系统良性运行。

有效的科研管理信息化制度，首先要制定各个部门分工合理、任务明确的责任制度。这样不仅方便考核，而且可以避免相互推诿责任。其次，要树立良好的组织文化，良好的组织文化可以增进成员间的相互沟通，增强对单位的认同感，提高工作的积极性和效率。再次，应该有标准规范的奖惩制度、人事制度，这样管理人员就可以在工作中有明确的参照标准，激发工作热情。最后，监督考核机制应该是管理信息化制度中不可或缺的部分，有效的监督可以减少工作中的越轨行为。

五　强化信息安全管理

"风险社会"已成为当下一个时髦的词汇，互联网的使用虽然大大提高了信息资源利用的速度和效率，但是其存在的风险也较以往更高，"网络风险"已成为信息化管理过程中不可小觑的隐患之一。所谓防患于未然，可以预料，随着科研管理信息化的发展，科研院所可能将面对各种意外灾害、电脑故障、黑客入侵、人为破坏、泄密窜改等情况。如果不重视系统管理、备份和防范病毒黑客，系统一旦遭到意外，损失将无法估量。然而，目前网络安全的重要意义仍然没有得到足够的认识，如果只从经济角度考虑问题，就会导致系统在没有安全保障的环境中运行，其问题的严重性可想而知。

强化信息安全管理，首先，要建立和完善信息安全监控体系，及时发现和处置突发事件，提高对网络攻击、病毒入侵、网络失窃密的防范能力，防止有害信息传播，增强对网络和信息系统的监控、管理和保护。其次，要重视信息安全应急处理工作，建立健全应急管理协调机制、指挥调度机制和信息安全通报制度。要制定完善信息安全处置预案，加强信息安全应急支援服务队伍建设，提高信息安全应急响应能力。

科研档案的信息化建设

——以中国社会科学院为例

作　　者： 任晓，中国社会科学院外国文学研究所数字信息资料室主任科员，中国社会科学院研究生院 2010 届 MAP 毕业生。

指导教师： 褚松燕

摘　要： 科研档案信息化建设是档案事业面对全球信息化浪潮的必然选择。本文通过回顾中国社会科学院科研档案信息化建设的现状，指出了该领域存在的问题，针对问题展开研究，分析了这些问题产生的外部条件和内部原因。在此基础上，本文依据公共管理相关理论，对中国社会科学院科研档案信息化建设提出了相应的发展对策，以期通过实际可行的对策，使其更好地服务于国家和社会。

关键词： 中国社会科学院　科研档案　信息化

第一章　中国社会科学院科研档案信息化建设存在的问题

在过去十几年的信息化建设中，中国社会科学院科研档案信息化建设无论在成果档案数据库建设还是在管理平台系统建设中都取得了较好的成绩，其系统构架之完善、系统技术之先进、信息容量之丰富都在社科领域可圈可点。然而，抛开具体的技术层面，从宏观上看，中国社会科学院科研档案信息化建设还存在一些问题。

一　科研档案管理存在认识误区

科研档案管理意识对科研档案信息化建设至关重要。但长期以来，由于历史的、经济的、体制的、观念的等多方面原因，中国社会科学院的科研管理工作大多停留在科研项目立项、论文发表、学术认可、成果鉴定、成果归档这几个环节。而且，由于前面几个环节与科研档案管理人员的工作业绩并不直接挂钩，科研档案管理人员往往将工作重点放在科研档案的完整率、归档率、合格率上，即满足于对科研档案的实体管理上，就科研档案而科研档案，看不到或者说意识不到科研档案中所具有的科研信息价值、科研成果转化价值以及科研档案信息的价值。

二 部分科研人员科研档案归档积极性不高

中国社会科学院存在一部分科研人员，在科研过程中重视科学研究实践活动，重视科研成果的论文发表与获奖，轻视科研档案资料的平时积累工作，认为这是科研档案部门的事，与己无关。还有一部分科研人员由于受经济利益驱使和小团体主义的影响，将科研成果不予公开，反而用于谋取私利，即使履行了科研档案的归档义务，但也只是送交了一般性材料而私自保留了关键材料，对科研创新、重要数据等讳莫如深，进而影响了归档材料的系统性，也破坏了科研档案的整体学术价值。

三 各研究所科研档案开发出现"孤岛"现象

目前，中国社会科学院各研究所把重心放在了各自网站的建设和维护上。从中国社会科学院已建立的50多个专业网站上看，很多都没有考虑与其他科研所或者专业网站链接合作，实现网络互联。科研人员登录一次网站，并不能对中国社会科学院科研档案信息进行检索。总体上看，科研档案信息网络化处于低层次、低水平阶段，科研档案信息是相对孤立与分散的。

四 科研档案数据库质量不高

中国社会科学院现有的科研档案数据库资源不够丰富，数据库中多数以二次成果为主，缺少先进的信息分类检索与导航系统及传播与利用平台。检索软件落后，科研档案信息分类较粗，缺乏多角度反映科研档案卷宗内容和多种逻辑组合信息的检索方式，影响科研人员查阅的效率。科研档案数据库建设滞后成为中国社会科学院科研档案信息化建设的一大"瓶颈"。

五　科研档案信息化人才建设水平低

（一）信息化建设人才结构不平衡

从现有信息化人才队伍来看，管理人才偏多，而专业技术人才和应用型人才少，既懂科研业务又懂专业技术的人才更少，既懂科研业务又懂专业技术和管理的人才几乎没有。复合型人才的缺乏增加了信息化建设过程中各环节沟通、交流的时间，无形中降低了信息化建设的效率和质量。

（二）各研究所信息化人才素质不高

中国社会科学院各研究所缺乏信息化建设人才，尤其是专业技术人才和应用人才。目前，各研究所信息化岗位编制有限，但配备的大多是信息化管理人才。而作为科研档案信息化建设的具体承担者，各研究所必须具备既懂科研业务知识又懂信息化专业技术知识的管理人才，这样的人才不要求其水平有多高，但要求其知识要全面，只有这样才能在各研究所有限的岗位编制上做好科研档案信息化建设的工作。

第二章　中国社会科学院科研档案信息化建设对策

组织发展理论认为，一个组织要生存发展下去，必须完成两项互相关联的任务：一是协调组织成员的活动和维持内部系统的运转，二是适应外部环境。而在当代社会里，组织用以实现上述任务的工具源于官僚制。为克服官僚制本身的弊端，本尼斯提出了"有机—适应性"组织，这种组织的特点是：①临时性：组织将变成适应性极强的、迅速变化的临时机构；②围绕着有待解决的各种问题设置机构；③解决各种问题要依靠由各个方面专业人员所组成的集体；④组织内部的工作协调有赖于处在这个工作集体间交叉重叠部分的人员，他们身兼数职，同时属于两个以上的集体。该理论对于中国社会科学院科研档案信息建设具有一定的启示。基于该理论及其带给我们的启示，本章将从思想、组织、技术、制度保障等方面对中国社会科学院科研档案信息化建设进行相应的对策分析，为中国社会科学院科研档案信息化建设的顺利进行提供若干建议。

一 提升对科研档案信息化建设重要意义的认识

中国社会科学院科研档案信息化建设是一个关乎中国社会科学院科研发展的大事。科学研究必须借助于信息技术手段来提高其效率和研究水平，社科研究与成果必须借助信息化技术手段走出"象牙塔"，面向社会公众，实现资源共享，提升科研水平。因此，要加强科研档案信息化建设重要意义的宣传工作，要使全院工作人员深刻理解科研档案信息化建设工作的重要性，调动大家对科研档案信息化建设的关注度和参与度。

二 加强组织管理机构间的协调、沟通

中国社会科学院科研档案信息化建设目标能否实现，取决于各项要素的质和量对这些必备要素的组织状况，而后者在很多情况下是成功的关键。中国社会科学院科研档案信息化建设的组织管理者应该以这些要素为对象，研究其最优化、最有效的组合方式，根据建设目标和实际需要制定并采取一系列务实的组织管理措施。

中国社会科学院科研局在整个科研档案信息化建设中具有重要地位和作用，它统领全院的科研档案信息化建设，确定了科研档案信息化建设的方向和思路；中国社会科学院网络中心是科研档案信息化建设工作思路的实现者、中间途径，它所构建的科研档案信息化系统对整个科研档案的管理具有决定性的作用；中国社会科学院各研究所是科研局和网络中心科研档案信息化建设思路、任务的具体贯彻者、实施者、维护者，也是科研档案信息化建设过程中的信息反馈者（见表1）。

表 1 中国社会科学院科研档案信息化建设的部门机构定位

部门机构	功能定位
科研局	科研档案信息化建设的决策指挥者和组织实施者,是整个科研档案信息化工程的策动力,决定着建设工程的组织效率
网络中心	具体负责科研档案信息化网络的规划、技术设计和工程建造的机构,可由各级技术主管部门会同科研档案部门共同负责网络规划、资源分配和技术指导,前者技术力量雄厚,后者熟悉档案管理流程,从而使设计更能切合科研档案信息管理的特定要求
科研处	科研档案信息化网络的实际运作者,负责网络的运行维护和科研档案信息的组织、发布与更新

在对上述组织管理机构进行了清晰的定位后，还要注意三者之间的分工与协调的平衡。分工着眼于专业，专业化导致整体观念弱化；协调着眼于整体，但忽视单位之间的竞争。因此，中国社会科学院科研局、网络中心以及各研究所科研处三个组织管理机构必须注意科研档案信息化建设过程中的分工与协调，力求透过协调求取平衡。这其中既有纵向沟通，也有横向沟通，有下一级向上一级的请示和报告，也有上一级向下一级布置、安排、检查和督导工作。只有通过其中数次反复的沟通，才能避免科研档案信息化建设过程中方向目标不明，系统构建不完善，最后推倒重建，既浪费了人力，又浪费了财力、物力。

三　加强信息化人才队伍建设

（一）优化信息化人才结构

科研档案信息化建设需要合理的人才结构，最佳的人才结构是金字塔形，即塔底是应用型人才，塔中是管理型人才，塔尖是高层次的设计人才。应用型人才是科研档案信息化建设的生力军，负责完成架构信息化建设的理论，研究电子文件归档管理办法等一系列技术问题；管理型人才需要掌握国内外信息化建设的现状、问题，制定各自范围内电子文件、电子档案的管理规划，起到指导、监督作用；设计型人才对整个科研档案的信息化建设起到设计、规划作用，统筹把握整个系统的开发、建设。总之，高层次的设计型人员是信息化建设的带头人，管理型人员是信息化建设的纽带，应用型人才是信息化建设的基层力量。

中国社会科学院在引进专业技术人才时，必须考虑到上述人才结构，使设计型人才、管理型人才和应用型人才保持合理的比例结构。同时，针对现有的人才结构，要积极进行优化，系统配置人才资源。

（二）依托高等院校培养和培训科研档案信息化高级人才

高等院校是科研档案信息化专业人才的培养基地。我国设有档案学专业的高等院校现有 29 所，这些院校均有较好的师资力量、科研水平和较完备的教学设施。据统计，目前在校档案学专业本科生 4000 余人。中国社会科学院在未来招聘科研档案信息化专业人才的计划中，可以考虑从以上高等专业院校中挑选品学兼优的毕业生，以充实中国社会科学院科研档案专业化人才队伍。

（三）开展上岗前科研档案信息化培训

信息化素养已成为所有档案从业者必须具备的基本素养。为提高中国社会科学院科研档案职业队伍的总体素质，保证所有从业人员胜任所从事的科研档案工作，应对拟从事科研档案职业的人员进行岗前培训和上岗资格考试，上岗资格考试合格后方能从事相应的工作。其中，科研档案信息化基础知识和基本技能应作为培训考核的基本内容。从业资格制度的实施，不仅可以提高科研档案管理人员的信息化整体水平，而且还可以克服用人上的随意性，起到稳定专业队伍、避免人力资源浪费的作用。

（四）进一步落实信息化人才队伍待遇

岗位、职位、职称是牵涉到人才发展和人才建设的一系列关键要素，由于种种原因，中国社会科学院在信息化人才的岗位设置、职位要求、职称评定等方面还没有建立一整套完整、详细的标准，这不利于引进信息化人才、稳定信息化人才队伍。所以，应尽快制定中国社会科学院信息化专业技术人员职务试行条例，对信息化专业人员的任职条件、岗位职责、职级比例、考评办法等问题做出明确规定，以便各单位统一执行；尽快在网络中心、各片网络分中心、各所局设置信息化专业技术岗位；岗位数额及高、中、初的专业职务比例根据工作性质和任务多少酌情确定；对信息化专业岗位设置哪些专业系列，应从实际出发，按照"因事设岗，按岗聘任"的指导方针，采用"老人老办法，新人新办法"的方式，以科学、合理的原则设置职称系列，创造一个和谐宽松的工作环境。

四 强化科研档案信息化建设基础工作

信息化具有强大的信息存储、处理能力，但它也是一把双刃剑，规划、建设得当，其效率事半功倍，而如果前期工作没有做好，规划不当，建设不力，其效率将事倍功半。中国社会科学院科研档案信息化要高效运转，避免"信息孤岛"及数据库作用发挥有限的问题，应努力解决好以下几个问题。

（一）解决全院信息标准化问题

一是在中国社会科学院科研档案工作信息化建设时要充分考虑硬件的选型、软件的配置、数据库的标准格式和信息通信的方式等，解决好科研档案工作信息化与院办公自动化的衔接问题。二是要适应科学发展的需要，制定有关科研档案工作的原则与方法的确切表述和具体规定，包括专业名词术语标准、鉴定标准等基础问题。在实行分级检索制度的前提下，通过院内网和互联网可实时、准确地检索出所需要的存档文件、资料、原始记录和文献等。三是编制归档说明，包括文件形成的时间、形成责任者、相关背景等情况的说明；电子档案配套软硬件环境的说明；对数据库分类方法、分类体系、分类编号的说明。

（二） 为建立学科科研档案数据库留足空间

一个学科的数据库若不与其他学科的数据库相关联，只进行"自我"的发展，最后必将失去其他学科的支持与联系，形成另一种形式的"信息孤岛"，难以持续发展。因此，中国社会科学院科研档案信息化建设必须积极构建包括各个学科的科研档案数据库在内的，各学科数据库在其中自主建设、互相联系、均衡发展的中国哲学社会科学数据库群。这个数据库群应该呈网状结构。在这个"网"内，每个学科数据库都是一个按本学科研究需要形成的数据库系统，它们既独立存在，成为"节点"，又与其他学科数据库相互联结、相互关联。各节点之间是网状联结，而非树状结构，没有明显的序列和等级关系。中国社会科学院除规划、组织、协调外，还应建立起便捷、高效的导航、检索系统，还要为今后可能产生的数据库和引进的数据库在中国社会科学数据库群留出足够的物理存储空间。

五 加强科研档案信息化制度建设

科研档案信息化建设离不开制度的支持。目前，我国高校科研档案工作已建立起三个层次的法规性文件。一是以《档案法》为代表的法律；二是以《科技档案工作条例》为代表的行政法规；三是一些业务性的规章制度，如《高等学校科学技术研究类档案工作规范》、《高等学校档案部门业务建设规范》等。这些法规性文件构成了一个相对完整的法规体系，对规范档案工作起了很大的作用。而中国社会科学院在这些方面还很落后，规章制度建设工作尚不到位。今后，中国社会科学院必须在科研档案收集工作中建立一整套的约束、激励、监督机制，把积累科研文件材料的考核同项目考核、课题结项挂起钩来，使科研档案管理与课题管理、成果管理等工作紧密结合，以加强对科研档案工作的宏观把握和规范管理。

导师简介

褚松燕，国家行政学院政治学教研部教授、硕士生导师。兼任中国政治学会理事、北京市政治学行政管理学会理事等职务。

研究领域：社会组织与公民参与、政治体制改革与政府创新、公民资格理论。

主要研究成果：《弱势群体保护中的政府创新动力机制分析》，《政法论坛》2010 年第 6 期；《论减灾救灾中的社会联动参与机制》（合著），《中国行政管理》2011 年第 9 期；《互联网时代的政府领导力提升》，《福建行政

学院学报》2011 年第 4 期；《政治社会团体涵义辨析：概念比较》，《上海行政学院学报》2011 年第 3 期；《儿童安全保护的政府——社会联动机制亟需建立》，《行政管理改革》2011年第 5 期；《国家——社会关系中的 NGO》，《绿叶》2011 年第 3 期；《权利发展与公民参与》，中国法制出版社，2007；《中外非政府组织管理体制比较》，国家行政学院出版社，2008。

课题制科研管理信息化

作　　者：张骅，中国社会科学院语言研究所办公室正
处级调研员、编辑，中国社会科学院研究生
院 2012 届 MPA 毕业生。

指导教师：李汉林

摘　要：科研管理是对知识生产过程中社会活动的管理，它主要是对以探索性、创造性为主的脑力劳动的管理。本文以信息化深化社会科学领域课题制管理模式改革为切入点，通过对管理信息化历史与现状的回顾与分析，围绕科研课题制管理的难点与问题，探讨信息化更适合在哪些环节与课题管理相结合，说明在计算机技术和互联网蓬勃发展的知识经济时代，信息化如何提升科研管理水平；分析信息化在社会科学课题管理中的哪些环节可以发挥更大的作用，对如何利用信息化手段更充分地发挥课题资源综合利用优势，从而对创新课题管理工作提出建设性意见。

关键词：科研管理　课题制　信息化

第一章　案例与问卷调查：中国社会科学院科研管理信息化

一　中国社会科学院科研管理信息化建设内容

中国社会科学院信息化建设自 1998 年接入互联网，已历经 14 个年头，搭建起了较为科学、日趋稳定、安全、畅通的网络环境（见图 1），建设了内容越来越丰富、影响越来越广泛的综合门户网站，推出了多个服务科研与管理的信息化应用平台，积累了以"三库"为代表的丰富的数据库及数据资源①。本节着重介绍与课题制信息化管理密切相关的院所两级科研管理平台建设。

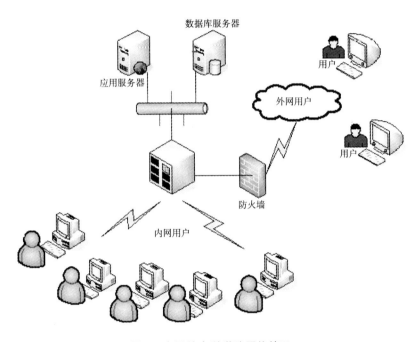

图 1　中国社会科学院网络情况

注：用户通过网络访问应用服务器，应用服务器和数据库服务器物理分离，用户通过直连线访问数据库服务器。

科研管理信息化平台采用了 B/S（即浏览器/服务器）结构，以数据库系统为基础，使用"ASP. COM + XML"技术开发应用系统。客户端利用浏览器通过 HTTP 协议与 WEB 服务器通信，WEB 服务器使用 ADO 检索和操作数据库信息，工作机制如图 2 所示。

中国社会科学院科研管理平台是各类科研管理数据资源的有机载体，除

———————

① 中国社会科学院信息化领导小组办公室编《中国社会科学院信息化建设十年情况汇编》，2008。

图 2　科研管理平台工作机制

集中发布院内科研管理动态公告类信息外，核心内容为 8 个子系统（见图 3），即课题管理系统、成果管理系统、学科管理系统、学术活动管理系统、非实体研究中心管理系统、社团管理系统、人员信息系统、系统管理，其中后两个系统是公共系统，它们为前六个系统的运行提供统一性的支持和服务[①]。

与本论文所关注的课题制管理的信息化直接相关的有 3 个子系统，下面作专门介绍。

（一）课题管理子系统

课题管理子系统是科研管理平台的骨干部分，系统建设目标是建立科研课题管理电子化文档和动态管理体系，提高课题管理的系统性、规范性和时效性。

课题管理子系统用于反映院级重大课题的管理过程（见图 4），主要功能包括：供内网授权用户填写、查看课题申请表；供各级管理单位进行课题立项审批与课题查询；开展课题进度管理、变更管理、经费管理、结项管理和课题备案等工作；经过各所（局）科研处审批的各类数据、表单可以上传到后台数据库中，并在科研局内部网络中进一步深化数据的应用，按年度生成统计报表。目前系统能提供的数据分析主要包括：经费使用情况分析、课题进度检查与分析、课题类型分析、科研计划、课题基本情况、所课题备案情况及年度交办委托的课题情况等。

应该说，从设计角度看，该子系统还是能够比较全面地反映课题管理的全过程，但在二、三级管理模块需求设计上还可再细化、进一步增强管理的针对性，增强动态管理的需求设计与手段。此外，如何用制度保障和技术保障相结合的办法，确保系统的应用推广是更关键的问题。在实际工作中，不

---

① 素材来源于中国社会科学院科研局网站，kyj. cass. cn。

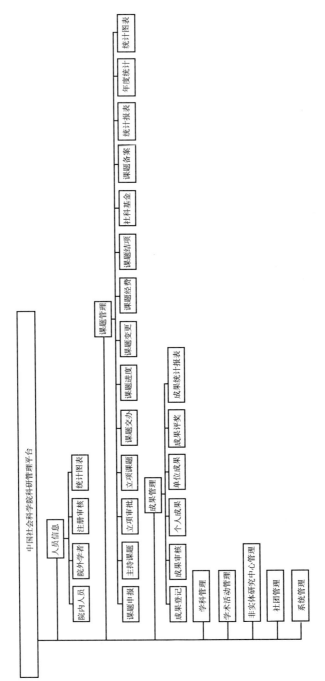

图 3　中国社会科学院科研管理平台系统内容结构

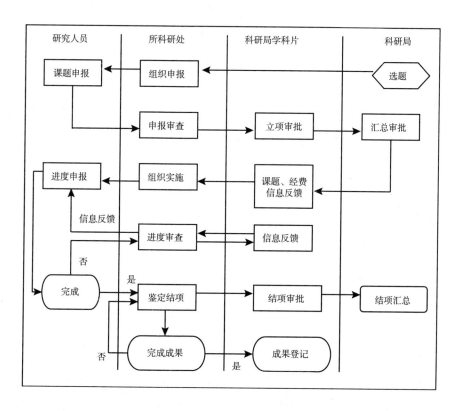

图 4　课题管理子系统工作流程

少基层的科研管理部门（如科研处或办公室），除个别模块（如课题申报）外，并没有全面、及时地上报各类管理数据，没有完整的基础数据，更难以在科研管理活动中充分利用这些管理统计分析工具，不能进一步开展科研管理决策辅助分析工作。在系统中查询数据时可以看到，工作界面不够友好，不利于科研人员和管理人员便捷使用系统；数据更新的速度比较慢，难以实现动态管理；对具有价值的核心数据收集还很不充分；对数据分析的设计还比较粗放，难以形成辅助决策的知识。

（二）成果管理子系统

　　成果管理子系统是科研管理平台的另一个重要组成部分，它以院科研成果数据库为主要支撑，旨在实现成果信息统计的电子数据化和成果管理过程的网络化（见图5）。

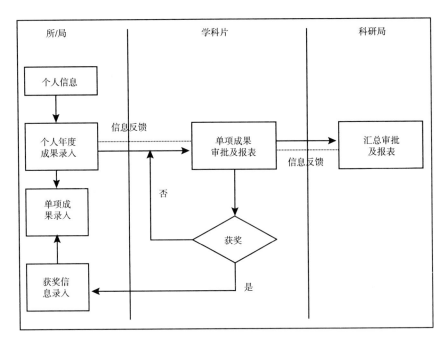

图5　成果管理子系统工作流程

成果管理子系统又包括相互关联的6个下一级子系统：成果登记子系统、成果审核子系统、个人成果子系统、单位成果子系统、成果评奖子系统和成果统计报表子系统。

从模块设计看，系统具备了比较全面的课题成果管理功能，这里仅以其中的成果统计报表子系统为例，它包括了6个系列、32种表格统计，但逐一查看，有15%的报表没有可调阅内容，即便是可调阅的表格种类，也存在历史数据追加不足、"新"数据收集太慢（最新数据仍为2008年）、数据收集不完整（仅有部分各所局提供过数据，有的仅有三四个所局提供过数据）等明显的问题。另外，系统提供了录入、检索、浏览功能，但确不能提供查询结果的下载、数据导出、打印等基本功能，这显然不利于数据利用，更会反过来导致数据的提供者丧失提供数据的动力，让系统应用陷入恶性循环的被动局面。

（三）人员信息子系统

科研管理系统的许多子系统都需要大量使用人员信息。人员信息子系统的用户类型分为课题主持人用户、所级用户、片级用户、局级用户、院级用户和超级用户，不同的用户可以实现对系统的维护或检索浏览等功能（见图6）。

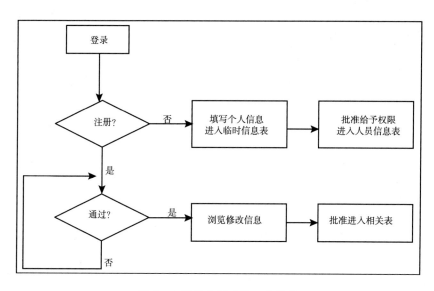

图6 人员信息子系统工作流程

设计中的该子系统本应能方便利用院人事管理系统的资源，同时根据科研管理信息化系统的具体需要对有关指标进行调整和补充。但目前看，尚未实现跨单位、跨数据库的信息交换与共享，仍是各种维护一套数据。在中国社会科学院内，科研人员都会有人员信息和人员编号，这些信息可对应相应的科研课题和成果管理信息，这种设计本来可以保证课题管理和成果管理的真实性、可靠性，但实际并没有利用技术手段自动对应、充分应用。

当然，已经投入使用的中国社会科学院科研管理平台也有它的优点：具有较高的安全认证体系设计，可以保障数据的安全性；不少子系统提供了按条件综合检索的功能；具有比较灵活的权限管理模式；系统是一个开放的体系，可以根据科研管理体制改革的进展和科研管理工作的实际需要，继续完善体系结构和功能，适时增加、调整内容。这些特点也为该平台能够满足课题制科研管理信息化需求，进行资源的共享、功能的改进完善提供了很好的工作基础。

二 课题制科研管理信息化存在的不足

基于上述，中国社会科学院信息化建设经历了多级管理者多年的共同努力，已经取得了长足的发展。但作为一名所级科研管理工作者，汇总前述中国科学院与中国社会科学院信息化建设的对比情况和调研感受，再结合自己多年科研管理日常工作及对各系统应用的实际感受，也体会到中国社会科学院信息化建设中的一些不足。从具体操作环节方面看，存在重复操作、界面不友好等问题，例如一名科研人员或科研管理人员，要想完成目前各类数据的填表，需要进入不同的系统，单密码就要记忆多个、输入多次；再如，向科研课题管理子系统申报数据时还存在同类数据按数据库格式和文本格式重复填报的问题，数据库中的数据还难以形成可供下载或导出的统计和分析表格加以充分利用；从应用性方面看，原已设计开发的多个系统、子模块或功能还不能被科研管理人员及科研工作者充分利用，使得系统或平台成了无水之源、无本之木，管理资源积累不足，发挥效益不足；从资源利用方面看，虽然各种信息呈爆炸式、几何级数地增长，但也明显地存在信息越多，准确、快速找到有用的信息却越来越难的问题。再如，由于共享机制与手段尚未建立，也经常出现明知道某单位有某类信息，但出于种种原因，需要获得信息的一方却无从查找，得不到数据、信息，即便存在也没了使用价值。从建设规划方面看，存在同类系统重复建设，同类数据分散在不同系统，权威信息难以统一利用的问题，例如人员信息和机构信息作为基础数据，由人事教育局进行维护和管理，这样能保证其权威性。随着信息化进程的推进，相当数量的所（局）都建立了各自的人员信息数据库与科研成果库，其中的数据采集方式和工作管理流程也各有差异，这些系统与院科研管理平台中的院级科研成果库、人员信息库，与人事教育局的人员基础信息库之间难以发生数据交换和利用关系，这必然将造成数据资源的重复建设，增加了维护成本，同时也不能保证数据的唯一性、准确性和及时性。又如，电子所务系统提供了向科研人员收集成果数据的功能模块，如果科研管理系统能够从所务系统通过数据交换获得相关数据，不仅能使统计的数据更加全面，还能大大减少科研人员和管理人员的工作量。从管理层面看，中国社会科学院信息化建设尚缺乏统一机构的统筹规划与引导管理，信息化制度和管理体制尚待建设，缺乏强有力的制约机制和具有吸引力的绩效激励机制推进日常工作，点看各系统、各网站，陈旧信息、有骨无肉的栏目或者系统还较大量地存在。这些问题的存在都说明科研管理中的核心工作——课题管理的信息化程度还有待进一步提高。

第二章　课题制科研管理信息化建设内容初步构想

根据管理学的原理，对策与策略研究应具有明确的目的性。基于上述调查与分析，共建共享应是现阶段社科系统科研管理信息化建设的核心目的。围绕全面落实中国社会科学院提出的"管理强院"战略，要在院"十二五"网络信息化规划的总体框架指导下，深入开展信息化管理建设。结合中国社会科学院系统的组织机构设置和学科建设实际，应仍旧延续院所两级的信息化科研管理建设模式。在组织保障上，要充分发挥院信息化领导小组的组织协调作用，让网络中心、中国社会科学网、调查与数据信息中心这三个各有分工的信息化工作机构真正做到"三位一体"，形成统一领导、统一规划、统一管理、统一经费、统一数据库的信息化运作模式。按照在顶层设计上做好整体规划，在操作上采取小步快走的方法，从最核心的也是需求最旺盛的课题制科研管理应用需求入手。随着信息化系统的充分应用和信息化技术的蓬勃发展，未来的发展趋势是建成以共建共享为核心目标的全国社会科学研究与科研管理大平台。

一　中国社会科学院课题科研管理平台建设

（一）平台管理内容涵盖课题管理整个生命周期

围绕课题立项工作，以机构设置和学科设置双重分类的方法，让科研管理部门更便捷、全面地开展课题立项数据申报工作，建立涵盖院所两级的社科系统研究课题数据库，数据库资源按管理权限对科研管理部门和科研人员开放，提供便捷的检索功能。围绕课题过程管理，注重加强课题执行过程的动态管理，与课题经费预算及执行紧密结合，一方面，变现行的年中课题中期检查静态数据收集为依据课题计划及经费预算执行计划的动态课题管理数据收集；另一方面，增加课题后期资助环节的控制管理，为进一步探索科研课题资助体系的完善及科研资源的均衡配置提供决策依据。围绕课题成果管理，一是要加强学术评价管理，可考虑建设学术评议专家系统，系统并不直接用于具体的学术评议，也无须反映学术评议程序和具体内容，而是从功能上强调专家抽取的随机性和专家生成回避功能，以显示专家抽取的公正性，可以为各类课题成果评价提供服务；二是应重点解决科研信息交流严重不足，各类课题的低水平重复立项、科研成果发布及推广转化严重滞后的问题，建立涵盖院所两级的、数据全面、更新及时的社科系统研究成果数据库。围绕课题经费管理，应重点建设既满足日常财务报销管理的业务支持功能，又能随系统的使用积累各类课题经费财务数据，引入统计分析工具软件，起到提高预算执行的质量与效率，提升课题绩效管理水平的作用。

（二）搭建数据交换平台满足管理信息的共建共享

分布在院所两级、不同管理部门的各类管理系统是在不同年代，由不同开发人员或团队、在不同的平台上开发出来的，并且运行在不同的操作系统和不同的数据库平台上。鉴于此，应考虑建设一个安全、稳定、开放的、高性能、跨平台、跨系统、跨应用、可扩展的数据交换平台。通过对数据的规范化和标准化，对数据交换建立统一的模式，对原数据库中历史数据可以再利用，对新追加数据可以减少不同系统需要重复录入数据的现象，实现社会科学院整个信息化系统内部数据资源的共建共享，并在此基础上便于将可公开数据信息以统一的格式在外网门户对外发布，达到各系统协同工作的目的。数据标准化的同时，还可以考虑对数据信息进行属性标注，例如增加信息开放级别、所有者、所在地等信息，既有利于查询者获取资料，在一定程度上也起到了保护信息、知识所有者权益的作用。此外，配合数据交换平台的建设，还应结合绩效考核强化建立基础数据信息报送制度，保证信息的准确性和及时性。

（三）充分利用平台数据引入绩效管理

在课题管理的整个生命周期中，还可通过对管理数据的分析，有针对性地引入绩效管理。在公共管理领域，绩效管理已经得到非常广泛的应用。科研管理活动中的绩效管理也有不少国内外的实践经验。绩效管理是利用绩效信息，协助设定统一的绩效目标，进行资源的配置与优先排序安排，它包括了全方位的控制、检测、评估组织所有方面的绩效。绩效管理的功能正好与科研管理部分功能吻合。要界定课题管理参与者的责、权、利，将绩效管理与约束激励机制相结合，建立课题执行的奖惩机制和课题成果评价体系，将绩效管理指标与人事部门的人员个人信息库相结合，起到利用可量化的管理指标重点探索学者课题资助方式研究和学者学术信誉制度研究的作用。当然，由于社会科学的特殊性，如何量化，不同的学科还需要区别对待、细化研究，采取不同的指标体系和方法。

二　打造全国社会科学学科门户网站群

按照中国社会科学院"十二五"信息建设规划提出的要求，要把中国社会科学网建成"面向全国乃至世界的中国社会科学的大网、名网"。这里关于网站建设的分析更应着重于网站服务于科研的目标。

在学科门户建设方面，仍是要加大信息发布数量、提高信息内容质量，特别是加大自有信息量，将新产生的和原来积累的丰富的学术研究资源按学科分类发布到网站上，或通过链接数据库丰富学术资源。可以说，中国社会科学院系统数字信息内的积累已经走过了建设期，正处于信息爆炸式增长期，数字内容的搜索和整合期已经到来。这个阶段，管理上应侧重调动科研人员的积极性，同时配合资源整合激励机制的建立，形成哲学社会科学数据资源体系。首先，从心理层面让广大科研管理人员和科研工作者认同网站资源共建共享的目的是为科研服务，以课题成果发布为例，通过开展丰富多彩、形式多样的信息服务，最大限度地调动广大科研人员参与信息化建设的积极性，促使其产生"主动提供—社会承认—被动受邀"的良性循环。同时，要对资源的上传量、时效性、被浏览量、被下载量等进行统计管理，开展针对不同学科资源建设的评比和绩效考核。在技术上，应侧重利用专业学术搜索引擎技术，整合和加强搜索服务，彻底改变资源查询入口不统一、资源割据、查询定位不准确的局面。通过提供浏览和查询检索的双重功能，实现院信息化"重整合、易检索"的目标，最终实现以哲学社会科学专业搜索引擎为统一入口，以各种社会科学学术整合资源为支撑的哲学社会科学电子资源共享体系。据了解，目前国内还少有专业的哲学社会科学学术搜索引擎，这为我们在这方面的突破提供了良好的机遇，一方面能够更好地为科学研究和促进成果转化提供便利，还可以探索科研成果的有偿查询和使用；另一方面，科研信息特别是科研成果的公开也是防止学术腐败的有效措施之一。

在网站群建设方面，要在统一标准、统一技术构架的基础上，实现分级管理、分级维护，信息可以按权限共享发布、集中展现，建成既可以统一管理，也可以独立管理自成体系的网站集合。网站群为实现资源的共建共享提供了平台和技术保证，可以在很大程度上解决信息孤岛的问题。在管理上，要处理好主站、子站统一规范与子站特色发展之间的关系；要加强网站的宣传推广，在"建站"的同时更注重"用站"，通过用户的应用提升他们对网站群的信任度、满意度和依赖度，进而不断完善网站建设，增强网站功能和服务能力，实现从"资源管理为主"向"资源应用为主"的转变，提升网站群的影响力。在技术上，应适时引入能够激发用户互动，促使资源使用者乐于与他人分享知识的新技术、新理念。例如基于开放理念的 Web2.0 技术，更强调用户体验和集体参与，其中 Tag 标签的应用可以将信息的组织方式转化为以用户为中心，数据以不断更新的方式进行传递，用户通过组成群体贡献自己的数据和服务，以达到用户越多、服务越好的目的。分析 TAG，还可以从中发现学科领域内的热门研究课题，对用户的研究起到引导作用，由于 TAG 表现的不是管理人员或是计算机的思维，而是用户的思维，更容易被理解和利用，可以促进用户间的交流，加快学术信息的传播和利用，也就能更方便地解决研究人员获取前沿信息滞后的问题。再如，方兴未艾的博客技术营造的即时交流互动空间，维基技术创造的多人协作的科研环境，Bookmark 网摘技术提供的个人知识管理平台等。尝试使用新技术时，务必提前做好信息安全保障、知识产权保护等问题的预研。

未来的中国社会科学网，应逐步建成分类科学、查询便捷准确的中国社会科学大型数据库，利用搜索引擎技术，逐步做到使中华人民共和国成立以来甚至更早之前的社科类信息的网上查询，并跟踪每天新产生的有价值的相关信息，尽可能将其"一网打尽"，一手抓信息存量，一手抓信息增量；更应该把网站打造成社科成果转化为现实生产力的网络平台，能为信息的生产者与使用者提供基于虚拟空间的中介服务，提供能够全面反映社科学术成果的电子数据，将数据转化为信息，将信息知识化，将知识转化为力量，实现社科成果双重效益的最大化，使中国社会科学网真正成为具有学术思想性、理论权威性、资料知识性、公共服务性特点的，具有重大影响力的社会科学综合门户网站集群。

笔者对课题制科研管理信息化建设的思考源于岗位工作实践，缘于对科研管理事业的热爱和美好期待。文中纵然提出了不少院科研管理信息化建设中的不足，但是任何事物在成长过程中都必然面临困难，社会科学领域的信息化建设经历的不过是第一个十年，仍是新生事物，且已初见成效。回顾历史，我们欣慰于有这样一代代投身于社会科学领域信息化研究与建设的领导者、学者，是他们一路艰辛带领我们走过从无到有、从小到大的起步之路；环顾当今，我们感慨于身处风起云涌的信息化时代，技术革新一日千里，为科研管理事业的创新提供了无限的可能；展望未来，我们更应深入思考，身体力行，走出符合社会科学科研发展特点的信息化发展之路。本文的研究分析，只是尝试运用公共管理学的原理、方法提出初步的设想，由于笔者知识结构中还缺乏计算机、网络等方面的专业知识，对于院信息化的调研和资料的占有尚有限，分析、见解难免有偏颇之处，研究的广度和深度尚需下更大的功夫，才能对科研管理信息化建设提出一个更准确和完整的实践框架，但希望这至少是一次有益的探讨，借以抛砖引玉，让本次研究成为推进工作的新起点。

第二篇
人才强院篇

专业技术的岗位分级制度

作　　者：刘文俊，中国社会科学院人事教育局专家与
　　　　　职称处处长，中国社会科学院研究生院2012
　　　　　届MPA毕业生。

指导教师：潘晨光

摘　要： 我国事业单位推行聘用制的目标之一就是要打破传统的身份管理，变身份管理为岗位管理。岗位管理是我国事业单位基本的管理制度，专业技术岗位分级制是其中的一个重要内容，是对专业技术人员实行分级聘用的管理制度。

本文从理论和实践两个方面梳理专业技术岗位分级制形成的脉络，阐述分级制的基本内涵和运作机制，通过比较分级制与人事管理制度，诸如专业技术职务聘任制、职称评审和分配制度之间的关系，进一步加深对分级制的认识，明确其功能定位；通过对有代表性、示范性的科研院校专业技术岗位分级的任职标准、聘用程序、动态管理等进行比较分析，对它们的特点加以总结和归纳；最后，从制度本身和实施层面分别对这一制度潜在的或初现端倪的问题进行探讨和揭示，并提出进一步完善分级制的总体思路和建议。

关键词： 岗位管理　专业技术岗位　分级制

第一章　导论

一　选题意义

（一）理论意义

基于专业技术职务评聘制度基础上的专业技术岗位分级制，延长了原有专业技术职务的职级梯度，是我国人事管理制度的改革尝试。专业技术岗位分级制是建立在岗位管理基础上的专业人员聘任方式，旨在打破专业人员"终身制"的软规则，特别是解决专业队伍中的研究员（教授）、副研究员（副教授）的终身制，以及解决"同样职称的教授在教学和科研方面贡献不一样，也没有办法在收入等方面体现差距"等问题。专业技术岗位分级制是建立在职称制度基础上的，是职称评审结果的主要体现和重要发展。两者都力图科学公正地评价专业人员，优化专业队伍，增强专业人才队伍的活力，调动专业人员的积极性，从而营造出人才、出成果的良好氛围。但两者又有不同之处，职称制度侧重于学术评价，岗位分级制度侧重于岗位聘用，如何正确认识专业技术岗位分级制和职称制度的关系，值得进一步地研究和探讨。

（二）现实意义

实施专业技术岗位分级制近 6 年，很多方面还需要进一步摸索和完善。首先，从制度本身而言，专业技术岗位分级和传统的职称评审的关系如何，是合二为一，还是相互补充；岗位聘用与职务聘用有效结合的机制还不完善，人们仍有较多的困惑。其次，从分级标准而言，科研院校的分级标准大都饱受诟病。不少人认为，岗位分级过细，导致各等级标准难以界定或区分；不同单位分级标准差异较大；分级标准没有真正体现"成就"与"贡献"，而是注重"资历"和"头衔"等因素，不利于专业人员潜心钻研业务，助长急功近利的学术浮躁之风。最后，从操作层面而言，岗位分级组织中的人员构成不够合理；分级标准的设定和分级聘用的执行有的带有较强的官本位色彩；程序设计不够明确，监督考核制度不健全；等等。因此，通过比较科研院校的分级标准及做法，分析分级制取得的成绩及存在的问题，并提出应对措施，对进一步完善专业技术岗位分级制具有一定的研究价值和参考意义。

二　基本概念与相关理论

（一）基本概念

1. 职称、职务与岗位

职称，原指专业技术或学术水平的等级称号。现在通常所讲的"评职称"，是指专业技术职务聘任；而"职称"则是指专业技术职务聘任制中的专业技术职务的名称。职务，指工作中所规定担任的事情；岗位，指机关或团体中执行一定职务的位置。① 一般情况下，岗位与职务都可表示"职权、职责与工作范围"，在现行制度中，"专业技术职务"与"专业技术岗位"具有高度的同一性。② 而且，专业技术岗位分级管理中已将专业职务级别与专业岗位等级进行了初步衔接。

2. 岗位管理与身份管理

在现代公共部门人事管理中，岗位管理的特点是以"事"为中心，其基本特征是动态的和开放的，即依据岗位需要，凭人的"能力"和"业绩"与岗位相适应和相匹配，薪酬待遇根据岗位确定，在什么岗位就享受什么待遇。身份管理是以"人"为中心，其基本特征是固化的，即人的级别和待遇是随人走的，一旦某人具有某一专业技术职务便固定不变，或只上不下，其报酬也随之不变，或只升不降，而不管这一岗位是否存在，或任职称职与否。

3. 聘任制与聘用制

从事业单位用人制度角度讲，聘任制是事业单位内部具体工作岗位的管理制度，是相对于委任制而言。聘用制是以合同的形式确定事业单位与职工基本人事关系的一种用人制度，通过签订聘用合同，确定单位与个人的聘用关系，明确并履行双方的权利和义务。③

（二）相关理论

1. 职位分类理论

职位分类制度是人力资源管理中较为成熟的制度安排，它被看作实施有效管理的前提和基础，规范化的分类管理体系为组织各项人力资源管理活动提供了客观依据。我国对专业技术职务的划分以及目前在事业单位聘用制改革中推行的专业技术岗位分级制都运用了职位分类的某些

---

① 中国社会科学院语言研究所词典编辑室编《现代汉语词典》(第5版)，商务印书馆，2005，第488页、第1750页。
② 专业技术职务是根据实际工作需要设置的有明确职责、任职条件和任期，并需要具备专门的业务知识和技术水平才能担任的工作岗位。
③ 潘晨光：《我国事业单位聘用制改革分析》，《社会科学管理与评论》2006年第3期。

原则和方法。

2. 学术职业阶梯制度

学术职业阶梯制度所反映的是学术职业人所从事的学术活动的价值序列，是个由低到高的增值过程。学术职业梯级的多寡、幅度的宽窄、梯级之间跨度的大小等都与学术职业人的工作有着密切的关系。学术职业阶梯是学术职业人学术价值的形象化表现，也是学术职业人的一种劳动分工制度与激励机制。

聘用制改革前，我国的学术职业阶梯主要分为四级，由教授（研究员）、副教授（副研究员）、讲师（助理研究员）和助教（研究实习员）组成。科研院校推行岗位管理制度，实行的专业技术岗位分级制，则将学术职业阶梯在原有四级的基础上进一步细分为 13 个梯级，进而延长了科研教学人员的学术职业发展过程，强化了对科研教学人员的激励作用。

3. 优势累积理论

美国哥伦比亚大学社会学教授哈里特·朱克曼（Harriet Zuckerman）在默顿研究基础上，进而提出了科学上的优势累积的观点：科学界的"马太效应"同时存在优势积累和劣势积累的趋势，其表现是科学界通过对某个个人或团体反复赋予研究资源和奖励，而使此人或该团体越来越超越其竞争者，使得这种优势加速丰富起来；反之其他的人或团体对于研究资源的获得，则越来越少，甚至不能维持持续的研究而退出科学研究领域。在这种效应的作用下，在科学界形成社会分层，形成等级差别。

作为一种管理制度，专业技术岗位分级制度具有学术评价、资源配置、激励导向等功能，分级结果与工资待遇、教学科研资源、学术发展机会等其他资源紧密联系在一起。实践证明，岗位级别越高，获得科研项目、荣誉称号的可能性就越大，所获科研经费也越多，在现实中形成了学术职业发展的"马太效应"。

三 相关研究

（一）岗位分级制的重要性和可行性研究

中国教师奖励基金会秘书长杨春茂是教师分级制最早的倡导者之一，他在 1995 年曾在《光明日报》上撰文呼吁"教授分级势在必行"。他认为，教授分级制有重要作用。

赵炳起（2001）从教授人数的增加、教授平台的产生、教授年龄的降低以及对发展阶梯和空间的需求等方面，分析了推行教授分级制的必要性。另外，论文还提出了教授分级制的架构，比如教授分级的比例模型、分级标准、分级评审操作等。①

袁海泉、力量（2001）在《论教授分级的必要性与可行性》中，从深化分配制度改革、调动教师积极性、加强队伍建设及提高学术成果质量的角度，分析了实施教授分级制的必要性；从社会和高校的环境、历史的和国外的经验角度分析了教授分级制的可行性；对于教授分级制与现行的专业技术职务评聘制度之间的关系做了论述。

刘玉芬（1994）在《专业技术职务分等分级管理的探讨》中对专业技术职务分等分级管理的基本含义、职级档次、等级标准、考核晋升制度进行了探讨。

（二）岗位分级制的利弊研究

史万兵、赵琳（2005）在《研究型大学教师聘任制改革研究》中认为教授分级这种拾级而上的晋升方式有助于资深教授设定个人的奋斗目标和努力方向，不断激发他们的科研和教学热情。同时指出过分的等级制可能会妨碍大学学术民主和学术自由。

张晓唯（2007）在《高校教师管理：分级的公平与效率》中认为教师分级过于细化，在传统分级基础上再任意扩大级差，人为造成教师的心理失衡，是"管理过度"的行为，不利于真正调动教师积极性，从长远看还会损害教师的职业理念和自尊，由此导致事实上的教学研究效率偏低。

王巧玲（2008）认为分级制可能会让更多的教授只注重科研工作这种短期行为，助长急功近利之势，从而耽搁正常的教学活动，"以学术为志业"受到阻碍，不利于学术大家的产生。②

---

① 赵炳起：《教授分级制的提出及架构》，《淮阴师范学院学报：哲学社会科学版》2001 年第 6 期。
② 王巧玲：《教授分级制——路向何方》，《理工高教研究》2008 年第 4 期。

胡彦红（2009）在《浅议我国高校教师的评级定岗制》中列举了评级定岗制的利弊，"利"在于打破以往教授终身制；有利于教师流动和高校发展；以使不同类别的教师找到个人的价值所在。"弊"在于分级过细，导致收入差距大，不利于教师潜心学术；评级定岗制中学术能力体现得太少。

（三）完善岗位分级制的研究

王巧玲在《教授分级制——路向何方》（2008）中认为，实施教授激励政策应从严把握教授职称评定的关口，建立有利于教授提升的平台，隐性激励机制应规范、显性激励机制应弱化，将教授的衡量与学生的评价、社会的认可结合起来。

许军林、罗御（2010）认为在岗位分级的实践中存在认识上的误区和操作方式的简单化，应把握岗位分级与职称评审的区别，发挥好学术权力的作用，科学合理设置各级岗位，正确处理教学和科研的关系，制定适合本校特点的、定性和定量相结合的考核评价体系等，才能实现分级管理制度的目标①。

上述资料对于目前专业技术岗位分级制的研究有很大的参考价值。但是资料中缺乏一些实证资料和分析，比如对科研院校分级标准和程序方面的描述、比较和总结。另外，资料中很少涉及对专业技术岗位分级制与以往专业人员聘用做法的分析比较；以及对专业技术职务的聘任与岗位聘用逐渐统一的探讨。本文试图通过一些实证资料对上述问题进行初步探讨。

四　研究方法及框架

（一）研究方法

1. 文献分析法

本论文资料来源主要包括三个方面：一是国家或有关部委颁布的聘用制、岗位设置等相关政策文件等；二是部分科研院校的专业技术岗位设置管理办法或实施意见等；三是学术著作或相关论文等。这些政策文献、研究资

---

① 许军林、罗御：《高校专业技术岗位分级管理实践的思考》，《科技与生活》2010年第3期。

料、论著等不仅有助于掌握所需的相关资料和研究成果，更重要的是为本论文提供有力的实证资料和分析基础。

2. 比较研究法

本论文一方面比较分析了专业技术岗位分级制与其他专业技术人员管理制度之间的关联和异同，比如聘用制、专业技术职务聘任制、职称评审制度、薪酬制度等，以确定技术岗位分级制的性质、功能；另一方面，通过比较科研院校教研岗位分级做法，对其进行归纳总结，为完善专业技术岗位分级制度提供借鉴。

（二）研究框架

第一章导论部分阐明选题的意义，介绍与本研究相关的基本概念和理论，国内研究状态以及研究方法与框架等。第二章阐述专业技术岗位制的形成背景、基本含义、运作机理，功能定位等。第三章介绍部分有代表性的科研院校教研岗位的分级管理做法，并作进一步的比较分析。第四章对专业技术岗位分级制成效、存在的问题进行评价分析。第五章对进一步完善专业技术岗位分级制提出对策建议。

（三）创新点

本论文尝试在以下几个方面做探索性研究：一是在参考相关资料的基础上，从广义和狭义角度界定专业技术岗位分级制的基本内涵；二是通过制度比较，理清专业技术岗位分级制与专业技术职务聘任制和职称评审制度之间的关系；三是通过对有代表性、示范性的科研院校等事业单位专业技术岗位分级过程中的分级标准、聘用程序等关键因素和环节进行实证分析，为进一步完善专业技术岗位分级制提供可借鉴的经验。

第二章　专业技术岗位分级制的形成背景、运行机制和功能

一　形成背景

专业技术岗位分级制是建立在聘用制和岗位管理基础之上的一项新的专业技术人员管理制度，是进一步完善专业技术职务聘任制的制度设计，是对

专业技术人员采取分级聘用的一种方式，因此分级制形成的脉络需要从专业技术评聘制度和聘用制改革两方面进行梳理。

（一）我国专业技术职务评聘制度

1986 年，中央决定改革职称评定，实行专业技术职务聘任制度，颁布了《关于专业技术职务聘任制的规定》。专业技术职务聘任制在我国专业技术人员管理改革中具有里程碑的意义，其主要做法是：企事业单位在上级主管部门核定的专业技术职务结构比例范围内，结合本单位专业技术工作需要，设置专业技术岗位；专业技术人员通过评审委员会评审取得专业技术职务任职资格；企事业单位的行政领导在获得任职资格的人员择优聘任。但是在计划经济体制和高度集中统一的干部人事制度环境下，加之人们的观念和认识的偏差——"职务即职称"，使职务聘任制没有形成真正的竞争和激励机制。仍旧是侧重称号评价，强调职称，忽视人才使用，没有把人才评价与使用有机地结合起来。

（二）事业单位聘用制改革

专业技术岗位分级制是伴随着事业单位人事制度改革的不断推进而逐步建立起来的。为建立与市场经济相适应的事业单位用人制度，我国事业单位一直在进行着努力探索。20 世纪 90 年代，专业技术人员比较密集的高校和科研单位在用人制度和分配制度改革上积极探索，大胆创新，尝试实行"按需设岗、公开招聘、平等竞争、择优聘任、严格考核、合约管理"的岗位聘任制度；按照"效率优先、兼顾公平"的原则，实行"多劳多得、优劳优酬"的岗位津贴制度。20 世纪 90 年代末，国家明确了事业单位用人制度改革的目标与方向，即建立以聘用制为核心的事业单位用人制度、以岗位管理为基础的管理制度。随着 2000 年《深化干部人事制度改革纲要》、2002 年《关于在事业单位试行人员聘用制度的意见》和 2006 年《事业单位岗位设置管理试行办法》等一系列有关政策文件的颁布实施，以聘用制度和岗位管理制度为主要内容的事业单位人事制度改革在全国逐步展开。2000 年，《深化干部人事制度改革纲要》提出要以推行聘用制度改革和岗位管理为重点，深化事业单位人事制度改革。同年，《关于加快推行事业单位人事制度改革的意见》出台，提出"建立以聘用制为基础的用人制度"、"建立符合事业单位性质和工作特点的岗位管理制度"、"事业单位的专业技术人员都要纳入岗位设置管理"、"对专业技术岗位,坚持按照岗位要求择优聘用,逐步实现专业技术职务的聘任与岗位聘用的统一"等。随着事业单位聘用制改革不断深入,以分级制为特点的专业技术岗位管理模式也随之建立起来。

二 内涵、运作机制和外在联系

(一) 基本内涵

按照分类管理的原则,事业单位岗位管理包括专业技术、管理和工勤三类人员的岗位管理。专业技术岗位分级制从含义上可以分以下两个层次理解。

其一,广义上,专业技术岗位管理是岗位管理制度的一个子系统,"专业技术岗位分级制"即为专业技术岗位管理制度,包含岗位设置、结构比例确定、任职条件和岗位职责设定、职级评定、分级聘用、合同签订、聘期考核等一系列环节在内的制度体系。在这个语境上,"专业技术岗位分级制"是按照目标任务需要,合理确定高级、中级、初级岗位之间以及岗位内部不同等级岗位之间的结构比例;明确岗位职责任务和任职条件;在岗位结构比例内,通过严格的竞聘程序,对专业技术人员进行分级聘用;签订合同,实行契约管理,聘期内享受与岗位对应的岗位绩效工资的一项专业技术岗位管理制度。

其二,狭义上,"专业技术岗位分级制"是专业技术岗位管理中一个环节,这一环节发生在岗位设置以后,聘用之前,是对人和岗位进行匹配的阶段。那么,可以将其定义为以岗位管理为基础的,通过标准的制定、程序的设定、分级评定等环节,对专业技术人员实施分级聘用,体现"人岗合一、岗变薪变"的管理体系。

(二) 运作机制

专业技术岗位分级制是通过在专业技术岗位上设计若干岗位层级,为专业人员设立梯级奋斗目标,通过考核和等级的升降,以此形成一种竞争激励机制。

第一,分级制进一步明确了岗位是根据任务需要而设立的,即所谓"因事设岗"或"按需设岗",岗位不随人走,非身份化。此外,人员的聘用是建立在岗位需要之上，也就是"按岗聘用"，有岗才能聘人。

第二，分级制运用职位分类分级的理论，在依据不同的专业性质和内容而设立的 29 个专业技术职务系列，以及按照专业技术水平纵向划分的 4 个职级（正、副、中、初级）的基础上，根据岗位所需的专业水平和能力横向又划分出不同的等级台阶，正高级分为 1～4 级，副高级分为 5～7 级，中级分为 8～10 级，初级分为 11～13 级①（参见图 1）。除保留原有各职级间，即"大级"的晋升所带来的激励以外，通过在同一职级内再划分不同等级即"小级"，形成一种拾级而上的岗位等级阶梯制，进一步加大激励力度，引导人们不断向上攀升。

第三，分级制是岗位管理制度，具有动态性和开放性，表现为人员可上下左右多向岗位流动，从制度上打破了身份管理单向（由低向高）流动的固化体制。分级制强调竞聘上岗、签订合同、考核管理等环节，使能者上、庸者下，实现对人的动态管理。通过岗位竞聘，将最优秀和最有能力的人员聘用到相应岗位，实现"人岗合理匹配"；通过签订合同、严格考核，做到当不胜任岗位工作时调整岗位，即"岗位能上能下"。

第四，专业技术岗位层级管理既有岗位级别的区分，又有薪酬层次的区分，岗位层级划分后，随之而来的就是与能力、业绩和贡献相联系的薪酬制度。《事业单位工作人员收入分配制度改革方案的通知》提出事业单位实行岗位绩效工资制度，其中将 13 个专业技术岗位对应不同的岗位工资标准（见表 1），对不同岗位规定不同的起点薪级。对不同岗位等级的人员薪酬进行梯度管理，做到"以岗定薪，岗变薪变、优劳优酬"，进一步调动专业人员积极性，达到激励的目的。

表 1　专业技术岗位等级及工资标准

岗位等级	正高级				副高级			中级			初级		
	一级	二级	三级	四级	五级	六级	七级	八级	九级	十级	十一级	十二级	十三级
工资标准（元）	2800	1900	1630	1420	1180	1040	930	780	730	680	620	590	550

资料来源：见人社部《事业单位工作人员收入分配制度改革方案的通知（国人部发〔2006〕56号）》，2006。

---

① 13 级为"员级"，如管理员、技术员、会计员等，主要涉及图书资料、工程、会计等岗位。

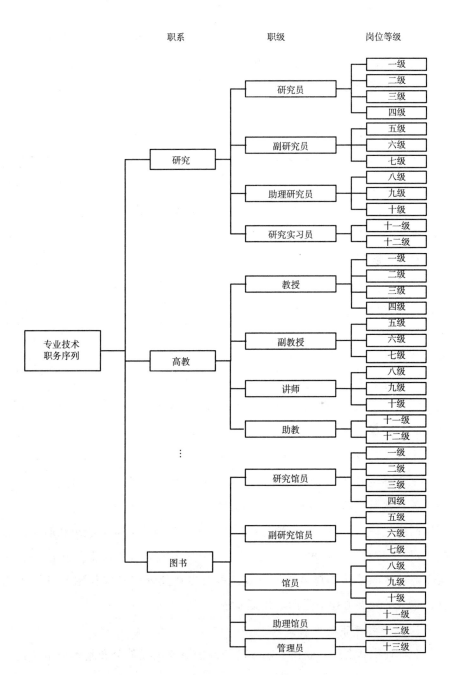

图 1   事业单位专业技术岗位等级划分

（三）外在联系

任何事物都与其他事物存在各种各样的联系，要获得对专业技术岗位分级制的认识，不仅要了解其含义和内在结构，还需要考察其外在联系，也就是专业技术岗位分级制与专业技术职务聘任制、职称评审制度、分配制度等的关系。

1. 与专业技术职务聘任制的关系

1986 年实行的专业技术职务聘任制，是在计划经济体制下作为国有企事业单位专业技术人员管理的一项基本制度确立的，是集评价、使用、待遇三位一体的综合人事管理制度。[①] 专业技术岗位分级制是在聘用制下，事业单位推行的一项岗位管理制度。前者侧重于衡量专业技术人员的专业水平、学术水平、科研能力和发展潜力等，强调专业技术人员的学术水平和能力等条件；后者侧重人员与岗位的结合，强调人事相宜，人尽其才。《关于加快推进事业单位人事制度改革的意见》中指出，"合理设置专业技术岗位，明确岗位职责、任职条件和聘任期限，竞争上岗，择优聘用。逐步实现专业技术职务的聘任和岗位聘用的统一。"2006 年原人事部印发《事业单位岗位设置管理试行办法》和《实施意见》，已将专业技术职务任职资格与专业技术岗位聘用作了初步的衔接。首先，在岗位设置上，将岗位等级直接对应专业技术职务的高、中、初三个层次，即高级职务 7 个岗位等级，分正副高职务，正高级对应岗位 1~4 级，副高级对应岗位 5~7 级；中级职务对应 8~10 级；初级对应 11~13 级。其次，原专业技术职务聘任制的功能，比如岗位设置、聘用管理、工资级别等，已由事业单位聘用制和岗位管理制度中的相应制度代替，沿袭下来的是专业技术职务聘任制中对职务职级和职务聘任的规定[②]。因此，可以说，专业技术岗位分级制在很大程度上是在进一步落实专业技术职务聘任制的有关内容，是对专业技术职务聘任制的进一步完善，未来的发展方向应是两者的逐步统一。

2. 与职称评审制度的关系

职称评审制度是专业技术职务聘任制的重要组成部分和基本环节，是对

---

① 吴江、蔡学军等：《中国职称制度改革》，中国人事出版社，2011。
② 具体是指专业技术岗位的基本任职条件是按照现行专业技术职务评聘的有关规定执行。

专业技术职务任职资格进行评价的一系列政策和措施的总称。职称评审制是以职称为基础，对应4个职称职级，即正高、副高、中级和初级；岗位分级制是以岗位为基础，对应13个等级岗位。从评价角度而言，职称评定是对专业人员个体的学术技术水平的评价与认定，是专业人员获得任职资格的途径；岗位分级是将个体的职称与岗位任职条件，诸如岗位所需要的知识、技能和经验水平的有效结合，以岗定级。从程序上看，职称评定主要是经过学术委员会或职称评定委员会对个体是否具备某一职称职级的学术或业务水平进行评价；岗位分级则是在职称的基础上，岗位聘用组织对应聘人是否符合岗位所需的能力进行考量后，确定上几级岗位。目前，大多科研院校在实际操作上，实行的是分级聘用和职称评审双轨制，即通过职称评审，专业人员获得相应的专业技术职称之后，再通过竞聘程序，实施岗位分级聘用。从首次分级聘用看，各单位都是在专业技术人员现有职称职级的基础上，进行岗位分级聘用，以研究员为例，在具有研究员职称的人员范围内进行正高级2~4级[1]岗位竞聘。

3. 与分配制度的关系

专业技术岗位分级是分配制度改革的基础。《事业单位工作人员收入分配制度改革方案的通知》明确了13个专业技术岗位对应不同的岗位工资标准和不同的起点薪级，意味着专业技术人员按照所聘岗位，享受不同的工资待遇。从制度本身而言，专业技术岗位分级制度与分配制度都属于专业技术人员管理制度，是科研院校人事制度的组成部分，两者既有区别又有联系：一是分级制属于用人制度，强调人与岗位之间的匹配；二是分配制度是专业技术人员管理制度这一链条中的最后一个环节，体现的是对人的激励；三是分级制是通过岗位聘用，间接实现对资源的分配，例如荣誉称号、学术任职、课题资助等；四是岗位分级制是实施绩效工资分配改革的重要基础，各类人员的工资待遇将直接与所聘岗位挂钩，一岗一薪，岗变薪变，也就是说薪酬待遇是以岗位聘用结果为依据的。

三 功能定位

每一个制度都具有其特定的功能和价值，专业技术岗位分级制是专业人

---

[1] 1级岗位人员聘用由人社部确定。

员管理制度的重要组成部分，对其功能的剖析有助于其制度效能的有效发挥。专业技术岗位分级制主要具有能力评价功能、资源配置功能和激励导向功能。

（一）能力评价功能

"专业技术岗位指从事专业技术工作，具有相应专业技术水平和能力要求的工作岗位。"不同于以身份管理为特点的职称评定制度，专业技术岗位分级制的实质是指向人的"能力"和"业绩"，体现了"能力和业绩管理"的特征，即以能否具备胜任某一级岗位需要的能力作为重要的评价标准，换言之，对人的聘用是凭其真才实学，凭其能力与岗位的相适应性和匹配性。专业技术岗位等级是在原有职称职级的基础上，根据岗位需要而设置的，意味着每一个岗位等级的职责、地位、角色、权利与待遇等各方面呈级差分布。分级过程就是对专业人员的专业能力、专业水平、学术影响、社会贡献等进行科学、准确、客观的评价过程。因此，一个公平公正的岗位分级结果应体现专业人员专业能力、专业水平和专业业绩的差别，也就是说，岗位等级越高，专业人员的专业能力水平和能力越强，专业业绩越是优秀，与岗位相联系的职责越重，所享有的待遇也越高。

（二）资源配置功能

专业技术岗位分级制作为一种管理制度，承担着岗位资源、人力资源、物质及学术资源配置的重要功能。第一，分级制是确定专业技术岗位（职务）的过程。分级过程就是将岗位资源在专业技术人员群体中进行分配的过程。第二，分级制是对专业人力资源的配置和利用过程。"人力资源管理是在经济学与人本思想指导下，通过招聘、甄选、培训、绩效考评、合同管理与薪资报酬等管理形式对组织内外相关人力资源进行有效运用，满足组织当前及未来发展的需要，保证组织目标实现与成员发展最大化。"[①] 分级制通过岗位的设置、对人员能力和水平的甄别以及聘用，将适当的专业人员放在合适的岗位上，实现人和岗位的最佳配置。以研究员为例，分级制将资历不等、学术能力不同的人员聘用到相应得1～4级岗位上，形成良好的研究人员队伍的梯级结构，实现研究队伍的优化组合，提升专业人力资本的利用

---

① 萧鸣政主编《人力资源开发与管理——在公共组织中的应用》，北京大学出版社，2005。

效益和效率。第三，分级制是对物质资源和学术资源进行配置的过程。专业技术岗位既包含物质资源，如工资报酬、福利待遇等，又包含学术资源，如学术地位、学术声誉、学术发展机会等。实施分级制以后，以往曾经与职称挂钩紧密的物质资源和学术资源，逐渐与岗位紧密联系在一起。目前，分级制已在工资报酬方面与岗位实现衔接，体现出不同等级岗位对应不同岗位工资。第四，分级制对学术资源具有间接配置的功能，也就是说，专业人员获得二级岗位聘用还是三级岗位聘用，在一定程度上会对其所获得的学术资源如科研经费、学术任职和发展机会等产生影响。

（三）激励导向功能

经济学理论提出在组织内部设立严格的等级制度，目的是做一个晋升梯子以提供激励。经济学家从激励角度对组织内部的等级制度提出了一个解释，即等级制度下的晋升过程和评估对人们的行为提供激励[①]。专业技术岗位分级制作为一种晋升制度具有很强的激励功能。第一，专业技术岗位数额是有限的，特别是高级岗位更为稀缺，只有其中优秀者才能获得各职级内高等级的职位，营造了竞争激励环境；第二，专业技术岗位分级制是在原有专业技术职务四个档次的基础上，进一步分解成13个岗位等级，而且呈阶梯分布，使得专业技术人员看到拾级而上的可能性，从而形成了奋发向上的动力，有效地激发他们从事更高标准的专业技术工作；第三，通过岗位分级，专业技术人员的学术技术水平、工作业绩和能力得到同行及单位的评价和认可，满足他们专业发展、归属和社会交往、成就的需要，有力地激励专业技术人员的成就动机，为今后的学术和职业生涯的发展奠定基础；第四，客观公正的评价在专业技术人员中形成以业绩评价、能力评估为基础的竞争激励机制。通过有效的评价，为专业技术人员提供阶段性目标，鼓励专业技术人员不断努力、提高专业能力水平，激发他们工作的积极性和创造性。

专业技术岗位分级制作为一种岗位管理制度，其导向功能主要表现在以下几个方面。一是分级制的目的是让能者上、庸者下，优劳优酬，引领大家专业创新，促进高质量学术成果产生。通过岗位分级使优秀的专业技术人员

---

① 周雪光：《组织社会学十讲》，社会科学文献出版社，2003。

脱颖而出，成为同行学人的榜样、社会关注的对象。树立高等级专业人员的社会形象，可以使广大专业人员明确努力的方向，形成教学、科研、育人的工作动力，起到引领和示范作用。二是分级制对专业技术人才的成长和发展具有重要的影响。主要表现在制度设计、分级标准和程序等是否科学、合理、规范，专业技术人员是潜心学术还是急功近利，是严谨治学还是学术不端。

第三章　专业技术岗位分级管理实证分析

本章通过对中国人民大学、中国社会科学院两家单位的岗位分级标准和分级程序进行实证分析，以把握分级标准的构成要素及组合，了解分级程序的设计及特色，为完善专业技术岗位分级制提供一些参考。

一　高校教学岗位分级聘用工作实践——以中国人民大学教授岗位分级实践为例

中国人民大学（以下简称人大）是教育部直属高等学校，是一所人文社会科学为主的综合性研究型全国重点大学，是国家"985工程"和"211工程"重点建设的大学之一。2007年人大本着加强基础学科、巩固优势学科、发展新兴学科、改善弱势学科，加强学科与队伍建设，完成人才培养、科学研究和社会服务任务，实现学校战略目标和发展规划的原则，开展了教师岗位分级聘用工作，制定了《中国人民大学教师岗位设置与聘用管理办法》。

（一）岗位设置

1. 采用任务法，分类设置岗位

依据教师在教学、科研等方面侧重承担的主要职责，将教师岗位分为教学科研型、教学为主型、科研为主型三类岗位。

2. 采用多种方式，确定岗位数量

教师正、副、中和初级岗位比例为2.5:3:3.5:1。教学科研型岗位是人大教师岗位设置的重点，即"按学科设岗"、"按发展加岗"、"按比例控岗"、"按任务调岗"的原则确定科研型教师岗位数量，高级岗位比例控制在 60%。教学为主型岗位根据承担的公共课实际教学任务量设置,高级教师岗位数占总岗位数的 50%。科研为主型岗位是根据研究机构、重点研究基地和重点实验室等发展的需要设置。

(二) 岗位分级标准

表 2　教授岗位任职条件

岗位级别	岗位任职条件
教授一级	具有广泛的学术影响、良好的学术声誉和卓越的学术成就,教授任职年限 18 年以上,并以独立导师身份承担博士生指导任务达 15 年以上,且获得过重大教学科研奖项;具有与两院院士相当的学术地位和影响力。
教授二级	(一)具有很高学术造诣,取得国内外同行公认的学术成就和创造性成果,在人才培养、科学研究、社会服务等方面贡献卓著; (二)有广泛学术影响和良好学术声誉,对本学科建设和学术研究工作有前瞻性构想,能指导受聘学科学术梯队建设,具有带领学术团队进入并保持一流水平的能力; (三)学术资历深厚,在本学科领域教学科研岗位任教授至少 12 年,独立或以第一导师身份承担博士研究生指导任务至少 9 年; (四)受聘教授岗位以来教学科研业绩突出,获得重要教学科研奖项。人文社科类教师以主要作者身份在本学科领域公认的最优刊物发表过不少于 5 篇具有重大影响的学术论文,出版过 2 部以上高水平学术专著;理工科类教师以主要作者身份在本学科领域影响因子国际排名前 3% 的学术期刊发表学术论文不少于 15 篇。 (五)具备下列条件之一: 1. 国家有突出贡献的中青年专家或跨世纪、新世纪百千万人才工程国家级人选; 2. 主持国家级重大、重点项目; 3. 全国优秀教师、国家级教学名师或其他国家级荣誉获得者; 4. 受聘长江学者特聘教授或获得国家杰出青年科学基金; 5. 兼任具有全国影响的重要学术领导职务; 6. 取得同行公认并经学校教师岗位聘用委员会认可的其他突出业绩。
教授三级	教学科研型、科研为主型: (一)具有较高学术造诣,取得较高学术成就和创造性成果,在人才培养、科学研究、社会服务等方面做出较大贡献; (二)有良好学术声誉,对本学科建设和学术研究工作有创造性构想,具有带领学术团队进入或保持国内先进水平的能力和实际业绩; (三)在本学科领域教学科研岗位任教授至少 9 年,独立或以第一导师身份承担博士研究生指导任务至少 6 年; (四)受聘教授岗位以来教学科研业绩优异,原则上获得重要教学科研奖项。人文社科类教师以主要作者身份在本学科领域公认的最优刊物发表过不少于 3 篇具有重要影响的学术论文,出版 1 部高水平学术专著;理工科类教师以主要作者身份在本学科领域影响因子国际排名前 10% 的 SCI 或 EI 学术期刊发表学术论文不少于 10 篇。

续表

岗位级别	岗位任职条件
教授三级	教学为主型： （一）在教学改革、课程建设、教学法研究和人才培养中做出重要贡献； （二）近两个聘期业绩突出，课堂教学评估优秀； （三）受聘教授岗位满9年，在核心期刊以主要作者身份发表6篇较高水平的学术论文或教学研究论文，原则上应获重要教学科研奖项； （四）具备以下条件之一： 1. 高等教育国家教学成果奖二等及以上奖项或北京市高等教育教学成果一等奖第一获得者； 2. 省部级及以上优秀教材奖获得者； 3. 省部级及以上教学名师、优秀教师及其他荣誉的获得者； 4. 省部级及以上精品课程主持人。

资料来源：《中国人民大学教师岗位设置与聘用管理办法》。

奚平：《教授分级能够走多远》，《中国社会科学院报》2006年第6期。

（三）岗位聘用

1. 聘用组织

人大设立院、学院（系）两级教师分级聘用委员会。学校成立教师岗位聘用委员会，由学校主要党政领导、部分德高望重的知名专家、学校学术委员会主任、部分副主任及成员和有关部门主要负责人组成，负责确定教授一级岗位推荐人选；聘用教授2~4级岗位人员并进行管理与考核。学院（系）设立教师岗位聘用委员会分会，由学院（系）主要领导、学院（系）学术委员会负责人、本学科领域有较高水平和声望的专家组成，负责向学校上报教授各级岗位建议名单，聘用副教授5级及以下岗位教师并进行管理与考核。

2. 聘用程序

在岗位分级聘用工作中，人大还推行了"有限次数申报制度"和"隔年申报制度"，即对应聘教授4级岗位、副教授7级岗位的次数不得超过三次；对应聘高一级岗位，如一年来未做出较为突出教学科研业绩时，第二年原则上不得提出受聘申请。

（四）一级教授岗位聘用试点

人大在完成首次教师岗位聘用以后，2008年底又率先开展了哲学社会科学领域一级教授岗位的设置与聘任试点工作。人大一级教授岗位聘用工作

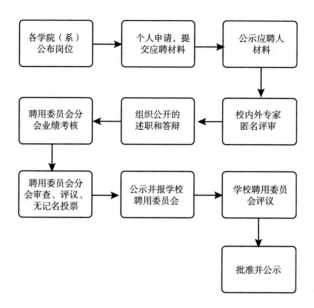

图 2　中国人民大学教研岗位聘用程序

资料来源：根据《中国人民大学教师岗位设置与聘用
管理办法》中有关内容整理。

主要借鉴了中国社会科学院学部委员推选和北京师范大学资深教授评审工作的经验，按照"少量、从严"和"公正、公开、民主、高效"的原则，在现有国家重点学科中试点聘用首批一级教授，首批一级教授岗位聘用实施范围是该校从事人文社会科学教学与研究工作的在岗教授。

一级教授岗位聘用程序是由各相关学院推荐，学校教师岗位聘用工作组进行资格审查，报经人大首批校内一级岗位教授聘任委员会审议通过后，公示两周，最终确定一级教授岗位聘用人员。聘用条件是学术造诣高深，学术资历深厚，在本学科领域任教授至少 18 年，独立或以第一导师身份承担博士生指导任务至少 15 年，从事人文社会科学教学与研究工作的在岗二级教授。

人大对首批 14 名[①]一级教授的特点做了进一步归纳：首先，他们都具有国家级荣誉称号或担任具有全国影响的重要学术领导职务；其次，他们的

---

① 首批 14 位人文学科一级教授：方立天、刘大椿、纪宝成、吴易风、宋涛、张立文、李文海、陈先达、周新城、郑杭生、胡乃武、黄达、曾宪义、戴逸。

学术影响广泛和学术声誉很高，获得过重大教学科研奖项；最后，他们长期以来为人大学科发展、学术繁荣等方面做出了重要的历史性贡献，为国民经济和社会发展提供了基础性、前瞻性、战略性理论研究成果或解决重大社会问题的对策性、可操作性研究成果并取得显著社会效益。

人大试点哲学社会科学领域一级教授岗位聘用工作具有开拓性意义。正如时任人大校长纪宝成所讲的那样："在哲学社会科学领域率先开展一级教授聘任的试点工作，是完善职称评审制度的一种探索和努力，作为以人文社会科学为主的全国重点高校，人大有义务和责任这样做，努力落实人文科学和自然科学同等重要的地位，同时这又是一种尊重、一种褒奖和一种导向。"另外，由于目前国家尚未启动哲学社会学科领域一级岗位聘用工作，而且对于这类一级岗位的标准条件也尚不明确①，因此人大一级教授岗位聘用试点也为哲学社会科学一级岗位聘用工作，包括程序设置、标准制定等提供了可借鉴和参考的范本。

二 科研单位科研岗位分级聘用工作实践——以中国社会科学院研究岗位分级实践为例

中国社会科学院是中国哲学社会科学研究的最高学术机构和综合研究中心，下设文哲学部、历史学部、经济学部、国际研究学部、社会政法学部、马克思主义研究学部，35 个研究所（院、中心）。2009 年，中国社会科学院在按照"积极稳妥、扎实有序、先入轨后完善"的原则，组织实施了聘用制度改革和岗位设置管理工作，制定了《中国社会科学院岗位设置管理实施方案》及《研究、编辑出版、图书资料系列岗位任职条件（试行）》等。针对学科门类多、学科差异大的特点，中国社会科学院在专业技术岗位分级聘用中给予了各个研究单位较为充分的自主权。

（一）岗位设置

中国社会科学院依据科研任务、学科发展和队伍建设需要，设置了专业

---

① 《〈事业单位岗位设置管理试行办法〉实施意见》专业技术一级岗位的任职应具有下列条件之一：a. 中国科学院院士、中国工程院院士；b. 在自然科学、工程技术、社会科学领域做出系统的、创造性的成就和重大贡献的专家、学者；c. 其他为国家做出重大贡献，享有盛誉、业内公认的一流人才。

技术岗位的总体比例为 5：4：1。各研究单位不突破总比例的前提下，根据科研前沿领域、学科发展方向，协调科研力量，设置各类专业技术岗位，其中研究系列是专业技术岗位的主体岗位，高级专业技术岗位主要是向重点学科和重点扶持学科倾斜。

（二）岗位分级聘用条件

中国社会科学院统一制定了研究、编辑和图书资料系列岗位的任职条件，并要求各研究单位在不低于院标准的前提下，制定体现本学科特点的岗位任职条件。

表3 哲学社会科学研究系列研究员岗位任职条件

岗位级别	岗位任职条件
研究员一级	学部委员
研究员二级	在三级岗位任职满 5 年,同时符合以下条件之一者,可申报二级岗位: 1. 独自撰写的专著、论文或研究报告在国内外产生重大影响,为推动国家经济社会发展作出重要贡献。 2. 独著或作为第一作者的科研成果获院优秀科研成果奖二等奖及以上奖项、国家科技进步奖二等奖及以上奖项或中宣部精神文明建设"五个一"工程奖等其他重大奖项。 3. 担任国家重大理论研究与建设工程项目首席专家或承担国家重大决策咨询项目等。 全国"杰出专业技术人才"或国家"有突出贡献的中青年专家"荣誉称号获得者,全国宣传文化系统"四个一批"人才培养工程人选,"百千万人才工程"或"新世纪百千万人才工程"国家级人选,院"四个一批"人才建设工程第一、二批人选,国务院学位委员会委员或学科评议组成员,国外科学院院士,可直接申报二级岗位。
研究员三级	在四级岗位任职满 5 年,同时符合以下条件之一者,可申报三级岗位: 1. 独自撰写的专著或论文在本学科领域产生较大影响,得到本学科公认并为推动学科发展做出积极贡献。 2. 独著或作为第一作者的科研成果获院优秀科研成果奖三等奖及以上奖项或获其他重要科研奖项。 3. 主持完成国家社科基金重大招标项目、重点课题或院重大课题 1 项及以上;或主持完成国家社科基金一般课题 2 项及以上。 4. 作为博士生导师,指导的学位论文获全国百篇优秀博士论文或研究生院优秀博士学位论文。 国务院政府特殊津贴获得者,院级"有突出贡献的中青年专家"荣誉称号获得者,院"四个一批"人才建设工程第二、三批人选,院"优秀科研人员奖"获得者,可直接申报三级岗位。
研究员四级	具有研究员任职资格。

资料来源：《中国社会科学院研究、编辑出版图书资料系列岗位任职条件（试行）》。

（三）岗位分级聘用程序

1. 聘用组织

院成立聘用制工作领导小组，由主要院领导和有关职能局局长组成，负责全院聘用制改革的组织、指导、协调和检查等具体工作；各单位成立聘用制工作小组负责聘用制改革和岗位设置管理工作。

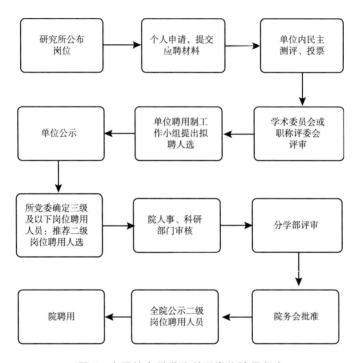

图3　中国社会科学院科研岗位聘用程序

资料来源：根据《中国社会科学院岗位设置管理实施方案》中有关内容整理。

2. 聘用程序

在分级测评投票环节，中国社会科学院多数研究单位采取民主测评的办法，设计了《科研工作业绩考评表》、《专业人员分级测评表》（A、B选票或A、B、C选票）。按照专业技术职务层级区分选票，比如正高级及学术委员持A票，副高级人员持B票，中级及以下持C票。不同的票对应不同的权重，职务层级越高，权重越大，意味着分级聘用的话语权越大。

三 科研院校分级聘用实践特点

制定分级标准和程序是专业技术岗位分级聘用工作的实质性环节，标准是否科学、程序是否公正直接影响到分级聘用的效果是否良好。

岗位分级标准，即岗位任职条件是担任各级岗位的人员履行岗位职责应具备的条件，也是岗位分级聘用的依据。岗位分级标准科学性关系到评价的公正性和激励的导向性。通过对两家单位教授、研究员岗位 1~4 级分级标准的梳理，可以归纳出以下几个特点。

1. 标准构成因素的通用性

从分级标准的构成因素上看，科研院校的做法比较类似，如表 4 所示，两家单位在分级聘用标准制定上分为基本条件和岗位任职条件，其中基本条件包括政治素养、学风道德、身体状况等。岗位任职条件构成因素是以学术或科研资历为基础，侧重学术影响力、教学素养、科研或学术能力水平、学术成果、获奖情况、人才培养、荣誉称号等因素。相比之下高校更加强调论文方面的要求。

表 4 专业技术岗位分级标准构成因素

标准＼单位		中国社会科学院	中国人民大学
基本条件		√	√
岗位任职条件	定性条件	√	√
	学历条件	—	—
	影响力	√	√
	任职年限	√	√
	学科建设	√	√
	科研项目	√	√
	指导研究生	√	√
	获奖情况	√	√
	学术荣誉称号	√	√
	论文数量	—	√

资料来源：根据中国科学院、中国社会科学院、中国人民大学、山东大学岗位任职条件整理而成。

2. 标准内容的综合性

从分级标准中的指标类型来看，科研院校都比较注重评价指标的综合性，以便全面、客观地评价教研人员的素质、能力和业绩。首先，评价指标既有适用于各类岗位，以政治素养、学风道德、身体状况为内容的基本条件；同时还有针对不同岗位的任职条件。在任职条件中，既有体现资历的任职年限、学历要求，也有反映能力水平的指标，即成果奖项情况、社会或学术界影响力、承担科研项目、学术荣誉称号等；还有业绩方面的要求，如社会效益、学科建设、人才培养等指标。

其次，定性与定量指标相结合。定性指标一般是对影响力、科研能力、贡献以及素养等难以量化的指标的描述，比如"在国内外本学科领域具有公认的学术成就和声望"、"为本学科学术带头人，学风正派"、"在学科建设、人才培养、科学研究、社会服务等方面做出突出成绩"，等等。定量指标则是指资历、教研工作量、成果量等可以数量化的指标，主要包括任职时间、成果指标（发表刊物等级、数量、影响因子、引证率）等，比如"在本学科领域公认的最优刊物发表过不少于5篇具有重大影响的学术论文，出版过2部以上高水平学术专著"等。

3. 标准设置的差异性

从分级标准设计种类上看，高校充分考虑了岗位工作的特点和学科差异。比如，人大分别制定了对教学科研为主型和教学为主型岗位的任职条件，而且指标项的侧重点不同，对教学岗位没有学术造诣、学术声誉等要求，相对教研岗位来说教学岗位论文发表的数量和发表刊物的层级要求简单，但要求在教学成果、教学能力有突出成绩，为省部级以上名师和优秀教师等。以人文社科和基础学科为例，人文学科在成果量和承担项目数量上都少于基础学科，而且对论文没有影响因子和引证率的要求。

4. 标准设置的倾向性

科研院校大都将三级以上岗位视为专业技术岗位分级的关键岗位和标杆岗位，在设计具体分级标准时，都注意体现层次、差距、导向，在充分摸底测算的基础上有序有度地提高准入门槛。在思路上大都区分了不同岗位的要求：一级研究员（教授）应是全国最高学术水平的象征，其学术水平和成果应达到国际领先水平，但囿于制度限制在哲学社会科学领域只有中国人民大学试行了一级教授分级，中国社会科学院的学部委员尚未得到体制内的认可。二级研究员（教授）的学术水平和成果应得到同行承认，国内领先。三级研究员（教授）的学术水平和成果应达到国内同行承认，省内或单位（省部级）领先水平。以二级岗位分级标准为例，教育部直属高校都坚持把专业技术二级岗位的分级标准作为反映本校人才学术水平的重要标杆，特别强调聘任二级岗位人选应重点考虑学术成就、学术贡献和学术声誉。普遍都把以下方面作为二级岗位聘任的重要条件。"国家三大奖"、国家社会科学基金项目优秀成果奖、教学成果奖等奖项；主持重大科研项目或获得国家重大资金资助，如中央马克思主义理论研究与建设工程项目首席专家、教育部人文社会科学重大攻关项目负责人等项目；入选国家重大人才工程，如国家"有突出贡献的中青年专家"荣誉称号获得者、受聘长江学者特聘教授等。

5. 标准条件的组合性

评价标准分为直接认定标准和竞聘或申报标准两种情况。直接认定是指凡是具备了给定的某些条件，即可直接聘任，不需要经过评审程序。比如，两院院士可直接认定为一级岗位聘用人员；又如，某些高校在首次聘用时规定，年资达到一定要求，同时又符合相应的条件，即可直接认定。通常直接认定条件的标准较高，同行间可比性不强，理论上只有那些德高望重、功成名就的大家型的学者才能达到要求。竞聘或申报是指具备了给定的条件，个人提出申报请求，相关组织通过评审择优聘任。此外，从分级标准中具体指标项组合来看，科研院校也是多样化，一般是条件虚实结合，如"年资＋任职条件"、"博导＋任职条件"等类型。这种做法既考虑了专业人员的长期贡献，又反映了专业人员的能力和业绩，体现了以人为本的科学人才观。

表5　二级岗位分级标准组合方式

单　位	直接申报条件	申报条件
中国社会科学院	国家重大人才工程入选者	年资＋条件（虚实结合）
中国人民大学	——	年资＋条件（虚实结合）

资料来源：根据中国社会科学院、中国人民大学二级岗位聘用条件整理。

四 分级程序的构建

事实上，任何分级标准都有局限性，会受限于一些特殊情况，那么就需要制定科学的规则与程序来实现公正的评价，因此分级评价程序也是分级聘用过程中的一个关键环节。两家单位坚持以人为本，立足实际，制定了一套符合各自特点和实际的岗位分级程序，其中包括公布岗位、个人申报、资格审核、同行评价、会议评审、公示聘任等环节。主要有以下几个特点。

1. 聘用权分置

研究员（教授）岗位是专业技术岗位等级中的高级岗位，其中三级以上岗位更是其中的标杆性岗位，聘用到这些岗位的人员具有很强的示范性和引领作用。因此为保证各基层单位此类岗位聘用人员在学术水平和能力等方面相对平衡，科研院校在教研岗位聘用程序上分为两级聘用：科研单位分院、所两级，高校分为校、院两级。从上述两家单位情况上看，在聘用权的具体划分上有所不同，中国社会科学院二级岗位聘用权在院聘用委员会，研究所具有二级岗位聘用人选的推荐权和三级及以下岗位人员聘用权；高校将聘用权的分置线定在三级岗位，三级及以上岗位聘用权在校聘用委员会，学院聘用四级及以下岗位人员。

2. 加大参与度

岗位分级聘用与专业技术人员的切身利益息息相关，为了提高分级聘用的公信度和公正性，确保将最合适的人聘用到相应岗位上，中国社会科学院加大了群众参与分级聘用工作的力度。中国社会科学院的研究所在分级标准和程序制定上广泛征求意见，确保政策符合民意；采取全体人员无记名测评办法对竞聘人员进行初始评价，其结果作为学术评价组织或聘用组织评议的重要依据，使评价结果更加客观公正。这种多方参与的做法不仅体现出一种对人的尊重，使得政策和结果更易于被人们接受，进而使得操作上更具有可行性，还能够防止程序当中的许多流弊。

3. 两委会评议

在聘用组织上，成立分级聘用委员会和学术评价委员会（或是学术委员会，或是职称评审委员，有的高校采用教授会），两委会在评价程序中分别发挥行政权力和学术权力的作用。聘用委员会通常由专家、管理人员和监督人员组成，负责综合性评价；学术委员会（职称评定委员会）是由相关学科、专业的专家组成，侧重于专业性、学术性评价。评价程序分两步走，先由学术机构进行学术（专业）水平评价，之后再由聘用委员会统筹考虑，综合平衡确定受聘人员。

4. 实行公开制度

两家单位大都推行两公开制度，一是申报人在分级评定前公开学术成果及相关材料；二是各级聘用委员会在一定范围内公示分级聘用结果。这种做法一方面加大了分级聘用工作的透明度；另一方面发挥了群众的广泛监督作用。

第四章 专业技术岗位分级制改革存在的问题及分析

实行专业技术岗位分级制的目的是要破除职务终身制，建立起与市场经济相适应的激励、竞争机制。然而，任何一种制度都可能存在缺陷，只有发现缺陷并且不断改进，才能使制度得以长久执行，并达到最初的设计初衷。为使岗位分级制更趋科学性、合理性，需要对具体的思路与措施进行深入的研究与思考，尤其要针对那些潜在的或在实施中已显露的问题进行分析与探讨，找到解决的对策，以便进一步推进事业单位人事制度的改革与发展。

一 职务聘任和岗位聘任缺乏统筹设计

目前，在对事业单位专业技术人员管理中，专业技术职务聘任制与事业单位岗位管理制度——专业技术岗位分级制同时存在。一个是以职务为基础的制度体系，另一个是以岗位为基础的制度体系。取得任职资格是岗位聘用的"基本条件"，任职资格依托于国家统一建立的专业技术职务系列，由国家统一管理[1]；岗位聘用的具体"条件"由用人单位制定和管理[2]。两种制

---

[1] 《事业单位岗位设置管理试行办法实施意见》规定："专业技术岗位的基本任职条件按照现行专业技术职务评聘的有关规定执行。"

[2] 《事业单位岗位设置管理试行办法实施意见》规定："专业技术高级、中级、初级岗位内部不同等级岗位的条件，由主管部门和事业单位，按照《试行办法》、本实施意见以及行业指导意见，根据岗位的职责任务、专业技术水平要求等因素综合确定。"

度体系并存，使高度同一性的职务和岗位相分离，使本应密切联系的职务聘任和岗位聘用相互分割。在实践中，要么"评聘分开"，重复评价；要么"评聘合一"，以职务任职资格评价代替岗位聘用评价或岗位聘用评价代替任职资格评价。虽然，原专业技术职务聘任制中的一些制度，比如岗位设置、聘用管理、工资级别等，已由事业单位聘用制和岗位管理制度中的相应制度替代，但是，两种制度——任职资格评价和岗位聘用评价的性质、主体、标准、程序方面有何区别，如何衔接，需要在制度安排上予以明确。

二　岗位分级层级过细

专业技术岗位设置为 13 个等级，其中正高级岗位内设 4 级，副高级岗位及以下岗位内设 2 ~ 3 级不等，岗位等级越高，内设的层级越多，专业技术岗位分级层级是否过繁或过细是一个值得研究的问题。南开大学高等教育研究所的张晓唯曾指出分级过繁和级别过大，会引发结构性自耗和过度管理。专业技术岗位分级制是在原专业技术职务基础上纵向划分若干层级，形成金字塔形层级竞争格局。在这一格局下，岗位层级多，客观上要求制定更为细化的分级标准，同时也给相对清晰地划分不同等级之间的界限带来难度；岗位等级的调整，也会导致考核评价过于频繁，原本 4 ~ 5 年晋升职务，分级后 3 ~ 5 年又进行岗位等级调整。由此而来，层级过细一方面可能会导致专业人员为出成绩而在科研上追求"短、平、快"，不利于科研教学人员安心学术研究和教学；另一方面也带来管理上的繁复性，加大管理工作的人力和物力成本。

另外，对于中初级及以下人员而言，岗位分级制的激励作用不够显著，特别是科研院校。首先，在我国目前职称制度下，晋升副高级职称，对中初级人员的学术职业发展更具吸引力；其次，这些单位进入门槛高，非博士不进，按照分级标准，这些人一到岗就聘任到 8 级或 9 级岗位，易出现较低等级即 10 级以下的岗位有岗无人的现象或者受岗位数额的限制，由于人员低聘而挫伤积极性的问题。

三　岗位分级的悖论

岗位分级聘用的目的之一就是打破专业技术职务终身制，实现能进能出、能上能下、能高能低。然而，在专业技术人员首聘时，很多单位都从"尊重历史、立足现在、平稳过渡"的角度出发，使"职务现状"在岗位聘用中留有很浓厚的痕迹，将现有在册正式人员根据其现任职务等级进入相应的岗位等级；对现有人员超过核准岗位结构比例的，先平稳过渡，将超比例人员按其现任职务等级进入相应的岗位等级，而未真正体现"有岗聘用、能上能下"的原则，这种做法与改革的初衷和理想的目标有较大的差距。分级制推出后，还带来的一个问题就是岗位职级身份化的趋势，例如，已经有专业人员在名片上或工作表格中专业技术职称栏目内填写"二级研究员""三级教授"，同早年教育部实行的"长江学者计划"相似，本为一种岗位聘用方式，最后演变成为一种身份名称。

四 岗位分级的公平问题

专业技术人员岗位级别多达13级。所有专业技术人员都希望有一个客观合理的分级标准、一个公正透明的评价机制。由于国家层面只提出岗位聘用的基本条件和程序，因此科研院校需要制定各自的岗位分级具体标准及程序，这样客观上造成了标准和程序存在差异。有些单位在标准制定上不同程度地出现"头衔化"、"重数量"、"重资历"或"向学官倾斜"的现象，从某种程度上反映了分级标准的缺陷。有些单位在具体操作中，长官意志、人情运作、同情照顾等"软性"因素仍然起作用，使岗位分级程序的公平性难以体现。

此外，目前国家制定的专业一级岗位标准，只有中国科学院、中国工程院的两院院士能上一级岗位，哲学社会科学领域的一级岗位聘用仍在探索中，自然科学与哲学社会科学人才使用上的不对等，也是明显的不够公平。

五 分级标准问题

分级标准过度量化。分级标准应强调能力和贡献，但是，有些科研院校在分级标准制定上，有过度量化的趋势，主要表现为过于强调科研教学工作量、科研论文的篇数、文章发表刊物的级别、项目数量、科研经费的数额、科研教学获奖等级等，这点在高校比较突出。其实，量化评价具有客观性、定量化、易操作等特征，在一定程度上能够克服主观评价的弊端，减少评价中的情感、利益关系等引发的各种偏见。但是这种操作简便、管理具有刚性的做法如果走向极端，易导致学术研究急功近利，造成学术泡沫，助长不良学风等。

分级标准"重资历"。任职年限几乎是科研院校的分级标准中的首要条件，具体表现为在符合任职多少年以后才可附加其他条件申报某一级岗位；另外，岗位等级之间晋升也有任下一级岗位任职年限的要求，即规定三级、五级岗位须分别在四级、六级岗位任职一定年限以上等。虽然，资历在一定程度上是能力的体现，但是过于将其作为硬杠杆，难免又回到论资排辈的老路上，而且不利于青年人才成长和优秀人才脱颖而出。

忽视团队合作。目前，科研高校的岗位分级聘用的基本做法是：教研人员凭资历、教学科研业绩申报岗位，单位在其资历、教学科研业绩基础上进行岗位级别评定和聘用。另外，在分级标准中也比较强调教研人员个体的业绩贡献条件，对团队建设或合作以及人才培养方面的条件未给予充分考虑。因此，这样可能会导致学术行为个体化和封闭化，主要表现为专业人员过于注重自身的发展和业绩的积累，更愿意独立开展研究工作，以此来体现个人能力和业绩，而不重视合作研究和团队建设；由于岗位数量的有限性，特别是高级岗位数量少，造成岗位竞聘异常激烈，而且这种竞争往往在同一学科或团队内更为突出，因此为了在岗位竞聘中能够脱颖而出，专业人员容易出现在工作中自我封闭，忽视与他人的学术合作和交流，忽视在学科建设的付出。长此以往，会对整个学科建设带来负面影响。

六 分级程序问题

科研院校在分级程序上，大都成立了两级聘用委员会，依托学术评议机构进行学术或专业能力的评价，而且采取票决制确定聘用人员。在实际操作上，聘用主体是谁、学术权力和行政权力如何平衡、聘用委员会中专家构成比例是多少、评价程序是否透明、全体人员的参与程度有多大等问题，都会对分级结果的公平性、公正性产生影响。比如，有的单位聘用委员中行政人员多于专家，导致行政权力起主导作用；个别人出于个人好恶进行投票，评价结果有失公允；评审中"见物不见人"，没有给予竞聘人员足够的展示机会；等等。

专业技术岗位分级制是建立在聘用制和岗位管理基础上的一项新的专业技术人员管理制度，是进一步完善专业技术职务聘任制的制度设计。分级制是通过细化岗位层级，实行科学设岗，采取竞聘上岗和合同管理，建立与薪酬制度相衔接的机制，实现身份管理向岗位管理转变，转换和完善用人机制。分级制实施以来，科研院校积极探索，勇于创新，初步确立了岗位管理制度，逐步建立科学的人才评价机制，正在形成人才动态管理机制，在一定程度上优化人力资源，提高用人质量与用人效益，调动专业技术人员的积极性和创造性。

分级制改革事关专业技术人员的切身利益，具有涉及面广、敏感性、复杂性、关注度高等特点，在改革初期，分级制改革还存在制度设计的不够完善、分级标准不够科学、操作程序的不够规范等问题，特别是分级制与我国的职称制度息息相关，两种管理模式尚未理清或衔接，因此分级制改革将是一个渐进的过程。只有随着我国职称制度改革不断深入，职称制度的定位逐渐明确，分级实施过程的不断完善，如科学设置岗位，正确处理不同学科、不同专业的关系，制定科学合理的分级标准，完善分级程序等，才能实现分级制改革的最终目标。

第五章　进一步完善专业技术岗位分级制的思路和建议

一　调整职称制度定位，逐步实现职务聘任与岗位聘用有效结合

职称评审制度是我国特有的专业技术人员管理制度。在国外，对科研人员和高校教师的学术任职资格认定，大都是与岗位聘用结合起来，要么以聘代评，要么只聘不评。这种将评价和使用合为一体的做法，其特点是不实行与职务制度相对独立的资格称号制度，专业技术职务既代表一个专业人员的能力水平，也代表所从事专业工作的职务。职务取消时，学术职称也随之取消。中国科学院1998年就开始采取这种与国际接轨的聘用制度——"只聘不评"，即停止各类专业技术职务任职资格的评审，取消了专业技术职务资格评审委员会，取而代之的是岗位聘用委员会，以岗位聘用取代传统意义上的职称评审。由于当时国家并未实施以岗位聘用为核心的聘用制改革，所以

中科院的做法被称为激进式改革。

分级制是对专业技术职务聘任制的完善和补充，因此分级制改革与现行的职称制度改革紧密相关。随着国家推行聘用制改革的不断深入，专业技术职务聘任与岗位聘用之间的不协调日益凸显，未来统一的有效途径应该是改革我国的职称制度，将原专业技术职务聘任制中国家统一管理的职称评审制度，即责任较大、社会通用性强、关系公共利益的专业技术行业，纳入社会化人才评价体系，实行职业资格制度；对于不能纳入职业资格制度的行业，比如自然科学、社会科学研究，国家授权用人单位自行聘任职务，实行与国际接轨的聘用制度，将专业技术职务与岗位等同起来，取消专业技术职务聘任制度，实行完全意义的岗位聘用。

二 采取多样管理方式，充分发挥分级制的激励作用

世界各国高校科研单位一般都对教研人员实行分级管理，通常教研人员职务分为三个或四个职位等级，而每个职位等级的内部有的还有不同的层次。如表6所示，德国学术职位分为助理教授、讲师和教授三个等级，其中教授分为C2、C3、C4 三个层级，C4 级教授代表教授等级中最高级别，C2 级教授是取得教授资格但未获得教授位置的教授资格者；英国学术职位分为讲师、高级讲师或副教授、教授三个等级，讲师又分为 A 级讲师、B 级讲师两个梯级；法国学术职位分为研究员（高级）和助理研究员（中初级）两大等级，主任研究员相当于我国的正高级，一级、二级相当于我国的副高级，其中各等级内又细分 2～3 层级，细分后的等级内又划分不同的工资档次。

表6　部分国家教研人员的学术职务阶梯

国家	学术职务			
中国	研究员/教授（1～4级）	副研究员/副教授（5～7级）	助理研究员/讲师（8～10级）	研究实习员/助教（10～13级）
德国	教授（又分为C2、C3、C4 三个等级）		讲师	助理教授
英国	教授	副教授/高级讲师	讲师（分为 A 级、B 级）	
法国	研究员（分为研究主任、一级、二级）		助理研究员（分别为一级、二级）	

资料来源：①宋旭红：《学术职业发展的内在逻辑》，华中科技大学出版社，2008。
②丁玉灵等：《法国人文社会科学现状与发展》，中国社会科学出版社，1990。

相比之下，我国教研岗位层级及内设等级划分比较细，而且各岗位层级内部管理方式过于一刀切。为避免分级过细带来的负面影响，建议实行多样的岗位层级管理方式：一是减少高级岗位层级数量或是仅在高级岗位实行分级聘用管理；二是在高级岗位采取多种类型的聘期管理，可参照国外教授终身制度的做法，高级岗位实行长期聘用岗位实践，将固定聘期岗位与长期聘用岗位有机地结合在一起；三是如果实行中初级以下岗位分级聘用，可考虑简化其岗位内等级晋升程序，参照法国科研中心的做法，层级内各等级的晋升，随工龄增长自动晋升上一级。

三 科学设置岗位，为分级制奠定坚实基础

岗位管理是一种以岗位为轴心的现代化的管理模式，专业技术岗位设置是对高级、中级、初级专业岗位应设置多少为宜所进行的一种规范性做法，是实行岗位分级的基础性工作。科学设岗既要尊重客观现实，着眼长远规划，又要为今后的发展留有空间。

首先，科学设岗，动态管理。单位应遵循"因事设岗、宏观调控，优化结构、精干高效"的原则，在国家通用岗位的基本框架下，依据单位总体发展目标，人才队伍和学科建设的需要，设置专业技术岗位。同时，还要考虑根据不同的学科、专业特点分类设置岗位，达到专业结构和人才资源的合理配置。比如，有的高校依据教师在教学、科研等方面侧重承担的主要职责分类设置岗位，同时向教研型岗位倾斜；科研单位则按岗位的重要程度，区分科技岗位和支撑岗位，或是关键、重要、一般岗位等。岗位设置不是一成不变的，单位还应按学科发展和事业需求加岗，按任务变化和发展战略调岗，按比例结构控岗，形成对岗位的动态管理。

其次，服务发展，留有空间。为保证人才建设和学科建设的可持续发展，单位要在保证现实工作需要、保持队伍相对稳定的基础上，根据学科发展和人才队伍建设的需要，预留一定比例的专业技术岗位，特别是高级岗位和关键岗位，为优秀人才的成长、引进和优秀学科带头人及团队建设预留足够的发展空间。

四 构建科学合理的分级标准，树立正确的评价导向

根据激励理论，人的需求决定着动机，而动机能否得到有效强化乃至持

续长久，关键在于其合理的需求能否经过自身的努力后获得满足。如果不能，人们的工作动机就会逐渐弱化直至消失。分级标准衡量的是专业人员的业绩水平、学术贡献和发展潜力，标准制定得科学与否，关系到对专业技术人员的激励效果好坏。因此要遵循"分类原则"、"适度原则"、"综合原则"，构建科学合理的分级标准。

一是要分类制定标准。依照分类原则，对不同学科、不同岗位、不同层级分别制定符合实际的分级标准，避免一刀切带来的不公平和负面作用。比如山东大学分别制定了六大学科的分级标准，人大区别教研岗位、科研岗位和教学岗位制定分级标准等做法。

二是标准要适度。制定分级标准首先要坚持定量和定性相结合的原则，其次要根据不同学科、不同岗位的特点，适度设立量化指标，确保评价的客观性。此外，分级标准必须是专业技术人员在一段时间内经过自身努力是可以达到的，即使有些人不能达到标准，其原因应该归结为本人努力不足，而非外在不合理的条件。

三是要综合反映能力水平。分级标准既要以学术专业贡献、能力为导向，又要兼顾任职资历和历史贡献；既要体现综合性业绩和贡献，更要体现标志性成果业绩产出的贡献；既要看学术影响的层次，更要看同行对学术影响的认可度。

四是设置破格条件，激励人才成长。岗位分级标准可设置"直接聘任"或"破格申报"两条绿色通道。除两院院士以外，对学部委员、资深教授等已经过学术评价程序认定的杰出人才，应直接聘任到相应岗位，但是要注意的是，对这类人员的学术评价应当在一定范围或领域得到公认；而对于一些学历高，但任职时间短，却在某一方面做出突出贡献和优异成绩的中青年人才，比如千人计划引进人才、国家杰出青年基金获得者、青年拔尖人才等，可以为其开辟破格晋升的标准和渠道，鼓励他们脱颖而出。

五　完善分级程序，确保评价的公正性

公正的前提是公开，岗位分级聘用要确保公正公平，首先就要坚持公开的原则，即做到信息对称：一是要公开岗位空缺，包括任职标准和条件、职务职责、任职时间以及待遇；二是公开评聘程序，包括申请时间、评聘组

织、评聘流程等；三是公开申报者材料；四是公开聘用结果。其次要坚持公正评价，除了公平的分级标准以外，还要做到程序公正，建立合理的约束机制，避免可能导致偏离公正的行为。一是建立监督机制，专业人员代表和纪检部门监督评议过程，做到程序的透明化运作，避免暗箱操作；二是建立专家责任与评价结果相联系制度，变专家评审环节中的无记名投票为实名投票。在评审会议上，专家要对聘用对象的评价结论明确表态。这样一方面使专家权责对等，在责任的约束和监督下，专家客观地投票表明态度，克服评价过程中随意性、人情化因素的不良影响；另一方面，在被评人提出异议时，评价机构可以根据专家的意见给其明确的反馈意见。相比之下，无记名投票只得出一个综合的评价结果，无法给予被评人一个具体解释和指导意见，这样对被评人十分是不负责任的。

六　建构合理的分级评聘组织，提高评价的公信力

任何科学的评价标准和公正的评价程序都需要通过一定的聘用组织才能得以实现，聘用组织构建合理性会影响聘用结果的公正性。因此，完善聘用组织可以从两个方面进行。一是合理选择评审专家。为确保评议结果客观公正，专家要尽量涵盖各学科、各层级；此外，专家要公道正派，具有良好的学术道德和良知，而且得到广大专业技术人员的认可。例如，如，中国科学院采用科研人员公选方式推选评议专家，使得评议机构在具有专业性、权威性同时，更具有广泛的群众基础，保证聘用结果更具公信力。二是充分发挥学术权力的决策功能。专业技术岗位分级聘用是以对专业技术人员的专业能力和水平的评价为基础，虽然岗位分级聘用是通过多种主体评价的结果，即聘用委员会和学术评议机构分别发挥作用，但是学术和能力评价是岗位分级聘用的核心，因此，应赋予学术评价机构更多的决定权，让其在岗位分级聘用中发挥主导作用。比如，中国科学院成立了岗位聘用和学术评价为一体的聘用组织，并规定其中专家所占比例不应低于2/3，体现了对学术权力的重视，确保了专家的评议意见占主导地位。

七　重视团队贡献，促进整体发展

为了避免专业技术岗位分级管理对学术团队建设带来的负面影响，要在

岗位设置和岗位条件上入手，建立个人发展与团队建设相联系的制度。首先，尝试打破以系或研究室等基层学术组织为基础设置岗位的做法，按学科或团队设置岗位，特别是在高级岗位等级和关键岗位设置要强化学科和团队建设以及人才培养；其次，在岗位竞聘条件中要体现个人条件的同时，还要突出团队建设和学科建设上承担的责任，尤其是在高级岗位的任职条件更应加强。一个学科带头人能否竞聘到较高级别的岗位，不单取决于其个人的资历和业绩，还要看其所带领的团队建设情况，以及发挥传帮带作用如何。总之，通过这些做法将个人目标和团队发展目标结合起来，一方面引导个人积极进取、勇于冒尖；另一方面强化团队合作意识，促进团队建设和学科发展。

八 加强聘后管理，建立动态调整

分级制的目标是建立"职务能上能下、待遇能高能低、人员能进能出"的灵活用人机制。实行岗位分级聘用后，专业人员的岗位处于动态调整状况，通过岗位考核，专业人员可上可下，可留可转。随着分级聘用的逐步推进，聘后管理的重要性日渐凸显，如果没有聘后管理作保障，分级制度目标就难以实现。

首先，要围绕岗位合同书进行考核。岗位合同书包括岗位职责与任务，是岗位考核的主要内容。岗位考核应围绕专业人员履行岗位职责、完成岗位任务等情况进行考察和评价，其结果作为人员聘用、续聘、解聘的依据。

其次，考核要体现层次性、差异性。一是要分级管理，遵循"谁用人，谁考核"的原则，将考核和用人紧密联系在一起。二是要完善分类考核标准，根据不同学科、不同岗位、不同岗位层级，分类制定考核标准，而且有所侧重。比如在高校，区分教研型岗位和教学岗位，在科研单位，区分科研岗位和辅助岗位；又如对于高级岗位应注重"质"的考核，对于其他岗位应综合反映"质"和"量"的要求。

再次，确保考核结果的落实。分级制的激励作用很大程度体现在考核结果的使用上，考核结果与分配机制相联系表现为"以岗定薪，岗变薪变"。通过薪酬这个有力的经济杠杆，调动专业人员积极性和创造性，实现"待遇能高能低"。但这一点在实际操作上难度很大，即便是改革比较超前的中国科学院也未做到完全的"岗变薪变",对于考核后聘用到下一级岗位的人员,中国科学院的做法是保留原岗位工资,而在岗位津贴上按现岗位予以兑现。

最后,要注重聘期考核。考核固然重要,但是考核过于频繁,也会导致专业人员因应付考核而无法安心从事专业工作,考核易流于形式、走过场,而且还会加大管理成本,因此一方面应适当延长评价周期,另一方面应简化年度考核,强化聘期考核。

参考文献

[1] http://sciencenet.cn/htmlnews/20083716215345203022.html。

[2] http://www.qianlong.com/2008-12-19。

[3] 高笑:《大学教授分级眼下难说有什么好处》,《东方早报》2008年3月6日。

[4] 侯丽京:《论我国高校岗位设置与分级管理中的以人为本》,《扬州大学学报(高教研究版)》2009年第6期。

[5] 胡彦红:《浅议我国高校教师的评级定岗制》,《重庆科技学院学报(社会科学版)》2009年第7期。

[6] 黄永俊:《国外职位分类制与我国专业技术职务聘任制》,《科技管理研究》1990年第6期。

[7] 教育部:《教育部直属高等学校岗位设置管理暂行办法(教人〔2007〕4号)》,2007。

[8] 金韧、张慧欣:《略论人文社会科学研究激励机制中的政府职责》,《沈阳建筑大学学报》2007年第10期。

[9] 廉勇、黄吉勇:《职称评审应向岗位管理倾斜》,《人力资源管理》2008年第10期。

[10] 刘耕年:《北京大学实施岗位津贴制度的实践与效果》,《中国高教研究》2004年(增刊)。

[11] 刘昊:《教授打破终身制 市属高校启动岗位评级聘任制》2008年12月19日。

[12] 刘婉华、袁汝海等:《清华大学实施岗位津贴制度的实践和效果》,《中国高教研究》2004年(增刊)。

[13] 刘霞:《制度活力重构——事业单位人事管理新解》,中国人事出版社,2011。

［14］刘献君等：《中国高校教师聘任制研究》，科学出版社，2009。

［15］刘玉芬：《专业技术职务分等分级管理的探讨》，《政策与管理》1994 年第 5
期。

［16］潘晨光：《我国事业单位聘用制改革分析》，《社会科学管理与评论》2006 年
第 3 期。

［17］潘晨光等主编《中国人才发展 60 年》，社会科学文献出版社，2009。

［18］钱滢瓅：《改革开放以来高校首次进行教授评级引发议论——教授评级定岗似
有"论资排辈"之嫌》，《新民晚报》2008 年 3 月 4 日。

［19］人事部、教育部：《关于高等学校岗位设置管理的指导意见（国人部发
〔2007〕59 号）》，2007。

［20］人事部：《关于在事业单位试行人员聘用制度的意见（国办发〔2002〕35
号）》，2002。

［21］人事部：《事业单位岗位设置管理试行办法（国人部发〔2006〕70 号）》，
2006。

［22］山东大学：《山东大学岗位设置聘用管理实施办法（山大人字〔2008〕49
号）》，2008；《山东大学关于做好教师岗位设置聘用工作的通知（山大人字
〔2008〕50 号）》，2008。

［23］山鸣峰、李惠：《岗位聘任：高校教师队伍建设的突破口》，《人才开发》
2001 年第 8 期。

［24］沈蓝芳：《复旦大学实施岗位津贴制度的调研报告》，《中国高教研究》2004
年（增刊）。

［25］史万兵、赵琳：《研究型大学教师聘任制改革研究》，《沈阳师范大学学报社
会科学版》2005 年第 2 期。

［26］苏朝晖：《改革职称评审制度推行岗位聘任制度》，《行政论坛》2003 年第 3
期。

［27］唐峻：《高校教师岗位设置管理与学术团队建设》，《高等农业教育》2008 年
第 6 期。

［28］唐峻：《高校教授岗位分级设置管理的实践与思考》，《中国农业教育》2007
年第 3 期。

［29］王巧玲：《教授分级制——路向何方》，《理工高教研究》2008 年第 4 期。

［30］吴江、蔡学军等：《中国职称制度改革》，中国人事出版社，2011。

［31］吴龙贵：《评论：教授分级或将堵塞学术创新之路》红网，2008 年 3 月 7 日。

［32］ 吴志华、刘晓苏主编《公共部门人力资源管理》，复旦大学出版社，2007。

［33］ 奚平：《教授分级能够走多远》，《中国社会科学院报》2009 年 6 月 9 日。

［34］ 许军林、罗御：《高校专业技术岗位分级管理实践的思考》，《科技与生活》
2010 年第 3 期。

［35］ 杨春茂：《教授分级势在必行》，《光明日报》1999 年 5 月 19 日。

［36］ 袁海泉、力量：《论教授分级的必要性与可行性》，《淮阴师范学院学报（哲
学社会科学版）》2001 年第 23 期。

［37］ 张建祥：《对岗位设置管理与人员分级聘任的深层思考》，《中国高等教育》
2009 年第 15、16 期。

［38］ 张健：《谈心理学中的激励理论在社会科学管理中的作用》，《松辽学刊》
1994 年第 4 期。

［39］ 张若光等：《建立和完善以岗位管理为基础的教师聘任制度》，《中国高校师
资研究》2008 年第 1 期。

［40］ 张苏萍：《高等学校岗位聘任制的现状分析与改革探索》，《科技信息》2007
年第 18 期。

［41］ 张维迎：《大学的逻辑》，北京大学出版社，2004。

［42］ 张晓唯：《高校教师管理：分级的公平与效率》，《江苏高教》2007 年第 3 期。

［43］ 张秀娟：《论职务晋升的激励作用与公正原则》，《南开管理评论》2003 年第
2 期。

［44］ 赵炳起：《教授分级制的提出及架构》，《淮阴师范学院学报（哲学社会科学
版）》2001 年第 23 期。

［45］ 赵鹰：《高校教师分级细化影响教育科研效率》，《科学时报》2006 年 11 月 14
日。

［46］ 赵拥军：《人力资源管理的基础——岗位管理》，《经济论坛》2003 年第 16
期。

［47］ 中国科学院：《中国科学院岗位管理实施办法（科发人教字〔2007〕207
号）》，2007；《中国科学院人员聘用制度暂行规定（科发人教字〔2006〕142
号）》，2007。

［48］ 中国人民大学：《中国人民大学教师岗位设置与聘用管理办法》，2007。

［49］ 中国社会科学院：《中国社会科学院聘用制改革及岗位设置管理工作实施方案
（社科人字〔2009〕7 号）》，2009；中国社会科学院：《中国社会科学院研究、
编辑出版、图书资料系列岗位任职条件（试行）（社科人字〔2009〕103

号）》，2009。

[50] 中组部、人事部：《关于加快推进事业单位人事制度改革的意见（人发
〔2000〕78号）》，2000。

[51] 周国君：《高校教师岗位聘任制度与职务聘任制度整合的研究》，《浙江工业
大学学报（社会科学版）》2004年第6期。

[52] 周雪光：《组织社会学十讲》，社会科学文献出版社，2003。

导师简介

潘晨光，中国社会科学院研究生院教授、博士生导师。现任中国社会科学院农村发展研究所党委书记，兼任人力资源研究中心副主任、中国人力资源开发研究会副会长、中国城郊经济研究会副会长、中国出国留学研究会副理事长、中国人口学会理事、中国博士后科学基金会第四届理事会理事、中央组织部《全国人才队伍建设中长期规划纲要》编制工作专家组成员等。

研究领域：人力资源管理、人才学。

主要研究成果：《中国职业技术教育的发展与挑战》，《中国人口科学》2007年第2期；《构建"双线制"的中国高等教育体系》，《继续教育》2007年第5期；《中国"双线制"人才培养体系的构想》，《中国社会科学内刊》2008年7月；《加快人才建设应对科技革命》，《瞭望》2012年第25期；《人才是科学发展第一资源》，《中国组织人事报》2012年6月4日；《突破传统理念中的人才桎梏》，《光明日报》2012年7月18日；主编《中国人才前沿》1~5卷，社会科学文献出版社，2005~2009；主编《中国人才发展60年》，社会科学文献出版社，2010；主编《中国人才发展报告》1~9卷，社会科学文献出版社，2004~2012；主持中国社会科学院重大课题"中外功勋荣誉制度研究"，2008~2009。

哲学社会科学研究机构管理人员职业化建设研究

作　　者：胡楠阳，中国社会科学院人事教育局人才规划处副处长，中国社会科学院研究生院2010届MPA毕业生。

指导老师：文学国

　　摘　要：哲学社会科学管理人员职业化，指哲学社会科学研究机构的管理人员，对作出的职业选择应当具有强烈的自我认同感和职业归属感，具备与岗位要求相当的社科专业知识、管理技能和职业资质，行为符合职业规范或标准的要求，恪守严格的职业纪律，维护基本的职业道德。哲学社会科学管理人才队伍职业化建设，既要符合人才队伍建设的一般规律，又要体现哲学社会科学研究机构的特殊性。文章把哲学社会科学管理人才队伍作为哲学社会科学队伍建设系统中的子系统，对改革开放以来管理队伍建设的人才政策发展历程，对制度变迁背后的因素、不同制度之间的关联、制度变化对管理人才队伍建设的影响进行分析，并将管理人才队伍建设与专业技术人才队伍建设的有关政策加以对比分析，研究揭示哲学社会科学管理和管理人才发展的特殊规律，并从中探寻管理队伍人事制度改革的方向。文章还对研究单位管理人才资源的现状进行了盘点；重点分析了哲学社会科学研究机构管理人员职业化存在的主要问题和影响因素；对国外人文社会科学研究机构管理队伍建设的若干做法和有益经验进行了介绍和归纳，以资借鉴；提出了哲学社会科学管理人才队伍职业化建设的思路和举措，并做出理论和实证分析。

　　关键词：哲学社会科学　管理人员　职业化

第一章 导论

一 研究缘起

21世纪以来，党中央高度重视哲学社会科学事业，多次强调要把繁荣发展哲学社会科学作为重大而紧迫的战略任务来抓并做出一系列部署。其中，培养和集聚起一批规模宏大、素质优良的哲学社会科学人才队伍是一项重要任务，而管理人才队伍是哲学社会科学人才队伍的重要组成部分，具有不可替代的重要作用。但是，与哲学社会科学专业人才队伍的发展速度和形势发展的要求相比，管理人才队伍建设步伐相对滞后，在队伍定位、素质能力、创新活力、选拔方式、培养机制、交流机制、考核机制等方面存在不少亟须改进的地方，管理人才培养使用的体制机制亟待完善。在国内已有的研究成果中，几乎没有对哲学社会科学研究机构管理人才队伍建设做出比较全面系统研究的专著和文章。鉴于以上原因，开展哲学社会科学研究机构管理人员职业化建设研究，既有理论价值也有实践意义。

哲学社会科学管理体制机制改革创新是同哲学社会科学学术体系创新同样重要的基础性变革，二者共同构成哲学社会科学创新体系。如果说哲学社会科学研究机构的科研人才队伍是学术创新的主体，管理人才队伍则是管理创新的主要承担者，是协同学术创新的主体。管理人才队伍的创新能力如何，不仅关系到哲学社会科学事业管理的实际成效，也将直接影响推动学术发展与创新的效果。从现实情况看，哲学社会科学研究机构管理人才队伍虽然重要，但目前尚未像科研人才队伍那样得到应有的关注。在一些人的观念中，这支队伍的建设，常常被混淆于一般意义上的机关干部队伍建设，针对这支队伍独有特点的规模、结构、选拔、使用和管理等方面研究的关注极少。笔者认为，此论文选题具有以下几点意义。

（一）哲学社会科学事业繁荣发展的需要

科研组织和管理，是科研生产力。[①] 管理出人才，管理出成果，管理

[①] 何秉孟：《社会科学研究创新简论》，社会科学文献出版社，2004。

出效益。大到国家，小到单位，都要面对如何加强管理的问题。同样的起点和条件，管或不管，管好管坏，大相径庭；管理理念、管理方式不同，往往产生截然不同的结果。哲学社会科学研究机构，不同于政府机关，不同于企业，甚至与其工作性质相似的高等院校相比，也在诸多方面存有差异。哲学社会科学研究机构拥有更加宽松自由的科研时间，更加浓厚的学术氛围、更加优质的科研平台、更加广阔的对外学术交流渠道。这些良好的科研软环境，能否转化为好的成果、好的人才，关键来自好的管理。没有好的管理，出精品成果、出拔尖人才的目标就可能落空，研究机构就可能陷入无序状态。管理是科研的必要保证，是推进哲学社会科学事业发展的战略任务。加强哲学社会科学管理工作的必要性、重要性和紧迫性，需要从战略高度来认识，真正做到像重视科研人才那样重视管理人才，像抓科研队伍建设那样抓管理队伍建设。

（二）应对哲学社会科学管理挑战的呼唤

新中国成立60多年、改革开放30多年以来，哲学社会科学事业在党中央的正确领导下，取得了一定的成绩。但从总体上看，管理工作仍然是制约哲学社会科学研究机构发展的短板。毋庸讳言，一些研究机构的负责人以及研究机构的管理人才队伍自身都存在一些问题。这些问题表象的背后，反映的都是哲学社会科学管理人员职业化建设滞后的问题，如职业资格准入制度的缺失、职业教育培训机制的不完备、职业考评标准的模糊、职业意识的淡薄。之所以存在上述问题，一个重要的原因是对哲学社会科学研究机构管理队伍建设，不同程度地缺乏科学、全面的认识，导致宏观战略规划和组织领导方面的不足，管理人才队伍在相关体制机制建设方面，大大滞后于专业技术人才队伍的发展。

工作中的实际情况是，哲学社会科学管理人才队伍作为哲学社会科学工作者队伍中的重要群体，肩负着学科建设、人才培养、项目管理、成果推介、国际交流、学风建设、党的建设、后勤保障等方面的重任。实现科研院所生产公益类知识产品的社会功能，既需要国家提供良好的科研条件，更需要提供转变科研生产方式、促进潜心治学的动力和契机。而研究机构各项管理体制机制改革的深入，恰恰可以使提高科研院所自主创新能力成为学者考虑的中心议题，形成推动哲学社会科学事业创新发展的强劲引擎。因此，按照职业化的要求，建设一支结构合理、门类齐全、配置科学的哲学社会科学管理人才队伍，具有非同寻常的意义。

（三）哲学社会科学管理人才队伍建设的理论诉求

历史表明，任何正确的实践都离不开科学理论的指导，实践水平的高低，与指导实践的理论科学化程度，呈正相关关系。哲学社会科学事业的发展，需要按照以科研人员队伍建设为重点的专业人员、管理人员、工勤人员三支队伍建设协同发展的目标要求，统筹推进各类人才队伍发展。而这三支队伍的建设实践，都离不开马克思主义人才学理论的指导。

但是，当我们检视学术界关于哲学社会科学人才队伍建设的理论成果时，不难发现这样一个事实：对科研人才队伍建设这方面的研究往往受到学术界众多学者的青睐，相关研究成果可谓汗牛充栋（如关于科研资助方式研究、学术评价体系研究、专家成长规律研究、人才激励制度研究等）。相比之下，管理人才队伍的研究成果则凤毛麟角，这与管理人才队伍在哲学社会科学研究机构中的地位极不相称。从这个意义上讲，开展哲学社会科学管理人员职业化建设的理论与实践研究，是提升哲学社会科学管理水平的理论诉求。笔者经常听到这样的呼吁：需要像重视科研人才那样重视管理人才，像抓科研队伍建设那样抓管理队伍建设。实际上，还有一个重要问题，就是要像研究科研人才队伍发展规律那样，研究管理人才队伍发展规律，确保各项人才政策出台的科学可行、系统连贯，而不是"头痛医头、脚疼医脚"。

二　可能的创新点和突破点

本文研究的新意主要体现于以下几个方面。

第一，崭新的研究视角。哲学社会科学管理人才队伍建设，既要符合人才队伍建设的一般规律，又要体现哲学社会科学研究机构的特殊性。笔者坚持用马克思主义人才学理论和公共部门人力资源管理理论，审视哲学社会科学研究单位管理人才队伍建设的现状和趋势，以职业化建设为视角，力求研究视野尽可能宽广，体现研究成果的理论性和实用性。

第二，多种研究方法。本文运用比较的方法，将管理人才队伍建设与专业技术人才队伍建设的有关政策加以对比分析。运用历史的方法，考察管理人才队伍建设的政策演变历程，对制度变迁背后的因素、不同制度之间的关联、制度变化对管理人才队伍建设的影响进行分析。运用从一般到特殊的方法，从哲学社会科学事业发展的一般规律切入，研究揭示哲学社会科学管理工作和管理人才发展的特殊规律。

第三，紧扣自身实际的研究内容。本文选题，目前在国内很少有人进行过系统研究，这使得本论文更富有创新空间。在内容方面，重点分析了哲学社会科学研究机构管理人员职业化存在的主要问题和影响因素；对国外人文社会科学研究机构管理人员职业化建设的若干做法和有益经验进行了介绍和归纳，以资借鉴；提出了哲学社会科学研究机构管理人员职业化建设的思路和举措，并做出理论和实证分析。

论文的难点主要是：第一，实证调研涉及的研究机构数量多、范围广、特点各异，增加了分类梳理和问题分析的难度。第二，目前关于哲学社会科学研究机构管理人员职业化建设的相关资料少，可借鉴的成果不多，增大了研究难度，特别是在建构理论框架方面难度很大。第三，日常工作任务十分繁重，需要科学有效的安排时间。

第二章 哲学社会科学管理人员职业化的概念分析

一 职业与职业化

（一）职业

本文论述的职业化的概念，主要是指专业的、非业余的。《中国大百科全书·社会学》对职业做出的解释为：职业是随着社会分工而出现，并随着社会分工的稳步发展而构成人们赖以生存的不同工作方式。[①] 因此，职业对从业人员来讲，既是人们谋生的手段，也是人们社会交往的主渠道，同时还是个人实现人生价值的主要场所。

与职业密切相连的另一个概念是专业。专业是职业，但又不是一般意义上的职业，它主要是指那些"知识含量极高的特殊职业"。[②] 也就是说，随

---

① 《中国大百科全书·社会学》，中国大百科全书出版社，1991，第 475 页。
② 赵康：《专业、专业属性及判断成熟专业的六条标准》，《社会学研究》2000 年第 5 期，第 31 页。

着职业发展的多样化，社会上出现了一般性职业和专门性职业的区分。因此，职业的数量也就远远多于专业。也就是说，在成千上万的职业中，每一种职业都在寻求自身的专业地位，而事实在于也只有极少数职业能够获得这种专业地位。即便那些已经获得专业性地位的职业，许多也处于一种"半专业"或"准专业"的状态。

（二）职业化

"职业化"是具有多维度、多方面内容的概念。目前对何谓"职业化"，学术界没有统一定义和权威见解，大致都是从两个角度进行描述。

（1）从静态角度描述一个职业群体发展的性质、状态和水平，英文用 professionalism 一词表示。如《美国传统词典》对"职业化"一词就做出了这样的解释，职业化是"遵循某种专业标准开展工作；具有某种特长或是某一领域的专家；全身心投入到给定的工作并视之为职业或靠它维持生计。"具体来说，某个行业职业化的构成要素有：①系统的知识体系；②专业的判断标准；③专业的道德和信条；④获得社会的认可；⑤专门的职业文化。

（2）从动态角度描述一个群体变非职业状态或一般性的职业状态为专业性职业状态、达到相应职业水平的过程，英文用 professionalization 一词表示。也就是说，研究职业化问题，实际是在研究一个普通的、非专业性的职业群体，如何逐渐形成和符合专业标准，使该职业成为专业性的职业，并获得相应的社会认可地位的动态过程。正如有的学者所指出的那样，职业化是一个普通的职业群体朝向较高社会地位、职业声望及经济利益发展的动态过程，这种职业群体的发展成熟度，是与该职业的专业化程度密切相关的。当职业发展到专业水平时，就意味着该职业群体不仅发展出了一套专门的知识和技能，还拥有专业的专业伦理和道德规范，并且在社会结构中享有较高的地位，能够吸引人才向其流动。

（三）管理人员职业化

管理人员的职业化与管理工作的专业化相伴而生，最早发端于经济领域。人类的经济活动都是程度不同的社会化劳动，是在一定的经济组织中进行的。而构成经济组织基本单位的组织形式，随着生产力的发展而变化，先后出现了家庭手工业、工场手工业、工厂（独资企业、合伙企业）和现代公司制企业。从所有权和管理权的相互关系来看，尽管前三种组织形式的规模依次扩大,组织机构日趋复杂,管理职能逐渐加强,但所有权和管理权始终是一体的。公司制度的产生,目的在于集中资金、分散风险、扩大企业规模、增强企业的市场竞争力。在这种情况下,公司的财产所有权分化为股权,而公司资产的所有者股东又无法直接管理企业,于是聘请专职管理人员负责企业的经营,实现了所有权和管理权的分离。因此,广泛的受雇佣的管理阶层全面控制了企业,职业管理阶层由此兴起。有的学者认为,现代公司资产所有权和管理权的完全分离,使资本家已失去其原有地位,让位于职业经理,资本家的时代变成了管理人员的时代,对企业的大部分控制权已经从资产所有者转移到了没有资产的管理阶层,这堪称一场"管理革命"。①

这场由两权分离引起的"管理革命",使管理工作的专业化和管理人员的职业化得到承认,同时为发展管理教育奠定了基础。而后,"管理革命"逐步扩大到西方社会的政府管理领域,公共行政的专业管理人员脱离政治,成为专业管理的事务官,改变了过去政治与行政不分的状况。

通过上述分析,管理工作专业化包括以下几层意思:①管理业已形成系统化的知识体系和应用这些知识的必要技能;②高等教育中设立了对应专业以传授这些知识和技能给学生;③管理界业已形成一套用于指导职业和管理者个人行为的职业规范。管理人员职业化包含以下几层意思:①管理人员以管理工作为职业;②管理人员掌握着与管理工作相关的系统化的专业知识和技能;③管理人员遵守管理工作的职业规范。

二 科研院所管理人员职业化的探讨

(一) 背景探讨:外行与内行关系之争

对科学事业的管理工作,是否应当朝着职业化的方向发展,是一个存有争论的问题。在新中国的不同时期,围绕这个问题提出过三个命题。

第一个命题是20世纪50年代,毛泽东同志提出了"外行领导内行"的命题。这是在国家刚刚开始大规模经济建设的背景下,毛泽东强调,外行领导内行是一个客观规律。因为人人既是内行,又是外行。世界上一万种行业,一万门科学技术,一万行中每人只能精通一行,所以说人人是外行。而

---

① 参见詹姆斯·伯恩汉(James Burnham),《管理革命:世界上发生了什么》,1940。

做领导工作，除了本行以外，把其他行摸一摸，熟悉一下，有点常识，是必要的。但是要熟悉得很，成行家，是不可能的。当时，史学大家范文澜先生也曾做出解释，他说："科学是分门别类的，每个科学家只能是那一门类的内行，而对别的门类就是外行。因此，每个科学家都只能是一个'小内行'。治国平天下是哪一门科学呢？哪一门也包括不了。它是一门大科学。因此，治国平天下的政治家是大科学家，也可以说他是'大内行'。"他认为，"党对科学的领导（无论是对哪一门科学），都是'大内行'领导'小内行'。"无论是使用"外行"还是"大内行"的概念，如何实现这种领导呢？毛泽东进一步指出：工农干部有经验但缺少科学技术，知识分子干部有知识但缺少经验，因此工农干部要与知识分子干部很好地结合起来，互相学习，取长补短，共同促进社会主义建设事业的顺利发展。由此可见，对外行、内行的理解，表面上看是专业人员、非专业人员的区别，而问题的实质是科学事业领导权的归属问题，是政治和业务的关系问题。毛主席当时提出"外行领导内行"，正是针对当时出现了有的领导干部因为不是内行而放弃领导的情况，因此才反复强调："政治和业务是对立统一的，政治是主要的，是第一位的，一定要反对不问政治的倾向；但是，专搞政治，不懂技术，不懂业务，也不行。""我们各行各业的干部都要努力精通技术和业务，使自己成为内行，又红又专。"① 这些论述，今天对哲学社会科学管理工作仍具有强烈的现实意义。做好哲学社会科学管理工作，第一位的要求就是保证科研工作的正确方向，保证利用科研来造福人民群众，当然这里并不是说只抓政治方向而忽视业务发展本身，"不学会技术，长期当外行，管理也搞不好"。② 虽然当时尚未明确提出科研管理工作的职业定位，但是管理工作要在树立科研工作导向方面发挥独特价值和意义的重要思想，已经清晰地展现在我们面前。

第二个命题是改革开放初期，邓小平同志提出的"领导科研或教学的人，要内行，至少是接近内行或比较接近内行的外行"的命题。这个命题是在贯彻落实干部队伍革命化、年轻化、知识化和专业化方针的背景下，针

---

① 毛泽东：《关于农业问题》，《毛泽东文集》第 7 卷，人民出版社，1999，第 309 页。
② 毛泽东：《对陈正人关于社教蹲点情况报告的批语和批注》，《建国以来毛泽东文稿》第 11 册，中央文献出版社，1996，第 266 页。

对提高领导干部文化素养问题提出的要求。邓小平说："现在我们面临的问题，是缺少一批年富力强的、有专业知识的干部，而没有这样一批干部，四个现代化就搞不起来"，"我们要逐渐做到，包括各级党委在内，各级业务机构，都要由有专业知识的人来担任领导。"以高校管理干部为例，他着重指出："我们也需要大量的、合格的学校管理人员，这也是专业人员。比如学校党委领导同志，应不应该是个专业人员呢？应该是。他可以不是教学人员，但至少应该是懂得教育的有管理学校专长的管理人员，会管某一类学校。"① 在这里，邓小平同志提出了两个重要观点：一是把"有专业知识"、"有管理专长"作为业务机构领导和管理人员应该具备的、至关重要的职业标准。二是提出管理人员也是专业人员，但不一定是业务人员的主张，他们只要"接近内行或者比较接近内行"即可胜任管理工作（这里的外行、内行是相对于专业人员而言的），这实际上为管理队伍朝着职业化路径发展指明了方向。但是，由于当时我国的科研事业处于恢复重建阶段，科学学、科研管理学等学科尚处于起步阶段，未能培养出大批科研管理的职业人才，而是只能从科研人才中选拔管理人才，采取"双肩挑"的模式实施管理工作，一批具有高深学术造诣的专家学者走上高校、科研院所的领导岗位，在从事自己的专业研究的同时，承担着繁重的管理任务，这是时代做出的选择。

第三个命题是 20 世纪末，江泽民同志提出的培养和造就"一支学有所长并且有突出领导才能的科技管理专家队伍"的命题。这个命题是在实施"科教兴国战略"过程中，深刻认识到人才资源是最宝贵、最重要的"第一资源"的背景下提出来的。具体内容是，到 21 世纪初"要培养和造就一支能够进入世界科学前沿的科学家队伍，一支具有技术创新能力、能够不断攻克经济建设和社会发展中各种复杂难题的工程技术专家队伍，一支学有所长并且有突出领导才能的科技管理专家队伍，组成我国现代化事业所要求的庞大的科学技术大军。"② 并且明确指出，实施科教兴国，包括自然科学和社会科学两个方面。在这个讲话中，把科技管理专家队伍与科学家队伍、技术

---

① 邓小平：《目前的形势和任务》，《邓小平文选》第 2 卷，人民出版社，1994，第 227～228 页。
② 江泽民：《在中国科学技术协会第五次全国代表大会上的讲话》，《论科学技术》第 77～78 页。

专家队伍相提并论，在推动包括哲学社会科学在内的科研管理人员职业化方面迈出了重要一步。实际工作中的情况是，随着我国科技管理和高等教育体制改革步伐的加快，科研院所、高校的公共服务功能日益突出，面临的社会关系越来越复杂，不但要搞好内部管理，还要妥善处理各种外部关系，这对于科研教学机构的管理人员而言，"双肩挑"的模式也已经造成管理压力的成倍增大，迫切要求管理者须将主要精力投向管理领域，同时具备杰出的学术管理和敏锐的统筹规划能力，成为真正意义上的"管理内行"。这一时期科学学、科技管理学也被正式列为学科目录，为培养职业化的管理人员队伍搭建起了正规、可持续的平台。

（二）实证分析：科研院所领导人员的"双肩挑"、"双标准"和"双考核"的困惑

从现实角度看，科研院所领导者队伍经常会面临三个问题：一是"双肩挑"问题。对领导人员而言，"双肩挑"造成工作压力的加大，甚至有时需要面对工作角色的冲突。调研中，有人向笔者反映，研究单位选拔领导班子成员，经常会面临两难选择：有的人管理能力和组织协调能力很强，但是业务能力不精，不能发挥旗帜作用、引领作用，难以服众；另一方面，也有的人业务能力很强，管理能力又不太理想，于是造成在科研型的事业单位中，如何把"双肩挑"类型干部的标准调整到一个合理尺度上，成为一个经常争论的话题。而真正能够把专业水平和管理能力兼顾起来、统一起来的人才更是凤毛麟角，在"鱼和熊掌不可兼得之时"，如何选拔管理人才队伍，值得深入研究。二是双标准问题。与"双肩挑"相对应，实际上就是双职位，"双职位"产生了"双标准"的要求。一个是事业单位一般管理人员的考核标准要求；另一个是专业的考核标准要求，而且实行严格科研任务管理的单位，在理论上要求管理者发挥表率作用，从而对其科研任务数量和质量的要求更高，有时难以权衡二者的关系。三是双考核。年终述职的时候，从研究室主任开始，一直到研究所的所长、副所长，都要从两个方面述职，从科研和管理两个方面接受群众的考量。而"双肩挑"、"双标准"、"双考核"，有时会在研究单位高层次人才引进方面形成障碍。比如，从国外引进高层次人才，有时需要给予人才一个"双肩挑"的岗位，以更好发挥其专业方面的领军才能，而这样的高层次人才往往缺乏在国内科研院所实

践管理的基础，实践中如何对其按照现有政策进行考察考核，存在着制度的不适用性。因此，只有把这些问题解决好，才可能提高科研院所管理的科学性和民主性，增强管理效能。

为了解决上述问题，近年来一些科研院所引入科研至上的行政管理机制，提出"行政就是服务"的理念，认为管理就是为科研人员创造一个宽松、自由的学术研究环境，让科研人员享有最大的方便。如被称为中国科研体制改革试验田的北京生命科学研究所，理事会下面设两位所长、一位学术副所长、一位行政副所长，行政副所长直接管理各个行政部门，中间没有任何环节。在行政副所长这位"总保姆"的背后，是一个由几十位行政人员组成的高效的行政服务团队和技术支持系统。行政部门的一切活动以科研活动为中心，创造最优良的服务；行政部门的唯一目的就是让科研人员的工作生活尽量减少负担，不让科研人员为事务性工作操心，让科研人员多出成果；行政部门大到实验室建设、设备采购，小到科研人员的吃喝拉撒睡、小孩上学、老人生病，事无巨细都料理好。加快管理队伍的职业化建设，让科研人员可以潜心从事科研活动，从而使北京生命科学研究所逐步成长为在生命科学领域具有国际影响力的科研机构。[①]

（三）问题的解决：科研管理人员职业化时代的到来

无论是"外行与内行关系之争"，还是"双肩挑、双标准、双考核"困惑的提出，都映射出这样一个事实：科研管理队伍实现职业化的时代已经到来，这种职业化是相对于业余化而言的，要求研究机构的管理人员，对做出的职业选择具有强烈的自我认同感和职业归属感，具备与岗位要求相当的专业知识、管理技能和职业资质，行为符合职业规范或标准的要求，恪守严格的职业纪律，维护基本的职业道德。具体来说，包括三个方面的要求。

一是强烈的职业意识。这是职业化的基本特征，指科研机构的管理人员，对做出的职业选择应当具有强烈的自我认同感和职业归属感，在职业实践中体现出对自己所从事工作的一种职业敏感和角色认知，能够根据需要对自己职业生涯中的态度、价值、信念、技能做出正确评估和动态调整，表现

[①] 全国干部培训教材编审指导委员会组织编写《科研院所新体制新机制的积极探索》，《科学发展观主题案例·自主创新》，人民出版社、党建读物出版社，2011。

出与自身职业发展阶段相适应的管理角色。

二是娴熟的职业技能。这是职业化的根本前提，指科研机构的管理人员具备与岗位要求相当的专业知识、管理技能和职业资质，力求工作做得更加专业。这里面，要求管理人员不应当仅仅具备一般的专业知识和管理学知识，而是要深入学习与科研管理相关的专门知识，能够领会国家社科法规政策，熟悉科研发展规律和科研群体特点，敏锐把握科研发展的趋势和方向。

三是标准的职业规范。这是职业化的重要保证，指科研管理人员做事情要符合行业行为规范或标准的要求，恪守严格的职业纪律，维护基本的职业道德。具备职业自律精神，按照既定的职业规范开展工作既是职业化的具体体现，更是减少工作偏差、提高工作效率、实现工作目标的重要保证。

三 哲学社会科学研究机构管理工作的职业分析

（一）哲学社会科学事业的属性特征

哲学社会科学事业是以各种社会现象为对象，揭示社会运动规律、探寻社会发展动力的科学研究事业，具有如下属性特征。

1. 科学性

哲学社会科学与自然科学一样，也是严谨科学的知识体系，面对的是生动、复杂和随时变化着的现实世界，通过抽象的概念分析、创新的理论思维，形成自己独特的范畴和普遍原理，构建独特的知识体系。这种知识体系指导人们认识世界、改造世界，在探究人类社会过去、现在和未来的过程中，推动社会历史不断向前发展、取得进步。

2. 阶级性

哲学社会科学属于社会上层建筑范畴，是一个社会主流意识形态的本质体现，因此不可避免地带有鲜明的阶级性。这种阶级性就是指在观察问题、研究学问过程中，总会存在站在什么样的立场认识世界、解释世界的问题，存在服务谁、为了谁的问题。因此，可以这样说，每个国家、每个时代的哲学社会科学，既是人类认识世界、改造世界取得思想成果的精华，更是统治阶级根本利益和意志的理论表达。哲学社会科学兼具科学认知和意识形态双重属性，这就决定了哲学社会科学研究必然要在某种思想的指导下进行。

3. 时代性

哲学社会科学作为解决时代问题的重要手段，以学术方式对时代问题做出回应，为解决时代问题提供创新性思维。这既是社会发展对哲学社会科学工作者职责使命的基本要求，也是决定哲学社会科学繁荣发展的关键之所在。当代中国正处在社会转型期和矛盾多发期，在社会主义改革开放和现代化建设进程中，有诸多迫切需要解决的重大问题，更加需要对中国和世界有深入研究并能提出可行性对策建议的"战略型"专家，对这些问题加以回答。因此，立足国情，服务当代，是哲学社会科学事业保持生命力，拥有创造力，赢得竞争力，从而取得新的发展进步的必由之路。

4. 民族性

哲学社会科学作为时代精神和民族精神的集中体现，植根于一个民族自身的文化传统，具有民族的形式，反映民族的特点。中国哲学社会科学在繁荣发展过程中，必须与本民族的实际相结合，在吸收借鉴西方"理论范式"的同时，不能丧失既有的民族学术传统，而被动沦为西方"文化霸权"的附庸。

（二）哲学社会科学事业管理的发展趋势

基于对哲学社会科学事业特点的分析，关于哲学社会科学事业管理可以作如下理解：一是哲学社会科学事业的主要活动以知识为中介，其管理在本质上是知识管理；二是哲学社会科学事业的主体是以科研和教学人员为代表的高知识群体，哲学社会科学事业管理的职责定位是为哲学社会科学事业发展服务，为从事哲学社会科学事业的科研团队服务；三是哲学社会科学研究事业是制造精神文化产品的过程，其管理应具有较强的文化属性，充分体现科学精神与人文精神的有机融合，是一种柔性管理，重在引领正确的科研方向，倡导学术报国的价值追求，激发科研人员和科研团队的创新热情，营造有利于人尽其才、才尽其用的科研环境；四是从事哲学社会科学事业的研究机构是集公益性、专业性于一体的社会服务组织，与外部世界的联系更加广泛和紧密，哲学社会科学事业管理应当具有高度的开放性。

按照上述要求，哲学社会科学事业管理职能正在发生深刻调整和变化，呈现出以下四个发展趋势。

1. 趋势之一：从"后勤部长"到顶层设计

为科技当好"后勤部长"，是邓小平同志在"文革"之后科技领域百废待兴、百事待举的背景下，为恢复和发展我国科技事业做出的重要指示。他从不同角度比较全面地阐释了科研管理的主要职能，概括起来说就是管方向、管规划、管宏观、管服务，而且管理不是大包大揽、干预一切，而要发挥内行专家的作用。科研后勤工作的内容包括：积极争取国家对科研工作的投入，千方百计改善知识分子的工作和生活条件，帮助知识分子解决在伙食、待遇、住房、办公用房、供暖、用车、技术职称等涉及衣食住行等方方面面遇到的具体困难。这些问题，被有些学者形象地称为"位子问题"、"票子问题"、"房子问题"、"孩子问题"（指子女上学）等。做好这些具体琐碎的工作，在当时来说，对于落实党的知识分子政策，调动科研人员的积极性，推动科研院所事业发展，起到了不可替代的作用，因此也成为科研管理工作不可或缺的重要方面。

但是，随着市场经济体制的建立和社会分工的日益细化，在科研管理领域出现了"两个分离"：一个是政府从过去直接管理私人物品生产活动的职能中退出，开始加强对公共产品的组织和供给。这在政府设立的科研院所的重要表现就是：后勤服务社会化改革大幅推进，科研后勤工作逐渐从科研院所党委和行政工作中分离出来，转而由企业和社会组织提供专业化服务；另一个是，科研业务的领导工作也"逐步从科研过程中分离出来，并成长为现代科研体系中的一个独立管理部门"①。在科研院所运转中，管理工作需要重新确立自身的角色愿景，承担起应当承担而且能够承担的职责。

不言而喻，科研院所的行政和后勤系统是为维护科研系统组织运行和科研活动正常开展的辅助和服务机构，科研系统是科研院所的知识生产的一线部门，而行政和后勤系统则是知识生产的管理和保障部门。关于知识生产管理和保障部门的职责任务，应当紧紧围绕知识生产的功能来确定，二者之间不能相互割裂、自成体系。研究机构内部创新价值链图②，就能基本反映出科研院所的运转过程。

---

① 郭建宏：《科研活动的信息不对称与科研管理的作用：问题和对策》，《社会科学管理与评论》2012 年第 1 期。

② 参考黄群慧《对科学研究与科研管理的系统认识》内部讲稿。

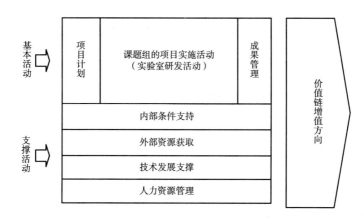

图1 研究机构的内部创新价值链

如图1所示，国家出资设立科研院所，以党和政府部门的需求为导向，通过组织化的知识生产活动，配置科研资源，发挥团队和阵地优势，实现学术产品的价值增值。科研成果的质量是研究机构创新价值的根本体现。其中，知识生产过程由基本活动和支撑活动两类活动共同构成。

从管理学视角看，科研管理既包括对科研基本活动的管理（如立项管理、成果管理），也包括对科研支撑活动的管理，目的在于科学配置科研、人才和物质资源，最大限度地调动科研人员的积极性、创造性，激发科研院所整体活力，解放和发展科研生产力，实现多出成果特别是精品成果、多出人才特别是拔尖人才的发展目标。

就管理活动的具体内容来说，尽管众说纷纭，不外乎下面三个方面的职能。

（1）规划科研。根据党和国家需要以及社会发展需要，在分析科研院所战略环境的基础上，确定科研院所的发展方向和战略目标，并在科研项目、学科建设、研究方式、人才培养、成果推介等方面制定与实现科研院所发展目标相对应的科研政策。通过目标规划和政策制定，把科研院所定位与尊重科研人员的研究兴趣相结合，提高科研院所及其成员在相关专业领域的学术竞争力，实现个人目标与组织目标的和谐统一。

（2）管理科研。这是科研管理的核心功能，主要是指按照制定的科研规划和科研政策，对科研资源进行有效配置。包括对科研项目进行评审立项，组织专业对口的科研团队进行联合攻关；跟踪检查科研项目的执行情况，发现并纠正偏差；组织学术会议，出版学术报刊图书，衔接科研成果供给与社会需求之间的关系，寻求科研成果的交流和转化机制。

（3）保障科研。这是科研管理的传统功能。包括：为科研人员提供相应的信息服务，帮助科研人员知晓有关科研政策法规，了解科研资助和奖励申报的信息，促使科研人员把时间和精力主要集中在科研方面；做好科研单位和科研人员的行政后勤服务保障工作，解除科研人员在工作和生活上的后顾之忧；在科研人员中倡导追求真理的科学精神，消除各类违反政治纪律和学术不端行为，营造风清气正的科研环境。

2. 趋势之二：从学科导向到问题导向

人类社会的统一性决定社会科学的整体性，而中国社会科学发展注重学科导向，在提高分支领域研究效率的同时，弱化了社会整体研究的效率。随着现代科学越来越趋向于复杂和综合，许多重大研究专题的破解，都需要跨学科研究、多学科攻关，都依赖于那些交叉和边缘学科，这些成为当今科技发展的重要特征。这种跨学科研究的综合趋势，在哲学社会科学研究领域体现为两个方面：一是社会科学各学科尽管高度分化，但开始呈现出相互渗透、密切合作的现象；二是社会科学与自然科学、技术科学也相互交叉和渗透，综合科学、比较科学、边缘科学和横断科学层出不穷，蓬勃发展。当代的学术前沿问题往往带有这种跨学科、综合性的特点，单凭某一个或某一类学科资源，难以找到社会问题的答案。此种背景下，无疑需要哲学社会科学管理工作在组织、观念、机构、方法等方面做出回应，推动以问题为中心的学科对话与交流，以打破学科壁垒，扭转学术研究"各自为战、画地为牢"的碎片化倾向。如在选题方向上，要从自选积累式的研究转向不断学习新知、完成交办委托研究任务；在科研方法上，要从案头文本研究转向实证经验研究；在科研组织方式上，要从个体研究转向集体研究。实现这些转变，最根本的有两点：一是整合学科资源，各个学科在合作过程中积极借鉴其他学科的分析工具，不再仅仅满足于利用本学科的传统研究方法。通过"问题"实现对学科的综合，并通过这种综合体现出各个学科自身的优势。二是整合人才资源。在大科学研究、交叉学科研究已成为主导的情形下，在科研人员群体中注入竞争与合作互动的管理机制，在科研评价导向方面破除门户主义、小团体主义的落后思想，推动不同研究机构之间、学科之间、课题组之间、科研人员之间的学术交流与合作。

3. 趋势之三：从知识生产到成果应用

中国知识分子长期以来崇尚"经世致用"的治学传统。哲学社会科学以服务社会为研究目的，任何有价值的学术成果，不但要有颇具新意的选题、深刻独到的见解、科学严谨的论证，更重要的在于必须应用于社会实践，为社会接受、承认和应用。不能与社会发展和决策咨询有机结合的科研成果，最终只能成为远离人民群众生活的烦琐论证。但遗憾的是，实际工作中，耗费国家财力和研究人员智力的科研成果在转化应用方面不够理想，不少科研成果结项后只是作为"论文成果"、"著作成果"、"获奖成果"、"图书成果"、"评审成果"、"展览成果"而被束之高阁，供其主人孤芳自赏，无法在推动社会发展进步中发挥应有作用，哲学社会科学研究与社会需要之间存在"两张皮"现象。这一方面说明我们对成果的应用、推广和宣传还很不到位，另一方面也说明研究选题无论在开始的设计环节，还是最终的评价环节，都没有从国家和社会的需要出发来考虑，仅仅是"用国家的钱满足了研究者的个人兴趣"。推动研究成果的转化和应用，"让自己的言论变成社会的舆论，让自己的谋划变为组织的规划，让自己的说法变成实践的做法，让自己的思考影响领导的思想，让自己的文章进入上级的文件，让自己的发言促进社会的发展"①，应当成为哲学社会科学管理的关键目标。在严把选题"价值关"的同时，要通过信息报送、文件起草、媒体合作、图书出版、成果推介、社科普及等多种渠道，搭建学术界与其他社会各界，特别是与政府决策界和文化界联系交流的平台，使哲学社会科学变抽象、深奥为具体、生动，进一步拉近社科理论成果同现实社会的距离。

4. 趋势之四：从项目资助到绩效考评

当前哲学社会科学研究存在的一个突出问题就是自主创新不足，尤其是结合中国国情和现实问题的学术创新能力尚未凸显出来，出现了有重大影响的社会科学成果比较匮乏，而低水平重复的社会科学成果大量剩余的困境。

---

① 朱有志等著《思想库智囊团——社会科学院初论》，社会科学文献出版社，2011，第313~314页。

从管理层面改变这种低水平重复劳动的局面，需要克服传统体制下"以生产为中心"的管理思想，树立"以效益为中心"的新型管理理念。众所周知，目前现代科研院所普遍实施以课题为核心的科研组织方式和以课题制为基础的科研管理方式，哲学社会科学研究机构概莫能外。由于课题制与学者之间的经济利益、待遇联系过于紧密，加上课题经费难以准确预算，出现了一些急功近利的现象，这就是在课题申请中追求资助数额而忽视质量，在课题管理中关注课题立项而疏于质量控制，表现为研课题普遍进展缓慢、不能如期结项现象的出现。另外，"单位化"的课题制也难以按照公平择优的原则配置科研资源，在组织实施过程中往往要考虑许多非研究的因素，课题立项后的完成情况也与职称评审、专家推荐等关系知识分子切身利益的机制相脱钩，造成人人都有课题，而大部分课题难以结项的问题。从评审立项、中期检查到结项验收的规范化、制度化课题管理链条不得不中断。课题制实施遭遇的现实尴尬，也发生在人员聘用制改革之中，这就是无法彻底解决人员"能进不能出"、"能上不能下"的问题，人员激励机制和退出机制的同步缺失，使得推动创新的负向"激励"更加突出。因此，提高哲学社会科学领域的自主创新能力，最根本的就是要建立起一套科学严格而不流于形式的考核机制，把科研任务和人员岗位的绩效管理作为哲学社会科学研究机构一切管理工作和管理活动的重心，在干与不干、多干与少干、为集体干与为个人干、干出成果与没干出成果等方面，充分体现出激励机制的效果。

四 哲学社会科学研究机构管理人员职业化的素质特征

基于上述分析，哲学社会科学事业管理，在推动哲学社会科学事业繁荣发展的进程中，发挥的作用越来越凸显，相应地对管理者管理素质、管理眼光的要求也越来越高。而一个学术研究机构管理水平的高低，从根本上来说取决于管理人才、管理队伍的职业化水平。这种管理队伍的"职业化"建设水平，应从以下几个维度进行考量：一是职业资质；二是职业意识；三是职业心态；四是职业道德；五是职业行为；六是职业技能。

实现上述哲学社会科学研究机构管理队伍的职业化的要求，关键是要构建一支兼具政治、学问、管理等若干素养完美结合的复合型人才队伍，或者是由这些不同层次和类型人才组合而成的一支优势互补的管理团队。笔者认为，哲学社会科学研究机构管理人员职业化的素质特征包括以下三个方面。

（一）要有政治思维

哲学社会科学研究机构的管理者要具有坚定的政治立场、扎实的理论功底、清醒的政治头脑和敏锐的政治鉴别力，具有强烈的国家责任感、民族责任感、社会责任感和学术责任感。当前，社会意识形态环境复杂，境内外敌对势力对我施压促变的一贯立场没有改变，仍在通过各种途径、运用各种手段，对我国在发展上牵制、形象上丑化、思想上渗透，新自由主义、历史虚无主义、后现代主义、"普世价值观"等奇谈怪论以及一些似是而非的与主流意识形态相背离的观点，在社会上大量存在。这些错误思潮，往往看似合情合理、看似客观公正、看似与我们的理论体系相一致，实际上更具有欺骗性和危害性。面对理论界和学术界十分复杂的政治环境，如果不提高理论鉴别力，在实际工作中不保持清醒头脑，就会在理论上自觉不自觉地跟着西方走，长期处于说不清道不明、理不直气不壮的失语状态。在理论上失之毫厘，就可能在实践上谬以千里。作为哲学社会科学研究机构的管理者，应当能够在各种社会思潮中把握方向、辨别是非，透过学术现象看清其阶级本质和社会本质，准确判断可能产生的社会影响特别是政治影响。对待理论界出现的噪音杂音，能够正确区分和处理两类不同性质的矛盾，区分政治问题、思想认识问题和一般性学术问题的界限，分不同情况有针对性地开展工作，既严把关口又最大限度地团结广大知识分子。促使学者在各种社会思潮的相互涤荡中，在运用多种研究方法、采用新的研究范式的同时，坚定自觉地坚持以马克思主义为指导，提高用马克思主义指导研究的能力；在尊重差异和包容多样中，培养真懂真信、活学活用马克思主义的哲学社会科学理论队伍。这就要求管理者要有政治思维，在设计和实施科研院所改革发展的目标过程中，能够从繁荣发展哲学社会科学对国家民族事业发展意义的战略高度，思考规划科研院所的管理工作，力求科研院所的学术定位、学科发展、人才培养，都有利于实现哲学社会科学发展的历史任务和使命。

（二）要有学术素养

哲学社会科学研究机构的工作很多涉及专业问题、学术问题。管理者如果不具备一定的专业水准，在观察与讨论问题时就难以提出具有难得深度、独到见地的主张，也就无法站在历史制高点和时代制高点指导和服务哲学社会科学研究工作，甚至容易出现决策的失误。历史制高点，是指管理人员应当对学科发展历史、学术渊源流变、专业未来发展趋势等，有较为全面和准确的洞悉把握。时代制高点，是指管理人员要清楚时代对科研事业发展的要求，清楚本学科领域研究格局，清楚所在科研院所的发展状况、专长特色、薄弱环节和前进目标。这就要求管理团队的专业背景应当尽可能覆盖各主要类型的学科，管理者要积聚起学问家的学养，对社会科学的基础知识有比较全面的了解，对相关领域的学术思潮和理论动态能够深刻地加以洞察，着力打造本研究机构的团队优势和学科优势。唯有如此，管理者在专家学者聚集的单位中才能产生相应的领导威望，才能更有利于开展管理工作。当然，需要说明的是，对管理者来说，最重要的在于懂学术，而不是精学术、深学术。随着哲学社会科学管理人员职业化进程的推进，管理者未必都是文武全才的大家名家，相反大家名家也未必都能为优秀的管理者。

（三）要有管理理念

现代科研院所的竞争力，来自学术团队整体力量的有效彰显。同样，实施有效的管理，关键在于集中每个人的优势和特长，联合攻关，分工合作，协同创新。因此，优秀的哲学社会科学管理者既不能把自身的人生定位锁定在成为学术领军人物上，也不能仅仅满足于完成好科研院所的后勤保障任务，而是要勇于承担引领方向和打造团队的重任。这就需要管理者具有扎实的科研管理知识，娴熟地掌握各项科研管理政策，产生独具特色的科研管理理念。具体体现在：一是有能力对学术现状和未来发展提出符合科研规律的正确见解；二是有能力把个性、主张各不相同的国内外学者集中起来围绕学术问题实践自己的管理理念；三是有能力打出自己的学术旗号，培养一批知名学者，扶植和形成各种学派，在多样化的学术观点和学术流派中拥有一席之地，形成研究机构独具特色的人物品牌、成果品牌、学科品牌和科研平台品牌。作为管理者，还应具备一定的组织协调能力，善于与相关部门沟通合作，懂得决策程序，擅长处理各种复杂问题等。总之，就是要能够更好地整合各方面的研究力量、团结他们共同为党和国家的大政方针建言献策，为中华民族的伟大复兴添砖加瓦，为"中国梦"的实现从哲学社会科学方面做出积极而实在的贡献。唯有如此，才能驾驭一个研究机构的科学发展，而非简单地做各种学术理论的追随者。

第三章 哲学社会科学管理人员职业化存在的
主要问题及影响因素分析

一 存在的主要问题

改革开放以来，伴随哲学社会科学事业的繁荣发展，研究机构管理队伍建设取得了长足进步，管理人员的整体素质逐步提高，队伍结构日趋合理，在推动管理体制机制改革、服务科研一线中发挥着越来越重要的作用。但是，对照构建哲学社会科学创新体系提出的新要求，这支队伍在职业化建设方面存在着不小差距，突出表现在如下四个方面。

（一）管理队伍建设尚缺乏战略性规划

国家的科研院所管理人员从国家层面看属于党政人才范畴，但由于科研院所属于事业单位，在管理人员的选拔任用和管理方面主要参照针对公务员群体的《党政领导干部选拔任用工作条例》及其配套规定，无法照顾到事业单位的特点和要求。因此在针对哲学社会科学研究机构管理队伍建设的整体性规划方面，不难想象会显得顶层设计不够。在国家层面，笔者查阅到的近年来的相关文件仅有一件，是2011年6月出台的《国家哲学社会科学研究"十二五"规划》[①]，该规划提出："注重培养科研管理人员，有计划有步骤地对全国重点科研单位主管负责人和科研管理部门负责人，以及各省区市社科规划办工作人员进行业务培训，五年内轮训一遍。"在研究机构层面不难发现，不同的历史时期，对科研队伍和管理队伍的人才制度建设力度均存有明显差距，制度发展具有严重的不平衡性。研究单位层面，管理人才队伍规划职能的缺失，更是一个共性问题，造成人员队伍结构单一，不符合研究单位战略发展的需求；人才没有梯度，人才储备不足，发展后劲就不足，管理人员总体上看处于"过度使用"状态，"一人多岗、身兼多职"的现象在研究单位较为普遍；招聘管理人员时，凭感觉进行需求预测与总量平衡，制定的招聘计划过于主观、过于简单，主观成分多，客观分析少。

---

① 《光明日报》2011年6月3日。

　　笔者认为，管理人员的培养是一项系统工程、战略工程，理应加强系统规划、超前谋划，而目前在实践工作中，一些研究单位对管理工作重视程度不够高，认为只有科研业务工作才是中心工作，管理工作的业务性不强，只有态度问题没有能力问题，让谁干都能干都会干，甚至认为研究单位领导不抓不干管理工作，照常运转差不到哪里去。因此，在管理人员选配方面，没有把从事管理工作的能力素质，作为必备的条件来看待，甚至认为管理人员只要对组织忠诚，老实听话，素质低一点也没啥。造成管理队伍的整体建设，没有处理好当前与长远的关系，没有根据研究单位未来发展的需要，制定详细的管理人员培养规划，形成选拔、使用、管理一体化的常态机制和培养链条；没有处理好结构与能力的关系，不同程度存在对管理人员重资历或重年龄，而轻能力、轻实绩的问题。调研中，有的研究单位反映，在管理人员选拔方面论资排辈的观念根深蒂固。在配备管理部门负责人时，标准不高、把关不严，迁就照顾、降格以求的现象时有所现；而对年轻管理人员则是求全责备，看问题挑毛病多，鼓励压担子少；有的反映，对年轻管理人员的能力培养单一化，只顾让他们做好眼前的工作，党性锻炼、实践锻炼不扎实，青年管理人员素质发展不够全面，甚至在使用年轻管理人员时，没有能够处理好与调动本单位各年龄段管理人员积极性的关系，造成在管理人员的选拔培养方面出现了统筹不够、规范不够的问题，影响了管理队伍长远发展宏观格局的形成。

　　正是由于在人才队伍建设规划方面，管理队伍建设经常淹没在科研队伍建设浩如烟海的文字表述中，便突显出管理人才具体制度建设方面的相对滞后性。对管理队伍建设缺乏全方位、全过程的考虑和规划，"头痛医头脚疼医脚"，势必造成出台的这些制度零碎而不系统，原则而不具体、局部而不全面。在实际工作中，制度执行的随意性也较大，有时执行走样，有时干脆不执行，挂在墙上、写在纸上的制度也就成了摆设。管理人才制度建设的滞后性，对于哲学社会科学的改革发展极为不利，需要认真对管理队伍的现状加以全面盘点，在此基础上确定管理人才队伍建设的战略目标，统筹考虑管理人才补充、调配、开发、职业规划和报酬设计等各个方面的问题，使管理人才政策相互协调、相互连接、相互配套，形成一个有机整体。

（二）管理队伍的整体能力与研究单位承载的构建哲学社会科学创新体系的任务不相协调

构建哲学社会科学创新体系，推动学术观点、学科体系、科研方法创新，是党中央对繁荣发展哲学社会科学事业提出的方向性要求。笔者认为，科研人员是创新体系建设的直接主体，但管理创新是科研创新必不可少的重要前提和根本保证。这就要求研究单位的管理队伍在整体上要具有与推动科研创新要求相适应的管理创新能力。在这方面，管理队伍尤其是研究单位管理队伍的现状与其承载的创新任务还不相协调。

从数量角度看，研究单位管理人才明显不足，分布不尽合理。从全院管理人才的布局上看，院职能部门管理人才相对集中，而研究单位的管理队伍年龄老化、专业性不强，突出表现在学历层次不高和专业结构比例的失调。有的管理人员调入是为了照顾引进专业人才的亲属就业，出现了"近亲繁殖"以及各种关系的"安插户"等现象，其职业追求更多侧重于谋求一份稳定的工作。院所两级管理队伍出现结构性失衡，另外人才资源浪费和人才流失现象也在不同单位都有表现。

从质量角度看，研究单位管理人才队伍的整体素质有待提升，主要表现为"三多三少"的现象。一是经验型管理人才多，专家型管理人才偏少。许多管理人员凭经验办事，把握科研发展规律和人才成长规律、科学判断研究单位发展形势的能力还不够强，以专业化方式思考解决问题的能力比较欠缺。二是行政型管理人才多，复合型管理人才偏少。专家型的领导善管理的欠缺，行政型的干部懂科研的不足。三是平稳型管理人才多，创新型管理人才偏少。研究单位管理队伍整体上滞留在计划经济体制下的思维定式，过分依赖上级指示或领导，缺乏自主创新能力。实际工作中就管理抓管理的现象较为普遍，管理工作重程序、轻内涵，管理人员处事四平八稳，遇事怕担风险，习惯于执行上级命令，以及按照陈规旧习走程序的办法解决问题、推动工作。造成的结果便是，在不少人的观念中，管理是研究单位发展中一种无足轻重甚至可有可无的一般性、程序性工作。

（三）管理队伍的服务效能和正面形象有待进一步改善

现代管理学认为，管理是一种提供服务的手段，或者说管理本身就是一种服务。公共管理的历史发展也表明，所有改革模式的变迁都是在公共服务的范畴内产生的，只是在不同历史时期服务的指向有所不同而已。科研单位的管理同样如此，从一定意义上说，管理工作不是单纯讲方法、讲技术的事务型工作，而是首先应当确立鲜明的价值立场和价值导向，而服务科研正是科研管理的价值所在和本质体现。尽管这一点已经成为全院管理部门多年来积极倡导的工作宗旨，但科研人员在实践中对此总是难以感同身受，使得长期以来优质的科研服务处于短缺状态，成为某种"理想图景"。主要表现在三个方面。

首先，服务动机不足。研究单位的管理体制基本套用国家机关的行政模式，按照逐级请示审批的方式处理行政事务，按照行政级别聘任各级管理人员。这种管理模式使得管理人员将主要精力用于应付上级交办的行政事务，忙于处理领导交办以及政策体制下规定的日常事务，而对于科研管理的服务意识无从谈起。同时，衡量管理人员从事管理活动绩效的一个重要标志，就是取得一定的行政级别和职务。这种政府式的级别划分和晋升模式，在一定程度上助长了管理人员"官本位"的思想，使超凡脱俗的"象牙塔"也难免沾染上金字塔中的"衙门习气"。

其次，服务能力不够。研究单位管理人员来源渠道狭窄，学历和专业知识结构不能适应研究单位科研事业的发展要求。研究单位管理机构本应承担规划使用研究单位人、财、物资源，为研究单位领导提供决策参考以及贯彻落实"强所"方针等职能，但由于受到管理人员素质的影响，管理过程中执行、监控和反馈系统反应迟缓，不能有效发挥应有作用。一个典型的表现就是，在一些研究单位中层管理人员因为素质不高只能起到"办事员"的作用，出现了"处长干科员的活""所长做处长的事"的奇怪现象。而在现行用人制度下，管理人员对这种现状缺乏竞争意识和危机意识，势必出现管理服务科研效能低下的问题，也就更不可能实现"管理强所"的发展目标。

三是政策效果不佳。管理工作少不了定制度、立规矩，也就是通常所说的加强制度建设，科研院所同样如此。但是，这样一些司空见惯的管理手段，本身所具有的局限性也在所难免。加上如前所述，部分研究单位管理人员的价值导向问题尚未解决好，使得科研人员的核心利益诉求，难以在制度政策层面加以体现。相反造成管理人员出台的制度越多越缜密，矛盾就越集中越复杂，许多矛盾和问题恰恰是由制度本身所"制造"的。众所周知，传统行政机关的管理往往是单向的，权力权威的运行方向自上而下。而科研院所管理不同于机关管理的明显之处，就在于往往是双向度、多向度的，管理人员与科研人员、不同层级的管理人员通过上下互动、合作协商，逐步对制度形成共识，逐步实现管理的预期目标。因此，有效转变一些人员头脑中固有的"程序思维"、"技术思维"模式十分必要，不能把对科研院所的管理，简单理解为对科研人员和机构加强"控制"甚至是"硬控制"，从而使管理工作陷入"信任困境"，丧失科研群体的认可与支持，导致工作中出现"事与愿违、事倍功半、费力不讨好"的现象。相反，应当把管理视为培育激活科研创新主体、协同提升科研创新能力、增强科研信任认同的过程，从而使服务科研的价值追求切实转化为有效的治理能力和政策成果。

（四）管理队伍出现"职业倦怠"现象

研究单位的管理工作本来是一项十分重要而有意义的工作，但由于现实中的种种原因，管理队伍群体对所从事工作的责任感、使命感逐渐消退，热情和活力缺失，探索精神不振，出现不同程度的"自我淡出"和"职业倦怠"。调研中，有的管理人员反映，因为地位不高，绝大部分人工作积极性没有得到充分发挥。有的认为分配不合理，导致心理不平衡；有的认为地位低，管理工作得不到承认和重视；有的认为缺乏激励机制，感到没有发展前途。也有不少管理者坦言，有改变职业的想法，只是还没有找到合适的机会。具体来说，存在以下几种心态。

一是疲劳感。面对千头万绪的工作，感觉有做不完的事情、干不完的活，加上几年、十几年甚至几十年的重复性劳动，觉得工作愈发枯燥乏味而失去意义，造成生理与心理上的疲劳。

二是自卑感。搞管理与搞科研相比，待遇收入、职业发展的机会、在研究单位受到重视的程度都有很大差距。当管理人员既无实权，又不吃香，付出多、收获少，面对个性十足的科研人员，平时说话没人听，搞不好还要得罪不少人。

三是畏难感。科研人员对待任何事情都有自己的想法，对各种制度安排喜欢提出与众不同的意见，既不愿意听大道理，更不愿意受行政管理的约束，在研究单位做管理工作难度比党政机关要大得多。

四是忧虑感。研究单位管理人员也面对巨大的生活压力，需要养家糊口，但较大的工作负担与较低的工资收入，使管理人员的工作得不到家人的理解和支持，对自身和家庭发展前途感到担忧。

五是应付感。在以上情况下，不少从事管理的干部无心、无力去好好思考研究单位担负的职责任务，工作上精神懒散，消极应付，只求过得去、不求过得硬，对待工作上面拨一拨动一动，不推不动甚至推而不动。

二 影响因素分析

影响哲学社会科学研究机构管理人员职业化建设的因素是多方面的，既有客观因素，也有主观因素；既有个体因素，也有社会因素；既有体制机制因素，也有思想观念因素等。本章拟从五个方面对影响哲学社会科学研究机构管理人员职业化建设的因素加以分析。

（一）社会因素

改革开放30多年取得的最重要的成果，就是在中国建立起社会主义市场经济体制。但随之而来的是，社会价值观也由计划经济时代的"重义轻利"、单纯崇尚道德理想的"革命乐观主义精神"，转移为精神与物质并重，追求物质财富，重视生活品质日益为人们所认同。功利性追求日益取代超越性努力的社会倾向，在增强人们自主意识、竞争意识、效率意识、平等意识的同时，也滋长了一些腐朽落后的思想观念，如追逐利润最大化的价值观、等价交换的价值观、追求物欲的价值观、拜金主义的价值观、个人主义的价值观等。哲学社会科学研究机构本身是社会组织的一部分，而且是社会思想文化信息的集散地，各种社会思潮都会直接、间接地对这一机构中的干部队伍产生影响。如果在这些纷繁复杂的社会思潮面前，丧失了研判分析能力，而受到西方主流价值体系的不良影响，管理人员在职业行为中，势必发生人生观偏向、价值观扭曲的问题，攀比心理、浮躁心态滋生，"不立志成大业，而立志做大官、挣大钱"。

（二）个人因素

唯物辩证法告诉我们，任何人的职业发展都是内外因共同作用的结果，外部的客观环境固然重要，但关键还是要靠自身的努力才可能取得成功。从哲学社会科学研究机构管理人员成长发展的情况来看，拥有纯洁而正确的成长愿望、成长动机至关重要。在这个问题上，目前有三种认识和态度成为制约管理人员职业化发展的瓶颈。一是有的管理人员缺乏奋发有为的精神状态和开拓进取的实干精神，一旦有了稳定的职业，不思进取、安于现状，按部就班、得过且过；有的依仗自己资历深、年龄大，有站位守摊的思想，做一天和尚撞一天钟，更谈不上有何职业发展的愿望和动机。二是有的管理人员疏于学习理论和专业知识，不愿花时间去钻研管理工作自身的理念、方式和规律，政治意识和全局意识不强，做工作陷于具体事务。观念陈旧，循规蹈矩，拿到上级文件只能照本宣科，用条条框框去领会各项政策意图，不敢突破惯例，不善于用新视角去认识问题、用新思维去分析问题、用新方法去解决问题，结果造成工作完成了，质量却不尽如人意。三是有的管理人员仅仅为了谋求某种个人利益对待工作和自身成长，作风漂浮，深入科研第一线解决实际问题不够。在对待个人升迁荣辱、进退去留方面，缺乏正确认识和良好心态，职业发展稍不如意，就丧失热情、消极怠工。

（三）环境因素

在科研单位，出精品成果、出拔尖人才是一切工作的中心，科研人员是研究机构的主体，管理工作必须围绕科研工作这个中心来谋划和推动，必须服从和服务于科研第一线。出台的各种政策和制度，也经常优先考虑科研人员的利益；分配各类稀缺资源时，往往重点向科研群体倾斜。在这种政策文化环境的影响下，哲学社会科学研究机构的管理部门，虽然同国家机关一样实行"科层制"管理，但就其管理人员所处的地位而言，不可能像国家公务员那样，在所供职的机构中位居中心和主流，相反社科研究机构的管理人员成为边缘和旁观的现象不足为奇。有的研究单位领导对管理工作的重要性认识不够，对管理队伍在推动哲学社会科学创新体系建设中居于何种地位、履行何种职责，缺乏足够认识，没有把这支队伍所从事的管理工作看作是一项综合、全面、系统的重要工作，而是将其作为一项游离于科研中心工作之外的服务性、保障性工作，简单认为研究单位的管理工作，无外乎是每年组织几个会、写几个文件、填几张表而已。

（四）干部选任模式因素

哲学社会科学研究机构的性质和特点，决定了科研院所一些重点部门和关键岗位的管理人员主要从具有专业背景的科研骨干中来选拔。这种干部选任模式存在一定弊端和局限。首先，"双肩挑"的学者型领导干部在职业实践中难以处理好做学问与抓管理二者之间的关系，出现学者与领导干部之间的角色冲突。不少人担心在科研单位当领导学问做不好难以服人，认为过多地从事管理工作既影响自己原先的专业发展，又可能得罪不少学术同人，在时间和精力的投入选择上，自觉不自觉地将天平的一方压向科研任务的完成。科研院所高层管理者在管理热情和思路上的缺失，势必造成管理工作不够深入、不够精细，影响科研院所的整体建设和全面发展。更为重要的是，这种干部选任模式也容易在用人导向上形成某种误导，这主要表现在两个方面。一方面，一个学术上功成名就的人，倘若没有被任用到一定的管理岗位，就会感到似乎其学术骨干地位没有得到认可，自己在单位也没有受到应有的重用。于是，其中一些人在仕途愿望无法实现时，便以各种理由要求"跳槽"，造成科研骨干的流失；还有一些人受"官本位"思想的影响，无心潜心治学，将学术的成功寄托于行政"功名"的博取上，自我削弱在所属学科中应发挥的带头作用。另一方面，对科研院所的专职管理人员而言，"双肩挑"的干部选任模式也在发出一种信号：只要学历高、职称高、学术过硬，无论是否拥有管理志趣、具备管理能力，都可以很容易地得到提拔使用。而专职管理人员即使是脚踏实地的一步一个台阶走过来，但由于缺少学术头衔，在培养使用上的发展空间相对狭小，与专业人员难以拥有同等的竞争条件，因而与其把更多精力投入到本职管理工作，不如千方百计去"拿个文凭"。实际上是严重影响了管理人员干好工作、提高素质的积极性和主动性。需要说明的是，笔者在这里并非认为"双肩挑"的干部选任模式与哲学社会科学研究机构管理人员职业化建设二者间是彼此对立的关系，而是意欲强调对这种人员选任模式我们不应盲目崇拜，从而陷入干部"知识化"、"专业化"的迷思。

（五）人才政策设计因素

目前，我国人才的主体框架由"五支队伍、两种类型"构成。"五支队伍"分别是党政人才、企业经营管理人才、专业技术人才、高技能人才、农村实用人才，这五支队伍又无外乎两类人才，即应用型人才和研究型人才。但是在人才政策的设计过程中，国家一直对研究型人才和应用型人才的界定较为模糊，把许多本应归为应用型人才队伍的人才，放到研究型人才队伍中进行比较和评定，导致人才使用政策出现了"厚此薄彼"的现象[1]，这种 H -

---

[1]　潘晨光、侯祖戎：《从 h 型到 H 型的人才制度安排》，《经济管理》2008 年第 19～20 期。

h型的人才制度安排在科研院所队伍建设上也有所体现。以某科研机构为例，进入研究单位的工作人员面临着两条发展路径的选择。一条发展路径适用于学术型人才（H型），从本科生及研究生—实习研究员—助理研究员—副研究员—研究员—学部委员；另一条发展路径适用于管理型人才（h型），从本科生及研究生—科员—副主任科员—主任科员—副处级—处级—行政副所长。表面上看，两种路径的长度似乎差距不大，然而在实际工作中与科研人员队伍相比，管理人员的发展路径过于单一，职务"目标链"过短且重心偏低（见图2）。

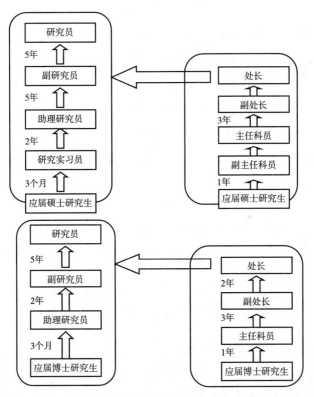

图2 某科研机构新入职应届硕士和博士研究生职业发展路径

其一，从职业发展的周期来看，管理岗位的成长速度低于科研岗位。目前，管理人员的晋升主要通过行政职务，而科研人员的晋升主要通过专业技术职务，二者都需要一定的年限累积，并达到规定的其他晋升条件。仅就年限来说，从图2中我们可以看出，一名应届硕士研究生到研究单位从事管理工作，需要经过至少9年的时间才有可能晋升到管理五级岗位（处长），应届博士研究生则至少需要 6 年的时间；而如果他们选择从事科研工作，硕士生经过 7 年多的时间就可以做到与处长待遇相当的副高级专业技术岗，博士生的时间则缩短为 2 年多。这种政策导向会对一些有专业、有才华、有热情的管理人员的积极性造成挫伤。

其二，"官僚制"的金字塔结构，使得绝大部分管理人员终其一生只能晋升到正处级岗位（管理五级），有机会担任更高行政级别职务的凤毛麟角；相比之下，研究人员退休时大部分都可以晋升到正高级岗位（最低为专业四级）。除了遭遇到的这种"天花板"现象之外，按照国家出台的事业单位工作人员工资标准，管理五级的岗位工资大体相当于专业六级（副高系列的中档）的水平，管理人员的政策性收入水平远远低于科研人员。造成管理人员与科研人员收入差距拉大的根源，还在于二者收入来源的主渠道不同。科研人员除了工资、津补贴，大量的收入来源于课题费变相补贴以及咨询费、评审费、讲课费等各类技术劳务收入。特别是课题费的变相补贴，已被有的学者戏称为"票房收入"，充分说明这部分收入在科研人员的总收入中占有相当比重。虽然科研人员的许多额外收入都是其合法的劳动所得，但在同一研究机构供职却得不到"一视同仁"的待遇，会导致管理人员心理失衡，从而减损其对管理工作的投入。

表 1 科研机构管理人员与科研人员岗位工资比较

单位：元/月

管理人员			科研人员		
职级	岗位	工资	职级	岗位	工资
正部	一级	2750	正高级	一级	2800
副部	二级	2130		二级	1900
局长	三级	1640		三级	1630
副局长	四级	1305		四级	1420
			副高级	五级	1180
处长	五级	1045		六级	1040
副处长	六级	850		七级	930
			中级	八级	780
正科	七级	720		九级	730
副科	八级	640		十级	680
			初级	十一级	620
科员	九级	590		十二级	590
办事员	十级	550		十三级	550

其三，近几年来，随着聘用制改革的实施和专业技术岗位分级工作的推行，科研队伍的"目标链"实际上正在不断延伸，晋升的阶梯比管理队伍更加多样。除了专业技术职务之外，国家有突出贡献的中青年专家、政府特殊津贴、"百千万人才工程"、"四个一批"人才培养工程、"文化名家"工程、博士生导师等各类高层次人才的遴选政策，为研究型人才的发展进一步开辟了职业发展通道。相比之下，管理人员追求职务化则是别无他途的不二选择。

其四，管理队伍的发展路径单一，还体现在岗位流动的可能性方面。哲学社会科学研究机构管理人员的岗位流动，大多在不同研究单位之间以及同一研究单位不同职能处室之间进行，是管理岗位的内部流动。科研岗位和管理岗位之间的流动，主要有以下两种情况：一种情况是如前文所述的"双肩挑"干部选任模式，使科研骨干进入研究单位高级管理者序列，从一定意义上讲是缩小了专职管理人员的发展空间；另一种情况是，一些具有硕士、博士学位的高学历应届毕业生迫于就业形势压力，选择以管理人员身份进入科研院所，实际上是以从事管理工作为跳板，等待时机转入科研岗位或考取国家公务员等，这不利于培养锻造一支真正愿意一如既往地从事管理工作的高层次人才队伍。

其五，学术型人才和管理型人才的晋升方式亦存在根本差异。管理人员的行政职务晋升主要是组织上考虑的事情，不像科研人员评定专业技术职务那样可以自行申报。同时，决定行政职务晋升的因素也十分复杂，除了岗位因素的制约和晋升条件的控制以外，还可能夹杂更多人为因素的干扰，具有更强的复杂性和不确定性。这些都造成科研院所管理人员实现职业理想的驱动力不足、驾驭力过弱，导致形成消极被动的心态，对自身发展职业前景有时感到无奈和渺茫，不利于保持其长期工作的稳定性，也就更谈不上推动其对管理工作的钻研和创新。

第四章　欧美发达国家人文社会科学研究机构管理人员职业化建设若干案例借鉴

一　案例

（一）案例之一：美国高等院校管理人员职业化发展

美国高等院校管理人员职业化发展起步较早，在长期发展中形成了以下四个方面的特点。

第一，职业准入标准高。美国高校管理人员主要有两种选拔渠道：一种是国家组织的公务员考试，另一种则是公开招聘。这两种形式都对管理人员职业准入标准提出了很高的要求，一般要具有硕士乃至博士学位和相关工作经历，有的还要求具有教育或管理方面的专业背景。比如，在美国，获得教育管理专业硕士或博士学位，已经成为部分高校管理人员求职必备的基本条件。而且在这支队伍中，只有极少一部分大学直线组织负责人是由学术专家兼任的，其他绝大多数人都属于职业行政管理人员，视高校管理为自己的专职工作。

第二，知识层次高。高等院校是高知识群体的聚集地，对工作人员的学历要求，往往会比其他社会组织更高。美国高校管理人员一般都具有大学本科以上学历，中、高级管理人员一般都具有博士学位。在知识方面，高校管理者中的绝大多数人都具有与教育管理相关的学术背景，接受过公共管理、教育、信息与科学管理等高校管理知识的培训，有着高校教育管理者所要具备的科学系统的知识储备结构。

第三，工作效率高。美国高校管理人员都经过精挑细选，大都熟悉高校管理技巧，有着很高的工作效率。这主要得益于两个方面，一个方面是高校管理的信息化水平非常高，基本上全部实现电子化管理，管理方法十分科学；另一个方面是高校管理的规范化和制度化水平也很高。许多大学"都有关于本校历史、现状、学习、工作规范的详细介绍，规则详细明确，一目了然，日常事务只要照章办理，很少有扯皮的事发生。校领导和中层领导只负责处理突然发生而过去规范和制度中没有规定的事件。一旦类似的事件多次发生就提交学校委员会在有准备的情况下开会讨论，对这类事件进行分析，并明确分派给有关部门的有关人员去做，以后再也不需请示领导如何解决，管理效率也大为提高"。①

第四，服务意识强。美国高校管理人员直接面向学校广大师生，提供优质高效的服务。比如，学者在科研中急需一本在学校图书馆中没有找到的参考书，只需要将书名、作者和出版机构的名称，告知所在系的图书资料员即

---

① 周玲：《以比较的观点看高校内部管理改革》，《黑龙江高教研究》1999 年第 5 期。

可，随后便会在几天以后由图书资料员协助从校外其他渠道借到该书；教授想要邮寄信件，只需把信件放在规定的地方，管理人员就会以最快的速度代为邮寄。高校管理人员之所以能够与科研人员之间形成和谐的服务关系，与其拥有一套专门适应管理人员特点的聘任、考核、薪酬管理制度密切相关。在聘任管理方面，西方发达国家高校普遍实施以聘用制为主的用人制度，为激发他们的职业热情和工作活力提供了保证；在考核管理方面，采取360度考核办法，邀请被考核者的同事、上级、下级、以及与其联系紧密的校外机构或相关人士共同参与考核，考核委员会组织参与考核的人员，共同帮助高校管理者认识自己的优点与不足，分析存在不足的原因，明确专业发展目标，调整自身专业理念及职业行为，考核的内容不但非常细化、具体，而且提出的考核意见也便于管理人员操作；在薪酬管理方面，西方发达国家高校管理岗位的工资标准，与其他机构相应岗位相比要持平甚至略高，而且工资结构重能力工资，轻资历工资，管理人员的工资与同等资历的教师水平相当，这些制度都调动了管理人员的工作积极性，有利于在科研和管理两类工作群体间形成和谐相处的良好局面。

美国高校管理队伍建设取得的经验和成就，是该国在理论和实践上对历来高等院校管理人员职业化建设十分重视的结果。从20世纪50年代开始，美国学者已将院校管理作为一个专门领域开展研究。这些学者致力于运用社会科学的理论与方法，为院校管理实践提供有用的、较为准确的方法和技术。美国的许多大学纷纷在学校内部专门设立院校研究办公室或功能类似的机构，培养了一批从事院校管理研究的专业人员，为学校决策的科学化、民主化和最优化提供咨询服务，为推动高等院校的改革发展发挥应有的作用。美国的高等院校还把院校管理纳入专业教育计划中，在综合大学教育学院设立教育管理专业，用于培养训练有素的管理人员，授予他们学士、硕士、博士等学位。他们还把学位培养与相关资格职业证书制度联系起来，建立了包括学校校长资格证书、学校督导人员资格证书、课程与教学管理人员资格证书、学校事务管理人员资格证书在内的各项职业认证制度。除了要求在入职前取得职业认证以外，美国的高校管理人员入职后还必须接受一系列的岗位培训，比如：初级管理人员须进修行政管理基础和督导基本原理；中级管理人员须进修学校法规、人事管理以及教育中的劳资关系等；高级管理人员须进修教育管理研究、组织理论和设计等，学习形式以研讨为主。各种各样的专业组织针对这些培训需求，协助高校开展专业化的培训，旨在帮助管理人员提高语言交流能力、分析问题的能力、判断决策能力等。如美国加利福尼亚学校管理者协会 ACSA（the Association of California School Administrators）就是以促进高校管理者发展为使命的。

（二）案例之二：美国思想库管理人员职业化发展[①]

美国是当今世界上思想库的集中之地，据推算目前已有各类思想库上千家，其中有 300 多家相对活跃、影响较大，在政府公共政策决策中发挥了相当重要的作用。就人员规模而言，美国的思想库有小型思想库、规模适中思想库和大型思想库之分，大型思想库的人员一般已经超过百人。人员构成大体包括行政管理人员、高级研究人员、助理研究人员、一般工作人员、行政秘书人员、编辑图书管理人员及其他服务人员等几类。其中，高级研究人员是主体，负责组织和维持课题的具体研究工作、筹集研究经费等。行政管理人员主要负责联系客户、招募员工、出版传播、公司宣传等各项行政事务，还要为研究人员和其他员工提供各项服务。美国的一些大型思想库，对行政管理人员的职业素质十分看重，要求管理人员不仅要精通某个专业领域，在这个领域中拥有卓越的研究成果，还要兼备相关领域的经营管理能力，对所管理的项目、专业要有一定的了解，能够做出内行的判断。这样的"两栖人才"，往往都有在政府、企业、高等院校或一些民间组织任职、兼职的经验，有较强的组织协调能力、口才表达能力以及与外界联系交往的能力。值得一提的是，美国思想库为了追求研究工作的高效率，非常重视研究人员与辅助人员的合理配置。以著名的兰德公司为例，该公司一般 1~4 名研究人员就配备 1 名秘书；当研究人员工作量大且经费充裕时还可申请增加秘书；一个高层管理人员要有 2~3 名秘书协助工作。他们有一句著名的话，指出了行政管理人员在科研工作中的地位和作用，这就是"两个研究员不如一个研究员加半个秘书的效率高"。其他的一些思想库机构也呈现出这样的特点，比如布鲁金斯学会在 20 世纪 90 年代中期，只有 81 名专职研究人员，而这些研究人员的秘书、助手以及其他辅助人员则高达 155 人。胡佛研究所

---

① 参考王春法《美国思想库的运行机制及其启示》，《科学新闻》2003 年第 11 期。

的 80 多名研究人员，背后也有 200 多人辅助配合。尽管美国思想库与我国科研院所在运作机制上大相径庭，但其在发展中注重管理和辅助人员作用的做法和经验，值得我们认真借鉴。

（三）案例之三：欧盟项目管理人员职业化发展①

"中欧：欧洲研究中心项目"是中国和欧盟的一个政府间合作项目。该项目旨在加强中国与欧洲高等教育和研究机构间的交流，以各种形式的活动增进中国对欧盟及欧洲事务的认知和理解。在此合作机制与框架下，以"欧洲模式及其对世界的影响"为主题，中国社会科学院欧洲研究所开展了多学科、跨学科研究，增进了中欧之间的学术理解和共识。②

在项目执行过程中，中国社会科学院欧洲研究所与德国曼海姆大学欧洲研究中心、德国弗莱堡大学经济和行为科学系、法国国家科学研究中心、法国社会科学高等研究院、荷兰马斯特里赫特大学等欧洲伙伴机构密切合作，开展了大量的合作研究。主要包括：欧洲政治联合及地区多边机制，新型治理模式和欧盟外交模式；欧洲认同与多元文化；欧洲经济和社会模式；欧盟司法制度对欧洲模式运行的保障。同时，中国社会科学院欧洲研究所还举办了专题讲座、项目研讨会和国际会议以及人员互访在内的学术交流活动，并出版了《欧洲联盟的经济和社会模式》、《欧盟的司法制度和市场经济模式》、《欧洲治理模式与当代国际关系》和《欧洲的多元文化与世界》4 部专著。③

该项目的管理人员职业化建设有其独到之处。

第一，采取协调人负责制。据介绍，"中欧：欧洲研究中心项目"采取协调人负责制。项目总协调人为中国社会科学院欧洲研究所所长，财务主管为欧洲研究所副所长。该项目下设两大课题组，即"欧洲地区多边机制研究"课题组和"欧盟经济和社会模式研究"课题组。每个大课题组又各分成两个小课题组，"欧洲地区多边机制研究"课题组分为政治课题组和文化

---

① 本部分内容来自对欧盟项目行政助理夏萌女士的访谈。
② "中国 - 欧盟：欧洲研究中心项目"，http：//www.cssn.cn/news/313238.htm，2007 - 10 - 17。
③ "中国 - 欧盟：欧洲研究中心项目"，http：//www.cssn.cn/news/313238.htm，2007 - 10 - 17。

课题组，"欧盟经济和社会模式研究"课题组分为经济课题组和法律课题组。

每个大课题组同样采取协调人负责制，各由 1 位资深学者作为课题协调人负责执行"中欧：欧洲研究中心项目"所有事宜。每个课题组还包括该学术领域的 10 名科研人员，主要负责撰写英文论文、工作报告、中期成果和国际会议论文；访问合作伙伴等科研机构，进行学术交流；出席中心项目下的各项国际会议和研讨会。

第二，分别配有研究助理和行政助理。欧盟项目中，每个课题组都各配有 1 名研究助理和 1 名行政助理，以此保证中心项目科研成果的出版和整个项目日常行政工作的运转。4 个课题组总计配有 4 名研究助理、4 名行政助理，被有些学者形象地比喻为"四大秘"、"四小秘"。他们的职责分工和岗位要求也各不相同。"四大秘"，也就是项目课题组的研究助理，知识层次较高，一般都具有博士学位。每位研究助理都要具备相关领域的学术背景，接受过方法论的系统培训，有着科研人员所应具备的科学系统的知识储备结构和扎实的理论功底。研究助理协助课题组协调人举办各种与学术研究相关的活动，整理课题组成员的研究成果等，项目后期要为出版各种专著服务。"四小秘"，也就是项目课题组的行政助理，综合素质较高，一般要求每位行政助理必须具备财务知识、较强的英语读写能力和流利的英语口语能力，而且还要求具备相关学术领域的基本知识储备。在日常工作中，行政助理既要协调各项行政事务，又要组织各种国际学术交流活动像大型国际会议、研讨会、讲习班等，此外还要负责外事工作和财务管理工作，等等。

据了解，各个课题组的研究助理和行政助理都直接面向参与该项目的中外教授、研究员，提供优质高效的服务。按照工作的性质进行划分，研究助理在协助课题组协调人处理各项与学术研究相关工作的同时，还要负责同相应的合作伙伴进行沟通，对双方进行学术互访等事宜进行磋商。行政助理在协助课题组协调人处理各项科研辅助工作的同时，还要负责统筹协调课题组内部的各项活动，例如定期召集课题组协调人、成员以及研究助理举办协调会并做好会议记录；负责管理所有出访人员的出访协议、简历、出访报告，归类存档项目相关文件等。

（四）案例之四：德国人文社会科学管理人员职业化发展①

德国大学有教授头衔的人不少，但真正有讲座教授头衔的人不多，讲座教授是终身制的，不到退休位置空不出来。这些讲座教授实际上也就是大学的招牌，大学的资助是以这些讲座教授为主，具体举措如下：一是为讲座教授设立相应的研究所（一个学科即一个研究所，相当于我们中国社会科学院研究所的研究室），提供图书资料和办公设施，即相应的小型专业图书馆，一定的办公、会议经费和学术交流（如出访、邀请等）经费。二是为讲座教授配备学术助手，这是制度性的规定，即学校在研究所设立专门岗位，由学校负责给助手发工资；担任助手者一般为本校毕业的博士或博士后，主要负责为教授的专业研究和教学服务，业余时间从事自己的研究；这些助手只能在外单位申请教授位置，只有极个别留校任教授；这些助手留校任职的时间也有限制，一般为三年，最长不能超过八年。为了留住一些名气较大的教授或担任系主任等行政职务的教授，学校还可以让他们聘任两个助手，由学校发工资。三是为讲座教授配备行政秘书，也是专职，由学校发工资，可以工作到退休年龄，但不评职称。这些行政秘书自己不做专业研究，而是为教授提供电脑、打字、会务或事务等行政服务，从而让教授集中精力从事学术研究和活动。学校有时还会为知名教授或担任行政领导的教授配备两个行政秘书。由此看出，德国将职业化的管理人员作为对学科带头人资助的重要形式之一，让其形成学术梯队，除此之外还在学术会议、交流、设备、研讨、出版等方面提供专项资助。

二　启示借鉴

欧美发达国家人文社会科学研究机构管理人员职业化建设的四个案例，有以下的启示借鉴意义。

（1）西方发达国家在高等教育的发展过程中，对科研人才的培养需求日益紧迫，要求大学"既是传授学问又是创造知识的地方"，从而推动科研在大学中的地位越来越重要。相应地，首先在大学中科研管理人员的数量与

---

① 本部分内容来自对中国社会科学院学部委员、世界宗教研究所所长卓新平研究员的访谈，受访者曾留学德国慕尼黑大学。

日俱增，对管理人员更新管理知识、提高管理能力的要求也愈发迫切，以增强大学的研究保障和学术优势。

（2）世界各个国家综合国力的竞争日趋激烈，其中科研资源的竞争是国际竞争的重要方面，每个国家、每个科研机构都在认真考虑如何提出更多的科研项目、获得更充足的经费保障、取得更多高质量的研究成果。尤其是学科的发展日益纷杂，任何有再强学术能力的科研机构，也不可能像过去那样开展"包打天下"式的研究，而是对同一问题的研究不同的学科有分工，对同一学科的研究不同的机构有侧重。研究工作注重突出自身特色，对管理工作分类实施的要求也就更高。研究机构的管理人员除了熟悉一般科学研究的发展规律、熟悉本国科学研究的政策和法律法规外，还要能够根据不同学科的类别，有针对性地增强获取研究信息的敏锐性、判断力等，形成各自的管理专长，促进本机构的科学研究水平走在同行前列。另外，科研规模的扩大、国际合作的加强、独立研究机构的增多、跨学科研究日益成为科研发展的重要方向等因素，使得学术机构的管理工作不再能依靠个人的才华、声望和经验进行，而是要有一支专业化的管理团队，科研团队要成为政府组织的智库机构，管理团队同样也要成为科研机构的"思想库""智囊团"。因此，作为学术研究机构的管理人员，具有较高的职业准入条件，要求具备较高的专业素质；在管理活动中，与科研人员和科研活动的联系更加紧密，直接面向科研人员提供优质高效的服务。

（3）随着西方管理学理论的发展，逐步形成科学学、科学政策学等学科，科研管理有了自身的知识体系，为研究科研管理规律提供了技术上的支持条件。同时，高等院校开始设计相关专业的课程内容，包括一些特殊知识、管理技能、伦理规范的培训。规范化的教育和培训，塑造了职业化的科研管理后备力量。

（4）西方国家设立一些科研管理专业组织，既有全国性、区域性的专业团体，还有按学科、按行业设立的专业组织。每个组织都制定了各自的组织章程和伦理规范，塑造了科研管理人员自身的职业形象，也提供了相应的社会心理和行为范式，规定了一种标准化的科研管理方向、方法和式样，也能够对科研管理人员面对的一些基本权益问题加以合法保护。

（5）还有一些国家制定相关的法律法规，如教育改革法、公务员法等，确认科研管理人员的资格、选拔、晋升等权利和义务，使其职业化发展逐步走向法制化和规范化。

需要说明的是，欧美发达国家人文社会科学研究机构管理人员职业化建设进程并非无懈可击。人文社科事业的发展，对管理工作提出了新的更高要求。我们在学习借鉴发达国家的经验时，必须紧密结合中国国情，结合推进事业单位改革的实际，防止照搬照抄、削足适履。

第五章　哲学社会科学管理人员职业化建设的思路举措

哲学社会科学研究机构构建有效的管理人员职业化体系，正是基于战略性人力资源管理理念而需要具体实施的一项系统工程。实际上，是以管理人员的能力素质为基础，以人力资源管理的核心流程为节点，形成一个完整的、系统的职业设计框架。一是建立管理人员的素质胜任力模型，明确管理人员在个人性格、专业能力、认知能力、团队工作能力、人际沟通能力、创新能力、任务完成能力、管理技能方面的特征。比如，在个人性格方面，突出坚韧、诚信的品格；在专业能力方面，坚持政治理论知识、专业技术知识和管理知识并重；在认知能力方面，强调更新知识结构的能力和概括性、分析性思维；在团队工作能力方面，要善于形成有效的团队目标、善于与他人合作；在人际沟通能力方面，人际理解和倾听能力尤为重要；在创新能力方面，能够倡导变革和整合内外资源；在任务完成能力方面，既具有宏观规划的能力，也要有较强的执行力；在管理技能方面，决策能力、团队建设、时间管理、协调能力、压力管理都是对科研院所管理人员提出的基本素质要求。二是把素质模型和任职资格体系、选聘录用、培训开发、人员调配补充、绩效管理、薪酬管理、职业生涯设计等紧密联系在一起，有计划、有目标地制定管理人员职业化建设的长远规划和战略举措，分层建立管理人才库，储备一支素质优良、数量充足、结构合理的后备人才队伍，根据不同部门的岗位特点和任务需要，超前培养、有序使用，确保全院管理队伍的连续性、科学性。

需要指出的是，公共部门与私营部门在价值取向、机构性质和功能定位方面都有本质上的不同。因此，哲学社会科学研究机构立足公益本位，管理人员职业化建设，不能只像企业那样突出效率原则，还要更加强调社会公平原则；不能只像企业那样一味对人员绩效严格实施考核，还要激发和彰显国家公职人员的社会价值。

一 选拔环节：立足选准配强，改进选拔方式

选拔制度是哲学社会科学管理人员职业准入的门槛，是保障管理人员队伍质量的第一道关口。在选拔环节应从以下两个方面努力。

（一）选拔标准要高

要着力解决管理人员的资质标准问题，按照德才兼备、注重实绩、群众公认的原则，选准用好管理人员，解决好"以何选人、由谁来干"的问题。除了党章和《干部任用条例》规定的选拔条件以外，应突出三个方面的要求。

一是注重政治素养。这是中国公共管理者必须具备的基本素质，无论任何领域和行业，也无论政府机关还是公益性事业单位，只要在公共管理事务中担当一定角色，首先要拥有良好的政治素质。具体到哲学社会科学研究机构的管理人员，就是在异常复杂的社会意识形态环境下，特别是面对那些看似合情合理、客观公正、与我们理论体系相一致，实际上似是而非、与主流意识形态相背离的学术观点，能够牢固树立阵地意识，具有理论鉴别能力，引导学者在运用多种研究方法、采用新的研究范式的同时，坚定自觉地坚持以马克思主义为指导，提高用马克思主义指导研究的能力，始终把政治上头脑清醒、保持立场坚定作为社会科学从业人员最起码、最根本的素质要求。

二是注重专业化。哲学社会科学管理人员职业化的重要前提就是专业化，尤其是在知识生产处在急剧增长的时代背景下，对管理人才的知识结构提出了新的更高要求。正如邓小平指出的："今后的干部选择，特别要重视专业知识。我们长期都没有重视，现在再不特别重视，就不可能进行现代化建设。没有专业知识，又不认真学习，尽管你抱了很大的热心建设社会主义，结果做不出应有的贡献，起不到应有的作用，甚至还起相反的作用。"①

---

① 邓小平：《目前的形势和任务》（1980年1月16日），《邓小平文选》第2卷，人民出版社，1994，第227～228页。

实践证明，传统的管理人员，无论是专家型领导还是行政型领导，知识结构都可能滞后于行之有效地行使管理工作职能的需要。在人员选拔方面，除了看相应的学历条件外，还要把持续的再学习能力作为重要指标，看看选拔的人选到底有哪些学习成果，在实际工作中展示了哪些方面的知识特长。因此，一方面要培养多学科人才，改变过去任用某一学科拔尖人才担负管理工作出现的以偏概全、以点代面的片面管理现象，同时防止管理工作时间精力"碎片化"造成的稀有专业人才资源浪费；另一方面，注重对管理人员在不同层级、不同领域的多岗位锻炼，丰富管理人员的管理履历，对需要专业背景和学术水平支撑的管理岗位，选拔专业技术人员任职时须先转入管理职员序列工作一段时间，再担任相应岗位领导职务，要求在任期内不得申报新的科研课题或承担招收研究生任务，使其集中精力熟悉和把握科研院所各项管理工作的基本规律，了解主要学科领域的内容、原理、最新成果和发展动态，从而敏锐地把握科研发展的方向，使自身在管理决策、组织协调和综合控制等方面的能力得到锻炼和提升。总之，在管理人员素质条件的把握上，强调既要政治素质好、党性观念强，又要道德品行高尚；既要熟悉本领域科研工作，又要有较强的科研组织能力和科研管理能力。

三是符合研究单位的具体需求。除了专业要求以外，还要根据研究单位的学科特点和发展需要，注重管理队伍的能力互补和优化组合。同一个研究单位的管理团队中，既要有擅长预见与决策的人，也要有擅长组织与控制的人；既要有较强的人格魅力和亲和力，还要擅长沟通协调、善于应付复杂局面。同时，要适应基础研究、应用研究各自的需要，既要具备服务科研的能力，也要注意成果开发，促使科研活动产生积极的社会效益和经济效益。

（二）选拔渠道要宽

坚持统筹协调、优中选强的原则，树立不拘一格、用人所长的观念，解放思想，放开视野，多渠道选拔使用研究单位管理人才。

一是新进人员"凡进必考"。"凡进必考"是目前公务员招录采取的主要模式，从1994年组织"首届中央国家行政机关公务员录用考试"以来，至今已有近20年时间。公务员考试录用制度，固然有难以考出真正实际水平、难以避免高分低能等弊端，但是干部录用从"根红苗正"到公平竞争，从跑关系、走后门、递"条子"到以考试论胜负，无疑在当代中国政治史上具有标志性的进步意义，因此基本为社会公众所认可。事业单位实行公开招聘制度后，许多单位为降低招聘成本，把应聘者必须参加公务员录用考试的分数，作为选拔进入单位人员的标准。对此，有人提出，事业单位岗位一般来说都有较强的专业性和技术性，公务员考试的命题方式，对其专业水平或岗位能力考察的针对性不强，存在着某种不适用性或片面性。因而，当务之急是建立起科研管理职员制度，严格职业资格准入。规定中国公民凡遵守宪法和法律，热爱科研管理事业，具有良好思想品德，具备规定的学历，经过国家科研管理职员资格考试，经过国家认定，可以到应聘单位从事科研管理工作。公共科目初试由国家人事部门组织统一考试（从组建的题库中抽取），重点测试科研管理的基础知识和基本技能；专业科目复试由各科研院所根据岗位特点自行组织，实行一岗一题，紧贴专业特点和岗位实际，之后根据两次考试成绩招录科研管理职员。通过健全完善科研院所管理人员职业资格制度，对管理人员这一职业从培训内容到技能水平的评价，都建立起一套规范化的、有权威的选人用人体系，用统一的内容对职业管理者进行培训，用统一的任职标准评价科研院所管理人员的任职能力，建立起该行业的职业标准和规范，既使管理人员的行为受到约束，促使其主动对自己的行为负责、遵守职业规范，也能建立起职业管理人员的人才库，打通科研院所管理人员在体制内外、行业、区域之间的人才流动障碍，促使优秀管理人才以契约管理方式跨所有制、跨行业、跨区域自由流动。

二是充实队伍"多管齐下"。随着哲学社会科学事业的繁荣发展，科研院所编制资源的有限性与人员需求迅速扩大的矛盾日益加剧，编制的数量不能满足科研事业发展的人力资源要求，还有一些研究单位将有限的编制资源用在专业技术人才队伍建设方面。因此，加强管理队伍的职业化建设，需要我们把计划经济条件下编制管理的指令性与聘用制改革背景下用人方式的灵活性紧密结合起来，打破过去稳定、封闭的管理队伍建设模式，探索"固定编制"与"流动编制"相结合的编制管理机制，形成"编内人员"骨干层与"编外人员"流动层相结合的研究单位管理队伍。两支队伍既密切合作又优势互补，既相对稳定又可以合理流动，编制对事业单位的财政供养体制也要从"养人为主"逐步过渡到"养事为主"，人员规模不再与"编制"

挂钩，而是与"事业"挂钩。比如，研究单位为服务科研项目实施，可以编外聘用科研项目助理。聘用人员聘期内在工资报酬、专业技术职务评聘、科研启动经费申请、学习培训、表彰奖励、住房补贴、住房公积金等方面享受与在编管理人员的同等待遇。期满考核优秀者，根据研究单位用人计划，按程序参加竞聘和专家评审，竞聘成功者进入管理岗位编制管理。同时，进入编制后的首个聘期内考核不合格者，也可以解除聘用关系，从编制中退出。

三是内外结合"广揽英才"。在管理人员选拔过程中，应注意扩大选人视野，广开进贤之路，优化管理队伍来源和经历结构，出缺的领导职位须面向全院甚至海内外实行公开选拔、竞争上岗，努力打破国界、地域、机构对人才流动造成的限制。一方面，坚持在更大范围内选贤任能，要求管理岗位领导人员的选拔不能降格以求，在本单位没有成熟人才的情况下，必须面向全院范围、全社会采取公开竞聘方式，着力解决竞岗人员有限、难以形成有效竞争局面的问题。在竞聘过程中坚持院内外一视同仁，不同专业一视同仁，不同地域一视同仁，男女性别一视同仁，熟悉不熟悉一视同仁，采取差额推荐、差额面试、差额考察、差额酝酿、差额决定录用的办法产生最终人选，有效防止竞聘图形式、走过场。另一方面，突出对竞聘人员管理方面核心能力素质的考评，突出对应聘人选"学过什么、干过什么、管过什么"的考察，重点考评其在领导能力、管理能力、专业水平、个性特征等方面对选拔岗位的适应程度。既照顾到长期在研究单位管理一线工作人员的晋升通道畅通，以稳定青年骨干人才投身研究单位基层管理岗位，促使管理水平上升为职业化水平；也注意选拔发现那些有一定学术成就和管理经历，愿意从事管理工作的专业型人才（如具有研究室主任、党支部书记身份的科研人员），积极创造条件、搭建平台，使这类人才发挥所长、建功立业。

二 培养环节：强化教育培训，提升能力素质

科研机构科研队伍是主体，但不能没有管理，否则难以体现科研机构的组织价值，也无法实施各项科研发展战略。因此，必须全方位加强对管理人员的培养培训和教育管理，建立完善"任前重选、选后重用、用时重评"的人才培养机制，建设高素质的管理队伍。

（一）注重价值引领

在社会竞争日趋激烈和人们职业选择不断多样化的社会背景下，哲学社会科学研究机构的管理人员实现职业化，首先要塑造积极健康的精神文化。而价值观恰恰是精神文化的精髓。正如美国麻省理工学院的组织文化权威学者埃德加·沙因教授所认为的，价值观是组织与员工达成并维持的动态平衡的心理契约，它使得组织能清楚每个员工的发展期望，每一位成员也为组织的发展做出全力的奉献。从这个角度来看，培育科研院所管理人员的核心价值观，引领管理工作的价值取向，是职业化建设的首要任务。比如，善待珍惜自己的岗位，敬重自己所从事的事业，不能因管理岗位不处于中心位置而弱化能力、淡化责任，而是把其作为个人施展才华、成就事业的最佳平台，力求在不是中心业务工作的岗位，将潜力发挥到极致，创造出不平凡的业绩。比如，正确对待名利得失，对传统行政文化中的"官本位"等落后思想自觉加以摒弃，不以官高论英雄，不以钱多论英雄，不能把行政级别作为唯一的价值标准，不能以追求更大权力、更高职位作为人生坐标，切实做到得意淡然、失意泰然，胸怀坦荡、宠辱不惊。比如，正确审视自我，包括正确看待管理人员能力素质的现状，特别是正确看待自己的职务晋升、成长进步和缺点不足。辩证看待他人，包括少看科研人员的缺点和不足，多看科研人员的闪光之处，有容人之短的气量和取人之长的风格，有以苦为乐的良好心态和乐于奉献的可贵精神，而不是盲目攀比、患得患失。比如，锻造开拓进取的精神，对待管理工作常作常新，永无止境，打破对管理创新的神秘化认识，敢想、敢做、敢闯，善于用新视角、新思维观察和发现日常工作中的问题，在工作中自觉提升人无我有、人少我多、人多我精的工作境界。

（二）注重能力提升

加强对管理人员的职业化培训，探索建立多层次、多形式、开放性的管理人才培养培训体系。实施管理人员初任、任职、业务和知识更新四类培训，提高管理人员学习理论、掌握理论、运用理论的能力，研究问题、把握规律、指导实践的能力，使管理人员自身素质的提高，不仅依靠"在学中干、在干中学"的经验积累，更主要依靠高层次、有区别、有重点的养成培训；不仅培养优化哲学社会科学研究机构管理人员的知识结构，更重要的在于激发起自觉学习的热情和动力，把学习作为职业发展的"助推器"。对新加入管理队伍的人员进行院（所）史院（所）情、治学传统、战略愿景、创新文化方面的培训；对新任领导职务的管理人员有计划地开展政治素质、管理知识、专业技能和职业素养等方面的培训教育；对有较高潜质的后备人才，利用跨职能、综合性的工作任务和研究项目开展培训。培训工作要注重系统性、规范性，考虑充分利用研究机构的现有培训资源，统一培训教材，规范培训内容，改进培训方式，提高培训工作质量和效果。全面实施管理人员综合素质提高工程，重点把青年管理人员列入培养计划，邀请国际国内知名专家学者、高校、科研机构负责人，围绕国际国内形势任务的发展变化以及业务领域的前瞻性问题开展培训。组织管理人员海外研修项目，定期选派管理人才到国内外著名高校、科研机构培训，培养管理人员与国际接轨的创造性思维能力，培养造就职业化、国际化的管理人员队伍。

（三）注重轮岗交流

目前管理人员的交流路子没有走开或走好，主要原因不是因为岗位隔行难以逾越，而是因为思路没有打开、视野不够宽阔。从实践来看，管理人员的职业轮岗包括管理岗位与专业技术岗位的交流、同一研究机构不同管理岗位之间的交流、不同研究机构管理岗位之间的交流，不同层级管理部门之间的岗位交流等。实践证明，形成渠道畅通的管理人员轮岗交流机制，对提高管理水平和加快个人成长具有"双赢"的意义。对个人成长来说，轮岗可以促使管理人员在短时间内学习更多的专业知识和管理技能，接触更广泛的管理领域和工作对象，有助于管理人员综合能力的提升和复合型管理队伍的培养。对工作促进而言，一个人到新的工作岗位工作，可以激励其有新的作为，形成新的工作思路，打破既有的利益关系链，净化科研院所的学术环境，化解矛盾和问题。需要强调的是，轮岗对中高级管理人员和基层管理人员都十分必要，畅通轮岗交流渠道，需要适当打破学科界限和研究机构的界限，本着有利于"优化结构、增强活力、相对稳定、合理流动"的原则，有意识、有计划地推动管理人员岗位交流向广度和深度发展。基层管理人员，特别是一些具有发展潜力的青年管理人员后备力量，应侧重培养性轮岗，将其放到适当岗位砥砺品质、磨炼意志、锻炼作风、增长才干。中高层管理人员，侧重适才性轮岗。既要把那些工作能力强、改革创新精神强、成绩突出的领导人员轮岗交流到更重要的岗位；也要把一些成绩平平、打不开工作局面、但本人具有其他专长的领导人员，轮岗交流到与其能力素质相适应的专业技术岗位工作，发挥轮岗交流在合理配置人才资源方面的功能。另外，也可以有效地解决研究单位反映的：院级管理队伍相对年轻，但人员对研究单位情况不是很熟悉，工作思路脱离实际，造成有的政策实行不了、执行走样；研究单位管理人员年龄普遍偏大，学历偏低，退休速度加快，队伍后继乏人这些迫在眉睫的问题，从而激发管理人员活力，促进管理队伍整体水平的提高。

（四）注重方式转换

管理人员树立科研意识，首先要注意在管理中发挥科研人员的作用，依靠科研人员开展管理工作。长期以来，管理工作对组织关注较多，对个人的主体地位重视不够，特别是对科研人员的直接了解和需求关注不够，强调服从多，忽略个性差异，缺乏工作上的分类指导。因此，开展工作需要及时了解科研人员的思想状况，力所能及地帮助科研人员解决工作和生活中遇到的实际问题和困难，成为科研人员的"贴心人"；针对科研人员民主意识强的特点，为科研人员充分发扬民主创造良好的环境，激发科研人员参与院所建设的热情和活力。力求管理工作在思想观念上与科研同向，具体行动上与科研同步，发展成果上与科研同享。

三　考核环节：着眼考准考实，加强激励监督

（一）健全考评体系

结合科研院所管理岗位的工作特点，科学确定对管理人员的考核内容和指标，形成一套各岗位管理人员履行职能的工作规范。考核内容以工作实绩为核心、德才素质为基础、群众公认为取向，加强工作目标引导，对提高能力素质所要达到的近期和长远目标，分层次、分阶段地提出具有操作性的实施计划，根据不同层级管理工作的实际情况，考核指标各有侧重：对研究单位主要负责同志的考核由院负责，采取目标管理的方式，注重考核其在目标任期内把握方向、战略思维、协调各方、抓班子带队伍等方面的情况，考核期以任期为主；所职能部门主要负责同志的考核主要由所党委负责，考核内容突出贯彻落实所里各项决策部署情况、分管业务管理和服务绩效等方面的情况，考核期以年度为主；一般管理岗位注重日常基础工作数量和质量的考

核，考核期以年度为主。考核的方式也要体现多样性，平时考核和年度考核合理安排、相互补充，增强考核方式的完整性和系统性。对管理工作的绩效考核，要把提升科研院所的竞争力作为重要指标予以考虑，将考核的具体指标置于本学科、本院研究单位发展的背景下，做横向比较、实行对标管理；同时，强化科研人员对管理人员考核的参与和监督，把科研人员对管理人员的测评情况作为重要参照，也要注意不能简单以票取人，客观分析影响投票结果的各种因素，将测评情况和目标任务的完成情况相互对照、综合分析，防止损害管理人员的积极性。

（二）注重激励保障

加强待遇激励，在收入分配方面，要激活分配机制，薪酬待遇设计既要考虑工龄、职位，也要充分与其工作绩效直接挂钩，同时尽量缩小科研岗位和管理岗位的待遇差距，疏通岗位交流的渠道。对在研究单位管理岗位工作的优秀管理人员，要大胆提拔；选拔科研院所领导干部，把有研究单位基层管理岗位经验作为必要条件。研究建立充分发挥非领导职务激励作用的具体办法，对工作时间长、埋头苦干、群众公认的管理人员，适当提高政治待遇。在事业单位十级职员制度的框架内，改变过去事业单位管理岗位和机关行政级别"一一对应关系"，探索一个行政职级对应上下多个管理岗位，工资福利待遇按管理岗位等级确定，完善在不晋升职务情况下晋升级别的办法，强化职级的激励作用。建立管理岗位的分类管理制度，按照工作性质、责任轻重、难易程度、所需资格等条件，把管理岗位细分为宏观管理、业务审批、公共事务服务等不同类别，分别建立相应的职务序列和任职条件，推进不同类别岗位的标准化管理。对一些特殊的管理岗位，要允许评定职称，讨论评聘分开为管理人员开辟不同的职业发展通道。对一些国家实行职业资格准入控制的岗位，要求应聘者必须符合准入控制的要求。对一些已实现或可实行社会化服务的一般性劳务工作，不再设置相应的管理岗位。主动为研究单位的管理人员"减负"，完善机构设置，探索建立面向多个研究单位的科研服务大厅尽力解决管理人员"兼职过多"的问题，让管理人员从过去的一人多责变成真正的一人一岗，实现专业化、精细化的管理。运用管理心理学的理论和方法，加强对研究单位管理人员思想情绪、心理焦虑的预警评估和疏导调节，实施团体心理辅导和心理危机干预，缓解他们的心理压力，使其能够以积极饱满的精神状态投入到管理工作中。加大管理岗位先进个人的评选表彰力度，向一线管理者和专职管理者倾斜，通过对研究单位管理人员在成长上扶持、在精神上鼓励、在政治上激励、在物质上奖励，加强荣誉激励和职务激励等非物质激励，激发管理人才的积极性。

另外，哲学社会科学研究机构的管理人员的职业化建设，也需要国家层面进一步加强科研管理的专业化教育、发挥专业组织的自治功能，加快国家立法保障步伐等，在这些方面许多专家学者专门发表了富有见地的意见和建议，在此不再赘述。

参考文献

［1］李铁映著《论社会科学》，社会科学文献出版社，2013。

［2］何秉孟著《社会科学研究创新简论》，社会科学文献出版社，2004。

［3］张冠梓、唐珂主编《中国十八章：小康社会建设进程中的科学发展实景》，社会科学文献出版社，2012 年版。

［4］张冠梓主编《中国社会科学院人事工作资料汇编》，中国社会科学院人事教育局，2012。

［5］张冠梓：《学问有道：学部委员访谈录》，方志出版社，2007。

［6］中国社会科学院院史研究室编《中国社会科学院编年简史（1997～2007）》，社会科学文献出版社，2010。

［7］王苏粤主编《人才强院，制度创新——中国社会科学院建院 30 年人事人才工作发展历程与回顾》，中国社会科学出版社，2008。

［8］朱有志主编《思想库智囊团——社会科学院初论》，社会科学文献出版社，2011。

［9］周倩著《高校科技管理人员专业化建设》，中国社会科学出版社，2010。

［10］赵君著《高校思想政治教育管理队伍建设论》，中国社会科学出版社，2008。

［11］潘晨光主编《中国人才发展 60 年》，社会科学文献出版社，2009。

［12］潘晨光主编《中国人才发展报告》（1～8 册），社会科学文献出版社，2005～2012。

［13］潘晨光主编《中国人才前沿》（1～5 册），社会科学文献出版社，2005～

2010。

[14] 张树义著《中国社会结构变迁的法学透视》，中国政法大学出版社，2002。

[15] 中国社会科学院办公厅编《十六大以来中央关于哲学社会科学和意识形态的重要论述》（内部资料）。

[16] 中国社会科学院院报编辑部编《近年来党中央关于繁荣发展哲学社会科学重要文献汇编》（内部资料）。

[17] 徐颂陶著《中国特色人才理论新探索》，中国人事出版社，2007。

[18] 徐颂陶、孙建立主编《中国人事制度改革30年》，中国人事出版社，2008。

[19] 萧鸣政主编《人力资源开发与管理——在公共组织中的应用》，北京大学出版社，2009。

[20] 吴志华、刘晓苏主编《公共部门人力资源管理》，复旦大学出版社，2007。

[21] 路甬祥主编《邓小平与中国科学院》，江西教育出版社，2009。

[22] 中国科学院编《江泽民与中国科学院》，科学出版社，2012。

[23] 白春礼主编《人才与发展：国立科研机构比较研究》，科学出版社，2011。

[24] 白春礼主编《科研事业单位人力资源管理研究与实践探索》，科学出版社，2011。

[25] 邓正来、郝雨凡著《中国人文社会科学30年：回顾与前瞻》，复旦大学出版社，2008。

[26] 苏力、陈春生主编《中国人文社会科学三十年》，生活读书新知三联书店，2009。

[27] 《胡乔木传》编写组《胡乔木与中国社会科学院》，人民出版社，2007。

[28] 乔传福等著《我国现代科研院所制度研究》，经济科学出版社，2011。

[29] 文庭孝著《国立科研机构实力比较：理论、方法与实证》，湘潭大学出版社，2010。

[30] 阎康年、姚立澄主编《国外著名科学院所的历史经验和借鉴研究》，科学出版社，2012。

[31] 白春礼主编《世界主要国立科研机构概况》，科学出版社，2013。

导师简介

文学国，中国社会科学院研究生院教授，副院长。1989年毕业于中国人民大学哲学系，获哲学学士学位；1997年和2002年毕业于中国社会科学院研究生院法学系，获法学硕士学位和法学博士学位。2006～2007 年在美国芝加哥大学做访问学者。

研究领域：经济法。

主要研究成果：《市场经济法律概论》（教材，主编），中国社会科学出版社，1999；《滥用与规制——反垄断法对企业滥用市场优势地位行为之规制》（专著），法律出版社，2003；《现学现用物权法》（主编），化学工业出版社，2009；《应当预见规则与违约损失赔偿》（论文），《中国社会科学院研究生院学报》2002 年第 3 期；《我国法律对公用企业滥用市场优势地位之规制》（论文），《上海交通大学学报》（哲学社会科学

版）2003 年第 2 期；《反垄断法对滥用市场支配地位企业的规制》（论文），《中国社会科学院研究生院学报》2005 年第 4 期；"Market Dominance by China's Public Utility Enterprises"，*Antitrust Law Journal*（75）；《私募股权基金法律制度析论》（编著），中国社会科学出版社，2010；《反垄断法执行制度研究》（合著），中国社会科学出版社，2011；《政府规制：理论、政策与案例》（主编，主要作者），中国社会科学出版社，2012；主编一系列《中国危机管理报告》，社会科学文献出版社。

事业单位的聘用制改革

作　　者：李天明，中国社会科学出版社人事处，中国社会科学院研究生院 2010 届 MPA 毕业生。

指导教师：潘晨光

摘　要：聘用制改革是事业单位人事制度改革的重点环节和核心，目的是变身份管理为岗位管理，转换用人机制，提高各类人才的积极性、创造性。虽然国家出台了若干文件推动聘用制改革，很多事业单位也进行了深入的探索，但由于地区和单位情况差异较大，各项配套制度还不完善，还有许多问题有待进一步研究。本文通过对中国社会科学院聘用制改革的分析，从思想观念转变，建立相互衔接配套的内部管理制度，精心组织改革实践等方面提出了具体建议。

关键词：中国社会科学院　事业单位　聘用制改革

第一章　中国社会科学院聘用制改革存在的
问题及原因分析

中国社会科学院紧跟国家改革步伐，积极推进人事制度改革。在总结两次试点经验的基础上，全面推行了聘用制改革，不过，也存在一些问题。

一 存在的问题

（一）竞争激励机制尚未完全确立

首次聘用制改革的原则是"先入轨，后完善"，因此改革的重点放在转轨和稳定上，聘用制缺乏实质性内容，原有的人事管理模式没有根本性改变，受聘员工没有落聘的危机感，竞争激励机制尚未完全确立并发挥作用，还没有建立真正意义上的人员退出机制，人员能进能出目前还无法做到，而职务能上能下、待遇能高能低，也没有得到完全落实。

（二）岗位设置和聘用不到位

受观念、能力和现实需要等诸多因素的制约，院属各单位在进行岗位设置时，未进行充分、科学的工作分析、岗位评价，仍存在"因人设岗"的现象。部分院属单位在开展岗位聘用工作时，未留空余岗位以满足今后培养和引进高层次专业人才的需要，大大限制了单位未来的学科发展及人才队伍建设。

（三）职工参与改革积极性不高

聘用制改革涉及全体职工的根本利益，由于此次改革没有给职工带来实质性的利益，且给部分职工还带来了既得利益的损害，因此很多职工参与聘用制改革的积极性不高，甚至抱有抵触心理。

（四）未聘人员安置困难

安置好未聘人员是事业单位聘用制改革的难点和关键。解决这一难点的关键在于社会保障制度的建立和合理人员分流政策的出台。在事业单位社会保障体系不健全的情况下，未聘人员流动困难，只能由本单位自行消化，这在一定程度上削弱了聘用制改革的力度。

二 存在问题的原因分析

（一）事业单位人事法制建设滞后

为规范公务员的管理，保障公务员的合法权益，国家出台了《公务员法》；为保护劳动者的合法权益，国家出台了《劳动法》和《劳动合同法》等法律；唯独事业单位没有系统的人事管理法律法规。立法滞后，不能为事业单位改革提供法律支持，事业单位的人事管理也缺乏法律依据。这就导致了四个方面的问题：事业单位基本的用人制度即聘用制度的法律地位尴尬；事业单位与职工最基本的法律关系无法确定；聘用合同的效力和作用大打折扣；事业单位人事争议和纠纷的解决缺乏法律依据。

（二）事业单位人事制度改革外部政策环境的制约

我国事业单位管理体制发展水平不均衡，人事制度改革孤军突进，行政管理制度、财务管理制度、机构编制管理制度、社会保障制度等方面的改革进度不一，给人事制度改革带来"木桶现象"，人事制度改革面临发展的瓶颈，聘用制度改革也存在很多不确定性。尤其以养老保险为核心的社会保障制度不完善，未聘人员没有出口，"单位人"变"社会人"困难，制约了人事制度改革的深入发展。

（三）事业单位人事制度内部各环节改革政策不配套

我国事业单位人事制度改革的突破点，集中在"建立形式多样、自主灵活的分配激励机制"和"以聘用制为基础的用人制度"两个环节，这是非常正确的选择，但人事制度其他环节的改革也要跟上，否则就难以达到改革的预期目的。目前，我国事业单位人事管理体制内部各个环节的改革不配套，成为影响聘用制改革深入的关键问题。

1. 聘用制度本身不够完善

聘用合同效力如何，聘用合同到期不再续签怎么办，编制外人员适用什么用人制度，实行岗位聘用如何对待超编人员，聘用和聘任的关系，解聘人员的经济补偿等问题比较突出。

2. 岗位管理制度落实难度较大

打破身份界限，实行岗位管理，是事业单位聘用制改革首先要解决的问题，但在实践中，岗位竞聘制度与干部职务晋升、职称评审等管理办法尚不衔接，身份管理仍然存在，管理人员队伍定位不明确，职员制度没有具体的管理办法。

3. 聘用制度与现行政策存在矛盾

事业单位推行聘用制后，打破干部、工人身份，其在职期间根据岗位兑现工资待遇，但职务晋升、职称评审等制度仍然发挥作用，存在不一致的现象；退休时又受身份限制，明显存在矛盾，影响聘用制改革的实施。

4. 现行考核评价制度不能满足聘用制改革需求

事业单位现行的考核评价制度内容过于简单，缺乏切实可行的考核指标体系和具体考核办法，尤其哲学社会科学领域的评价制度不健全、评价体系不完善、评价方法不规范，很难适应聘用制改革的需要。

5. 工资制度改革不到位

2006年事业单位工资制度改革全面推行，但基本工资级差较小，没有拉开合理的工资差距；绩效工资尚未兑现，工资外收入分配秩序混乱，没有发挥竞争激励的作用，制约了聘用制改革的到位。

（四）思想观念转变不到位

思想观念难以转变是影响事业单位聘用制改革的主要阻力之一。在聘用制改革中，大多数职工都能够认识到改革的必要性和重要意义，但受身份管理传统观念的影响，难以接受从干部到雇员的转变；出于习惯和安全的需要，不愿改变原有的工作和生活习惯；对竞争心存恐惧，担心与国家"脱钩"后前途无法预测，而对聘用制改革消极对待、缺乏信心、产生畏惧和抵触情绪。

（五）事业单位聘用制改革自主权有限

聘用制改革是一项操作性、实务性很强的改革，需要发挥各级管理部门的积极性，给事业单位充分的人事管理自主权。一方面，从国家聘用制改革制度设计到具体操作，均要求行政管理部门和上级主管部门严格把关，统一步骤和程序，不容有丝毫偏差；另一方面，事业单位的机构编制制度、工资制度、经费来源、领导方式、思想观念等，都使得事业单位不愿要自主权，希望上级主管部门能统管一切。事业单位缺乏足够的自主权，就削弱了其创新能力，影响了事业单位推进改革的积极性。

（六）改革投入不足

任何一项改革都是要付出代价的，需要经费保障。聘用制改革尤其如此，要建立竞争激励和奖惩机制，那些因改革而利益受损的职工也需要为其提供经济补偿或者教育和培训，但受经费来源等因素制约，聘用制改革的投入远远不够。

第二章　深化事业单位聘用制改革的对策建议

事业单位聘用制改革不是孤立的，必须将其融入事业单位改革整体框架，统一部署，协调推进，应加快事业单位立法和社会保障制度建设，打破事业单位的封闭性，使之与社会其他组织主体接轨；加快事业单位其他人事制度环节改革的步伐，互相配套。但在当前的社会环境下推进聘用制改革，需要转变观念，挖掘本单位的潜力，精心组织，以人为本，扎实推进。

一 转变思想观念，树立全新人事管理理念

聘用制是一种全新的用人机制，更是改革创新、公平竞争的理念，它的建立和实践需要转变思想观念，树立全新的人事管理理念。

（一） 树立岗位管理的观念

身份管理是计划经济的产物，严重阻碍了人才在不同岗位间的合理流动。事业单位聘用制改革打破干部和工人的身份界限，变身份管理为岗位管理，按需设岗、按岗竞聘、按岗核薪。领导和职工要摒弃身份观念，树立不拘一格选用人才的岗位管理观念。

（二） 树立竞争择优的观念

过去事业单位进人渠道较多，比较随意，选拔任用也沿用党政机关的管理办法，但随着聘用制度和岗位管理制度的逐步建立，不可能再维持原有的选人用人模式，要树立竞争择优的观念，把德才兼备的优秀人才选拔出来。

（三） 树立合同管理的观念

聘用制改革打破了单位与个人的行政隶属关系，职工与单位是权利和义务的主体，是地位对等的法律主体。聘用双方应严格按照国家法律、政策规定签订聘用合同，严防随心所欲和心血来潮。单位应彻底改变以行政手段进行管理的人事管理观念，充分尊重职工的权利，注重协商解决问题的方式，避免侵犯职工合法权益；而职工也应不折不扣地履行合同，遵守单位的工作规则和规章制度。

（四） 树立以人为本的观念

聘用制改革调节的是职工的切身利益，其最终目标是调动每一个职工的积极性，激励、开发职工的潜力，而非裁人或降薪。树立以人为本的观念，充分尊重和保障职工的知情权、参与权、选择权和监督权，正确引导广大职工积极参与到改革的过程中；坚持走群众路线，充分发扬民主，广泛听取职

工意见，充分发挥职工大会或职代会的监督作用；对未聘人员要给予重新竞聘和选择的机会，并保障其基本生活需求。

二　建立相互衔接配套的内部管理制度

推行聘用制改革要在国家现有人事制度体系的范围内，积极挖掘自身潜力，注重细节，建立与聘用制度相互衔接和配套的内部管理制度。

（一）建立科学合理的岗位管理制度

单位应按照《事业单位岗位设置管理试行办法》、《实施意见》和行业指导意见的要求，以本单位的职能和编制为依据，建立符合本单位性质和工作特点的岗位管理制度，科学合理地设置不同等级的专业技术岗位、管理岗位和工勤技能岗位，并制定岗位说明书，明确岗位职责、权利和任职条件等。

（二）全面实行新进人员公开招聘制度

事业单位公开招聘制度是实行聘用制度的必然要求。今后，事业单位新进人员除国家政策性安置、按干部人事管理权限由上级任命及涉密岗位等确需使用其他方法选拔任用人员外，都要实行公开招聘。公开招聘要坚持德才兼备的用人标准，贯彻公开、平等、竞争、择优的原则。通过实行公开招聘制度，不仅可以扩大事业单位选人用人的视野，拓宽选人进人渠道；而且可以确保事业单位新进人员的基本素质，体现社会就业的公平，维护求职人员和用人单位的合法权益。

（三）建立竞争上岗制度

建立选优劣汰、能上能下、能进能出、充满生机和活力的人事管理机制是聘用制改革的最终目的。对于重点和关键岗位，要在个人申请的前提下强调竞争上岗，择优聘用，力求把优秀人才选拔上来；对于一般岗位，则应在尊重职工个人意愿基础上采取双向选择的方式，实现部门、岗位之间人力资源平衡配置。

（四）依法签订聘用合同

聘用合同是实现事业单位人事工作依法管理的重要依据。因此，事业单位建立和推行聘用制，就要依法签订聘用合同。聘用合同要经过单位职工代表大会通过；所有受聘人员都要与单位法人签订聘用合同；订立合同要遵守平等自愿、协商一致的原则，在充分表达自己意愿的基础上，反复协商，达成一致；聘用合同内容必须合法，不得违反国家、社会和个人利益；聘用合同应采用书面形式，便于监督检查；终止、解除、续订聘用合同的条件和程序要符合法律规定。

（五）强化聘后管理制度

事业单位和职工签订聘用合同，不仅仅是聘用制改革的契约形式，更重要的是要加强聘后管理。

（1）实行人事代理制度，实现人才合理流动，完善人才社会化服务体系，依法保护用人单位及受聘人员的合法权益，确保人员进口的畅通。

（2）完善考核评价制度。考核评价制度是职工定薪、培训、续聘、解聘、晋级、奖惩等的依据，因此单位应重点进行研究，量化考核指标，建立符合自身情况和特点的考核评价制度。

（3）建立和完善奖励惩戒制度、解聘、辞聘等制度。疏通人员出口。事业单位应结合实际情况，完善奖励惩戒制度和解聘、辞聘制度，形成正常的人员退出机制。建立和完善未聘人员安置制度及事业单位人事争议仲裁制度，妥善处理事业单位人员聘用工作中出现的各种问题。

（4）改革职务晋升和任用制度。改革事业单位行政领导单一委任制，根据不同单位的特点，分别实行聘任、选任、考任和委任等多种选拔任用方式，努力把政治素质好、业务能力强、作风过得硬的同志选拔到领导岗位上来。逐步加大领导公开竞聘产生的力度，建立健全领导职务任期制，打破客观存在的"终身制"；实行任期目标责任制，签订任期目标责任书，加强对任期目标完成情况的考核；实行领导试用期制，对新提拔或聘用到领导岗位的实行为期半年到一年的试用期，试用期末进行考核，称职者继续履职。

（5）改革专业技术职务聘任制度。建立岗位管理制度后，专业技术岗位等级比现行专业技术职务多，因此应对专业技术职务的评聘方式进行改革，实行技术职务聘任与岗位聘用相统一。

（六）建立多层次、多形式的未聘人员安置制度

做好未聘人员安置工作，是事业单位聘用制改革的难点和关键，也是一个敏感问题，不仅事关改革的成功，还关系到社会稳定。事业单位聘用制改革不是为了减人，但由于编制、岗位以及应聘人员自身素质等原因，会出现一些未聘人员，他们都为单位和社会做出过贡献，也是国家和单位的宝贵财富，在事业单位社会保障制度没有建立起来之前，不能简单地把未聘人员推向社会。应坚持以单位内部消化为主，通过开发服务项目或兴办新的产业、转岗培训、高职低聘、离岗待退等方式，妥善安置未聘人员；要建立未聘人员的利益补偿机制，给予一定的物质补偿，并提供相应的优惠政策，为其再就业或自主创业提供机会和条件。

（七）探索建立单位内部调解机制

虽然国家设有人事争议仲裁机构，但如果矛盾能够在单位内部解决，对职工个人、单位、社会都是有益的。因此事业单位应探索建立内部调解机制，选派熟悉政策法规、公道正派的人员组成调解队伍，由人事争议仲裁部门进行业务指导和培训，以有效预防和减少人事争议的发生。

三　精心组织，扎实推进

聘用制改革是一项工程，因此要精心准备，制定切实可行的实施方案，加强调研和宣传动员工作，加强组织领导，把问题想到前面，注重细节。

（一）建立健全聘用制改革组织机构，加强组织领导

聘用制改革工作情况复杂，涉及面广，必须加强组织领导。单位要成立聘用制改革领导组织和办事机构，齐抓共管，主要负责同志是聘用制改革第一责任人，要亲自抓，负总责；其他领导干部要合理分工、明确责任，要提高执政能力。要增强纪律观念，加强内部团结，营造和谐环境，有不同意见可以充分表达，有困难可以反映，但绝不允许推诿扯皮，一旦形成集体决议，就要不折不扣地贯彻落实。要充分发挥单位党团、工会的作用，及时了解和掌握职工的思想动态，把可能出现的问题和矛盾化解在萌芽状态；要充分发挥广大党员在改革中的先锋模范带头作用，通过党员做好身边群众的思想工作。

（二）加大宣传动员，营造改革的良好环境和氛围

树立正确的思想观念是改革的前提和基础，单位在改革前要做好宣传动员工作，学习传达改革文件精神，帮助职工转变思想观念，使广大职工深刻认识聘用制改革的重要性、艰巨性和长期性，走出"改革就是减人，改革就是提高工资"的认识误区，努力营造一个良好的环境和氛围。

（三）加强调研和试点工作，制定切实可行的实施方案和改革目标

加强调研工作，到聘用制改革开展较好的地区和单位进行调研，听取他们的建议和意见；在本单位内部开展调查摸底工作，了解本单位的机构编制和现有人员情况，掌握职工心理动态，分析本单位的优势和问题，综合考虑现实和长远发展需要。在深入调研的基础上，结合自身情况，制定切实可行的实施方案和改革目标，切忌原地踏步或乱改蛮干。为减少改革引起的混乱，在全面推行前，应选取具有代表性的单位或部门进行试点，在试点中发现问题、积累经验。

（四）坚持走群众路线，让职工参与改革的全过程

让职工参与聘用制改革，可以增加职工对改革的理解、认同和投入，从而降低抵制情绪，有效消除改革阻力。要充分尊重和保障职工的知情权、参与权、选择权和监督权，正确引导广大职工积极参与到改革中；要坚持走群众路线，在制定聘用制改革实施方案和相关配套政策措施时，要充分发扬民主，广泛听取职工意见，充分发挥职工大会或职工代表大会的监督作用，体现民主决策程序，确保聘用制改革实施方案和相关配套政策措施具有良好的群众基础。

哲学社会科学研究人员360度考核的可行性

作　者：李晋，中国社会科学院世界历史研究所人事
　　　　办公室主任科员，中国社会科学院研究生院
　　　　2010届MPA毕业生。

指导教师：褚松燕

摘　要： 中共中央《关于进一步繁荣发展哲学社会科学的意见》明确提出，要"造就一支高水平的哲学社会科学队伍"①。重视哲学社会科学的发展，必须要重视对哲学社会科学研究人员的研究。通过科学的人力资源管理特别是绩效考核管理，开发这个群体的工作潜力，提升工作效率，激发工作热情，是决定哲学社会科学研究出成果、出精品、出人才的关键。本文拟探讨的，就是哲学社会科学研究人员适用 360 度绩效考核方法的可行性。

关键词： 哲学社会科学　绩效　360 度考核

第一章　哲学社会科学研究人员实施绩效考核的资源条件分析

哲学社会科学研究人员属于事业单位工作人员队伍中的一部分。长期以来，事业单位人事制度陈旧、落后，特别是人员考核上存在很多问题。考核体系不健全，指标不明确，考核材料千篇一律，考核过程形式主义，考核结果简单无反馈力等。

---

① 《中共中央关于进一步繁荣发展哲学社会科学的意见》（中发〔2004〕3 号，2004。

2004 年，中共中央《关于进一步繁荣发展哲学社会科学的意见》（下文简称《意见》）明确指出，繁荣发展哲学社会科学是建设中国特色社会主义的一项重大任务，而这项任务需要"积极推进哲学社会科学管理体制改革，需要造就一支高水平的哲学社会科学队伍"[①]。《意见》充分体现了哲学社会科学发展中"人"的关键性和重要作用。这为我们研究哲学社会科学研究人员绩效考核提供了一个较好的大环境。

事业单位人事制度改革也留给绩效考核一个充分发挥作用的空间，原来的"身份制"管理转为"岗位制"管理，引入聘用制，形成一种人员有进有出、能上能下的充满活力的机制，人员胜任岗位与否、聘用与否往往由工作考核结果决定。这为事业单位实施人员绩效考核提供了良好的动因。

此外，中国社会科学院对实施绩效考核在物力资源、人力资源、制度资源方面都具备了一定基础。

工资改革是实施绩效考核的一项物力资源保障。2006 年，人事部、财政部等四部委共同揭开了新一轮事业单位工作人员的工资改革序幕，开始探寻"深水区"的工资改革。此次改革建立了"岗位绩效工资制度"，岗位绩效工资由岗位工资、薪级工资、绩效工资和津贴补贴四部分组成，其中岗位工资和薪级工资为基本工资，绩效和津贴补贴为"活的部分"，制定了增资正常制度，引入了激励机制。工资改革将激励和竞争的机制引入，为实施绩效考核打下了物质基础。

人力资源优势包括两个方面：一是工资改革带来了事业单位工作人员心理的变化。2006 年，"绩效工资"首次出现在事业单位工作人员的工资条上。随之而来的"聘用制"改革，使得几十年沉淀积累下来的"平均主义"思想正逐渐消退，职位的高低、收入的多少直接与工作业绩挂钩。这对事业单位工作人员是思想上和心理上的一次"改革"，绩效将逐渐成为事业单位管理意识的主流，这种平稳而有序的过渡为绩效考核的准入提供了条件。二是中国社会科学院具备较为健全的管理机构，绩效考核有实施的基础。

制度也是实施绩效考核的一项保障。从人事管理的角度上讲，我们对研究人员进行 360 度考核的前提是分类，针对不同的岗位、不同的职责，定义

---

① 《关于进一步繁荣发展哲学社会科学的意见》，2004。

研究人员不同的层级。中国社会科学院"专业技术岗位分为 13 个等级,包括高级岗位、中级岗位和初级岗位。高级岗位分为一至七级,中级岗位分八至十级,初级岗位分十一至十三级"①。这样的研究人员分类为我们设计相应的量化指标提供了依据。从科研管理的角度上讲,中国社会科学院关于院重大课题、院重点课题、委托项目等都建立了相对应的管理办法。针对不同的科研任务,在立项申请、审批、执行、结项、评奖各个环节都有具体规定,对人才培养也有相应的管理机制。这为我们科学、客观地掌握研究人员完成的研究任务及评判其研究成果准备了参考资料。

第二章 哲学社会科学研究人员 360 度考核的实施基础

一 360 度考核指标及考核主体设计

360 度,从字面理解,就是全方位或多角度。它是一种基于"上级、同

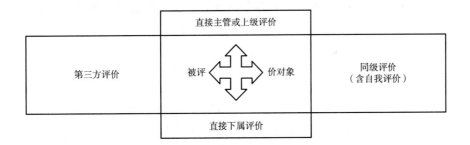

图 1 360 度考核关系简示

事、下级和客户及自身等信息资源的收集来评估绩效的方法"(见图 1)。②
360 度考核又称全视角考核或全方位考核,是由被考核人的上级、下属、同事及被考核者本人,围绕组织目标或者是个人分解目标,对被考核人进行全面考核,并尽可能提供真实有效的反馈信息。③ 首先,360 度考核相比传统

---

① 《事业单位岗位设置管理试行办法》,(国人部发〔2006〕70 号)。
② 王丹:《360 度考核的应用探析》,《商业研究》2003 年第 6 期。
③ 资料来源:百度百科,http://baike.baidu.com/view/688420.htm。

的绩效考核方法具有更丰富的信息渠道；其次，它的评价全面，结果相对准确；最后，较为全面的反馈信息有助于被考核者多方面能力的提升。

首先以工作任务和岗位职责为基础，将研究人员进行分类，我们可根据岗位具体要求来设计对应的素质模型。在岗位职责的描述上，以中国社会科学院为例，研究实习员担任高级研究人员的助手；在高、中级研究人员的指导下，进行研究工作，每年按计划完成研究任务，至少整理或写出 1~2 篇研究报告、专业学术资料或论文；承担研究所（室）交办的工作。[1] 研究员应承担国家和院、所的重点科研项目，每年按计划完成任务，至少提交 3 万~5 万字有较高学术价值的论文或阶段性成果，若干年内写出有较高水平的专著；担任重点科研项目的学术领导，主持本学科重要领域的研究工作；培养科研人才，指导博士研究生；承担院（所）交办的其他工作。[2] 对于研究实习员、研究员的岗位职责描述有定性的，也有定量的，内容也不是太完整，但它们之间有一个共性，那就是研究人员的工作可以分为两个部分：科研及管理。因此，对哲学社会科学研究人员的考核标准界定，基本可以分为科研、管理两大素质模型。以下将对这两个素质模型进行有所侧重的分解、量化。

具备初级职称及以下的研究人员，工作重心应该是熟悉环境，逐渐进入科研工作角色，按照本专业的方向在中、高级研究人员的指导下，搜集相关研究资料，"多听、多看、多学"，做好科研工作的前期准备工作。对于所（室）的管理工作，涉及较少或者不涉及，更多的应该是平时的自我管理，包括对各项规章制度的了解，对科研项目申报、实施、结项等基本流程的认识。因此在科研、管理两大素质模型中，初级职称及以下人员的科研工作应当占了绝大部分。而作为具备高级职称的研究人员，除了独立申报、完成个人科研项目，撰写论文、论著外，还要领导学术团队就学科发展、大型研究项目做好大量工作，包括对硕士研究生、博士研究生的人才培养等。此外，有高级职称的研究人员在研究机构中可能担任管理职务，包括研究所的领导等高层及研究室主任等中层，兼有党支部、工会、青年、妇工委等党内外职

---

[1] 中国社会科学院：《中国社会科学院研究人员职务试行条例》，1986。

[2] 中国社会科学院：《中国社会科学院研究人员职务试行条例》，1986。

务，也就是说，这类人员除了做好自己的本职工作外，还负有研究所（室）发展的重大职责，负有本学科研究发展的重大职责，负有做好管理工作保证研究机构顺利运转的重大职责。因此，作为高级职称的研究人员，科研和管理两个素质模型都很重要，但是也要根据具体情况区别对待、有所侧重。

还需注意的一点是，研究 360 度考核，要在分析现有考核方式的基础上进行合理化完善，指标的设计是对现有标准的量化和补充。以中国社会科学院考核测评表格为例来认识一下考核指标需要考虑的因素和具体所指（见表 1、表 2）。

表 1 中国社会科学院专业技术人员考核表

单位：　　　　　　　　　　　　　　　　　　　　　填表日期：年　月

姓名		性别		出生年月		学历	
专业领域				职称(职务)及聘任时间			

本　人　述　职

注：述职内容应包括完成计划内项目情况,主要学术活动、学术成果被采用和获奖情况等。

主要业绩	成果形式、出版单位(刊物名称)、发表时间、字数及合作者等	
研究室(处)意见	考核等级：　　室主任： 　　　　　　　　　　年　月　日	单位意见 单位(盖章) 年　月　日
被考核人意见	签名 年　月　日	

资料来源：中国社会科学院人事教育局网站。

表 2　对于课题、项目的申报与执行——预期研究成果表

	研究阶段	阶段成果名称	成果形式	完成时间	承担人
主要阶段性成果					

	完成时间	成果名称	成果形式	卷(册)数	字数(万字)	主持人
最终成果						

资料来源：中国社会科学院重点课题申报书。

通过分析表 1、表 2 的来源和内容指向，可以得到以下几点结论：①考核表来自人事部门，虽然要求自述的内容还不十分全面，但工作的整体表现和研究活动成果可以由考核表中体现出来；②项目完成进度来自科研管理部门，可以对研究人员的阶段性研究活动进行直观的认识和评价；③除表 1、表 2 之外，人事部门关于组织规章制度的执行情况，在每一位研究人员身上都会有所反映，包括考勤、请销假制度等；科研管理部门关于研究人员外事出访、学术交流、博士生培养、硕士生培养也有专门的表格反映。

如果对专业技术人员考核表略加规划，一名研究人员的考核材料，可以分为三部分：政治方向和科研方向的表述，管理工作及兼职工作的

表述，科研活动及科研成果的表述。其中，在科研工作一类中要有定量描述。我们设计的 360 度考核指标体系以年度为考核时间单位，按照原有考核表的内容设定以下几条原则：第一，按职务分级。研究人员分为初级及以下、中级、副高级、高级四类。第二，多级参与评测。包括被考核者本人、上下级、同级、有工作关系往来的都参与考核，特别是科研管理部门，不同的被考核者对应不同的考核主体（组织或个人）。第三，同级定等次。因各层级研究人员的指标评分标准不一致，因此考核结果只在本层级进行横向比较，不做纵向比较，在每一个层级里确定考核等次。

对于科研素质模型的二级指标，针对研究人员的实际工作情况，分为科研项目、学术会议、论文论著、人才培养、信息咨询、外事出访六类，各类以二级指标体现评分标准。各评分表分数均可累计，最后得到总分，对总分和参与考核主体个数进行加权平均后，就是研究人员科研素质模型的得分（注：为便于说明情况，各表的分值以 10、8、6、4 为等差；在具体操作中，可以按照实际情况的不同选择不同的分值）。

表 3　哲学社会科学研究人员 360 度考核科研素质模型设计

表 3.1　科研项目类

层级	指标	得分	备注
1	国家社科基金(含交办、重大、一般)	10	项目或课题主持人得满分,项目参与人得一半分数
2	院级课题项目(含交办、重大、重点)或部委、省交办的课题	8	
3	国情调研项目(含交办、重大、一般)	6	
4	所级课题项目(含交办、重点、一般)	4	

表 3.2　学术会议类

层级	指标	得分	备注
1	国际学术会议	10	学术会议提交论文或作正式发言的得满分,参与会议讨论发言的得一半
2	国内学术会议	8	
3	院级学术报告	6	
4	所级学术报告	4	

续表

表 3.3　论文论著类

层级	指标	得分	备注
1	论文:国外期刊;论著:国外用外文出版的专著。	10	(1)论文、论著只要完成一项就可得分,如若同时完成,进行累加;(2)论文以正式发表的为准,论著以完成进度情况为准。按立项年数计算,如 4 年的项目,则第 1 年在完成阶段性成果的情况下可以得到 1/4 的分数
2	论文:国内核心期刊;论著:国内正式出版的专著、译著。	8	
3	论文:国内一般刊物、正式出版的论文集。	6	
4	非学术性刊物或普及型读物	4	

表 3.4　人才培养类

层级	指标	得分	备注
1	博士研究生(含博士后)	10	(1)没有的此项不计分;(2)研究生培养也按照年限计分
2	硕士研究生	8	
3	高校、研究生院授课、讲课、讲座	6	

表 3.5　信息咨询类

层级	指标	得分	备注
1	中央领导批示	10	
2	部委、省级部门批示	8	
3	院领导参阅、中办、国办、要报类	6	
4	电视采访或一般性媒体咨询	4	

表 3.6　外事出访类

层级	指标	得分	备注
1	访问学者	10	
2	短期学习、进修	8	
3	顺访或参加国际学术活动、会议	6	

对于管理素质模型,按照我们对哲学社会科学研究人员管理工作的基本认识,以及对研究机构各职能部门、科研辅助部门岗位职责的分析,拟设置包括政治考察、管理工作考察、社会兼职考察三项指标,辅以对应的考核标准和评分标准。以一名研究人员来说,如果担任一定的管理职务,就能获得相应的评分,相比没有担任此项职务的同级研究人员来说在分数上就具备了优势,这是与工作量、工作任务相结合的正向的结果。具体考核项目及标准评分见表 4。

表4　哲学社会科学研究人员 360 度考核管理素质模型设计

考核指标		考核标准	评　分		备注
			1～5	6～10	
1	政治考察	坚持正确的政治方向(①参与政治学习活动;②其他形式的政治表现,如先进个人、加入党团组织等)			
		集体主义和团队协作(①能较好完成团队课题项目任务;②其他形式的团队表现,如参加集体活动等)			
		遵守规章制度(①在遵守组织机构内部制度上的表现;②在遵守学术规范、对外学术交流上的表现)			
2	管理工作考察	是否为所领导,若是,请对领导工作综合评分			无管理工作的不评分
		是否为研究室主任(或副主任),若是,请对其工作综合评分			
		是否为党支部书记或支部委员,若是,请对其工作综合评分			
		是否为工青妇等群众组织负责人(或成员),若是,请对其工作综合评分			
3	社会兼职考察	是否为学科带头人(或有学术兼职),若是,请对工作表现综合评价			
		是否为学会领导,若是,请对工作表现综合评价			

以上用表格的形式对哲学社会科学研究人员的科研工作、管理工作进行指标分解和量化赋分，确定科研、管理两大素质模型，已经大致勾勒出360度考核实施的指标框架。这两张表格的基础是现有的研究人员考核表中反映的内容、科研管理部门对于研究人员工作反映的内容、对研究人员进行岗位分解和工作分析后补充的内容三项之和。应该说，每一位研究人员的工作都能通过上述两个表格的某一项体现出来，但要做到每一项都能客观真实地反映在考核者眼前，这需要我们针对不同的被考核人设置相应的考核主体，这是360度考核具体实施的关键所在。

360度考核的主体，可以是被考核对象的上下级、同级、顾客等，也可以是被考核对象自己。可以确定，对参与考核者都应该包括一个"自我评价"，这可以定为一条考核原则。

高级研究人员，学术能力较强、科研项目较多、除个人科研工作之外可能还带有团队项目、兼任机构中一定的领导职务及有一定社会兼职这些情况中的一种或多种。对这类研究人员其科研素质的考核，实施主体可以确定为：机构领导、同级研究人员、同一研究部门（研究室）人员、课题项目组成员（以上几类人员中，若有身份重复的，则按1人计，下同）；对其管理素质的考核，实施主体可以确定为：机构管理部门（人事、行政）人员、科研辅助部门（科研管理、图书资料）人员、同一研究部门（研究室）人员。对科研素质进行考核后，按照参与考核人数算出加权平均分作为科研素质得分；同理得到管理素质得分，两者相加得到最终结果。得分在本层级的研究人员中进行比较、定等。

初级研究人员，对于科研工作是一个熟悉的过程，刚开始也不可能承担太重要、太大的科研任务，搜集资料和辅助中高级研究人员应该是他们的主要工作，在管理素质上，他们也不大可能走上机构的管理岗位，要自律工作，遵守各项规章制度就基本符合要求。因此，对其科研素质的考核，实施主体可以确定为：所在研究部门（研究室）领导、同级研究人员、同一研究部门（研究室）人员；对其管理素质的考核，实施主体可以确定为：机构管理部门（人事、行政）员、同一研究部门（研究室）人员。考核的分数评价与上述高级研究人员相同。

对于中级研究人员、副高级研究人员360度考核实施主体的确定，根据岗位职责要求和具体工作实际，可以参照上述内容进行设置。总体的原则就是：考核主体要熟悉被考核对象的被考核指标，两者要有相当的针对性。

二　360度考核实施及过程控制

我们为不同层级的哲学社会科学研究人员确定了不同的考核主体，他们在进行考核时应该有参照物，不能盲目主观臆断。因此，每一位参加考核的研究人员都应该准备一份总结材料，与现有的总结材料不同，这份材料应当对照考核指标，如论文发表、研究生培养等，做出具体的定量的说明，相关部门进行审核控制，以便于考核实施主体参考、评分。这份材料应在每年实施考核之前拟出，并供每一位考核实施者阅读、知晓相关情况。考核开始时，按照基础材料，结合考核实施者本人平时的观察和认识，做出科学的评分。这能有效避免考核中实施主体情况不明或"与我无关"逃避责任的情况，但是也无法规避实施主体跳过总结材料直接主观判断的可能性。

360度考核实施过程中，还应特别注意两个问题。第一，要采取匿名评分制度。这不仅是对考核实施者隐私的保护，同时也利于组织团结，避免一些不必要的矛盾。第二，要注重考核实施主体的培训和心理引导。考核前，组织部门应开展相应培训，对素质模型、考核注意事项等与考核实施主体进行交流，使他们正确理解考核程序，以良好的心态面对他人的考核和他人对自己的考核。第三，要关注考核环境。考核环境能够直接影响考核实施主体的判断，进而影响考核结果。因此，建议采取小场次集中考核的办法，如将各层级研究人员的考核分开、分批次进行，以利于规避不利因素，获得真实的考核结果。

评分结束后，结果只在同一层级的研究人员内做横向比较，不做纵向比较，因为一位初级研究人员的得分和一位高级研究人员的得分是没有可比性的。这样做的好处，在于使每一个层次的研究人员都有获得优秀的机会，能够有效规避既有考核方式中"论资排辈"的现象，对中初级研究人员特别是年轻的研究人员，会产生正向激励；对于副高级研究人员、高级研究人员的工作，也能形成一个较好的对比和鞭策。

最后，需要做好360度考核的反馈工作。考核管理部门应针对每一位研究人员的得分情况，找出对应的弱项指标，并提出相关建议供被考核者在工作中参考、修正。如对一名高级研究人员来讲，他总分相对落后，查找原因后，发现论文论著类指标中，因不能按时完成、出版而直接影响了他的此项评分，考核管理部门就应对该研究人员的项目规划、完成进度进行调查，给出可行性建议，以利于该研究人员在工作中强化时间观念，重新对工作任务进行划分。

与中国社会科学院既有的定性评估相比，360度考核能够弥补很多不足。第一，它的指标体系能够反映研究人员工作的各个方面，比现有的以总结材料进行的评估要更加客观；第二，现有的考核也要定等次，360度考核最终结果也要表现在分数和等次上，它能够很好地介入；第三，它的评价结果能够有效反馈给被评价者并促进其修正行为。现有的考核，"结束就结束了"，"评出优秀来就完事了"，没有反馈，久而久之，就会让人觉得可有可无。360度考核结果可以对被考核人形成一个积极的回馈响应，利于形成正面导向。

引进海外高层次人才的走向政策

作　　者：李春，中国社会科学院人事教育局教育处副处长，中国社会科学院研究生院 2011 届毕业生。

指导教师：潘晨光

摘　要：人才是具有一定的专业知识或专门技能，进行创造性劳动并对社会发展有贡献的人，他们是人力资源中能力和素质较高的劳动者。海外引进人才是世界各国加强本国人才队伍建设的重要举措之一。以留学人才为主体的海外人才是我国高层次人才队伍的重要来源，他们在社会主义现代化建设进程中发挥了积极作用，加强相关问题研究有助于推动我国高层次人才队伍建设。

本文以海外高层次人才引进政策为主要研究对象，在对相关研究进行综述的基础上，运用文献研究、比较研究等研究方法和手段，总结我国中央和地方高层次人才引进工作中政策制定的经验及存在的问题，对比西方发达国家以及其他新兴国家高层次人才引进的政策和措施，提出在国际引才过程中，树立"大引才观"，建立常态化引才机制建设，尝试建立"人才特区"带动人才创新体制的改革，大力拓宽引才渠道等政策措施。

关键词：引进　海外高层次人才　政策研究

第一章　导论

一　选题意义

（一）理论意义

人才是具有一定的专业知识或专门技能，进行创造性劳动并对经济社会发展做出贡献的人，是人力资源中能力和素质较高的劳动者。劳动者的劳动能力是蕴藏在人体中的脑力和体力的总和。1979 年诺贝尔经济学奖得主美国人西奥多·舒尔茨（1960）在《人力资本投资》中，关于人力资本投资和教育收益率大大超过物质资本收益率的研究，使世界各国日益重视人力资本投资，并在国际范围内争夺优质人力资源。

中国作为世界第一人口大国，最近一次人口普查结果显示，截至 2010 年，中国人口 13.4 亿人中，具有大学（指大专以上）文化程度的有 1.20 亿人，相当于日本的全部人口；因此一亿多人的绝对数量也可以称为人力资源大国，但我们的人力资源目前还处于数量的优势，在质量上既无法与世界先进国家竞争，也远远不能满足自身现代化建设的需要。激烈的国际竞争要求我们尽快提升自身人力资源质量，取得竞争的主动权，在未来的世界中立于不败之地。引进海外高层次人才是一种高效的人力资本投资。

中国历来重视海外高层次人才引进工作。中华人民共和国成立初期至今，一系列引才计划及留学人才培养计划使一大批海外精英为我所用，他们为开拓和发展中国的教育、科技、国防事业，推动中国科技研发、高新产业、新经济及社会进步做出了卓越贡献。国家人才引进工作取得了巨大成效，但仍不能满足我们建设创新型国家对各类高层次人才的迫切需求。

（二）现实意义

2010 年 6 月发布的《国家中长期人才发展规划纲要（2010 ~ 2020 年）》中提到"人才是我国经济社会发展的第一资源"。当今世界正处在大发展、大变革、大调整时期。世界多极化、经济全球化深入发展，科技进步日新月异，知识经济方兴未艾，加快人才发展是在激烈的国际竞争中赢得主动的重大战略选择。

有研究表明，目前中国是世界上人才数量最大、损失最多的人才流失国之一。2008 年底出台的以引进国际一流的战略科学家和科技领军人才为目标的"千人计划"表明，国家将进一步解放思想，完善体制机制，以更宽的眼界、思路和胸襟做好海外人才引进工作。中国的人才引进工作面临着机遇与危机并存的局面。

中国科技创新的基本指标是，到 2020 年，经济增长的科技进步贡献率要从 39% 提高到 60% 以上，全社会的研发投入占 GDP 比重要从 1.35% 提高到 2.5% 。要想实现这一目标，我们迫切需要大量的人才，特别是高水平的创新型人才。在全球范围内引进人才"为我所用"是西方发达国家成功的经验，我们也应该对以往的人才引进政策进行系统研究，分析其经验、规律和不足，为进一步的人才引进工作提供可行的决策依据。

二　文献综述

在吸引留学人才回国的政策研究方面，苗丹国的《出国留学六十年——当代中国的出国留学政策与引导在外留学人员回国政策的形成、变革与发展》最具权威性。在研究中，苗丹国对 60 年来的我国出国留学政策以及吸引留学人员回国政策发展的过程和几乎所有问题，进行了集中讨论。本文有关国家层面和地方层面的各项高层次人才引进政策和措施，很多借鉴了苗丹国的研究成果。

国内对于高层次人才引进的研究，比较系统的有刘永志、何敬中的《引进国外人才工作的历程与前瞻》。这项研究系统总结了我国改革开放前后的国外人才引进工作，提出了中国利用国外人才存在的主要问题，并提出了政策建议。

国外引进海外高层次人才政策比较与借鉴方面，倪鹏飞、潘晨光的《人才国际竞争力——探寻中国的方法》，对人才国际竞争力指标体系及中国人才竞争力在全球的位置进行了分析，并特别将中国与美国、印度人才竞争力进行了比较研究，在人才的引进与利用方面提出了三个方面的对策建议。

在高层次人才流失方面，笔者见到最早的文献是陈昌贵的《人才外流与回归》，它是国内第一部研究中国人才外流现象与问题的学术专著。陈昌贵教授通过调查数据和有关资料的分析，指出了中国人才外流现状的特点，据此，提出了吸引留学人才回归的对策和思路。另外陈昌贵、刘昌明在《人才回归与使用》中剖析了国家进一步开放留学政策之后，留学人才国际流动面临的新问题，对留学人员使用状况进行了具体分析。

以上各种研究分别围绕个别问题，从人才引进不同方向和角度展开，其研究的深入性和系统性有待进一步提升。引进海外高层次人才政策的进一步完善需要同时在两个层面展开：一是在全面总结分析国家已有政策体系和工作实践基础上，进行体制改革和创新；二是通过对国际通行做法进行比较研究，借鉴和制定在国际人才市场具备竞争力的人才引进政策。这既需要随着国家经济社会的发展以及国际形势的不断变化不断有新的应对策略，又需要建立起一套海外高层次人才引进工作的长效、动态可持续机制。

三 框架结构

全文分五章讨论。第一章，导论，提出问题。第二章，我国高层次人才建设现状及存在问题。第三章，总结归纳国家层面和地方层面高层次人才引进政策和措施，在此基础上分析我国高层次人才引进工作存在的问题。第四章，介绍国外政府引进高层次人才的政策和做法，总结其经验和特点以及可供我国借鉴之处。第五章，以人才引进体制机制改革为重心，进一步加大高层次人才引进工作的力度，主要思路为变特殊优惠政策为常态体制机制建设，变引才运动为引才机制；树立不拘一格引人才的"大引才观"，引才、举才、育才有机统一；开阔引才思路，拓宽引才渠道，注重文化同源效应及经贸合作机制影响，增强"才富"竞争力。本文内容梗概和逻辑关系如图1所示。

四 本文创新点

本文结合MPA课程所学公共管理理论，运用文献研究法、比较研究法等研究方法和手段，以国家和地方海外高层次人才引进为主要研究对象，通过查阅国内外相关著作、文献等参考资料，了解海外高层次人才的引进机制基本情况和现状，采取定量与定性分析相结合、总体与个体研究相结合，全局与局部探讨相结合的方法，分析我国海外高层次人才引进机制目前尚存在的不足及完善的对策思路。

第二章 我国高层次人才队伍建设现状分析

高层次人才队伍的重要作用，既体现在对经济发展和社会进步的直接贡献上，也体现在对整个人才队伍建设具有示范和带动作用方面。因此加强高层次人才队伍建设是全面建设小康社会、开创中国特色社会主义事业新局面的关键所在。研究我国高层次人才引进工作，需要对我国高层次人才现状予以分析。

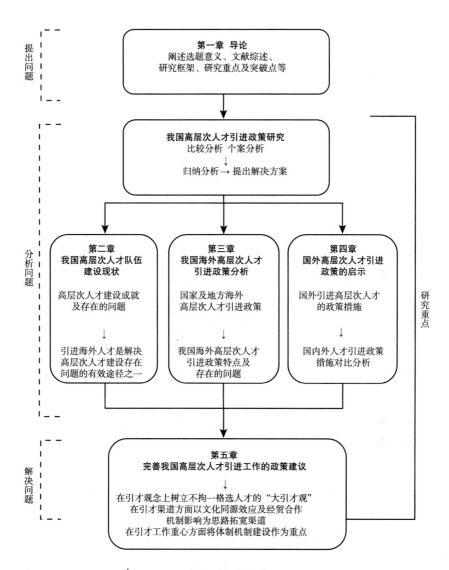

图1 论文框架

一 我国高层次人才队伍建设存在的问题

中华人民共和国成立至今，我国高层次人才队伍建设取得了显著成就，但与世界发达国家相比，在人力资源质量、资源配置、人才培养和开发等方面还存在一些与国家经济社会发展不相适应的问题。

（一）高层次人才总量偏低，年龄老化

我国高层次人才比重偏低。国家虽然已经初步建成各个领域初具规模的以科技研发为主体的人才队伍，但高层次人才、领军型人才严重匮乏。另据有关统计，每万名劳动力中从事研发活动的科学家与工程师，我国 2001 年只有 10.2 人，美国 1997 年是 81 人，日本 1999 年为 97 人。2009 年全国 4.5 万个研发机构中从事科研活动的人员有 142.6 万人，其中博士和硕士 32.7 万人，仅占 23.0%[①]。高层次人才的匮乏使得国家人才总量优势难以转化为相应的现实生产力。另外，高层次人才老化问题比较严重。根据国际经验，科学研究人员出成果的年龄一般不超过 50 岁，我国高层次人才年龄结构比较老化。以中国工程院院士为例，2001 年我国 613 名院士中，65 岁以下的有 215 人，占总数的 35.07%；66～75 岁的院士有 296 人，占总数的 48.29%；76～79 岁的有 54 人，占总数的 8.81%；80 岁（含）以上有 48 人，占总数的 7.83%。至 2003 年底，我国两院院士共有 1351 人，其中中国科学院院士 688 人，平均年龄超过 74 岁；中国工程院院士 663 人，平均年龄超过 64 岁。至 2003 年 7 月底，我国 3 万余名国家级、高校级博士生导师的 1/3 已退休，1/3 年龄已达到或超过 60 岁，55 岁以下的只有 20%。从党政高层次人才年龄结构来看，党的十六大选出的中央委员会委员平均年龄 55.4 岁，省部级官员 60 岁以上的超过 10%，55 岁以上的超过 65%[②]。

我国高层次人才的严重短缺，加之现阶段人才老化现象严重，使得后继乏人问题突出。提高队伍质量、改善学科结构和提高各类科学家在国际科学界的地位，应成为我国高层次人才队伍建设的重要任务。

（二）高层次人才的结构亟待优化

以科技人力资源为例。我国科技人力资源表现出三个方面的结构特点：一是集中分布在第二、第三产业；二是相对集中于中东部地区；三是在公有制单位中的比重较大。

从产业分布情况上看，我国科技人力资源集中分布在第二、第三产业。第二产业有 2121 万人，占全国总量的 48.6%；第三产业有 2169 万人，占全

---

① 国家统计局：《第二次全国科学研究与试验发展（R&D）资源清查主要数据公报》。
② 潘晨光：《人才蓝皮书：中国人才发展报告》，社会科学文献出版社，2004，第 70 页。

国总量的 49.7％；第一产业仅有 70 万人，占全国总量的 1.6％。其中，第二产业中制造业、建筑业科技人力资源占全国总量高达 42.2％；第三产业中教育行业比重最高，占该行业比重为 71.6％，其次是信息、计算机服务和软件业，占该行业比重为 61.1％，金融业、批发零售业、租赁和商务服务业分别占各自行业比重仅为 0.8％、2.8％和 2.7（见表 1、图 2 和表 2）。

表 1　我国科技人力资源在第一、第二、第三产业的分布情况

单位：万人，％

产　业	人数	比重
第一产业	70	1.6
第二产业	2121	48.6
第三产业	2169	49.7
总　计	4360	99.9

资料来源：国家统计局 2004 年第一次全国经济普查结果。

表 2　第二、第三产业科技人力资源占所在行业从业人员的比重

单位：万人，％

产业（行业）	全部就业人员	科技人力资源总量	占该行业比重
第二产业	12436	2121	17.1
采矿业	889	134	15.1
制造业	8390	1289	15.4
电力、燃气、水供应业	365	145	39.7
建筑业	2792	553	19.8
第三产业	8665	2169	25.0
交通运输、仓储、邮政业	628	145	23.1
信息传输、计算机、软件	239	146	61.1
批发和零售业	1382	39	2.8
住宿和餐饮业	429	20	4.7
金融业	375	3	0.8
房地产业	396	18	4.5
租赁和商务服务业	440	12	2.7
科研、技术服务、地质	326	30	9.2
水利、环境、公共设施	184	26	14.1
居民服务和其他服务业	136	10	7.4
教育	1519	1088	71.6
卫生、社会保障、福利	547	254	46.4
文化、体育、娱乐业	147	9	6.1
公共管理和社会组织	1917	369	19.2
全国总计	21262	4360	20.5

资料来源：国家统计局 2004 年第一次全国经济普查结果。

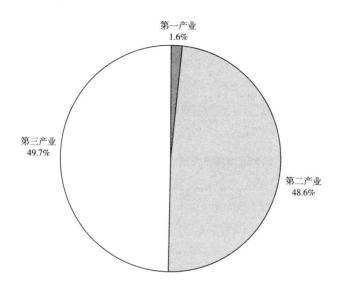

图2 科技人力资源在第一、第二、第三产业中的比重

从区域分布情况来看，我国科技人力资源相对集中于东部地区，东部、中部、西部地区科技人力资源数量依次大幅递减，东部为2127万人，占全国总量的48.8%；中部为1278万人，占全国总量的29.3%；西部为955万人，占全国总量的21.9%。区域分布严重失衡（见表3）。

表3 我国东部、中部、西部地区科技人力资源分布情况

单位：万人，%

区域	人数	比重
东部	2127	48.8
中部	1278	29.3
西部	955	21.9
全国	4360	100.0

资料来源：国家统计局2004年第一次全国经济普查结果。

从科技人力资源从事行业的所有制性质分布情况来看，科技人力资源在公有制单位中的比重较高，其中，公有制企业的科技人力资源总量为975万人，占全国总量的50%以上，私营企业比重仅为26.6%（见表4）。

表4 不同所有制企业科技人力资源数量及占全国的比重

单位：万人，%

企业所有制性质	科技人力资源	占全国的比重
公有制企业	975	54.5
非公有制企业	813	45.5
其中:私营企业	476	26.6
港澳台投资	146	8.2
外商投资	191	10.7
全部企业总计	1788	100.0

资料来源：国家统计局，2004年第一次全国经济普查结果。

高层次人才队伍的结构性矛盾，造成了人才严重短缺和人才大量浪费并存的现象，与国家"十二五"时期发展战略的需求不相适应。结构调整是高层次人才队伍建设的当务之急。

（三）高层次人才创新能力较弱

创新产出包括专利产出、著作产出和版权费三个部分。专利是某一项新发明的发明者所拥有的受法律保护的独享权益，专利产出包含每百万从业人员专利批准数、专利批准总量、专利批准总量增长，专利产出指数越高表明对智力活动的保障也就越高。著作产出包括发表于科技刊物上的论文数、每百万人发表于科技刊物上的论文数和发表于科技刊物上的论文数，是衡量创新产出的重要指标之一。著作产出有助于衡量人才科研实力的强弱、评价人才的学术贡献和国际学术地位等。版权费包括收到的版权与许可权费、每百万人收到的版权与许可权费和收到的版权与许可权费增长。

从现实比较来看，以2006年为例，与世界人才创新竞争力前10名国家相比，我国人才创新竞争实力明显不足，专利产出、著作产出处于劣势。日本人才创新竞争力指数是0.486，位列世界第一，而我国则仅为0.205，不及日本的1/2，世界排名第21位，处于世界中上游水平，差距明显（见表5）。

表5　2006年人才创新竞争力前10名的国家与中国比较

国家	区域	人才创新		专利产出		著作产出		版权费	
		指数	排名	指数	排名	指数	排名	指数	排名
日　本	亚　洲	0.486	1	0.734	1	0.356	23	0.252	5
美　国	北美洲	0.444	2	0.354	3	0.617	1	0.385	2
爱尔兰	欧　洲	0.346	3	0.141	25	0.361	20	0.645	1
瑞　士	欧　洲	0.337	4	0.354	2	0.553	2	0.065	28
新加坡	亚　洲	0.312	5	0.227	14	0.441	7	0.296	4
德　国	欧　洲	0.293	6	0.325	5	0.378	18	0.147	7
芬　兰	欧　洲	0.291	7	0.315	7	0.447	5	0.076	23
瑞　典	欧　洲	0.287	8	0.269	12	0.513	3	0.059	34
加拿大	北美洲	0.284	9	0.270	11	0.431	9	0.137	9
丹　麦	欧　洲	0.275	10	0.279	10	0.433	8	0.088	20
中　国	亚　洲	0.205	21	0.153	24	0.342	25	0.128	10

资料来源：倪鹏飞、潘晨光等著《人才国际竞争力——探寻中国的方位》，社会科学文献出版社，2010。

从历史比较来看，我国人才创新竞争力1999~2003年呈直线上升状态，2003~2005年出现下滑，2006年重新开始上升，但仍低于2003年最高值。2006年指数和排名出现明显背离，说明我国人才创新竞争力相对于其他国家减弱了（见表6）。

表6　中国人才创新竞争力变化情况

年份	1999	2000	2001	2002	2003	2004	2005	2006
创新竞争力指数	0.135	0.171	0.187	0.204	0.223	0.204	0.182	0.205
世界排名	27	23	17	16	16	17	18	21

资料来源：倪鹏飞、潘晨光等著《人才国际竞争力——探寻中国的方位》，社会科学文献出版社，2010。

（四）高层次人才国际流动情况总体上仍然流出比大于流入比

改革开放为我国各方面事业发展提供了充足的动力，同时也为我国高层次人才尤其是科技人才的流失增加了机会，这表现在两个方面。从国际流动情况来看，我国高层次人才的流出量明显大于流入量，我国出国留学人员流入和流出的回归比数是1:2，而人力资源流入和流出最佳回归比数是2:1。

从国内流动情况来看，存在严重的"内流失"现象。在海外建立生产基地和研发中心，推行人才本土化战略是国际人力资源竞争的另一个重要方式。据中国人事科学研究院研究显示，世界"500强"企业有400多家在我国建立了生产基地和研发机构，并在名牌高校设立高额奖学金，将这些"准高层次人才"作为吸引目标，而这些名牌高校毕业生和大部分留学归国人员也将跨国企业作为就业首选目标。微软中国研究院60余名研究人员中，20名是留学回国人员，40名是中国著名高校博士毕业生；朗讯科技公司贝尔实验室中国研究中心600名华人雇员中，92%以上为硕士，24%是博士；清华大学近百种奖学金里，美国通用电器公司、摩托罗拉公司、IBM公司等国际公司占了一半；北京大学的400多万元的奖学金中，东京三菱银行、摩托罗拉、宝洁、奔驰等外企公司有300余万元。吸引和留住高层次人才仍然是我们高层次人才队伍建设亟待解决的重要问题。

二　我国人才队伍建设的重要途径是引进海外高层次人才

人才队伍建设暨人力资源开发是一个系统有机工程。一般情况下，自主培养人才是一个国家人才产生的直接和主要途径。但人类文明成果是在长期实践中总结和积累起来的，后来的人们总是在前人智慧的基础上继续前行的。人类发展史的规律表明，善于学习、借鉴他人先进经验是一个国家能够在相对较短时间和较小投入的情况下迅速发展和强大的重要原因之一。从这个角度来说，善于引进和利用其他国家的人才和智力亦是一个国家获得人才资源的捷径。诺贝尔奖得主美国人西奥多·舒尔茨研究提出，人力资本投资和教育收益率大大超过物质资本收益率。引进海外人才是人力资本投资的直接形式，是短时间内获得高收益率的有效措施。人所共知，至今世界上唯一的超级大国美国，之所以能够一直以来领先世界，根本原因在于其开放兼容、积极主动的人才战略使得全世界的顶尖人才源源不断地从欧洲、亚洲、非洲流入美国。英国BBC援引OECD报告称，全世界62%的顶尖科学家都在美国。根据美国2000年的人口普查数据，外来移民只占美国劳动人口的12%，但在全美的科学家和工程师中，47%都是外来移民。可以说，善于吸引和利用外来人才是美国保持世界领先优势的制胜法宝。

以我国目前人才队伍及国家经济社会发展现状来看，解决人才队伍建设尤其是高层次人才队伍建设总量偏少、质量偏低等诸多问题，需要双管齐下。一方面要加强国家自主培养人才的力度，重视对教育的投入以及教育质量的提升，夯实国家发展之本；另一方面要善于利用和引进海外人才和智力，充实我国高层次人才队伍，同时以海外高层次人才的国际视野、尖端技术、优秀素质引领和带动国内人才环境的改革创新。这也是经国际经验证明了的、短时期内获得高质量的人才资源、解决人才总量偏低等最可行的措施。国家也早已认识到这一点。新中国成立之初，国家就积极吸引以钱学森为代表的一大批科学家、海外高层次留学人才回国，大批引进苏联和东欧国家的专家来华，利用他们为我国各个领域的发展奠定坚实的基础，并在当时举国维艰的情况下，创造了诸如"两弹一星"这样令世人瞩目的奇迹。改革开放之后，我国更是将引进海外人才和智力作为国家改革开放国策的一个重要组成部分。在一大批海外高层次人才的推动下，取得了一批重要的科研成果的同时，我国科技创新队伍结构的优化和梯队建设、学科布局的调整与发展、创新团队的建设取得明显成效，人才管理及科技研发体制机制得到创新。据统计，中国81%的中国科学院院士、54%的中国工程院院士是海归；教育部直属高校在岗校长中，海归比例为80%；国家高技术研究发展计划（"863"计划）、国家重点基础研究发展计划（"973"计划）首席科学家、课题组长大多数是海归；国家三大科技奖项目第一完成人中，海归比例为36.5%；在纳斯达克上市的四十家中国企业中，其高层管理人员大多有海外留学背景；海外资本在中关村风险投资的80%投给了海归企业。进入21世纪后，我们面临着建设创新型国家的艰巨任务，与此同时，国际人才竞争更加激烈，但我们也面临着机遇。金融危机以来，西方发达国家中的一部分高层次人才对自己未来的发展何去何从持观望态度，这种情况下，中央审时度势，进一步加快了参与国际人才竞争的步伐，大力加强海外人才引进工作的力度。

（一）我国高层次人才引进面临的三大机遇

党的十七届五中全会通过的《中共中央关于制定国民经济和社会发展第十二个五年规划的建议》指出，"我国发展仍处于可以大有作为的重要战略机遇期"。人才是发展的重要推手，因此引进海外人才也是机遇期重要的组成环节。从现在起到2020年，我国在大力推进高层次人才引进工作方面，面临着三大机遇。

第一，进入 21 世纪以来，我国把握了世界和平与发展机遇、经济全球化机遇、区域经济一体化机遇、信息化机遇、世界格局多极化发展机遇等，经济发展取得显著成就。过去十年我国 GDP 年均增速在 10% 左右，2010 年中国经济总量已经超过日本，成为世界第二，人均 GDP 突破了 4000 美元，成为中等收入国家。世界银行数据库的分析显示：2001～2008 年，中国在 20 国集团国家中经济增长率最高、经济波动系数最低；2009 年，中国对世界经济增长的贡献率超过 50%，形成了全球经济增长中的"中国模式"，国际影响力显著扩大。这为进一步提高高层次人才引进工作改革力度奠定了坚实的基础。

第二，未来 10 年将是我国从新"三步走"战略的第一步迈向第二步、全面建设小康社会的关键时期，金融危机为我国带来的危机倒逼机遇，将推动我国发展方式转型和经济结构调整，而危机后的产业革命机遇也会创造新的发展机遇。具体来说未来我国发展将面临六大机遇：一是人口城镇化创造巨大内需，拉动经济可持续增长；二是发展低碳化创造绿色经济产业革命新机遇；三是产业高端化会促进企业价值链升级；四是企业信息化会大大提升经营效益；五是经济服务化将拓展市场发展新空间；六是经营国际化为企业带来"走出去"和"引进来"的双重机遇。这六大机遇将支撑我国经济基本面长期向好，为吸引高层次人才创业提供了发展机遇。

第三，世界经济重心向亚洲地区的转移将带来全球优秀人才向亚洲的转移。随着亚洲经济特别是中国经济的崛起，全球资源配置开始向亚洲偏移，突出表现为产业、技术、资金和人才向亚洲地区加快流动，这为我国吸引全球优秀人才提供了战略机遇。

我们要抓住用好上述机遇，充分发挥人才引进工作已有综合优势，进一步加大高层次人才引进工作改革力度，不断完善高层次人才引进政策，努力为我国经济社会发展提供高层次人才支持和智力保障。

（二）我国引进海外高层次人才的有利条件

1. 较为优良的宏观环境为人才工作和生活提供了稳定的环境保障

宏观环境是从经济环境、对外开放、政治环境和移民政策四方面来衡量的，是影响一国留住人才或吸引人才的一个极为重要的因素。宏观环境的稳定与否，对人才的去留有着重大影响。改革开放以来，我国在保持经济增长、坚持对外开放政策、改善政治环境、对海外人才采取宽松的移民政策等方面不断地改善。这些政策和措施都维护并加强了我国宏观环境的稳定。根据有关研究，在 58 个国家（地区）中，中国的宏观环境指数为 0.449，排在第 26 位，处于中等水平；排在第 1 位的新加坡高出中国 0.274，差距适中。在中等收入国家中，马来西亚排在第 1 位，高出中国 0.064，差距很小。在人口过亿的 9 个国家中，中国的宏观环境指数排在第 2 位，仅次于美国；美国的宏观环境指数为 0.474，高出中国 0.025，差距很小。在亚洲地区，中国宏观环境指数排在第 4 位，次于新加坡、中国香港和马来西亚。综上，可以看出，无论是在 58 个国家（地区）还是中等收入国家，或人口过亿国家，或亚洲地区，中国的宏观环境指数都有一定优势。

2. 现代人才管理体制机制的初步形成为人才创新创业奠定了制度基础

人才尤其是高层次人才是国家发展的核心资源。在改革开放参与到世界竞争格局中之后，我国逐渐深化认识，在经济社会发展的各个阶段中逐步推进人才工作的力度，为我国进一步参与世界人才竞争，加强吸引海外人才奠定了基础。

2003 年，召开了新中国历史上第一次全国人才工作会议，党中央明确提出了"党管人才"原则，中央成立了人才工作协调小组；2006 年，人才强国战略作为专章列入国民经济和社会发展"十一五"规划；2007 年，党的十七大报告和新党章首次写入人才强国战略；2008 年，中央组织编制《国家中长期人才发展规划纲要（2010～2020 年)》，提出确立国家人才竞争比较优势，进入世界人才强国行列的战略目标。这一系列举措，在思想上，逐渐形成了以人才资源是第一资源、人人都可以成才、以人为本等理念为核心内容的科学人才观；在人才工作体制机制方面，吸引、培养、使用人才的框架体系初步形成；在人才工作的成效方面，逐步形成了规模宏大、门类齐全、素质较高的人才大军。截至 2008 年底，我国人才资源总量近 1.14 亿人，已经成为世界人力资源大国。其中，科技人才资源总量达 4600 万人，居世界第一；研发人才总量超过 196.5 万人年，仅次于美国。至 2009 年底，我国技能劳动者总量突破 1 亿人。其中，高技能人才达 2630 万人；截至 2008 年底，全国农村实用人才总量达 820 万人，比 2005 年增长了 42%。

3. 大批海外留学人员是我们高层次人才的后备资源

炎黄子孙的血脉传承五千年而绵延不绝，这与中华民族特有的族群凝聚传统分不开。这使得留居海外的华人对祖国始终怀有血浓于水的深刻情感。无论走到世界哪个角落，中华民族的传统都被继承下来，在与当地的融合之中，始终保持着华夏文明的强韧生命活力。有了这个根基，随着中国的进一步发展和强大，在世界这个大家庭中占据越来越重要的位置，只要我们采取积极有力的政策措施，形成尊重人才、使用人才的优良环境，满怀真挚感情地欢迎这些海外华人为祖国发展贡献智力才力，海外 3500 万华人、79.2 万留学生一定会成为国家高层次人才建设的后备资源。

第三章 我国海外高层次人才引进政策分析

一 国家层面高层次人才引进政策

在中央一系列有关海外人才引进精神和原则的指导下，国家各部委相继出台一系列引进海外人才政策，包括涉及引进人才工作和生活各个方面的综合性政策，也包括只涉及某一方面的专项政策，如鼓励短期回国的政策、资助科研经费的政策、扶持建立发展留学人员创业园等创业载体的政策、出入境及落户政策、子女入学政策、国外学历学位证书认证制度等（见表 7）。

表 7 国家吸引海外人才的具体政策措施

时间	文件	主要内容	特点及影响
2000 年 6 月	人事部《关于鼓励海外高层次留学人才回国的意见》	①界定海外高层次留学人才。②鼓励用人单位自主引进海外人才，费用自筹。③报酬按现行工资标准高定 2~3 个职务工资档次，科研机构高校另给 5 倍津贴，重大贡献不超过 10 倍；银行、证券、保险等津贴单位自定；国有企业参照在华外资标准。④放弃长期或永久居留权，可担任单位法定代表人。⑤发放住房补贴。⑥医疗保险同等待遇。⑦为配偶安置工作。⑧安排子女入双语学校，升学适当照顾	鼓励回国服务（引人才本身）
2000 年 6 月	科技部人事部教育部《关于组织开展国家留学人员创业园示范建设试点工作的通知》	在各地已有 30 家创业园的基础上选择 10 个左右基础较好的留学人员创业园作为试点，积累经验，为全国留学人员创业园的建设与发展作好示范；选定的示范试点单位，科技部、人事部、教育部将协调支持，加强联系和指导	至 2011 年 6 月认定了 19 个基地；大力推动了全国留学创业园建设，是引进人才创新创业的重要平台

续表

时间	文件	主要内容	特点及影响
2001 年 5 月	人事部等 5 部委《关于鼓励海外留学人员以多种形式为国服务的若干意见》	鼓励国内兼职、国内外合作研究、回国讲学、学术技术交流、国内创办企业、从事考察咨询活动、开展中介服务等；按照国际惯例，给付合理报酬；为外籍人才提供入出境便利，签发 1~5 年的多次往返签证	鼓励以多种形式为国服务（引进智力）
2004 年 8 月	公安部、外交部《外国人在中国永久居留审批管理办法》	对外国人申请在中国永久居留的资格条件、审批程序、《外国人永久居留证》的法律效率方面做了明确的规定	被称为中国"绿卡"制度，是关于外国人在中国永久居留制度比较全面、系统的规章，为吸引高层次人才提供永久居留保障
2005 年 3 月	人事部等 4 部委《关于在留学人才引进工作中界定海外高层次留学人才的指导意见》	界定条件：①著名科学家；②著名高校科研机构副教授以上学者；③著名公司高级管理和技术职务；④政府机构或著名非政府机构中高层管理职务；⑤业内普遍认可专家；⑥主持国际大型项目人员；⑦拥有重大技术发明、专利人员	为选拔人才提供了一个明确的评价标准；偏重于学术界和科研领域；没有提到对创业人才的吸引
2007 年 2 月	人事部等 16 部委《关于建立海外高层次留学人才回国工作绿色通道的意见》	回国不受编制数额、增人指标、工资总额和出国前户口所在地的限制；报酬可实行协议工资；公平申报国家各重大项目和工程；可直接聘任技术职称；可申报突出贡献和国务院津贴；创办企业税收优惠；创业园区配备专门服务人员；落实配偶工作及子女入学；提供 2~5 年居留及多次往返签证	对原有政策规定进一步系统化、明确化，某些方面有所创新突破
2009 年	人社部《关于印发实施中国留学人员回国创业启动支持计划意见的通知》	优先支持电子信息制造、生物医药、新材料与新能源等以及金融、物流、信息和商务；重点创业项目 50 万元，优秀创业项目 20 万元；用于贷款贴息、人员安置、团队建设	直接以无偿提供资金方式支持创业
2011 年 2 月	中组部、人社部《关于支持留学人员回国创业的意见》	从创业启动支持计划、创业投资引导基金、创业贷款、税收优惠、外汇管理、租金减免、土地优惠、政府采购、专利保护、技术入股以及设立博士后科研工作站等方面给予政策优惠；从户口办理、社会保险、职称评审、计划生育、子女入学、配偶就业、参加国际活动、科研项目申报、驾驶证办理以及与高等院校和科研院所合作等方面营造良好环境；从搭建信息平台、交流平台、投资服务平台和技术产权服务平台等方面提供支持和帮助	首次从国家层面对支持留学人员回国创业的各方面政策作出规定；初步形成回国工作、为国服务和回国创业"三位一体"的留学回国工作政策体系

资料来源：笔者根据国家有关文件整理。

二 地方层面海外高层次人才引进政策

我国几乎每个省及主要城市都出台了高层次人才引进方面的相关政策。如《上海市人事局关于印发〈上海市吸引国内优秀人才来沪工作实施办法〉的通知》（沪人〔1999〕51号）；北京市海淀区人民政府制定实施的《关于支持高新技术产业加强人才建设引进急需人才的暂行办法》；《大连市关于吸引软件高级人才的若干规定》；深圳市人事局、深圳市人民政府外事办公室、深圳市公安局、深圳市外国专家局在2002年就联合出台了《关于为外国籍高层次人才和投资者提供入境及居留便利的实施办法》（深人发〔2002〕70号）等。根据2010年4月26日中国社会科学院发布的《中国城市竞争力报告No.8》，2010年中国城市竞争力排名前四位的城市分别为香港、深圳、上海、北京，因此我们将这四个城市所采取的高层次人才引进政策做一比较（见表8）。

表8 我国地方海外人才引进政策和措施比较

城市	引才对象	主要内容	关注重点	引才效果
北京	发达国家海外留学人才	可担任科研院所、国有企业和金融机构领导职务;提供稳定科研经费支持;可担任市重点科研项目负责人,决定经费使用及人员聘用;政府一次性100万元奖励,用人单位配套资金用于改善工作生活条件;薪酬参考来京前水平确定;受聘中关村科技园区的可以给予期权、技术入股、股权奖励、分红等;以优质公立医院作为定点医疗机构;本人及家属享受市民同等社会保险待遇;市民待遇购房或享受租房补贴;为配偶安排工作或发放用人单位平均工资水平的生活补贴;子女升学优先录取;实施海外人才集聚工程	重点在提供生活保障方面的各项优惠待遇	高层次人才在首都经济和社会发展中的战略支撑和引领作用日益突出,并对全国人才发展的辐射带动作用显著增强
上海	发达国家海外留学人才	实行上海市居住证制度,在创办企业、科技活动、专业技术职务评定、子女就读、基本养老保险、基本医疗保险、住房公积金、专利奖励、居留签证、外汇兑换、户籍等方面享有市民待遇;实施归谷工程,在留学创业园内配置各种资源,提供子女入学、学术交流、技术平台共享等集约式服务;提供"一门式"办理《上海市居住证》、《外国专家证》,申办企业资格认定、海关通关、知识产权注册登记服务;启动"万名海外留学人才集聚工程"、"3100工程"大规模引才	重点在实施居住证制度,使引进人才享受市民待遇	是海外留学人员回国工作或服务的首选城市之一,吸引海外人才的政策在全国始终保持着超前性和示范性

城市	引才对象	主要内容	关注重点	引才效果
深圳	发达国家海外留学人才	市财政每年专项资金支持留学人员来深创业;颁发海外留学人才居住证,为子女入学、医疗、租房、办企业提供便利;规定用人单位引进海外高层次人才的住房补贴、安家费和科研经费等可列入成本核算;符合深圳产业发展要求的海外高层次人才可以个人身份直接办理入户手续;实施"孔雀计划",引进人才给予80万~150万元补贴;世界一流团队给予最高8000万元的专项资助;实施鼓励创业的配套政策和每年3亿~5亿元的创新创业专项资助;给引才工作卓有成效的用人单位最高200万元的奖励	重点在提供生活补贴、创业资金、科研经费及各种生活福利待遇方面	形成了深圳独有的制度优势,引进海归4万余人,超亿元产值的海归企业达26家,海归在深圳创办企业生产总值29.98亿元
香港	海外、内地特殊才能人士和投资者	充分发挥自由市场经济制度下高度自由的人才市场环境来吸引世界各国人才;启动"优秀人才计划",规定特殊才能人士无须被雇用即可来港定居;推出"资本投资者入境计划",让一些投资者通过投资项目来港居留	重点引进投资人才并使引进人才来港居留	吸引了来自中国内地以及加拿大、英法等国人士;截至2007年,1500人为香港带来港币100多亿的投资,促进了香港经济的发展*

*引自毛大立主编《向往之地——上海国际人才高地建设构想》,上海社会科学院出版社,2009,第34页。

资料来源:笔者根据地方政府有关文件整理。

三 我国高层次人才引进政策存在问题分析

(一) 引进人才锁定目标方面存在的问题

1. 从工作领域上来说,吸引对象主要面向科技研发和创新创业的"硬科学"人才,缺乏人文社会方面的"软科学"人才

以"千人计划"为例。"千人计划"引进对象主要是四个方面:国家重点创新项目科研人才;重点学科和重点实验室科研人员;中央企业和商业金融机构高层管理人员和技术人才;高层次创业人才。这是由我国人才结构中科技研发人员、创新创业人员短缺所决定的,也是我们追赶世界发达国家所必须重视的一个方面。但一个国家科技的发展必须同时伴随人文社会科学的繁荣才能保证健康地发展。如果将人类社会比喻为一艘破浪前行的巨轮,科

学技术比喻为巨轮的发动机的话，那么人文社会科学就应当是灯塔。没有了灯塔的指引，发动机马力越大，巨轮驶往毁灭的方向越快。从人类文明发展史来看，不重视人文社会科学层面的思想文化教育的国度，就如同沙滩上建大厦，已取得的成果也难以维系，因为社会的发展是要通过人这一主体的行为来实现的，一个没有良好道德情操的社会是不可能可持续发展的。

2. 从本身属性上来说，引进对象主要是年轻的海外留学人员和华裔人才，仍然缺乏不拘一格选人才的"大人才观"气魄

从已有的引才文件和多年引才工作实践可以看出，我国人才引进对象始终是以留学和华裔人才为主体，并且都对引进人才有具体的年龄限制，而美国则是"只要是专业精英，可不考虑国籍、资历和年龄，一律允许优先进入美国"。相比之下，我们的引才观念显得缺乏海纳百川的"大人才观"气魄。也正是因为在人才引进方面的不拘一格选人才的大人才观念，各个国家的移民竞相流入美国，并为美国发展做出惊人贡献。哈佛商学院教授 William R. Kerr 总结出这样一个现象：移民约占美国劳动人口的15%，其中博士级的科学家和工程师占了美国将近一半的比例。在博士队伍中，获得诺贝尔奖、被推举进入国家科学院、获得专利奖项等人中相当大的比例是移民。1995~2006年，由移民创建的高科技公司有52.3%在美国硅谷，25%在全国范围内。到2006年，这些公司雇用了45万名工作人员，直接产生520亿美元的收入。可以明显地看到，美国的 GDP 有很大部分依赖于从世界各个地方不断流进的顶级人才。[1]

3. 从吸引目标国来说，主要是瞄准欧美等西方发达国家，缺乏因我国外交、文化、地缘政治而制宜的灵活思路

我们的引才政策基本上都是将目标锁定在西方发达国家，这主要是由于这些发达国家是我国留学人员主要滞留国。但我国目前生活和工作条件等各方面，无论硬环境还是软环境，都还不具备与美国等发达国家竞争的绝对优势。虽然我们制定了多项引才政策和措施，引才工作也取得了较大成绩，但与出国留学人员总数相比，回国人员总数还是不够多。研究表明，人力资源的流入和流出存在"最佳回归比数"，即2:1，也就是出国留学人员1/3留在国外继续发展，

---

① 吴霁虹：《走出创新陷阱》，人民网，http://ip.people.com.cn/GB/9243261.html。

2/3 选择回国发展。① 中国目前有 127 万留学人员分布在世界 100 多个国家，1978~2010 年底，有 63 万名留学人员学成后回国发展，② 回归比数是 1:2。人各有志，以发达国家优越的工作生活条件，我们也不可能将所有留学人员吸引回国。其实，我们可以打开引才工作思路，以立体多元思维构建引才政策体系。如在坚持吸引留学人才的同时，以东盟十国和金砖国家等作为新的引才渠道。

（二）政策内容方面存在的问题

1. "特殊优惠，特事特办"的原则使制度建设和制度改革创新动力不足

《引进海外高层次人才暂行办法》（中组发〔2008〕28 号）第一章总则里面将特事特办，针对高层次人才引进和使用的特点，采取特殊政策措施作为实施"千人计划"的四个基本原则之一。国家和地方其他层面各个引才文件及引才计划里也都提到在股权、期权、分红等收入分配方式方面，住房、医疗、保险、子女入学、落户、入出境方面以及提供科研经费、各种补贴等方面给予特殊优惠政策。遇事特殊优惠、特事特办是我国体制的一大特色，但这正是各项事业改革创新动力不足的原因。作为政府官员尤其是身在关键职位的高官，官僚体制本身的特点决定了，如果一件事情有权宜之计，谁也不会主动去寻找另外的解决之道，因为需要承担失败的风险。相比之下，这些特殊优惠政策在西方发达国家的引才政策措施里基本没有涉及，因为西方发达国家用人单位是实际上的引才主体，所引进人员的各项待遇是由单位和个人自行协商解决的，人才流动和引进本质上是由人才市场决定的。

2. 国家是引才主体，用人单位被动完成引才名额

国家《引进海外高层次人才暂行办法》（中组发〔2008〕28 号）规定，"各重点领域的人才引进工作由牵头组织单位负责组织实施。国家重点创新项目人才引进工作由科技部牵头；重点学科和重点实验室人才引进工作分别由教育部、科技部牵头；中央企业和国有商业金融机构人才引进工作分别由国资委、人民银行牵头；以高新技术产业开发区为主的各类园区引进创业人才的工作由科技部、人力资源和社会保障部牵头"。

"长江学者奖励计划"是国家教育部牵头组织，全国各高校具体实施。

---

① 王春法主编《2006~2007 中国科协调研动态汇编》，2005。
② 《中国海外留学生超 127 万 成为世界最大留学生来源国》，人民网，http//sd. people. com. cn/GB/218833/218864/14401927. html。

地方引才政策也是以各级政府组织牵头，各用人单位申报人选参与评审。从以上政策措施可以看出，国家和地方各级政府是各项引才计划的组织实施者，而各个用人单位则是在国家和地方政府给定的引才计划和引才名额下，制定自己的配套措施，组织人选参加国家或地方政府的选拔和评审。是否为所需的人才，是否需要引进，最终的决定权在国家和地方政府，用人单位不能直接认定并聘用人才，在引才计划中用人单位所起的作用是推荐人选以及为最终通过评审人选提供落地平台。这与发达国家具有明显不同。以美国为例，美国引进人才的主体是用人单位，首先是用人单位，如跨国公司、知名科研机构或高校，根据自身需要以及国家有关法律规定直接面向国内外招聘人才并提供相应待遇，没有国家和各地方政府出面为单位组织和引进人才。

国家和政府作为引才主体在一定时期和阶段是必要的，其所取得的成绩也是有目共睹的（尤其是在一些国家级大项目方面），但这不应成为我们引才工作机制的常态。一来因为是不是人才最终是要"用"来检验而非"评"来确定，人才最终要落脚在"单位"而非"国家"和"政府"。二来国家和政府作为引才主体，一旦引进的人才经检验不是人才，那么承受"引才成本"的是国家和政府即纳税人的钱，而非用人单位。实际上因为用人单位不用承担"所引非才"的后果，近些年来这种大规模以国家或地方政府为主导的引才计划和行动，已经导致了一些地方和部门虚报"人才"以争夺国家和各级政府资源的现象。改革开放初期，在外资引进方面，最开始也是以国家和各级政府为主导，全国出现一片引资热潮，经过多年探索发展，现在企业已经成为引资主体。这充分说明我们可以做到让用人单位成为引才主体，所需要的只是下定决心迈开步子。

3. 关注重点在有形的硬件方面，对涉及人才发展的体制机制等软件建设缺乏动力

"千人计划"规定对于引进的人才，中央财政给予每人人民币100万元的一次性补助（视同国家奖励，免征个人所得税），有关地方提供配套支持；中国科学院"百人计划"给予引进人才每人200万元的科研资金，"长江学者奖励计划"规定特聘教授每年10万元津贴。几乎所有的引才文件里面都将工作条件、生活待遇和出入境方面的保障作为政策关注重点。这主要由于中国尚属于发展中国家，与发达国家相比，广大人民收入水平生活条件还不太高，要为引进人才提供与发达国家相接近的工作和生活条件。这当然很重要。但好的生活和工作条件不仅是"硬件"方面可以看得到的有形的薪酬福利等各种待遇，还包括"软件"，如良好的有利于人才自由创造的体制机制，健康的无污染的自然环境等。实际上，以我国目前的条件，前者无论我们做得多么到位都无法与发达国家相比，也无法对高层次人才形成持久的吸引力，高层次人才不同于普通人，正是其重要特点在于"创造"，能够体验"创造"的快乐和成就感是他们更为看重的。而我们在这方面恰恰比较缺失，各项引才政策措施里很少看到实质上能够推动制度建设的举措，基本上都是一时的权宜之计。

第四章 国外高层次人才引进政策的启示

进入 21 世纪后，经济全球化和信息化两大特点更加凸显。世界各国，无论发达国家还是发展中国家，都在纷纷采取行动，出台有关政策，在全球范围内争夺高层次人才。由于历史与文化的原因，各国的引才战略存在不同的特点，一些传统资本主义国家，利用工业化、民主化进程中积累的硬实力与软实力，通过相对宽松的制度吸引人才。

一 国内外高层次人才引进政策的共同点

对比国内外高层次人才引进政策，可以发现其共同点在于，世界各国都针对高科技领域集中提供科研、基金、奖励等经费支持以及为高科技人才提供优厚生活待遇、优良工作环境等（见表 9）。

表 9 中国与世界其他国家在引才政策措施和效果方面的比较

国别	引才范围	政策措施	不同于其他国家的突出特点	引才效果
中国	长期以海外留学人才为主，年龄一般在 50 岁以下，"千人计划"之后开始尝试不限国籍	国家组织实施引才计划，地方政府跟进推行；提供科技研发经费；比照国际标准，在事业平台与工作待遇、生活保障方面提供各种特殊优惠政策；政治上较高的待遇，如特别优秀人员会受到国家领导人接见，担任各个关键领域的职务或给予各项国家级荣誉	国家主导，特殊优惠政策	近 5 年来，留学回国人员近 40 万人，占改革开放以来留学回国人员总数的 60% 以上；聘用外国及港澳台专家来华（大陆）工作约 230 万人次，其中国家急需高层次紧缺人才占 20%。但从国际流动现状来看没有扭转我国流出大于流入比重

续表

国别	引才范围	政策措施	不同于其他国家的突出特点	引才效果
美国	只要是专业"精英",可不考虑国籍、资历和年龄,一律允许优先进入美国	根据国家对高层次人才的实际需求不断调整移民政策;通过高薪和股票期权等收入分配方式吸引并留住高层次管理和研发人才;通过优越的科研环境吸引并留住高科技人才;本国跨国公司到海外办企业或设立研究机构,抢夺当地的人才资源	移民政策导向;优越的科研环境和生活条件	使美国成为全球各个国家各个民族优秀人才的集聚地,目前,在美国科学和工程领域就业者中,出生于国外的具有大学以上学历者已超过20%;美国保持始终居于世界超级大国地位
日本	不限国籍民族	发展涉外经济,收购美国高科技企业,资助美国的大学,把实验室直接建在美国名牌大学或高科技中心附近;打造人才引进环境;短期聘用为主,较少提供永久性职位;提高科研经费投入,连续8年增长	涉外经济引智渠道;直接在发达国家著名机构建立实验室	长期保持世界第二大强国地位
英国	英联邦国家的技术人才不需要办理工作签证可直接到英国工作两年;高技术签证申请人员可以不受工作许可的限制	放宽技术移民法律限制;著名大公司和研究机构拥有签发工作许可证的特殊权利;增加科研经费投入;国家拨出专款大幅度提高高科技、基础科研和高等教育领域有突出贡献的人才工资待遇	著名机构直接拥有签发工作许可权	保证英国始终成为世界教育科技等综合国力强国(2009年,国内生产总值居世界第6名,人均GDP第9名;人类发展指数第21名)
新加坡	在全球范围内吸引人才,不限国家和种族	倡导"没有资源靠人才"的共同价值观。实施专门针对科技企业家创业的新举措。设立奖学金计划,资助世界20所顶尖大学研究生博士后,规定毕业后须在新加坡工作2~4年	资助世界顶尖大学研究生博士后,规定毕业后在新加坡服务2~4年	目前新加坡每4个人中就有1个是外国人。2010年,新加坡全年GDP增速高达14.5%,名列经济增长、国家竞争力两项指标的榜首。美国盖洛普民意调查机构的一项"全球最吸引移民国家"的调查中,新加坡被评为"全球移民者最向往的国家"

续表

国别	引才范围	政策措施	不同于其他国家的突出特点	引才效果
印度	印裔高科技人才为主	实行精英教育国策;实施软件技术园区计划;提供高工资、高奖金,公司的优先认股权,购车免息、降低住房贷款利息,特殊购物补贴,医疗和教育补贴等高福利待遇	培养和吸引印裔软件科技人才	成为世界 IT 人才领先国家,目前已占全球软件开发市场的 16.7%,有 28 个国家完全靠印度软件支撑它们的信息产业
韩国	韩裔科技人才	实施人才回归计划,使用上贯彻研究人员优先的原则,提供优厚的物质待遇;实施科技外交,吸引利用国外人才;建设科研基地吸引人才,企业作为研发主体吸引人才	研究人员优先原则;企业研发主体地位	外流的人才大量回归,使韩国一跃成为新兴现代化国家

资料来源:笔者根据有关参考资料整理。

二 与发达国家相比,我国人才引进方面的不同点及我国引才政策存在的问题

(一)人才引进方式方面,发达国家着重以市场为依托,我国主要以计划来推动

以英、美、日为主的发达国家主要通过市场调节人才资源,政府进行宏观调控。如美国根据国家对人才的需要不断修改移民法,英国放宽技术移民法律限制,日本对高级专业人才的居留资格一次延长至五年等,都是从国家宏观层面完善政策法规来引导高层次人才的进入。中国则大力实施各项人才引进计划,从国家层面组织实施人才引进,地方也以政府为主导实施人才引进计划,各个用人单位则在国家和地方政府的引才计划之下,完成引才计划所规定的目标。

(二)人才管理体制方面,发达国家以常态机制依法管理,我国注重提供科研以外的福利及超国民待遇

英、美、日等发达国家对引进人才实施依法管理,享受与国民同等待遇,政府一般不给予特殊照顾,不直接提供现金奖励、补贴或科研扶持资金,没有专门为引进人才制定生活工作方面的特殊优惠政策,其薪酬福利工

作条件等享受何种待遇一般由用人单位和聘用人员协商决定，其优越的生活和工作条件是通过市场体制来实现的。

中国为引进人才在经济待遇方面（工资、经费资助、津贴、奖金、股权、期权、资本、税收、产权等收入分配方式）、生活条件保障方面（落户、居留和出入境、医疗、保险、住房、配偶安置、子女入学等）、工作条件保障方面提供了一系列特殊优惠政策，有的甚至是中国独创国际没有的，如为家属安置工作或提供生活补贴，在鼓励创新创业方面还专门创建留学创业园区、高新技术开发区等为引进人才提供事业平台，特别优秀的人才还受到国家领导人接见或表彰，使得引进的人才在政治和社会地位、经济待遇方面成为中国的"高等公民"。

（三）科技研发经费投入方面，发达国家始终保持较高比例，我国虽有增长但仍有差距

发达国家均以雄厚的经济实力为后盾，大力提高科研经费投入。1953～2001年，美国科研经费投入增长是GDP的2倍；2004～2005年英国科研经费比2000～2003年增加约30%；日本科研经费投入2000～2007年连续8年增长。这些发达国家均以其雄厚的经济实力大力支持科技研发事业的发展，保持本国人才竞争力。2000年以来，我国研发经费支出以年均23%的速度增长，2009年达到5802.1亿元，达到了1.7%，但与世界领先国家3%左右的水平相比仍有较大差距。

三 其他发展中国家和新兴国家与我国引才政策的不同点及我国引才政策存在的问题

同为发展中国家和新兴国家，中国和印度、韩国都为高层次人才提供优越的工作和生活条件的特殊优惠政策与倾斜性措施。印度专门兴建高度现代化的大学校园，里面配有高级别墅、体育设施等为工程技术人员提供良好的工作环境和生活环境；并提供高工资、高奖金，公司的优先认股权，购车免息、降低住房贷款利息，特殊购物补贴，医疗和教育补贴等高福利待遇。韩国回国科技人员的工资相当于同类人员的3～4倍，高于某些国会议员和政府部长的收入。同时也有与各自国情相适应的一些不同之处，显示出了各自的特色。新加坡实施国家"奖学金计划"，重点资助世界上顶尖的20所名牌大学的在读硕士或博士研究生后，无论是否是新加坡人，获得资助后，都须保证在新加坡工作 2~4 年，将引才对象由已获成就的顶尖人才前移至硕士和博士研究生后，以较低的成本引进高层次人才，为自身发展奠定坚实基础。中国将人才引进重点放在"国际一流"的定位上，大力引进成就卓著的科学家和各领域领军人才。印度则集中力量培养 IT 精英，与西方发达国家在软件开发方面分庭抗礼。韩国通过人才回归计划，从科技立法、研究人员优先、提供优厚物质待遇等各个方面吸引韩裔高层次人才。每个国家都是根据自身国情制定适合于本国的人才引进政策和措施，也都不同程度地获得较好效果，但其他国家在政策制定上更倾向注重引才效果，我国则是制定出台一系列宏大引才计划和组织引才活动，对引才效果缺乏有效的评估机制。

第五章　完善我国高层次人才引进工作的政策建议

引进人才，特别是引进高层次人才，从国家、政府层面不仅是为了经济发展的需要，也是为实现中国软实力提升的重要举措。根据以上研究结论，可以发现我们下一步在高层次人才引进工作方面需要关注的方向主要有三个方面。

一　在引才观念上，树立不拘一格引人才的"大引才观"

引进人才首先要认清人才，其次是培育人才，最后是不要埋没人才，创新的引才观念主要包括三个方面。

在引进人才属性方面，可以更多借鉴美国的做法，对所引进人才的国籍、种族、年龄、资历不做限制，摒弃"非我族类，其心必异"的传统观念，对于专业人员只对其专业水平进行评定，符合专业要求即为我国所需要的人才。秦朝在引进人才方面曾走过"弯路"，李斯在《谏逐客书》中认为，不能因为人才不是秦国人就"逐客以资敌国"，他认为"夫物不产于秦可宝者多，士不产于秦而愿忠者众"。随着中国国力的不断增强，我们可以重新理解这篇文章，先进技术（宝物）、海外人才（客卿）都可以为我所用。美国作为移民国家，在对于人才认定方面有很多值得我们借鉴，黑人总统奥巴马、前国务卿赖斯以及华裔部长骆家辉、朱棣文、赵小兰等都没有因为少数族裔的身份而影响仕途。中国历史上一直都曾有外国人入朝为官，如唐朝日本人晁衡（阿倍仲麻吕，698～770年）作为遣唐留学生，官居左散骑常侍安南都护、安南节度使等职，汉朝时也有很多少数民族在朝廷内做官。

在高层次人才界定上实行动态机制，将世界顶尖大学的研究生和博士后作为"准高层次人才"纳入政策考虑范围，把这些人才作为"潜力股"或资助或引进。他们在不久的将来即进入高层次人才行列，但在此之前引进或资助，将产生事半功倍的效果。这种做法已经为新加坡的实践所证实。另外，引进人才不仅要看到自然科学，包括理科、工科的人才可以创造财富，还要看到国外管理学以及人文社会科学研究的一些优势，把管理、人文、社会等方面的"软科学"人才纳入人才引进计划。

摒除"远来的和尚会念经"的思维惯性以及由此产生的"重海外人才、轻国内人才"的行为，在各项人才政策措施里将国内人才纳入其中。"引才"不仅是引"海外之才"，也应当是引"未发现之才"。古人说"千里马常有而伯乐不常有"，许多国内人才之所以没有"脱颖而出"是因为此前没有他们事业发展所需要的"特殊优惠"政策和工作生活环境。韩愈在《马说》中讲："马之千里者，一食或尽粟一石。"如果不能给其提供适当的条件，那么"欲与常马等不可得，安求其能千里也？"目前，各项引才政策和计划都是针对"海外特殊"人才的"特殊优惠"政策措施，如果这些政策措施同等地让国内人才享受到，让他们平等去竞争国家所提供的各类资源，他们又何尝不能够创造创新成果。

实际上，引进的人才主要是先前国内流失的人才，这正从反面说明了国内人才并非不是"人才"，而是在他们所处的环境中没有得到最佳的发挥，"虽有千里之能，食不饱，力不足，才美不外见"，最终没有成为"人才"。另外，国家虽然有实力"重金引才"，但没有办法引进人才之所以成为人才的"体制机制环境"，已经引进来的人才因"水土不服"复而流失的原因即在于此。人才发挥作用所需要的体制机制环境仍然需要我们自身建设。因此，要突破引才工作现有机制中的不足方面，思维不能局限于"引"，而是要"引"、"举"、"育"并举和有机统一，在培育和发现现有人才的基础上，对外来人才形成吸引力。

二 在引才渠道方面，注重文化同源效应及经贸合作机制影响

在参与世界人才市场的竞争中，我们可以在文化同源效应及经贸合作机制的影响方面做文章，在与美国等发达国家直接竞争的同时，开辟符合我国特点的引才渠道，增强我国"才富"竞争力。可以从地域目标、层次目标方面考虑下列方向。

一是将地域目标锁定周边国家，其中东盟十国应作为引才重点。中国和东盟十国有着悠久的历史文化渊源，民族差异性小，共同语言较多，在当前世界经济竞争格局当中同属新兴经济体，有着迫切的共同发展要求，潜在的经济增长能力巨大。2010 年 1 月成立的中国—东盟自由贸易区是世界上最大的发展中国家自由贸易区，2010 年 1~11 月，中国与东盟双边贸易总值达 2630.1 亿美元，同比增长了 40.6%，速度大大超过了中国对外贸易的整体增长速度，目前东盟已超越日本成为中国第三大贸易伙伴。比照美国将中国作为人才吸引大国，我国将东盟十国作为引才目标国家，制定符合东盟十国与我国关系特点的引才政策，亦当收到出乎意料的效果。

二是将层次目标锁定巴西、俄罗斯、印度、南非等新兴发展的"金砖国家"。金砖国家虽然国情各异、禀赋不同，但所处发展阶段相近，都面临保增长、保稳定、保民生的艰巨任务。在经济发展过程中，也都会遇到调整结构、保护环境等相似的挑战或难题。同时"金砖国家"又各具优势，经济互补性很强，既有开展广泛合作的坚实基础，也有促进共同发展的现实和战略需求。2003 年 10 月，美国高盛公司发表了《与 BRICs 一起梦想的全球经济报告》。报告估计，到 2050 年，世界经济格局将会重新洗牌，全球新的六大经济体将变成中国、美国、印度、日本、巴西、俄罗斯。在人才争夺战中，我们可以考虑充分利用金砖国家的合作机制优势，制定有关引才政策。

三 在引才制度建设方面，将体制机制建设作为重点

（一）建立常态体制机制，变"引才运动"为"引才机制"

根据目前国家发展水平以及发展阶段的要求，出台针对高层次人才引进的特殊优惠政策，作为短时期内吸引、集聚一批国家急需短缺人才是必要的，也是可行的。但时间不宜过长、面不宜过宽，其原因在于，一则"特

殊优惠"本身就是不公平、不平等体制机制的根源，对引进人才特殊优惠的同时必定会伤害本土人才平等获取资源的机会和平等发展的机会，势必会造成一方面在引进国外人才，另一方面在流失国内人才这种令人扼腕两现象。二则"特殊优惠"实际上也在某种程度上成为我们对有关人才建设方面体制机制改革的阻力。一遇到问题就要"特殊优惠"，想"特事特办"，大家就没有动力也没有必要去费力考虑现有体制机制所存在的问题究竟在哪里，需要解决的突破点在哪里。

人都会趋利避害、图省事、怕麻烦，眼前有省力的办法就不会主动去寻求改革而使自己承担可以避免的风险和责任。实际上这也是我们各方面体制机制改革创新步履缓慢的一个重要因素之一。因此，我们需要逐步矫正遇事"特殊优惠"、"特事特办"的思维惯性，将长期的制度建设、体制建设，保障健康良好的机制运行放在首先需要解决的政策思路上来。从目前来说，最重要的是解决制约人才自由创造、自由流动的政策瓶颈。

（二）改革创新科研管理体制，创造吸引顶尖人才的优质科研环境

一段时间来看，以美国为首的发达国家对于人才有绝对吸引力，最重要的原因之一是这些国家拥有宽松的科研环境、优越的管理模式，能够保证顶尖人才充分发挥其创造性。从我国目前的现实来看，制约人才创新的障碍很多，其中对于高层次创新领域人才来说，科研管理体制是最大的阻碍创新的瓶颈。我国现有科研管理体制突出的弊端在于科研资源无法公平、公正和有效地配置，导致现有科研管理体制不能有效引导人才发挥创造性作用，进而从根本上影响创新型国家的建设。

从整体科研资源投入来看，基础研究投入偏少。发达国家的实践表明，基础研究是激发原始性创新的源泉，直接影响着一个国家的核心竞争力，也从一个侧面印证了为什么诺贝尔奖总是花落美国。发展基础研究，对我国实现科技强国的目标至关重要，没有基础就没有创新，我国过去十年中的研发投入翻了几番，年增长率为19%，但是70%的研发投入集中在新产品的研发而非长期创新所需要的基础研究上。[①]

---

① Chen Zhiyong：《中国没有获得创新投入增加的收益》，http：//www. scidev. net/zh/news/zh -23857. html。

从基础研究本身投入方向上来看，鼓励青年科学家独立创意的项目偏少。在上述很小比重的基础研究的资源中，又有很大部分用在了大科学工程和项目、大型科研仪器的更新上。2006 年国家自然科学基金委的开支中，有 5.3 亿元花费在"重大和主要科研项目"上，占资助总额的 11.9%。近年来这方面的投入还在持续稳步增长。在这种大科学工程和项目管理模式下，数十个甚至是数百个青年科学家在一位首席科学家的领导下工作。对首席科学家来说，其首要目标是确保资源分配和工程项目的顺利完成而非培养青年科学家的独立创造性；相应地，青年科学家的首要任务是确保有效地完成分配给他们的任务和项目而非培养自身进行独立思考的能力。国家主导的大科学工程和项目在一定限度上是必要的，但鼓励青年科学家独立创造性的单个项目需要保持一定的比例。

从资源配置体制机制上看，有较强的自上而下的等级体制特征。在这种体制模式下，做出决策的是居于顶层的少数政治和行政领导人而非科学家。这些政治和行政领导人由于体制的特点会本能地寻求将自己的影响和利益最大化，而难以容纳其他官员的利益和级别较低的利益相关者，即青年科学家。由此成为限制青年科学家发挥作用的机制原因。

综上所述，目前科研管理体制方面需要关注的改革方向有三个方面，一是持续增加基础研究的投入；二是增加基础研究中鼓励科学家自由创新的个人项目的比例；三是实行大多数青年科学家能够发挥影响的自下而上的决策机制。

（三）建立"人才特区"，带动国内人才创新体制的改革

留学人员创业园、高新技术开发区、科技企业孵化器等以其各项特殊优惠政策为高科技人才创新创业提供了特殊平台，并在国家的引导下，在全国遍地开花，在引领国家高科技产业、科技研发方面取得了突出成效。国家现有不利于人才创新创业的各项体制机制的改革需要时间逐步推进，但时不我待，要在激烈的国际竞争中得到发展并逐渐居于世界前列，需要加快步伐，寻找可行的捷径。目前可行的是借鉴创业园区做法，建立人才特区。北京生命科学研究所以及国家智能计算机研究开发中心的成功已经说明了人才特区的可行性，现在我们需要做的就是，国家像当初推广创业园区那样大力推广这样人才特区的建立，从而以点带面，在全国建立起来。

政策分析是对政策的调研、制定、分析、筛选、实施和评价的全过程进行研究的方法，其核心是对备选政策的效果、本质及其产生原因进行分析。基于知识结构和研究水平等原因，本文的政策分析主要侧重于对我国引才政策本身内容特点和存在问题的性质，从所学公共管理专业角度进行了尝试性的研究，并在此基础上给出自己的试探性政策方案和解决途径。实际上，高层次人才引进政策涉及国家政治、经济、社会、法制、文化等多个层面的制度建设，要给出一个具有可行性、科学的完善解决方案也是笔者所力不能逮的。

因此，本研究所作的政策分析和对策建议是否具有可行性，是否对政策制定者是否具有参考价值，需要在我国引进人才的实践中得到检验。同时，笔者也希望在今后的具体工作中能够有进一步的发现和更宽广的思路。

参考文献

［1］陈昌贵、刘昌明：《人才回归与使用》，广东人民出版社，2003。

［2］陈庆云：《公共政策分析》，北京大学出版社，2006。

［3］陈炜华：《引进海外人才与智力取得辉煌成就——引进海外人才与智力25年综述》，《国际人才交流》2008年第6期。

［4］陈振明：《公共管理学》，中国人民大学出版社，2005。

［5］陈振明：《公共政策学：政策分析、理论、方法和技术》，中国人民大学出版社，2009。

［6］丁向阳：《人才竞争战略》，蓝天出版社，2005。

［7］段莉：《美国、日本、德国、英国的人才战略实践集锦》，《现代人才》2007年第3期。

［8］费英秋、张杰军：《引进智力与自主创新》，经济管理出版社，2008。

［9］高文书：《经济全球化下的国外人才引进策略研究》，潘晨光主编《中国人才前沿》，社会科学文献出版社，2007。

［10］葛庆华：《我国引进留学人才工作存在的问题浅析》，《人力资源》2007年第1期。

［11］关乐原：《新世纪中国人才战略发展的探索》，中共中央党校出版社，2006。

［12］国家外国专家局：《改革开放30年引进国外智力工作回顾》，2009。

［13］国家外国专家局：《中共中央、国务院关于引进国外智力以利四化建设的决定》，《引进国外智力和外国专家工作法规文件汇编》，2003。

［14］何屹：《英国："未来的帝国是头脑的帝国"》，《国际人才交流》2009年第2期。

［15］何增科：《美国、新加坡、印度等国家在人才资源开发管理方面做法和经验的比较研究》，《马克思主义与现实》2004年第2期。

［16］劳动和社会保障部编《加强高技能人才队伍建设》，中国劳动社会保障出版社，2004。

［17］李宁：《千人计划政策之我见》，《人力资源》2009年第4期。

［18］李钊：《法国：让人才成就新世纪里的新突破》，《国际人才交流》2009年第3期。

［19］刘德艳、王丽莉：《我国海外科技人才引进的制度创新》，《科技进步与对策》2005年第9期。

［20］刘宏：《英国和新加坡吸引海外高端人才的政策及其对中国的启示》，中国与全球化研究中心网，http://www.ccg.org.cn/news.asp? id=779。

［21］刘永志、何敬中：《引进国外人才工作的历程与前瞻》，《人才蓝皮书——中国人才发展报告》，社会科学文献出版社，2004。

［22］毛大立主编《发展之路——上海人才管理制度改革新思考》，上海社会科学出版社，2010。

［23］毛大立主编《向往之地——上海国际人才高地建设构想》，上海社会科学院出版社，2009。

［24］毛黎：《美国：成功的人才引进政策》，《国际人才交流》2009年第3期。

［25］苗丹国：《出国留学六十年——当代中国的出国留学政策与引导在外留学人员回国政策的形成、变革与发展》，中央文献出版社，2010。

［26］倪鹏飞、潘晨光等著《人才国际竞争力——探寻中国的方位》，社会科学文献出版社，2010。

［27］潘晨光：《人才蓝皮书：中国人才发展报告》，社会科学文献出版社，2004。

［28］潘晨光主编《中国人才发展报告（2009）》，社会科学文献出版社，2009。

［29］钱铮、孙巍：《日本引进海外人才战略及对我国的启示》，《上海组织人事报》2009年3月5日。

［29］人事部：《对高层次人才实行培养吸引使用三结合》，《中国青年报》2003年12月25日。

［30］任福继：《引进海外高层次人才应注意的几个问题》，中国与全球化研究中心网，http：//www.ccg.org.cn/news.asp？id＝778。

［31］沈荣华：《人才引进与保持》，党建读物出版社，2008。

［32］苏光明、牛献忠：《国际化与人力资源开发》，党建读物出版社，2009。

［33］王春法主编《2006～2007 中国科协调研动态汇编》。

［34］王春法主编《2009 中国科协科技要报汇编》。

［35］王辉耀：《人才战争》，中信出版社，2009。

［36］王辉耀主编《中国留学人才发展报告 2009》，机械工业出版社，2009。

［37］王通讯、李维平：《人才战略论》，党建读物出版社，2004。

［38］王修来、金洁、吴中伦：《区域高层次人才集聚的成本收益分析与策略研究》，《科技管理研究》2009 年第 5 期。

［39］王志章：《美国人才引进的政策机制》，《中国培训》2007 年第 7 期。

［40］肖起清：《大学高层次人才引进政策的发展研究》，华中科技大学论文，2008。

［41］谢亚兰：《美国世界一流大学科研经费投入与产出相关性实证研究》，《高教探索》2008 年第 5 期。

［42］袁旭东：《中国引进海外人才的实证分析与理论研究》，吉林大学论文，2009。

［43］郑永辉：《值得借鉴的英国人才战略》，《人才资源开发》2009 年第 9 期。

［44］中共中央、国务院：《中共中央、国务院关于进一步加强人才工作的决定》，《十六大以来重要文献选编（上）》，中央文献出版社，2006。

［45］周家高：《美国的人才引进和教改新潮》，《人才开发》2006 年第 5 期。

［46］周鹏：《韩国吸引海外人才回国服务政策对我国的启示》，《国际经济》2009 年第 24 期。

第三篇
管理强院篇

中国社会科学院新闻发布制度研究

作　者：张大伟，中国社会科学院办公厅主任助理、
　　　　新闻办公室主任，中国社会科学院研究生院
　　　　2010 届 MPA 毕业生。

指导教师：赵　芮

　　摘　要： 中国社会科学院长期没有设置真正意义上的统一、规范的新闻发布制度，院属单位的新闻发布工作各自为政，随意性强，发布水平和效果参差不齐，其新闻发布工作与哲学社会科学的发展要求及媒体和公众的现实需求存在较大差距。笔者在对中国社会科学院新闻发布制度发展历程和相关资料梳理的基础上，运用公共管理学、新闻传播学的理论和研究方法，对现行中国社会科学院新闻发布制度，包括应急新闻发布和危机管理机制等问题进行了分析和研究。在研究基础上，根据中国社会科学院改革实际情况，笔者提出了进一步改革、规范中国社会科学院新闻发布制度，恢复和完善院级新闻发言人制度，加强中国社会科学院新闻办公室"窗口"作用和管理职能，构建与媒体沟通的良性工作机制的建议和措施。

　　关键词： 中国社会科学院　新闻发布制度　媒体沟通

第一章　导论

一　问题的提出及选题意义

新闻发布制度是一个公共关系学的概念。在公共管理体系、大众传播和公众概念中，一般特指政府新闻发布制度。但新闻发布不是政府独有的行为，是"政府、组织、企业、事业单位对某一特定信息通过媒体对公众进行传播的一种传播形式"①。中国社会科学院作为国务院直属事业单位，其新闻发布制度与政府新闻发布制度有很多相同之处，但作为哲学社会科学研究机构，又有其自身的特质，其新闻发布制度作为沟通媒体和公众之间的信息桥梁，主要通过发布社会科学研究成果的形式，沟通和影响大众媒体，向公众宣传和普及哲学社会科学研究成果，使公众深入了解哲学社会科学研究工作在经济社会发展中的重要作用。

新中国成立以来，特别是改革开放以来，党中央、国务院高度重视哲学社会科学事业的发展和中国社会科学院的发展建设。然而从具体实践来看，目前中国社会科学院新闻发布工作显然与哲学社会科学的发展要求及媒体和公众的现实需求存在较大差距。中国社会科学院长期没有设置真正意义上的统一、规范的新闻发布制度，院属单位的新闻发布工作各自为政，随意性强，发布水平和效果参差不齐。随着媒体和公众对新闻发言人政治、职业、知识和语言以及心理等方面要求的日益提高，中国社会科学院现行的临时性、分散性、随意性的新闻发言人体制已不能满足媒体和公众的需求，亟须建立并逐步完善一个规范、高效、权威、专业化的，与媒体议程设置和新闻宣传规则相适应的院级新闻发言人制度。

直到2006年4月，中国社会科学院科研局才通过媒体宣布正式设立科研成果发布制度；2008年10月，院科研局又在此基础上发展成为院所两级发布制度。该制度虽在一定程度上推动了中国社会科学院新闻发布制度的发展，但相比国务院有些部委规范、高效的新闻发布制度仍有较大差距。

比如，多数新闻发布活动主要关注形式、计划和程序，缺乏与媒体的良性沟通与合作，疏于对媒体和公众需求的了解和重视，面对媒体的负面报道缺乏有效的协调、沟通和危机处理机制等。对这些问题需认真加以总结和研究，以丰富、充实和改进中国社会科学院新闻发布制度，建立和完善与媒体、公众沟通的良性新闻发布工作机制。

基于上述原因，现行的中国社会科学院新闻发布制度亟待进行规范、充

---

① 汪磊：《新闻发布会在协调政府公共关系中的作用》，《改革与战略》2004年第2期。

实和改进，需要在掌握新闻宣传规律的基础上运用科学的方法，建立全新的、合理高效的新闻发布模式。

二　相关文献综述

通过文献的收集整理发现，对于政府新闻发布制度，学术界和政府有关部门的理论研究成果及实践经验相对丰富，而对哲学社会科学研究机构新闻发布制度的研究基础则十分薄弱。

国内外的关于新闻发布制度的研究成果基本上大多集中在政府新闻发布制度范畴。近几年国内对于政府新闻发布制度的研究相当成熟成果相当丰富。目前，新闻发布制度的研究已从学术界向政界、业界延伸，许多政府官员和新闻工作者结合自身实践经验，运用政治学、新闻学、传播学、公共关系学等理论对政府新闻发布制度进行深入研究，提出了很有见地的理论观点和实践原则。如曹劲松、庄传伟合著的《政府新闻发布》一书，是近年来较为系统地研究政府新闻发布制度的学术专著。本书的两位作者，一位是地方政府新闻发言人，一位是省级媒体的采编人员，且都有着学术研究经历和社会科学研究功底。该书一方面从理论层面探寻政府新闻传播及其理论发展的规律，提出了政府新闻发布的基本原则；另一方面结合地方政府新闻发布的实际，分析了政府新闻发布的主要类型，探讨了政府新闻发布与媒体沟通和政府形象传播的关系。刘建明的《新闻发布概论》和郎劲松的《新闻发言人实务》则系统梳理了政府新闻发布的理论基础、新闻发布规律、基本原则、主要类型等一系列学术理论问题，对政府新闻发言人必备的政治、职业、知识、语言、心理素质，以及现行政府新闻发言人制度的不足进行了系统分析和论述，并对政府新闻发布过程中的媒体沟通、危机管理等实践环节进行了深入探讨。

此外，网络对政府新闻发布制度与实践的讨论和争论尤为热烈，成为探讨和研究政府新闻发布制度不可忽视的重要部分，其中最为引人注目的是对网络新闻发言人这一新生事物的热议。如靖鸣、王尧的《如何让网络新闻发言人制度"叫好又叫座"》（《新闻与写作》2010年第4期）一文，对网络新闻发言人制度进行了比较系统、客观的研究，认为网络新闻发言人接受网民"网上问政"，是政府信息公开工作的又一里程碑，标志着我国政府网络新闻发布制度特别是网络新闻发言人制度正在向常态化、制度化前进。这些研究成果和热点问题的讨论都为建立和完善哲学社会科学研究机构新闻发布制度提供了宝贵经验。

目前，国内对哲学社会科学研究机构新闻发布制度尚未有专门的著作、论文出版问世，个别相关消息和文章（主要是报刊和网络）尽管提及企业、教育、科研系统和社会团体，但基本是泛泛而谈，或更多集中于谈论这些部门发布新闻时涉及的焦点话题，并未对其新闻发布制度的相关理论作深入的梳理和探讨。

不可否认，国内外已有的政府新闻发布制度研究成果，无论是在理论方法、研究视角还是实践经验上，对我国哲学社会科学研究机构新闻发布制度的改革都有十分重要的借鉴意义。需要深入思考的是，这些理论和方法到底应在多大程度上能够被现实的中国哲学社会科学研究机构采纳和实践，并以此来推动中国社会科学院新闻发布制度发展和改革进程，仍是需要进一步研究的问题。因此，笔者在研究中除重点参考有关新闻发布制度的文献资料外，还将结合长期从事中国社会科学院新闻宣传工作的实践经验，对中国社会科学院涉及新闻发布的内部资料、规章制度进行梳理和研究。

三 研究思路和创新之处

本论文按照中国社会科学院党组提出的管理强院的要求，初步运用公共管理学、新闻传播学的理论和研究方法，针对现行中国社会科学院新闻发布制度存在的问题和不足，探索建立一个从中国社会科学院实际出发，适应哲学社会科学发展要求，更加科学、规范、合理的新闻发布制度，并努力促使其成为中国社会科学院目前正在进行的行政管理体制机制改革的重要组成部分。论文的创新点表现在以下几个方面。

一是首次比较全面地对中国社会科学院新闻发布制度的发展概况进行梳理。

二是对当前中国社会科学院新闻发布制度的现状进行分析，提出改革现行新闻发布制度、完善新闻发布工作机制和组织机构的具体想法，提出完善新闻发布制度的具体措施。

三是通过对典型案例的分析,对如何建立中国社会科学院应急新闻发布和危机管理机制,提出自己的看法和建议。

四 论文框架结构

导论部分主要阐述选题的理论和实践意义,通过对前人相关研究的文献综述,指明本研究的重点问题。

第二部分简要介绍中国社会科学院新闻发布制度的概况,介绍和梳理中国社会科学院新闻发布制度的发展历程、指导思想和主要任务,以及新闻发布工作的组织机构和职责,为分析中国社会科学院新闻发布制度提供研究基础及相关资料。

第三部分通过典型案例,运用公共管理和新闻发布理论,研究和分析中国社会科学院新闻发布制度,以及新闻发布活动组织者与媒体沟通机制中存在的问题。

第四部分通过典型案例,运用公共管理和新闻发布理论,重点研究和分析中国社会科学院应急新闻发布机制存在的问题。

第五部分通过对上述问题的分析与研究,结合中国社会科学院新闻发布的实践活动,尝试提出改进和完善中国社会科学院新闻发布制度的思路、建议和措施。

第二章 中国社会科学院新闻发布制度概况

一 中国社会科学院新闻发布制度的发展历程

与发展近 30 年的政府新闻发布制度相比,中国社会科学院新闻发布制度起步和建立较晚。

1998 年 3 月,中国社会科学院办公厅在向院领导提交的《关于设立新闻办公室的请示》中,首次提出建立新闻发言人制度。规定:新闻发言人由院主管领导和办公厅主任担任,新闻办公室协助其工作。

1998 年 8 月,中国社会科学院办公厅制订了《中国社会科学院新闻宣传管理办法》。该办法规定,全院性重大新闻由院新闻发言人向新闻界发布。新闻发言人由院领导任命，负责把握新闻宣传尺度，组织新闻发布活动，审定新闻稿件，统一协调院属各单位新闻发布工作。新闻记者来中国社会科学院采访有关全院性科研、人事、党政、后勤方面的工作情况，一律由新闻办公室接待，报经新闻发言人同意后由院有关部门做出安排，并指定专人接受采访。记者采访后撰写的新闻稿件，需由新闻办公室报经新闻发言人审核。该办法首次对中国社会科学院新闻发言人的职责作了比较详细的规定。

2002 年 5 月，中国社会科学院党组制订了《关于加强我院学习与宣传工作的若干意见》，该意见要求办公厅、科研局组织一批重大课题发布会。规定凡中国社会科学院资助立项的重大课题，原则上在结项时或在完成阶段性成果后，都要举行成果发布会。

2002 年 8 月，中国社会科学院办公厅修订了《中国社会科学院新闻宣传管理办法》，规定由院学习与宣传小组（2002 年 5 月成立）办公室主任、副主任兼任院新闻发言人。其职责是组织新闻发布活动，审定重要新闻稿件，向新闻界发布本院重大新闻，统一协调院属各单位的新闻发布工作。

2006 年 4 月，中国社会科学院科研局在院新闻办公室协助下召开新闻发布会，向媒体宣布正式设立中国社会科学院科研成果发布制度，每季度举办科研成果发布会和新书出版座谈会，向社会通报全院每个季度的科研成果信息，推介若干有代表性科研成果。

2008 年 10 月，中国社会科学院科研局发出《关于组织举办科研成果新闻发布会的通知》。该通知规定，中国社会科学院科研成果新闻发布会分中国社会科学院科研成果发布会、研究所科研成果发布会两种形式。中国社会科学院科研成果发布会由科研局主办，主要发布由中国社会科学院科研人员新完成的具有重要现实意义和学术价值的优秀科研成果。另外，中国社会科学院科研成果发布会不定期举办。发布会所需经费由院按预算拨有关承办单位。研究所科研成果发布会由各研究所直接主办，主要发布本所科研人员新完成的重要科研成果。各研究所每年最多举办四次科研成果发布会。院对每次研究所科研成果发布会资助 5000 元。

二 中国社会科学院新闻发布工作的组织机构及职责

1998 年以前，中国社会科学院新闻宣传职能主要由办公厅调研处承担。

随着新闻宣传工作的不断深入，1998年3月，中国社会科学院成立了中国社会科学院新闻办公室。该办公室成立之初，是作为非实体机构挂靠在办公厅调研处，由一位院领导主管，办公厅主任和办公厅调研处领导直接管理，具体工作由办公厅调研处指定专人负责。对外可以院新闻办公室的名义与新闻单位联系。新闻办公室的职责为：在院党委、院务会议统一部署下，协助新闻发言人开展工作，有针对性地提供报道线索、采访对象及有关背景资料，定期或不定期召开新闻发布会；协调全院各单位的新闻报道工作；保持与新闻界的联系，组织和审查综合性的重要新闻稿件；负责承办涉及对中国社会科学院报道的审批手续；对有关中国社会科学院的失实报道进行调查、报告和处理。

1998年8月，中国社会科学院办公厅制订的《中国社会科学院新闻宣传管理办法》，再次对新闻办公室的机构设置和职责作了明确规定。该办法规定，新闻办公室设在办公厅（与办公厅调研处合署办公）。其职责是：按照院领导和新闻发言人的统一部署，拟定新闻宣传计划，组织全院性重大新闻发布活动；为新闻界提供报道线索、采访对象及新闻背景资料；安排和接待记者采访；承办重要新闻采访活动的审批手续；对有关中国社会科学院的失实和歪曲报道进行调查和处理。

2002年8月，根据院新闻宣传管理体制的变化，中国社会科学院办公厅对《中国社会科学院新闻宣传管理办法》进行了修订。新闻办公室的领导机构和职能都发生了一些变化。该办法规定，全院新闻宣传工作在院学习与宣传小组（2002年5月成立）的统一领导下进行。新闻宣传管理工作的领导机构是学习与宣传小组办公室，新闻宣传管理工作的实施机构是院新闻办公室。院新闻办公室设在办公厅（暂与调研处合署办公）。其职责是：①负责与院属各单位"学习与宣传联络员"的日常联系工作，了解掌握联络员的工作情况，组织召开全院学习与宣传联络员会议和全院学习与宣传工作会议；②负责收集整理各单位学习与宣传计划，了解计划执行情况；③负责全院新闻宣传情况统计工作；④负责与新闻界的日常联系工作，为新闻界提供报道线索、采访对象及新闻背景材料，安排和接待记者采访；⑤承办主要新闻采访活动的审批手续；⑥对有关中国社会科学院的失实和歪曲报道进行调查；⑦负责重要新闻宣传音像资料的协调和管理工作。

2006 年 11 月，根据新闻宣传工作的实际需要，中国社会科学院办公厅提交了《关于将院新闻办公室明确为办公厅所属处级机构的请示》。经院有关领导批示同意后，院人事局下发文件，于 2006 年 12 月正式批准中国社会科学院新闻办公室为院办公厅所属的实体性处级机构。

2009 年 1 月，作为中国社会科学院行政管理体制机制改革的一部分，中国社会科学院新闻办公室更名为办公厅联络处，同时仍保留中国社会科学院新闻办公室的名称和公章，对新闻界使用。办公厅联络处（中国社会科学院新闻办公室）的职责为：负责中国社会科学院与中央、地方党政机关和社科研究系统相关单位的业务联络与往来接待职能，拟定并落实接待工作计划，承办院领导安排的来访接待任务；按照院新闻宣传管理办法，管理全院新闻宣传工作，利用和发挥新闻媒体的作用，及时报道院重大工作部署、重要活动、重要科研成果；积极做好中国社会科学院重大活动安排新闻记者和摄影、摄像的协调、组织和相关资料的收集、保存与整理工作；做好与中国社会科学报社编辑部及其驻院记者站的协调联络工作。

三　中国社会科学院新闻发布的主要形式

新闻发布会：这是中国社会科学院院属各单位新闻发布最主要、最普遍的形式，在中国社会科学院常以学术研讨会、专题论坛、座谈会、科研成果发布会、工作会议等名称予以体现。一般由院新闻办公室或院属各单位召集相关记者出席各种形式的发布会，并提供新闻通稿。由院有关部门和院属各单位指定或安排的新闻发布人员发布有关新闻，阐述观点和立场，并回答记者的提问。

约请或接受记者采访：通常是院新闻办公室或院有关部门根据采访的具体要求和不同情况，事先联系好媒体，安排有关领导和学者接受记者采访，有针对性地解释和发布信息。

网络发布：院属各单位通过互联网，在政府网站、新闻网站或中国社会科学院网站发布有关新闻和观点。

中国社会科学院新闻发布的具体形式还有很多，如召开新闻通气会、记者招待会、电话采访、书面采访，向媒体提供新闻素材、新闻线索或采访对象，邀请记者参加中国社会科学院有关调研、展览、表彰、纪念、庆祝等活动，组织专门的新闻采访活动等。

第三章 对现行中国社会科学院新闻发布制度的分析研究

从 1998 年中国社会科学院成立新闻发言人制度以来，中国社会科学院新闻发布制度在院属各单位通过新闻媒体，宣传和普及哲学社会科学成果，扩大中国社会科学院专家学者的社会影响等方面发挥了重要的推广和保障作用。但笔者从多年担任中国社会科学院新闻办公室负责人的具体实践中感受到，目前中国社会科学院新闻发布制度存在许多不足和缺陷，与日益繁荣的哲学社会科学的发展要求，以及媒体和公众的实际需求存在较大差距。笔者根据多年新闻宣传实践工作经历和经验，试用公共管理学和新闻传播学理论和研究方法，通过典型案例，对现行的中国社会科学院新闻发布制度进行分析和研究。

一 案例研究

（一）案例一：媒体对中国社会科学院首批学部委员公示消息的报道过程

成立中国社会科学院学部是中国社会科学院贯彻"5·19"中央政治局会议精神、改革科研管理体制改革的一项重要举措。2005 年 12 月，中国社会科学院组建学部工作正式启动后，引起了新闻媒体的广泛关注。2005 年 12 月 13 日出版的《中国社会科学院报》第 93 期报道了学部工作正式启动的消息，由于院报是公开发行刊物，媒体特别是网站可以通过相应的渠道看到有关内容，因此海内外大量媒体纷纷据此编发消息。

据中国社会科学院新闻办公室事后了解，部分媒体的报道依据院报消息比较客观和基本属实，但也有相当一部分媒体的消息明显含有失实、主观臆测、随意发挥甚至歪曲报道的成分。如《南方周末》以《中国社会科学院欲设院士》为题，《星岛日报》以《中国社会科学院首选学部委员——过渡院士》为题，想当然地将学部委员与院士制度相提并论，甚至杜撰中国社会科学院领导向中央领导要求通过建立学部委员制度逐步向院士制度过渡的内容。一些媒体特别是网站纷纷转载或加以发挥，一些学者和读者受此误导在报纸和网上发表有悖事实的议论，给中国社会科学院相关工作带来了负面影响。新华社、人民日报的报道主要来源于院报，内容基本属实，但为吸引读者眼球，其标题和文内有中国社会科学院也将设"院士"，今后中国社会科学院也将与中国科学院、中国工程院一样拥有自己的"院士"的文字内容，也误导了一些不明真相的读者和相关媒体。由于当时中国社会科学院领导和有关部门出于各种考虑没有及时对媒体反应做出正面说明，也没有对院新闻办公室如何应对媒体采访做出明确指示，新闻办公室只得对媒体的采访要求采取低调处理的方法，如以中国社会科学院目前尚未开展学部问题的宣传工作为由，婉言谢绝了中央电视台记者的拍摄报道要求。对《人民日报》和《南方周末》希望提供院报以外学部资料的要求也予以婉拒。这虽然在一定程度上遏制了媒体的炒作热情，但并未从根本上消除媒体、公众的疑虑和猜想。

2006年1月18日，中国社会科学院召开2006年院工作会议，院新闻办公室按往年惯例，邀请主要媒体记者出席会议。会后，媒体以不同形式和篇幅对会议主要内容进行了报道。此次媒体报道的特点是，对中国社会科学院工作会议的关注程度远远高于往年，报道焦点和热点主要集中在近期媒体特别感兴趣的推选学部委员问题，而且未被中国社会科学院新闻办公室邀请的媒体转载或转发此类消息的数量很多。由于会前新闻办公室与主流媒体进行了沟通和解释，中央电视台、新华社、光明日报等媒体有关中国社会科学院评选学部委员的报道，基本采用院工作会议文件和2005年12月院报报道中国社会科学院启动学部工作的内容。但其他一些未被院新闻办公室邀请的媒体转载或转发此类消息时，仍不乏断章取义、以讹传讹、随意发挥的情况，突出表现为将中国社会科学院评选学部委员说成是"过渡院士"，并与两院院士相提并论。媒体的过度炒作也引起了社会上一些人的误解，有学者在报刊和网上评论中国社会科学院评选学部委员问题时，对中国社会科学院学部工作提出异议，认为中国社会科学院院士制并未水到渠成，实际上是将中国社会科学院学部委员与中国社会科学院院士制混为一谈。有鉴于此，中国社会科学院新闻办公室再次向院有关领导提交情况反映，除汇报媒体反映外，建议在中国社会科学院召开学部成立大会时，对中国社会科学院新产生的学部委员与院士和 20 世纪 50 年代中国科学院学部委员的关系问题加以正确说明和引导，以避免有些媒体片面追求轰动效益、不顾客观事实的报道，给中国社会科学院相关工作带来负面影响。后来中国社会科学院主要领导同志在学部正式成立的讲话中充分考虑了中国社会科学院新闻办公室提出的建议，对中国社会科学院新产生的学部委员与 20 世纪 50 年代中国科学院哲学社会科学学部委员的关系问题进行了充分说明，对后来媒体正确报道中国社会科学院学部成立产生了极其重要的引导作用。

中国社会科学院首批学部委员 2006 年 7 月 17 日公示后，立即引起新闻媒体的广泛关注。新华社、人民日报、光明日报等主要媒体相继予以报道，其他媒体和网站纷纷进行了转载。据不完全统计，截至 2006 年 7 月 21 日，约有 50 多家媒体和网站对中国社会科学院首批学部委员公示情况进行了报道，媒体和网站在互联网发布或转载的此类消息数以百计。绝大多数媒体对中国社会科学院首批学部委员公示的报道都比较真实、客观，没有出现前两次媒体失实报道和负面评论现象较多的情况。其主要原因在于，中国社会科学院向社会公布的中国社会科学院主要领导同志关于学部问题的重要讲话，对媒体报道产生了至关重要的引导作用。其他领导同志对新华社、人民日报、光明日报、中新社等主流媒体稿件的严格审改，以及出席"两会"的中国社会科学院领导对媒体关于学部问题的采访做出的权威回答，为媒体准确地报道中国社会科学院学部工作提供了有力保证。中国社会科学院领导审定的新闻背景资料和有关说明也为媒体客观报道打下了良好基础。

此外，中国社会科学院新闻办公室加强与主流媒体的沟通也产生了重要作用。中国社会科学院新闻办公室按照办公厅主管领导关于积极引导媒体报道"以我为主"的指示，对前一阶段媒体报道情况进行分析和总结，事先做了充分的准备和沟通工作。根据前一阶段许多媒体引用新华社、《人民日报》等主要媒体及报纸误导读者观点的情况，院新闻办公室在征得院厅领导同意后，主动与新华社、人民日报、光明日报等主要媒体记者就如何报道进行了较充分和较深入的商议、沟通，优先为他们提供有关资料，并协助院领导审定有关稿件，保证了主要媒体的客观报道及时向社会发布。如院新闻办公室事先与新华社记者多次沟通和商议，建议由该社独家率先发布学部委员公示的新闻，但声明必须首先照顾中国社会科学院利益，发布由中国社会科学院领导同志审定的一字不差的新闻通稿。在与新华社记者达成共识后，院新闻办公室提交了《关于新华社记者要求报道我院学部工作的请示》，指出由新华社记者撰写新闻通稿，经中国社会科学院领导审定，院新闻办公室可以请其他媒体参照新华社消息，有利于正确引导媒体对此类消息的报道，将在一定程度上避免某些媒体歪曲报道或恶意炒作的现象。院有关领导采纳了新闻办公室的意见和建议，同意提前为新华社记者提供有关首批学部委员公示的第一手资料。由于沟通工作到位，在审发稿过程中，中国社会科学院新闻办公室与新华社记者相互谅解，互相补台，配合默契。2006 年 7 月 17日，新华社首先发布由中国社会科学院领导审定的题为《中国社会科学院向社会公示首批学部委员》的新闻通稿。由于该稿为独家新闻，其他媒体和网站只能转载该权威信息，为中国社会科学院新闻办公室有效掌控媒体关于学部成立的报道格局打下了良好基础。学部成立大会召开后，中央电视台、新华社、人民日报、光明日报等主流媒体对中国社会科学院成立学部做了客观正确的报道，绝大多数媒体和网站对学部成立的反应呈现向中国社会科学院"一边倒"的大好局面，尽管仍有极少数媒体恶意炒作，但已无碍大局。

新闻传播学中的议程设置理论是从研究新闻发布效果入手，将其作用聚焦在媒体报道议题的选择上，通过媒体议题说明其在大众传播中的作用。媒体的议程设置是指通过媒体在新闻报道中突出某一话题，以此来强化公众对该话题的关注程度。一方面公众在通过媒体了解新闻的过程中，会依据媒体对某些问题的报道重视程度，形成对相关话题的倾向性看法；另一方面，公众对某一问题的关注程度，与媒体对该问题的报道强度成正比关系。因此，主动设置、影响媒体议程，是做好新闻发布工作的重要一环。

本案例中，中国社会科学院主要领导同志关于学部问题的重要讲话对媒体报道产生了至关重要的引导作用，多位中国社会科学院领导对媒体稿件进行审改，并对记者提问做出权威回答，实际担当了新闻发言人的角色，对引导媒体议程设置发挥了主要作用。而在此之前，由于院有关领导没有以新闻发言人的身份对媒体反应及时作正面解释和说明，也未对新闻办公室如何应对媒体作具体指导，使新闻办公室面对媒体的争议和追问时常常手足无措。

由此可见新闻发言人在重大活动中的特殊而重要的作用，完善中国社会科学院新闻发言人制度无疑是推进新闻发布制度建设中应当引起特别关注和亟待解决的问题。

在上述案例中，中国社会科学院新闻办公室在院领导的明确支持下，主动为新华社记者撰写报道学部成立的独家新闻提供第一手资料，严格要求记者稿件接受中国社会科学院领导审核，帮助记者把握新闻发布主题，掌握宣传话语权，便是主动参与和引导媒体议程设置的具体、成功的体现。新华社独家通稿发出后，成为其他媒体发布此消息的唯一权威的来源，媒体特别是网络对新华社通稿大规模的转载，对公众正确认识中国社会科学院学部委员这一新生事物起到了关键作用。而在此之前，新闻办公室由于没有得到院有关领导明确指示，又不掌握学部成立的背景资料，无法进入和引导媒体议程，结果在媒体、公众的议论和猜疑中处处陷入被动。由此可见，在新闻发布活动中，积极与媒体进行沟通，主动设置和引导媒体议程，是中国社会科学院新闻发布工作中需要特别给予关注的重要内容。

在多数情况下，由于最直接接触媒体，中国社会科学院新闻办公室提供的新闻背景资料，以及面对新闻媒体报道和采访时的第一反应，往往成为引导和影响媒体议程，影响新闻发布效果的关键。有时，媒体议程中常常包括新闻办公室没有直接参与甚至不知晓的新闻发布活动，此时新闻办公室应对媒体询问和采访的态度、反应，同样会对媒体议程、新闻发布效果产生一定程度的影响。因此，面对新闻媒体报道和采访时，新闻办公室掌握信息的数量和准确性、人员素质和工作能力，就显得尤为重要。有关领导加强对中国社会科学院新闻办公室的领导和管理，有关部门加强与新闻办公室的沟通与交流，新闻办公室加强自身队伍建设等，也是中国社会科学院新闻发布工作中应当予以重视的问题。

（二）案例二：媒体和公众对中国社会科学院 2010 年"国际形势黄皮书"的反应

2009 年 12 月 24 日，中国社会科学院发布了 2010 年"国际形势黄皮书"。该书提出的中国军事实力排名世界第二的观点一经发布，立即遭到众多媒体、专家和公众的非议。

面对媒体的批评和责问，有关学者解释为个人观点不同，希望媒体和网

民"不必太当回事"。但媒体却不这样认为，中国窗网站评论文章的标题为
《中国社会科学院黄皮书论为笑话》；《中国青年报》题为《智库的功用不是
打造纸面上的繁荣》的评论文章，借此对中国社会科学院的"智库"作用
冷嘲热讽；猎讯军情网题为《误国、误民、误军，中国社会科学院的国际
形势黄皮书》的评论说："众所周知，中国社会科学院是中国社会科学研究
的最高权威机构，其研究成果应该代表中国的最高水平，在国际上也应该有
相应的位置。可是，中国社会科学院 24 日公布的 2010 年"国际形势黄皮
书"却大失水准。从某种意义上说，2010 年"国际形势黄皮书"：误国、误
民、误军……据报道，2010 年"国际形势黄皮书"报告的作者在 24 日接受
某媒体采访时进行了申辩，称他们知道这个报告出来会有一些麻烦，但评估
综合国力，就少不了军力的评估，不同的方法肯定得出不同的结论。他呼吁
社会对排名不必太当回事……要知道，这个成果是花了国家科研经费的，中
国社会科学院在中国代表的是社会科学研究领域的最高水平，从某种意义上
来说就是代表中国，作者居然呼吁社会对排名不必太当回事！"显然媒体和
网民的抨击并不只是针对学者本人，而是质疑中国社会科学院作为权威科研
机构的学术水平。因为该书是中国社会科学院的品牌皮书，主编和副主编为
中国社会科学院的领导和知名专家，在媒体和网民眼中，发表的观点自然代
表中国社会科学院的研究水平。该书贸然发表缺乏科学论证的学术观点，自
然有损中国社会科学院的学术形象。

近年来，党中央对中国社会科学院提出了"三个定位"的要求，即中
国社会科学院要努力建设成为马克思主义的坚强阵地，努力建设成为我国哲
学社会科学研究的最高殿堂，努力建设成为党中央国务院重要的思想库和智
囊团。中国社会科学院在哲学社会科学研究体系中的地位也因此得到提升，
中国社会科学院专家学者在社会上的知名度和认知度也不断增强。许多中国
社会科学院专家学者在媒体上发表评论、建言献策，俨然成为中国社会科学
院的形象代言人。据 2009 年 1 月 12 日星岛网讯报道，美国学界一份全球智
库影响力研究指出，中国社会科学院居亚洲之首。报告列出了非美国最顶尖
二十大智库，亚洲顶尖五大智库的第一名是中国社会科学院。目前在社会上
很多人都称中国社会科学院为"最高智库"。维护中国社会科学院形象也越
来越成为新闻发布活动中特别应当引起高度重视的问题。面对媒体和公众对

科研成果发布结果的疑问、质询甚至责难，与媒体和公众进行积极的沟通，表达高度负责的立场和态度，进行耐心细致的解答，勇于承担起应尽的社会责任，主动引导和影响媒体议程，满足媒体和公众的心理期待，是有关部门和学者维护和修复中国社会科学院形象的根本途径。中国社会科学院有关部门应从全局利益出发，将在新闻发布活动中树立和维护中国社会科学院的形象，当作一项重要课题加以重视和研究。

二　对现行中国社会科学院新闻发布制度的分析

（一）中国社会科学院新闻发言人制度存在的问题

从上述案例可以看出，新闻发言人对于引导媒体客观真实地报道中国社会科学院重大活动具有十分重要的作用。中国社会科学院早在 1998 年就建立了新闻发言人制度，当时规定新闻发言人由院主管领导和办公厅主任担任。2002 年修订的《中国社会科学院新闻宣传管理办法》又规定由院学习与宣传领导小组办公室主任和副主任担任。该发言人虽曾落实到人，但发言人很少出面或以其他形式主持新闻发布活动，也很少统一协调院属各单位新闻发布工作，没有充分发挥《中国社会科学院新闻宣传管理办法》中规定的新闻发言人的职责作用。目前院学习与宣传领导小组的组织结构、工作性质和职能以及相关领导、负责人都发生了变化，院级新闻发言人实际上形同虚设。而 2002 年至今，《中国社会科学院新闻宣传管理办法》没有再进行修订，院里也没有重新规定由哪一级部门领导担任新闻发言人。中国社会科学院科研局设立的科研成果发布制度，虽然在很大程度上推动了中国社会科学院新闻发布制度的发展，但由于没有明确新闻发言人，不能算作严格意义上的新闻发布制度。

《中国社会科学院新闻宣传管理办法》等有关规定要求，中国社会科学院新闻办公室的职责是，按照院领导和新闻发言人的统一部署，拟定新闻宣传计划，组织全院性重大新闻发布活动；协助新闻发言人开展工作，有针对性地提供报道线索、采访对象及有关背景资料，定期或不定期召开新闻发布会；协调全院各单位的新闻报道工作。由于在相当长一段时间内没有明确设立院级新闻发言人，院新闻办公室在实际工作中缺乏明确的指导，对于上述新闻发布的管理职能无法充分发挥，无法建立高效健全的新闻发布工作机制和相关管理制度。在应对负面报道和虚假新闻引发的危机事件时，常常出现不能及时准确的回应而陷于被动的局面。

新闻发言人的首要工作是沟通公共管理部门与媒体、公众的关系，从很大程度上说新闻发言人的主要功能就是处理公共关系。而目前中国社会科学院全院性和院属各单位新闻发布活动中的新闻发言人，基本上是临时指定或因工作需要临时安排，主要由各级领导和有关专家学者临时担任。而这其中很多人新闻理论修养不足，不熟悉新闻宣传规律，缺乏新闻发布实战经验，也不擅长与媒体打交道，且更多关注向媒体发布信息和完成新闻发布的程序，忽略媒体反馈的公众意见，不知道公众关注什么、需要什么，也不在意媒体的宣传效果和公众的反应。有些人甚至认为中国社会科学院的成果发布会、论坛和座谈会是哲学社会科学研究最高殿堂的精英俱乐部，把向公众普及社会科学成果看作"下里巴人"的事情，对媒体深度采访的要求、提问和反馈的公众意见往往不屑一顾，如上述中国社会科学院发布2010年"国际形势黄皮书"，主持人面对媒体质疑发表不负责任的言论，从而招致媒体更加强烈的不满，使中国社会科学院形象受损的案例。这些情况在很大程度上降低了中国社会科学院新闻发布的宣传效果，甚至对中国社会科学院的学术声誉和形象造成了不利影响。

（二）中国社会科学院新闻发布规定、组织机构存在的问题

直至目前，中国社会科学院并没有设置真正意义上的统一、规范的新闻发布制度。如前所述，1998年和2002年先后制订和修订的《中国社会科学院新闻宣传管理办法》以及2002年提出的《关于加强我院学习与宣传工作的若干意见》，对新闻发布工作的规定和要求过于笼统，仅仅做了原则性的规定，没有进行制度性的规定。2002年至今，《中国社会科学院新闻宣传管理办法》一直没有根据形势的变化进行修订。因此，2002年以后不断修改、增补的《中国社会科学院规章制度选编》中，不再选入《中国社会科学院新闻宣传管理办法》。因而该办法在很大程度上不为院属单位职能部门和有关人员所知。全院新闻发布工作长时间处于无章可循、无法可依的状态。

2006年4月，中国社会科学院科研局召开新闻发布会，向媒体宣布正式设立中国社会科学院科研成果发布制度。2008年10月，科研局又发出《关于组织举办科研成果新闻发布会的通知》，进一步完善院科研成果发布制度，重点加强所级科研成果新闻发布工作。该制度为推动中国社会科学院新闻发布制度向制度化、规范化方向发展迈出了重要一步。但该制度实际上是科研局科研管理体制的一部分，没有列入《中国社会科学院新闻宣传管理办法》。院科研成果新闻发布会的日常管理工作是由科研局成果处具体负责，研究所提出举办发布会的方案提交科研局成果处备案。研究所组织召开发布会，必要时由科研局成果处协助联系中央级新闻媒体。而科研局成果处与设在办公厅的中国社会科学院新闻办公室只有一般性的业务联系（如院新闻办公室帮助科研局成果处邀请记者出席科研成果新闻发布会），双方工作职责有交叉，但缺乏规范化、制度化的横向交流和沟通工作机制，基本上是各自为政。除全院性质的重要会议和重大学术活动外，院新闻办公室并不掌握院属各单位的新闻发布情况，也没有建立与科研局成果处相应的新闻发布备案制度，只能通过院属各单位的预告，甚至是从记者的采访报道要求中了解相关情况。这种情况在很大程度上分散、弱化了中国社会科学院新闻发布工作的管理职能和力量。

中国社会科学院新闻发布制度建立之初，就对中国社会科学院新闻办公室的机构设置和职责作了明确规定。1998 年制订和 2002 年修订的《中国社会科学院新闻宣传管理办法》，再次对新闻办公室的机构设置和职责作了明确规定。

2006 年 12 月以前，中国社会科学院新闻办公室为与办公厅调研处合署办公的虚体机构，没有固定的人员和办公地点，工作人员由《中国社会科学院报》编辑人员兼任，对全院各单位新闻宣传工作的管理功能和作用十分有限。新闻发布工作处于摸索阶段。

2006 年 12 月，中国社会科学院人事局正式批准中国社会科学院新闻办公室为院办公厅所属的实体性处级机构。但在较长时间里，由于某些原因，该办公室在办公厅一直未按人事局规定列入正式处级机构。2007 年 11 月才正式配备了人员和办公用房。

2009 年 1 月，中国社会科学院新闻办公室更名为办公厅联络处，正式列入办公厅处级机构序列。该处虽仍保留中国社会科学院新闻办公室的名称、机构和职能，但联络接待工作占去了一大部分，新闻办公室的职能也更多向内部宣传管理工作倾斜，如统计全院新闻宣传情况，收集整理影视工作资料等。该部门现设处长（新闻办公室主任）1名，专职人员1名，借调人员1名，外聘人员1名，挂靠人员2名。现有人员中无一人受过系统的新闻理论专业培训，实际从事新闻宣传管理工作的人员只有3人，其中大学本科学历1人，业余大专学历2人，平均年龄40岁，且同时兼做联络接待工作。工作头绪繁多，人员配置不合理，年龄结构老化，对全院新闻发布工作的管理职能趋向弱化。

由于体制和规模等原因，中国社会科学院新闻办公室仅仅起到一些辅助宣传作用，无法有效地执行《中国社会科学院新闻宣传管理办法》规定的管理、协调全院各单位的新闻报道工作的职能。

（三）对中国社会科学院新闻发布会组织者与媒体沟通过程中存在问题的分析

如前所述，中国社会科学院新闻发布有许多形式，其中召开新闻发布会（包括邀请媒体记者出席的各种学术研讨会、专题论坛、座谈会、科研成果发布会、工作会议等）是中国社会科学院院属各单位进行新闻发布的最主要形式之一。

长期以来，中国社会科学院多数新闻发布活动主要关注发布会的形式、计划和程序，在发布过程中片面强调"以我为主"的宣传原则，更多地关注单纯向媒体发布信息，缺乏与新闻媒体灵活有效的沟通与合作，疏于和轻视对新闻宣传规律、媒体和公众实际需求的了解，以及对发布时机、选题策划、发布效果评估和反馈的研究和关注，甚至经常出现傲慢对待被邀记者，拒绝为其提供新闻背景资料和采访便利条件的现象，其影响力和宣传效果自然不尽如人意。一些由职能部门承办的新闻发布活动，更多关注避免出政治问题，拘泥于传统保守的新闻发布形式，选题、时机、内容和发布手段与媒体议程设置及公众需求存在较大差距。对一些影响和吸引公众的非主流媒体大多采取回避、封闭方式，而面对这些媒体在新闻发布前后的追踪报道和公众的反应又缺乏有效的引导、沟通和控制，导致新闻发布处于被动和尴尬局面。

在中国社会科学院新闻发布过程中，由于某些新闻发布的主题缺少新闻价值，导致媒体放弃发布者主导的相关新闻议程，或转而选择媒体感兴趣的新闻议题加以替代，使发布会组织者无法发挥主导媒体议程的作用，也无法进行相应的传播控制。例如，2008 年 9 月 29 日，中央电视台"今日观察"栏目记者应邀报道中国社会科学院有关部门主办纪念改革开放 30 周年国际学术研讨会。由于事先有关部门没有就会议主题与媒体进行有效沟通，记者到场看到有关新闻背景资料后，认为会议主题"大"、"空"、"缺乏中国社会科学院特点"、"与其他部门没什么两样"等。但当记者看到出席会议的中外专家名单时却产生了浓厚兴趣。当晚中央电视台某频道出现的画面是：应邀出席中国社会科学院纪念改革开放 30 周年国际学术研讨会的中外专家大谈食品安全问题。这与会议组织者的意图显然大相径庭。

在发布会时间选择上，中国社会科学院某些新闻发布会不注意避开重要的政治事件和社会事件，结果因媒体对这些事件的大篇幅报道任务，冲淡或减弱许多中国社会科学院新闻发布会的传播效果。如 2010 年 3 月 23 日，中国社会科学院有关部门召开主题为"社会流动与社会和谐"的首届中国社会科学论坛，邀请中央电视台等媒体前来报道。尽管会议主题很有社会意义，但当时社会热点聚焦于上海世博和西南地区旱情，因此中央电视台等媒体最终没有到会，即使到会的主流媒体也未将此列入报道重点。由于时机选择不当，使主办方力图通过媒体打造中国社会科学论坛品牌的初衷未得以实现。同时，当天中国社会科学院隆重举行 2010 年度工作会议，在一定程度上也冲淡了论坛的发布效果。

一些中国社会科学院的新闻发布会召开后，新闻发言人或会议主持人不注意或不懂得掌握发布会节奏，对记者的采访活动缺乏有效的引导和控制。笔者曾目睹一次中国社会科学院成果发布会上，由于主持人缺乏办会经验，会议现场失控，数十名记者中途离场，"围堵"采访某知名学者，致使会场中只留下十几名发言者的尴尬场面。

收集并研究媒体反馈信息，及时评估新闻发布会效果，是新闻发布工作链条中非常重要的环节。在新闻发布会结束之后，有关部门包括新闻办公室应及时评估新闻发布会效果，收集来自媒体和公众的反馈信息，包括总结发布会经验，统计媒体反馈的信息，收集整理发布会音像资料等，并形成具有一定参考价值的评估报告，为发布会组织者或新闻发言人提供咨询，为下一次新闻发布会的召开打好基础。但从中国社会科学院院属各单位举办新闻发布会的实际情况看，除少数会议组织者会后认真对发布会进行反馈研究，并向有关领导或新闻发言人提交评估报告外，多数单位会后仅仅做了统计媒体反馈的简单信息（了解报道的时间和媒体名称、报道数量等），收集发布会报刊、网络、音像资料等基础性工作，其目的不是提高今后新闻发布水平进行总结，而是将统计结果上报院新闻办公室，或保存档案资料，甚至是为了向有关领导和部门"有个交代"。一些会议组织者会前不主动参与和设置媒体议程，会后不认真总结发布会的经验教训，也不了解媒体新闻传播规律，只是简单地认为记者只要到场就应当按会议组织者的要求报道。而会后当媒体反馈信息没有达到预期效果，或出现与发布者期望差距较大的报道时，便简单甚至粗暴地"问责"媒体或负责邀请记者的新闻办公室。这种情况在很大程度上影响并限制了中国社会科学院新闻发布工作的创新与发展。

第四章　中国社会科学院应急新闻发布机制分析研究

在危机事件发生时，针对外界（主要是媒体、公众）对公共管理部门工作的误解、疑虑，以及歪曲和谣言，有关部门通过新闻媒体，及时发布权威信息，主动设置和引导媒体议程，准确、客观、全面地向公众介绍事件情况、有关对策和防范措施，解疑释惑，澄清事实，是新闻发布工作的一项重要内容。一般人认为，中国社会科学院作为学术研究单位，很难出现危机事件或成为危机事件的焦点。正是在这种观念下，以及出于对危机事件敏感性特点、部门形象和责任的顾虑，中国社会科学院有关部门在新闻发布制度中长期忽视或有意回避应急新闻发布和危机状态下的媒体沟通、管理机制问题。然而事实证明，尽管近年来危机事件在中国社会科学院只有几例，但已造成不同程度的负面影响，甚至是恶劣影响。有关部门如不适时建立有效预防、应对危机事件的新闻发布和媒体沟通、管理机制，将会对中国社会科学院科研工作的形象和各项改革措施带来严重影响。笔者试图从新闻发布工作实际出发，运用公共部门危机管理理论，采用案例分析和比较分析的方法，对中国社会科学院应急新闻发布和如何建立危机状态下的媒体紧急沟通、良性互动机制等问题进行分析和研究。

一　案例研究

按照斯蒂文·芬克提出的关于危机管理的四段论模式。危机事件的第一阶段是"危机潜伏期"。这个阶段是危机处理最容易的时期，但是却最不易为人所知。所以，决策者应树立一种危机意识。第二阶段叫作"危机突发期"。这是四个阶段中时间最短但是感觉最长的阶段，而且它会对人们的心理造成最严重的冲击。此阶段的特征是事件的急速发展和严峻态势的出现。第三阶段叫作"危机蔓延期"。这是四个阶段中时间较长的一个阶段，但是如果危机管理得力，将会大大缩短这一时间。一个组织有无危机管理计划，将在很大程度上影响危机恢复时间的长短。第四阶段是危机解决阶段。此时，组织从危机影响中完全解脱出来，但是仍要保持高度警惕，因为危机仍会去而复来。[①] 笔者试用该分阶段理论分析以下案例。

（一）案例一：对所谓 2000 年中国社会科学院"黑歌厅"事件的危机处理过程

2000 年 2 月 23 日，北京数家媒体报道了一条消息：东城公安分局在"某机关大院"查获一家地下"黑"歌厅，有的还配有歌厅服务小姐被查获的现场图片。此报道见报没几天，中国社会科学院文学所某学者在北京一家媒体上发表署名文章《我感到愤怒和悲哀》，透露出"某机关大院"是中国社会科学院。另一家报纸更以《中国社会科学院院内出了色情窝》为题转载了该文章，于是引起不少街谈巷议。事件发生后，中国社会科学院适时召开新闻发布会，向十几家新闻单位作了澄清，最终妥善处理和平息了事态。但事件本身给中国社会科学院造成了极其恶劣的影响，甚至影响至今。这中间有许多值得思考的问题，笔者当时作为中国社会科学院新闻办公室副主任亲历了事件的处理阶段。从事件的起因、发展到最后的结束，基本经历了斯蒂文·芬克所说的四个阶段。

第一阶段："危机潜伏期"。据中国社会科学院后来向新闻单位提供的一份名为《香港老板违法经营损害学术机构声誉》的文字材料介绍，2000年 2 月 22 日晚 9 时许，北京东城区公安、工商等部门组成的联合执法队，

---

① 张小明主编《公共部门危机管理》，中国人民大学出版社，2006。

对位于中国社会科学院后院生活区内对外承租经营的"潮粤酒家"（即原机关食堂小餐厅）的地下室进行了突击检查，工商部门没收了房间内的电视机、影碟机、点歌机等设备，公安部门将20余名歌厅服务"小姐"和"三证"不全的雇员带走审查。经执法部门认定，承租经营者在该地下室开的歌厅属无照非法经营，同时还违反了文化市场管理、外来人口管理、消防、人防等多项法规，但尚未发现歌厅内有色情、卖淫嫖娼等活动。在此之前，根据2000年2月21日群众反映承租人私自在"潮粤酒家"地下室开歌厅一事，中国社会科学院有关主管部门领导当即做出"调查清楚、严肃处理"的指示。2000年2月22日，中国社会科学院下属的服务中心做出两项决定：一是发书面通知责令承租方立即停业，二是当日下午2点查封地下室，焊死地下室铁门。当服务中心按时组织20人实施查封时，承租人拒不合作，反而纠集近30人与服务中心工作人员对抗。为避免发生严重冲突，服务中心只好撤走人员，准备通过法律手段解决。结果当晚非法歌厅被执法部门查封，包括北京电视台在内的几家媒体对此进行了报道。事件由此进入了危机潜伏期。

第二阶段："危机突发期"。尽管少数媒体对非法歌厅被执法部门查封一事进行了报道，但并未点明该歌厅位于中国社会科学院，只称"某机关大院"。但数天后，中国社会科学院文学所某学者在未搞清事实真相的情况下，在《北京晨报》上发表署名文章《我感到愤怒和悲哀》，不仅点明该歌厅位于中国社会科学院，而且凭道听途说将此事上升为含色情服务内容的"黑歌厅"事件，使这起本是普通的无照非法经营处理事件，意外地在媒体和社会上引起流言，给中国社会科学院声誉带来了极其严重的影响。

第三阶段："危机蔓延期"。由于事件发生初期，中国社会科学院有关部门没有及时对内进行必要的通报和预警工作，也没有与有关媒体进行紧急沟通，使事态没有得到及时有效的控制，很快危机不断蔓延。某学者文章发表后，一家报纸更以《中国社会科学院院内出了色情窝》为题转载了该文章，一时间媒体大哗，更有境外报纸做出标题："智囊竟成淫窟"——耸人耳目，给中国社会科学院声誉造成极其恶劣的影响。

第四阶段："危机解决阶段"。据《南方都市报》2000年3月12日报道："面对众多的怀疑和责问，中国社会科学院于3月10日终于出面表态，并特别邀见此间媒体，细说近来报端、网上所谓'中国社会科学院内出了色情窝’报道的事件原委。"2000 年 3 月 10 日，中国社会科学院在对事件经过认真调查后，召开新闻通气会，由院秘书长、办公厅主任、服务中心主任共同担任危机事务新闻发言人，对事态做出说明，向媒体说明事件的真相。中国社会科学院新闻发言人向媒体介绍说，当初该地下室出租给承租方是为了解决他们的雇员住宿问题。但承租方既未经中国社会科学院服务中心同意，也没有到有关部门申办合法经营执照，就擅自将职工食堂小餐厅改为"潮粤酒家"，并在其地下室私自开办歌厅。事情发生后，中国社会科学院服务中心已断然与承租方终止了承租合同。经执法部门认定，在该院被查抄的歌厅中尚未发现色情、卖淫嫖娼等活动。经查也没有发现该院职工到过这个非法歌厅。第二天，多家媒体以《中国社会科学院正式为研究员俱乐部辟谣》为题，对中国社会科学院说明进行了报道。数天后，这一持续半月之久的危机遂告平息。

媒体对危机事件的不恰当的负面报道，往往会带来强烈的社会负面影响。从案例一中，可以清楚地看到，这是一桩由于中国社会科学院有关部门工作失误、媒体在不明真相的情况下大肆炒作引发的危机事件。运用斯蒂文·芬克的分阶段理论，可以看出，在危机潜伏期，倘若中国社会科学院有关方面树立危机意识，警惕性更高一些，责任心更强一些，预警措施再周密一些，在事件发生初期对内工作更透明及时一些，与有关媒体的沟通更及时一些，或许就能防范这起短短数天内，在社会上造成对中国社会科学院带来恶劣影响的事件。由于未将事件遏制在摇篮之中，使危机骤然突发。在某学者发表署名文章后以及媒体大肆炒作的半个多月时间里，中国社会科学院有关部门未进行应急发布，及时向媒体和社会说明事实真相，未能对媒体进行有效引导、沟通和控制，致使危机事件在第二、第三阶段愈演愈烈。在事件进入到第四阶段后，有关部门的处理还是比较稳妥的，实事求是地向媒体说明事件真相和采取的措施，以开放性的心态主动披露信息。中国社会科学院针对该事件的应急新闻发布会召开后，媒体反应适度，信息充足，公众对事件的知情愿望得到了最大满足，对平息危机起到了关键作用。

（二）案例二：对网络虚假新闻"中国社会科学院公布 2007 年全国白领工资标准"的调查和应对过程

从 2007 年 11 月 3 日开始，一则名为"中国社会科学院公布 2007 年全国主要城市白领工资标准"的新闻报道在众多媒体上接连出现，在社会上特别是一些门户网站论坛上引起了热烈讨论。事后调查表明，这是一则由某网站杜撰出的地地道道的假新闻，而南方周末、新华网等在新闻界有很大影响的媒体和网站不负责任地推波助澜，给中国社会科学院造成了严重的负面影响。

在第一阶段"危机潜伏期"，只是出现某网站冒用中国社会科学院名义编造的虚假新闻。起初也有读者和网友质疑报道的真实性，因为所有报道和转载内容涉及中国社会科学院的只有"中国社会科学院日前公布了 2007 年全国主要城市白领工资标准"一句话，没有标明任何作者和出处，有读者曾表示"几乎不敢相信它是出自中国社会科学院的专家之手"①。但在第二阶段"危机突发期"，由于诸多有影响的媒体和网站纷纷予以报道和转载，特别是南方周末、新华网等权威和主流媒体在显著位置刊载此文，使众多媒体、读者和网友对此深信不疑，并由此引来读者和网友对中国社会科学院科研工作的非议和不满。危机随即进入第三阶段"危机蔓延期"，一位署名令狐补充的网友的话很具有代表性："中国社会科学院公布了 2007 年全国主要城市白领工资标准，引来了很多网络板砖。我觉得这个公报很简陋，最初还不肯相信这样单薄的东西是国家最高学术机构发布的。上网一查，有多家权威媒体报道，而且内容整齐划一，才不得不暂时信以为真。"②

2007 年 11 月 4 日，笔者作为中国社会科学院新闻办公室主任，在得知媒体对此事的反应后，迅速与社会学所、人口所、城市中心等有可能研究此类问题的单位进行沟通，并确认这些单位没有发布此类报告后，告知打来电话的广州日报等记者，中国社会科学院有关部门近日没有通过正式宣传渠道发布过此类报告，中国社会科学院向外界发布学术报告均标明研究单位或课题组，不会仅以中国社会科学院名义发布。2007 年 11 月 5 日，中国社会科学院领导同志得知此事后，立即要求办公厅有关部门进行调查。院新闻办公室和办公厅调研处联合对中国社会科学院所有相关单位和报道此类消息的主要媒体和网站展开调查。事件由此进入第四阶段"危机解决阶段"。调查结

---

① 周明华：《中国社会科学院的白领标准咋看咋糊弄人》，新华网，2007 年 11 月 5 日。
② 《白领工资标准真是中国社会科学院发布的吗？》，南方网，2007 年 11 月 5 日。

果表明，中国社会科学院有关研究所和课题组从未发布过所谓的"2007年全国主要城市白领工资标准"，也没有进行过有关研究工作。其消息来源于某网站冒用中国社会科学院名义编造的虚假新闻。媒体关于消息来源的说法不一，相对比较集中的一种说法是，2007年1月，有网友把2005年10月某网站百姓钱程论坛《在其他城市挣多少钱可以过上北京月薪5000的生活》一帖重新编辑，以《中国社会科学院公布2007年全国主要城市白领工资标准》为题发在网上。2007年11月2日，某网站今日话题栏目刊出《你的工资够"白领"吗》的专题策划，将该网帖数据附在《北京晨报》一篇白领题材报道后面。2007年11月3日，《半岛都市报》、《新快报》等小报以"据北京晨报报道"的名义转载了该数据。随后全国许多媒体和网站在未经证实的情况下纷纷以"中国社会科学院公布2007年全国主要城市白领工资标准"为炒作热点加以报道和转载。而新华网等有影响的媒体和网站在未与中国社会科学院有关部门或新华社正式宣传渠道（如新华社中央新闻采编中心）核实的情况下，在其显著位置刊载此文，对给中国社会科学院带来严重的负面影响负有不可推卸的责任。

根据调查情况，中国社会科学院领导同志随即指示办公厅有关部门与新华网等媒体交涉，要求该网站刊登中国社会科学院经调查后发表的正式声明。2007年11月7日，中国社会科学院新闻办公室与新华网进行了交涉，指出中国社会科学院发布重要学术成果均会与新华社中央新闻采编中心联系，该网站在未与中国社会科学院有关部门和新华社中央新闻采编中心核实的情况下，在其显著位置刊载涉及中国社会科学院的假新闻，给中国社会科学院声誉带来不利影响，是不严肃和不适当的，并要求该网站删除有关内容，同时刊登中国社会科学院声明。该网站负责人表示同意删除有关内容并口头道歉，同时说明新华网消息并不完全来自新华社，且人员庞杂，管理上确有漏洞。该负责人表示今后加强与中国社会科学院新闻办公室的沟通和联系，并加强内部管理，以避免此类情况的发生。随后，根据中国社会科学院领导同志的指示，中国社会科学院新闻办公室在与新华网交涉的同时，在本院网站刊登了中国社会科学院正式声明。2007年11月8日，上海新民网率先对声明进行了转载，新华网随后在时政和社会两个板块中转载了中国社会科学院声明。几乎所有之前报道虚假消息的媒体和网站都对中国社会科学院声明进行了转载。一场殃及中国社会科学院的虚假新闻风波逐渐平息。

与案例一不同的是，这纯粹是由网络媒体制造假新闻、新华网等主流媒体不负责任地炒作引发的危机事件。运用斯蒂文·芬克的分阶段理论，可以看出，由于中国社会科学院有关方面反应迅速，使该事件在第二、第三阶段的时间较短。在危机解决阶段，中国社会科学院采取的措施及时、妥当，使危机事件很快得到解决和控制，使受到严重影响的中国社会科学院科研工作声誉得以修复。中国社会科学院主要领导同志在看到新闻办公室上报的情况反映后，表扬了新闻办公室处理及时有力。

二 对中国社会科学院应急新闻发布问题的思考

从上述两个案例来看，案例一是一桩由于中国社会科学院有关部门工作失误、媒体在不明真相的情况下大肆炒作引发的危机事件，可称为"直接危机"；而案例二则是由网络媒体制造假新闻、新华网等主流媒体不负责任地炒作引发的危机事件，可称为"间接危机"。无论是"直接危机"，还是"间接危机"，媒体作为沟通中国社会科学院和公众的中间因素，都在危机处理中发挥着重要作用。因此有关部门在危机事件的处理过程中，不应该也不能忽视媒体的作用，如果不对媒体加以正确引导和控制，就会增加负面的影响和作用。

危机事件本身就是新闻，媒体无法缺席，媒体报道是危机事件进入公共部门和公众视野的重要途径。如果危机事件没有媒体介入，其造成的影响力是有限和局部的，在没有引起社会广泛关注的情况下，通常也不会引起公共部门的关注。"在一定程度上，新闻媒体有构建危机的倾向。对于新闻媒体来说，突发事件由于其反常性、重要性和负面影响，比一般事件更容易引起人们的关注，是非常重要的报道题材，从新闻角度来看坏消息恰恰就是媒体传播的好消息"。[①] 在当代信息社会中，媒体是除了政府之外向公众提供各种信息的最主要渠道，也是公众获得信息的重要来源，在塑造公众价值观念、强化公众意识、反映和引导社会舆论等方面发挥着重要作用。

然而，随着我国市场经济的不断发展和新闻宣传体制的改革，部分非

---

① 曹劲松、庄传伟：《政府新闻发布》，江苏人民出版社，2009。

党报性质的报刊和新型的网络媒体出于对商业利益的追逐，利用公共部门某些内部机制不健全的现实，为竞争寻求具有"卖点"的负面新闻信息，热衷于报道危机事件。这些媒体经常人为制造热点，炒作所谓"丑闻"，以刺激发行量。个别新闻记者受西方"坏消息就是好消息"新闻观念的影响，不遗余力地传播刺激性强的新闻信息，追求轰动效益。部分媒体对所谓 2000 年中国社会科学院"黑歌厅"事件的疯狂炒作就是十分生动的一例。

在互联网、手机短信等新兴媒体影响力日益扩大的新信息环境下，公众在面对危机事件时，对传统新闻媒体有着很高的信任度，尤其是主流媒体有着特殊的信赖。然而恰恰是某些主流媒体为在新闻竞争中扩大影响，不加选择和不负责任地转载网络信息，结果带来更加强烈的社会负面效果。如新华网就曾对 2007 年网络虚假新闻"中国社会科学院公布 2007 年全国白领工资标准"及其评论不加选择地予以转载，给中国社会科学院科研工作造成严重的负面影响。

在对上述两个案例的分析中可以看出，"间接危机"比"直接危机"更容易处理，因为"间接危机"主要由外部因素引发，而"直接危机"更多涉及单位和领导班子形象、部门利益和责任及管理体制等棘手问题，因此有关部门在应对媒体询问和评论时，常常出现失语、回避等现象，以至错过应急发布、处置危机的最佳时机，造成更加严重的负面影响。面对复杂的社会矛盾和日益多元化的利益格局，公共管理部门难免在具体工作中出现失误和疏漏，并且随着信息公开和互联网的发展，这些失误和疏漏很容易成为媒体和公众关注的焦点，从而使部门形象受损。

按照斯蒂文·芬克提出的关于危机管理的四段论模式，危机管理者在应对危机事件时，特别是第二阶段即危机爆发阶段出现时，快速的反应、调研和与媒体进行紧急沟通，可以有效地缩短第三阶段，即危机蔓延阶段，并有助于事件尽快进入第四阶段即危机解决阶段。案例一中，由于中国社会科学院有关部门在危机进入第二阶段时，没有对自己学者的言论和媒体的炒作及时作出澄清、说明，在第三阶段也没有尽快与媒体进行紧急沟通，致使第三阶段长达 20 余天，造成了极其恶劣的社会影响。而案例二中，由于中国社会科学院领导和有关部门在第二阶段反应迅速，展开调查、与媒体沟通以及采取相关措施及时得当，从而有效地缩短了第三阶段，从危机出现到解决只有不到一周的时间。因此当出现涉及公共管理部门的负面性事件时，有关部门应及时通过媒体向公众说明真相，勇于承认所存在的局部失误，并通过紧急沟通媒体和应急发布，将部门危机处理和改进防范措施传达给公众，有效引导媒体和公众议程，对部门形象加以修复，缓解和最终解决危机。

以中国社会科学院新闻办公室处理 2007 年网络虚假新闻引发的危机事件为例，中国社会科学院声明在网站发表后，不仅很快挽回了中国社会科学院的声誉，而且得到了一些读者和网民的好评。

随着中国社会科学院专家学者和学术成果在哲学社会科学研究中影响的不断扩大，新闻媒体特别是网络媒体对中国社会科学院关注度日益增强，但同时不可避免地会带来一些负面报道，进而引发危机事件。一些本来社会影响不大、涉及对象不广，甚至是个别普通事件，经过媒体传播的放大效应和聚焦效应，都可以成为危机事件。这其中有社会的问题，如有人冒用中国社会科学院名义散布虚假新闻；也有新闻媒体存在的问题，即不顾客观事实片面追求轰动效益，其高层管理者缺乏公共管理责任意识，对互联网信息引用过于随意，对信息来源甚至缺乏最基本的调查，对编辑和记者的管理也存在严重漏洞；有中国社会科学院自身管理存在的问题，如缺乏与媒体之间的良性互动机制，某些职能部门在体制改革和制度管理中出现争议和问题，个别学者出于个人目的散布不负责任，甚至泄露国家和单位机密的言论，而被媒体利用炒作。目前中国社会科学院正在进行行政和科研管理体制机制改革，改革过程中不可避免地会出现各种矛盾和问题。这些矛盾和问题都有可能成为危机事件的导火线。

通过上述分析可以看出，新闻媒体是中国社会科学院危机管理机制中不可或缺的重要因素，建立中国社会科学院有关部门与媒体之间的良性互动关系是应对危机事件的前提条件。如何发挥媒体的积极作用，正确引导舆论，把公众对危机的舆论引导到有利于解决危机的正确方向上来，需要中国社会科学院有关领导和部门进一步加强自身管理，制定科学的危机公关和媒体管理策略，建立和完善中国社会科学院应急新闻发布和危机状态下的媒体紧急沟通、良性互动的长效机制，及时应对和解决危机事件中出现的各种问题。

第五章 改进和完善中国社会科学院新闻发布制度的组织对策

上述分析表明，中国社会科学院现行的新闻发布制度亟待改进和完善。笔者在对上述问题进行分析与研究的基础上，结合中国社会科学院新闻发布活动的具体情况，尝试提出改进和完善中国社会科学院新闻发布制度的思路、建议和措施，力图使其成为中国社会科学院行政管理体制机制改革的重要组成部分。

一 完善中国社会科学院院级新闻发言人制度

新闻发布需要建立相关的组织机制，依据相关制度安排进行，建立新闻发言人制度就是其中一项主要内容，也是国际上较为通行的做法。新闻发布既是一项制度，又是一项系统化的公共管理工作，新闻发言人制度是其中一个重要组成部分。新闻发言人作为一个"制度人"，通过各种形式为本部门代言，指导新闻办公室和有关部门发布新闻，沟通媒体和公众。新闻发言人应当是本部门重大决策的参与者，知晓本部门业务，熟悉新闻宣传规律。

随着改革开放和社会社会主义现代化建设进程的不断深入，中国社会科学院不断组织跨学科、跨研究所的事关经济社会发展和国家安全的重大宏观性、战略性、前瞻性研究项目和重大基础研究项目，不断创新学科建设机制，探求自然科学与社会科学交叉融合的研究机制，搭建发挥中国社会科学院思想库和智囊团作用的研究平台。中国社会科学院与政府部门、企业、地方社会科学院、高校、部队、社会团体以及自然科学研究机构的联合攻关项目不断涌现。学科体系、人力资源配置、科研成果日益呈现出创新性、实效性、专业性、综合性、权威性、交叉性的特点。而如何在新闻发布活动中客观真实地将这些高水平、多学科的科研项目和成果向媒体和公众推介，在回答记者提问时准确把握其特点和宣传尺度，则需要由参与全院科研工作重大决策的、具有全局眼光、熟悉并负责全院科研工作的院或职能局领导承担新闻发言人的重任。

近年来，胡锦涛同志多次强调，新闻工作要"尊重舆论宣传的规律"，要"按照新闻传播规律办事"。随着新闻发布工作中媒体和公众对新闻发言人政治、职业、知识和语言以及心理等素质方面要求的日益提高，目前临时性、分散性、随意性、非专业性的中国社会科学院新闻发言人体制已不能满足媒体和公众的需求，建立和逐步完善一个规范、高效、权威、专业化的与新闻传播规律相适应的新闻发言人制度，设立专职的或相对固定的能够参与院内重大决策活动的中国社会科学院新闻发言人，已是大势所趋。

综合上述分析，结合中国社会科学院的实际情况，笔者认为，中国社会科学院新闻发言人应由中国社会科学院办公厅主任、科研局（学部工作局）局长担任，中国社会科学院党委新闻发言人应由直属机关党委书记担任。遇有重大活动和重要事件，可由中国社会科学院领导临时出任新闻发言人。中国社会科学院新闻办公室作为具体办事机构，协助新闻发言人协调、管理全院新闻发布工作。

此外，2009年一度引起媒体热议的网络新闻发言人可以视为传统新闻发言人制度的延伸。互联网以其受众海量、互动性和及时性强的优势，使新闻发言人可以取得更为理想的信息发布效果，在一定程度上可以作为中国社会科学院新闻发言人制度的补充。但网络舆情和网民结构的复杂性、新闻发言人对网络运作规律的熟悉程度等都对网络新闻发言人的素质提出了更为苛刻的要求。从中国社会科学院的具体情况特别是网络信息建设的现状看，这一制度的建立还需要一个过程，设立中国社会科学院网络新闻发言人的条件尚不成熟。

二 整合新闻发言人工作团队力量，强化新闻办公室新闻宣传管理职能

新闻发言人作为沟通中国社会科学院和媒体的桥梁，其背后必须有一个强有力的工作团队从事资料搜集和分析情况，为新闻发言人工作提供咨询。新闻传播学理论认为，新闻发言人不是自然人，而是一个制度人，仅凭其个人力量无法开展新闻发布工作，应有一个比较完备的组织机构和信息系统作为支撑。新闻发言人背后应有一个强大的工作集体，从事新闻发布前的发布申报和备案、信息收集、舆情分析和材料准备等各项工作，同时也要做好新

闻发布的效果评估、反馈研判工作。整合新闻发言人工作团队和建立统一、高效、灵活的中国社会科学院新闻发布信息系统，是提高中国社会科学院新闻发布质量和效果的基础性工作。

根据以上分析和笔者对中国社会科学院新闻发言人的具体设计情况，该工作团队可由中国社会科学院办公厅研究室（该部门主要负责中国社会科学院重要文件的起草工作）、科研局成果处（该部门主要负责中国社会科学院科研成果发布会的日常管理工作）、直属机关党委宣传处（该部门主要负责中国社会科学院党组织学习宣传工作）组成。这三个部门可根据新闻发布工作的需要，分别、同时或联合为相关新闻发言人的发布活动准备资料、提供咨询、设计媒体议程。院新闻办公室则作为具体实施机构，协助院新闻发言人，审核新闻稿件，沟通联系媒体，协调、组织、管理相关新闻发布活动，并对反馈资料进行评估，提出总结报告。

新闻发言人工作团队之间的沟通与合作是信息权威性和准确性的保证，是设置媒体议程的基础。院新闻办公室作为该工作团队的协调机构和信息发布集散地，应与这三个部门建立密切联系，并利用院内计算机网络，设立统一的中国社会科学院新闻发布信息交流系统。如院新闻办公室与科研局成果处建立统一、共享的院所两级新闻发布备案制度，这样既可以及时沟通信息，共享资源，提高新闻发布工作的效率和质量；同时也有利于新闻办公室随时掌握发布信息，有效沟通媒体，协助新闻发言人，强化对全院新闻发布工作的管理职能。

由于人员紧张，目前中国社会科学院新闻办公室工作人员同时承担新闻宣传和联络接待两项任务，无法实现专人负责管理新闻发布工作的现实要求，且工作人员均无新闻专业背景，缺乏新闻理论修养和新闻管理经验，人员结构不合理，部门专业化管理水平较低。中国社会科学院有关领导和部门应充分考虑新闻办公室的实际需要，适时调配年轻、有活力的新闻专业人才，充实力量，加强新闻管理队伍建设。同时加强对新闻办公室工作人员的业务培训，提高新闻管理水平，保障新闻发布工作的顺利进行。

三 建立与媒体沟通的良性工作机制

沟通是公共管理活动的一个重要手段，新闻发布作为中国社会科学院有关部门和专家学者与公众进行积极沟通的主要方式，需要借助新闻媒体的大众传播活动才能有效实现。媒体能否及时、准确、全面、客观地将中国社会科学院新闻发布的重要信息、科研成果及价值导向传达给公众，直接影响到新闻发布的传播效果。上述分析表明，与媒体进行良好的沟通，是正确引导媒体议程设置，充分发挥媒体信息桥梁作用的必要条件。

2010年1月4日，中共中央政治局常委李长春同志在全国宣传部长会议上强调，各级党委、政府及新闻宣传管理部门要"适应时代发展要求，努力提高与媒体打交道的能力"。中国社会科学院作为党中央、国务院的思想库和智囊团，担负着向公众宣传推介党和国家的重大理论方针与中心工作任务，为各级政府出台的改革举措和公共政策解疑释惑的重要责任。在新闻发布工作中一方面要把握研究无禁区、宣传有纪律的原则，避免出现与中央精神相悖的言论；另一方面应与媒体积极进行沟通和交流，把媒体议程需要、公众真正关心的重大理论和现实问题研究成果及时向社会发布，使媒体充分报道中国社会科学院专家学者决策咨询、服务社会的重要成果，使公众深入了解哲学社会科学研究工作在经济社会发展中的重要作用。因此，中国社会科学院有关部门在新闻发布的组织、实施过程中，不但要通过信源与媒体进行信息沟通，而且要建立与媒体沟通的良性机制，与媒体在舆论导向、价值判断、成果影响、社会意义等方面开展及时和有效的沟通，共同设置媒体议程，共同承担起维护公众利益、推进和谐发展的社会责任。

笔者在调研中发现，一些与媒体沟通良好、熟悉媒体宣传规律和了解公众需求的中国社会科学院院属单位和学者主办的新闻发布活动，常常会取得良好的宣传效果。这些发布会的组织者特别注意与媒体进行良好沟通，尤其注意运用和发挥网络媒体对公众的影响力。如中国社会科学院所属的社会科学文献出版社主办的皮书系列新闻发布会，不仅成功推出对经济社会发展有重大影响的经济、社会发展及城市竞争力蓝皮书等品牌成果，推出一批备受公众瞩目的专家学者，而且受到众多媒体长期、广泛的关注，成为目前中国社会科学院影响最大的品牌发布会。该社在多年市场化运作过程中，逐步建立了一套比较成熟的新闻发布会模式（见图1）。

通过对上述问题的分析，笔者认为，除去商业运作的成分，基本可以考

社会科学文献出版社新闻发布会流程

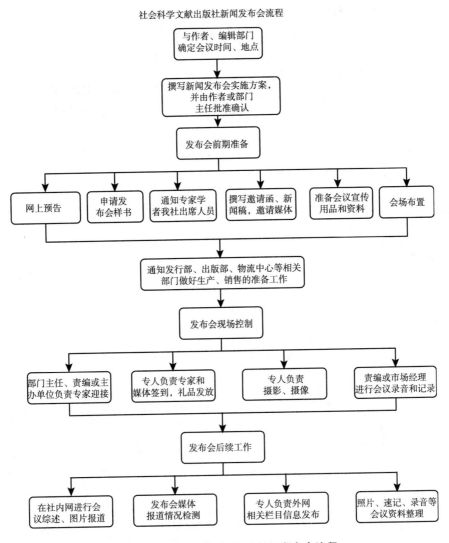

图1 社会科学文献出版社新闻发布会流程

虑将社会科学文献出版社新闻发布会的模式在全院范围内推广。从图1中可以看出，该社新闻发布会基本按照策划、控制与评估三个步骤进行，即坚持事先周密策划、过程有效控制、事后认真评估的办会原则。

如前所述，新闻发布会是中国社会科学院最常采用的宣传形式，其特点在于发布者与媒体记者之间良好的互动性，记者可以就媒体、公众关心的问题与发布者直接进行充分交流。要成功举办一次新闻发布会，需要做大量的工作，发布者应当事前精心准备，与媒体进行良好的沟通，选择适当的发布时机，通过对新闻发布会的策划、控制和反馈研究，实现其良好的发布和传播效果。

四　建立和完善中国社会科学院应急新闻发布机制

应急新闻发布是危机处理过程中最重要的手段。应急发布的目的是要主导和影响媒体议程设置，通过及时、准确的新闻发布占据媒体传播的话语先机，不给谣言以传播空间，同时避免媒体片面放大和炒作，形成有利于应急处置工作、化解事件危机、稳定科研工作秩序的舆论氛围，赢得媒体和公众的信任与认同。在应急新闻发布中，澄清事实真相是前提，引导媒体议程和舆论导向是关键，目的是赢得公众的正确理解和普遍认同，修复和重塑部门形象。

应急新闻发布的信息通常是公众高度关注的，媒体也因此对应急事态的报道需求十分强烈，这就使应急新闻发布具有紧迫性的特点，必须在第一时间发布危机事件及其处置情况的权威信息，在满足公众知情的同时正确引导社会舆论，不给虚假信息、不实信息和谣言留下传播空间。应急新闻发布的紧迫性对有关部门发布的信源口径和审核授权都提出了比一般新闻发布更高的时效要求，需要有相应的发布工作机制予以保障，而这一机制最主要的内容就是建立应急新闻发言人制度。建立应急新闻发言人制度是危机状态下中国社会科学院调节社会公共关系的重要手段之一。在危机事件发生这种特殊时期，应急新闻发言人引导媒体议程设置的作用尤为重要。实践证明，应急新闻发言人在中国社会科学院危机管理中发挥了重要作用。

突发性危机事件的特点决定其应急新闻发布必须及时、客观、准确、稳妥、有序。现代公共管理部门在发生危机事件时应急发布的快速反应至关重要。因此担任中国社会科学院应急新闻发言人的人员应当相对固定，可与发布常态信息的院级新闻发言人相一致，改变以往人随事变，新闻发言人不固定且变换频繁的传统做法。同时，危机事件的应急新闻发布相对来说处于比较被动的地位，需要在短时期内综合衡量发布的速度、时机和内容，对新闻发言人的要求更高。因此担任中国社会科学院应急新闻发言人的人员必须具有较高的危机管理素养，应当由熟悉并负责全院管理工作的院或相关职能局的领导担任。院新闻办公室作为具体办事机构协助其开展工作。这样，既可以显示中国社会科学院对应急新闻发言人制度的重视程度，又可以保证危机处理信息发布的权威性。

在公共管理部门危机公关中，最重要的传播手段是报纸、广播电视和网络等大众传媒。在危机事件发生时，如何发挥媒体的积极作用，影响或改变媒体议程，正确引导公众舆论，需要中国社会科学院有关部门与媒体建立良性的紧急沟通机制，使媒体尽可能地配合危机处理者，共同推动危机的解决。

在危机出现时，危机处理者与媒体之间的良性互动，有利于及时澄清事实真相，杜绝流言和不实信息的传播。而与媒体保持友好关系，可以在危机突发、蔓延和解决阶段，争取媒体的宽容、理解、支持与合作，从而帮助有关部门平稳地解决危机。《中国社会科学院新闻宣传管理办法》规定，中国社会科学院新闻办公室负责对有关中国社会科学院的失实和歪曲报道进行调查和处理。因此，在危机事件发生时，中国社会科学院新闻办公室将可能是最多或首先面对新闻媒体的部门。在建立和完善危机管理机制过程中，新闻办公室等有关部门要特别注意加强与媒体的沟通，建立起紧急沟通和良性互动机制。

参考文献

［1］西蒙·科特主编《新闻、公共关系与权力》，李兆丰，石琳译，复旦大学出版社，2007。

［2］《中国社会科学院院报》，《近年来党中央关于繁荣发展哲学社会科学重要文件汇编》编辑小组，2007。

［3］《中国社会科学院首选学部委员　将建院士制度》，www.singtaonet.com。

［4］《香港老板违法经营　中国社会科学院声誉受损》，www.sohu.com。

［5］中国社会科学院办公厅，《中国社会科学院新闻宣传管理办法》，1998、2002。

［6］《中国社会科学院正式为"研究员俱乐部"辟谣》，www.sina.com。

［7］白正春：《建立和完善政府新闻发布制度》，www.cpvip.com。

［8］蔡雯：《新闻传播的策划与组织》，新华出版社，2001。

[9] 曹劲松、庄传伟：《政府新闻发布》，江苏人民出版社，2009。

[10] 陈开和：《走向"阳光时代"——从抗震救灾回首中国新闻发言人制度》，《世界知识》2008 年第 13 期。

[11] 陈强、郑贵兰：《对公职人员作为新闻线人的思考》，www.cpvip.com。

[12] 程曼丽：《论我国软实力提升中的大众传播策略》，《对外大传播》2006 年第 2 期。

[13] 程曼丽：《论议程设置在国家形象塑造中的舆论导向作用》，《北京大学学报》2008 年 3 月。

[14] 邓利平：《负面新闻信息传播的多维视野》，新华出版社，2001。

[15] 杜江主编《新闻发言人理论与实务》，四川大学出版社，2005。

[16] 范玉吉：《政府信息公开条例与新闻传播事业》，《新闻记者》2007 年第 7 期。

[17] 高钢、孙聚成主编《新闻发布与新闻发言人实务》，人民日报出版社，2005。

[18] 国务院新闻办公室新闻局编《政府新闻发布工作手册》，五洲传播出版社，2007。

[19] 宏磊：《在第一时间抢占舆论制高点——国务院新闻办副主任王国庆谈新闻发言人制度》，《对外大传播》2005 年第 10 期。

[20] 胡华涛：《新闻发布制度化构建中的立法问题》，www.cpvip.com。

[21] 华晶：《政府行为中的新闻机制——试论中国的新闻发布制度》，www.cpvip.com。

[22] 贾世秋：《新闻发布指导思想的定位问题》，www.cpvip.com。

[23] 靖鸣、王尧：《如何让网络新闻发言人制度"叫好又叫座"》，《新闻与写作》2010 年第 4 期。

[24] 郎劲松：《新闻发言人实务》，中国传媒大学出版社，2005。

[25] 李瑞英、史楠：《中国社会科学院公布首批学部委员名单》，《光明日报》2006 年 7 月 19 日。

[26] 李瑞英：《中国社会科学院学部成立》，《光明日报》2006 年 8 月 4 日。

[27] 李希光、孙静惟：《危机传播中新闻发布的准备工作》，《新闻与写作》2010 年第 2 期。

[28] 林坚：《人文社会科学地位、功能及其评价》，《社会科学管理与评论》2007 年第 1 期。

[29] 刘洪潮主编《怎样做对外宣传报道》，中国传媒大学出版社，2006。

[30] 刘继南、周积华、段鹏：《中国形象——中国国家形象的国际传播现状与对

策》，中国传媒大学出版社，2006。

[31] 刘建明：《新闻发布概论》，清华大学出版社，2006。

[32] 刘笑盈、苏超：《从两会的新闻发布看发言人的原则和技巧》，《新闻与写作》
2010 年第 4 期。

[33] 孟建、陶建杰：《中国新闻管理制度的历史性进步——我国实施北京奥运会外
国记者采访规定的理论阐释》，《新闻记者》2008 年第 5 期。

[34] 梦蝶：《中国社会科学院院士制度已经水到渠成了吗》，《新京报》2006 年 1
月 23 日。

[35] 宁田力：《透析新闻发言人制度》，www.cpvip.com。

[36] 全晓书：《牢牢掌握话语主动，拓展国际舆论空间——新华社拉萨"3·14"
暴力事件对外报道回顾》，《中国记者》2008 年第 6 期。

[37] 赛来西·阿不都拉：《试论新闻发言人制度的实效性和规范性》，
www.cpvip.com。

[38] 沈亮：《一个国家的公关：解读奥运背后的专业公关力量》，《南方周末》
2008 年 9 月 4 日。

[39] 孙旭培、吴麟：《新闻媒体与"决策气球"》，《新闻爱好者》2005 年第 3 期。

[40] 汪兴明：《政府发言人 15 讲》，清华大学出版社，2006。

[41] 王强华、魏永征：《舆论监督与新闻纠纷》，复旦大学出版社，2000。

[42] 新华社对外宣传有效性调研课题组：《进一步提高我国媒体对外宣传的有效性
之二：对外宣传报道存在的主要问题及其成因》，《中国记者》2004 年第 2
期。

[43] 徐琴媛：《中外新闻发布制度比较》，中国传媒大学出版社，2005。

[44] 徐讯：《中国新闻侵权纠纷的第四次浪潮——一名记者眼中的新闻法治与道
德》，中国海关出版社，2002。

[45] 许新芝、罗朋、李清霞：《舆论监督研究》，知识产权出版社，2009。

[46] 杨明品：《新闻舆论监督》，中国广播电视出版社，2001。

[47] 杨雪梅：《让社会科学得到应有尊重》，《人民日报》2006 年 8 月 4 日。

[48] 殷莉编著《新闻发布案例透视》，新华出版社，2007。

[49] 曾建萍：《论政府危机管理中的新闻发布制度》，www.cpvip.com。

[50] 张文风、宋鸽：《政府新闻发布制度热的冷思考》，www.cpvip.com。

[51] 张小明主编《公共部门危机管理》，中国人民大学出版社，2006。

[52] 郑保卫：《善待媒体 善用媒体 善管媒体》，《新闻与写作》2010 年第 3 期。

［53］郑保卫:《十六大以来我国新闻传媒的政策调整与改革创新》,《现代传播》2005 年第 6 期。

［54］郑兴东:《新闻传播的客体属性与传播心理》,《新闻传播学术报告会论文集》,中国人民大学出版社,1997。

［55］周敏、谭逸丹:《网络新闻发言人制度与路径解析》,《新闻与写作》2010 年第 1 期。

社会科学研究机构的科研
管理信息化建设

作　　者：王磊，中国社会科学院工业经济研究所信息
　　　　　网络室馆员，中国社会科学院研究生院 2010
　　　　　届 MPA 毕业生。

指导教师：王　钦

　　摘　要：本文结合科研管理实践，通过对信息化应用需求、建设模型、实施要素及其他领域信息化建设的启示四个方面内容的讨论，建立起我国社会科学研究机构科研管理信息化建设的整体理论框架。本文将中国社会科学院、中国社会科学院工业经济研究所作为我国社会科学研究机构的典型代表，进行案例分析，参照理论框架考察我国社科研究机构科研管理信息化建设具体现状，并发现存在的主要问题。提出改善建议，包括走出"办公自动化"应用局限及信息化建设与科研管理改革脱节的两个误区；根据理论框架，进一步总结出一条适用于现代化社会科学研究机构科研管理信息化建设的总体思路。

　　关键词：社会科学研究机构　科研管理　信息化

第一章　导论

一　研究问题的界定

　　《国民经济和社会发展信息化"十一五"规划》（2006）的发布，标志着社会信息化成为我国基本国策。在科研领域，科研管理的信息化建设已被公认是加快我国科研体制改革，提高科研竞争力的重要途径。我国社科领域科研机构的信息化建设，起步相比自然科学领域较晚，虽然经过初期的摸索和实践取得了初步成效，但总体上依然没有突破信息化建设的初级阶段（欧启忠等，2005）。

从现实需求来看，随着我国当前改革开放的继续推进，科研体制改革的不断深化，社会科学研究进入了现代化发展阶段，综合性、应用性、国际性三大趋势成为当前社会科学研究的总体特征（周若文，2002），在新发展趋势下，对我国社科领域科研机构的学术服务也有了新的要求，主要表现在四个方面。

一是服务对象方面，社会科学研究不再局限于为纯学术性研究或为政府决策提供理论支持，而是越来越多地被广泛实际运用于国家及地方政府的公共政策和公共事业、社会公益、企业经营管理、媒体服务、其他学术研究，甚至个人学习工作需求等各个社会领域。

二是服务内容方面，来自各行各业的社会需求，要求社会科学研究更加注重专业化与精品化、创新性与实用性、时效性与前瞻性，以及同其他社会领域的横向联合与合作，能够满足社会各个领域对应用与理论社科信息的需求，发挥社科研究成果的社会影响力。

三是在服务方式上，社会科学研究机构要转变观念，具备竞争与商品意识，把学术服务的对象当作客户，变被动为主动，变单向为双向，在积极互动的基础上高效率地提供学术服务，同时加强社科研究成果转化的产业化与市场化。

四是学术共享方面，要将社会科学科研成果①得到及时规范的发布、评价与共享，融入日趋全球化的知识资源体系，促进资源情报共享、学术交流以及现代化社会科学研究的多样化协作与良性发展。

社会科学研究机构要适应上述转变，就需要科研管理工作实现发展与创新。在全球化知识经济时代与网络信息时代，意味着当前科研管理改革要面

---

① 张国春采取以科研成果形式分类为基础、成果形式与研究性质相结合的综合分类方法，将社会科学科研成果的类别界定为：基础研究类成果（专著、论文、理论文章、古籍整理）；应用研究类成果（研究报告、对策建议）；学术翻译类成果（译著、译文）；科研辅助类成果［学术资料（集）、工具书、软件］；学术普及类成果（教材、学术普及读物）；其他（学术评论、图像资料）。张国春：《社会科学科研成果的界定与分类》，《社会科学管理与评论》2003年第4期，第32页。

对两个主题：市场化与信息化（白古拉呼，2007）。前者解决的是科研管理工作的定位与流程问题；后者解决的是效率与共享（互动）问题。

鉴于以上考虑，本文结合自身工作实践，结合具体案例，对我国社科领域的科研管理信息化建设现状、思路与模式进行分析探讨，并对将来的发展提出对策建议。

二 文献综述

（一）我国社会科学研究机构

根据我国目前法律规定，事业单位被定义为："依法成立的，从事公益事业的不以盈利为目的的教育机构、科学研究机构、医疗卫生机构、社会公共文化机构、社会公共体育机构和社会福利机构等。"（翟涛，2006）

我国现有科研体系中的研究机构，按科研领域分类，可广义地分为自然科学和技术研究机构、人文和社会科学研究机构两大类。社会科学成果是国家综合实力和竞争力的重要标志。社会科学的基础理论研究为我国社会科学发展提供支撑点，应用研究以支持改革开放和社会主义现代化建设为主要方向，为政府决策提供咨询，为企业生产与经营管理、社会公共事业以及全社会的思想进步提供服务（朱未易，2008；何星蓉，2008）。普通高等院校（包括军队院校）、社会科学院、党校、党委以及政府部门是目前我国进行社会科学研究的主要力量（朱未易，2008）。

本文以中国社会科学院为社科领域科研机构的典型代表（工业经济研究所是中国社会科学院经济学科的主要研究机构之一）。

（二）社会科学研究机构科研管理信息化

现代信息技术带动科学研究与科研管理走入一个全新阶段，大量应用信息通信技术成为目前科研机构与人员的必备手段，信息化建设是科研竞争与发展的必然和必需（郭庆婧，2006）。具体来说，对科研管理信息化建设的研究重点在两个方面。

1. 科研管理信息化

科研管理信息化的基本出发点，是利用现代网络通信技术，通过开发和共享科研信息资源，实现科学研究、管理流程、管理方式、信息交流的电子化与网络化（欧启忠等，2006）。

"科研项目课题制管理科学化问题研究"课题组（黄浩涛、王延中等，2007）的研究把管理信息化定义为：根据组织目标，利用现代信息技术，通过信息化系统建设为组织开发、积累、利用信息和姿势资源，提供系统、全面的知识管理体系，从而改善科研环境，提高科研管理决策水平和运营效率的过程。

2. 科研成果信息化

在计算机与网络技术广泛应用之前，社会科学研究成果主要以文献的实体形式发布，以图书馆、科研机构资料室为中心保管。这种传统方式对科研发展和学术服务有着很大的局限性：其一是科研信息交流严重不足，其二是科研成果推广和转化严重滞后（范并思，2001；陈传夫、曾明，2006；路鹏等，2007）。

现代化信息通信技术为解决这一问题提供了方案。科研机构以数字化手段采集储存科研成果，通过建立面向用户的网站、科研成果数据库、信息资料中心、电子图书馆，并横向联合媒体、其他社会科学信息服务网站及成果推广转化中介服务网站等，形成多形式、多渠道、信息丰富、功能完备的服务平台，实现科研成果的信息化管理与发布、检索与共享、宣传与推广以及服务与反馈（范并思，2001；梁秀霞，2004、2006；何星蓉，2008）。同时，通过通信技术建立虚拟研究团队，利用信息化共享科研信息与成果，还有助于形成一种崭新的科研活动与模式，可以实现跨越时间、空间及物理障碍的、全球性的、跨学科的大规模科研协作（曾伟忠，2006）。

基于上述两个方面，我国社会科学研究机构的科研管理信息化建设总体现状，可以中国社会科学院为例进行说明。中国社会科学院从1997年起以院计算机网络中心作为专业技术骨干力量，开展实施信息化建设。"十一五"期间，确定了"建立全国哲学社会科学网络信息中心"的总体目标，多年来对信息资源进行采集、整合、开发和应用，为实现总体目标奠定了基础。

三 研究内容及可能的创新

我国社会科学研究机构在科研管理市场化改革与信息化建设方面还处于进一步的摸索实践阶段。

本文主要研究内容包括四个方面：①对我国社会科学研究机构科研管理信息化应用需求及当前建设情况、存在问题进行探讨；②结合理论与实际，提出现代化的社会科学研究机构科研管理信息化建设的理论框架；③以中国社会科学院工业经济研究所信息化建设为具体案例进行分析研究；④对我国社会科学研究机构科研管理信息化建设模式与思路提出对策和建议。

本文的可能创新点体现在以下两点：①从信息技术应用理论的角度，尝试对当前我国社会科学研究机构科研管理信息化建设提出一个较为整体性的理论框架；②结合了以问卷调查为主的现实具体案例的分析，使得论文具有更强的现实指导意义。

四 论文结构及主要研究方法

本文写作中，充分利用了工作实践的优势，坚持理论与实际相结合，系统分析与案例研究相结合，综合运用研究方法进行分析论述。文章架构安排及主要研究方法如下。

第一章导论，主要阐述论文的选题背景，解析论文关键词概念，归纳总结相关理论，明确关键词之间的内在联系，为论文研究问题确定理论基础。

第二章信息化建设理论框架，以计算机信息化理论为基础，结合当前科研机构科研管理信息化建设实际情况，并借鉴其他领域的模式，为社会科学研究机构科研管理信息化建设建立理论框架。

第三章信息化建设案例分析，通过档案记录、参与观察、问卷调查等方式，对具体案例进行分析研究，参照理论框架考察并发现当前社会科学研究机构科研管理信息化建设的具体现状及存在问题。

第四章思考与建议，为我国社会科学研究机构科研管理信息化建设不足之处提出改善的对策和建议，为进一步发展提供思路。

第二章 信息化建设理论框架

"信息化"最早出现于 1963 年，由日本学者梅棹忠夫在其专著《信息产业论》中提出，脱胎于"工业化"一词。1998 年，联合国教科文组织在《知识社会》中提出："信息化既是一个技术的进程，又是一个社会的进程。

它要求在产品或服务的生产过程中实现管理流程、组织机构、生产技能以及生产工具的变革。"这个概念既包含了如前述那些对信息化技术与形式层面的理解，又明确了它是一个由信息革命引起的社会经济变革的过程这一含义。

一　应用需求

要确定社会科学研究机构信息化建设的框架与模式，首先要明确为什么需要进行信息化建设，即信息化的目的。从具体的角度来看，社会科学研究机构信息化建设的目的，当从以下两个方面具体分析：一是信息化应用的内容，二是信息化应用的指导思想。

（一）信息化应用的内容

计算机的发明，最初是为了解决大规模科学计算的需要，随后人们发现其在管理领域也有着极大的应用空间。我国社会科学研究机构，作为科研事业单位，同政府、企业或其他单位一样，其传统管理体制的运行机制基本上是一个三层金字塔式结构，包括决策层、管理层和操作层，如图1所示。以计算机为主，把现代信息技术应用于管理领域，与管理体制的这种三层结构密切相关，其发展主要经历了三个阶段：数据管理、信息管理和知识管理。①

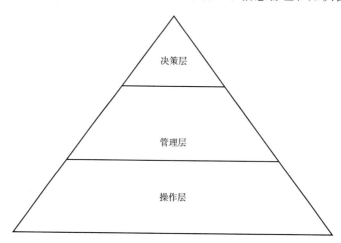

图1　政府、企业或单位的三层管理体制

---

① 周宏仁：《信息化论》，人民出版社，2008，第17页。

1. 操作层——数据管理

对科研机构而言，操作层面向科研管理的具体职责和界定的业务范围，其中涉及的特定数据由业务活动生成。

一般来说，科研管理工作的内容主要有：对科研机构人员的管理，包括科研人员、职能人员及专家学者信息的管理；科研项目管理，包括横向、纵向项目的相关立项、进展、结项等相关信息；科研活动、学术交流活动管理，涉及时间、地点、对象、内容等操作内容；科研成果管理，包括成果整理、收集、发表、专利、转化、获奖等方面信息的管理；以及相关统计信息、统计报表、工作报表，财务、财产、设备等各方面内容及其他。

上述业务的具体操作过程产生的就是特定的业务数据，操作层既是数据的接受者和处理者。一个简单的人事管理例子：人事办公室工作人员即操作层，某科研人员的年龄、性别、职称，其当前在职、离职或退休等信息，就是操作层需要处理的特定业务数据。

计算机被应用于管理的初期阶段，其主要功能就是进行数据的处理和管理。操作层的特性在于其业务流程的程序化和制度化，显然很适合利用计算机技术的处理和运算功能，将操作层业务数据计算机化和系统化。计算机化的数据管理带来便捷高效的实时存储、检索、批处理及分析计算能力，改变了手工的处理方式，对降低工作量、提高工作效率及减少资源消耗起到了显著的积极作用，并且结构化的数据也能在一定程度上促进业务流程的标准化和规范化。

2. 管理层、决策层——信息管理

数据与信息是有区别的。一般意义上讲，数据是事实，是未经评价的情报或信息的原始资料；信息指的是经过整理的有效数据，一切信息都是由数据组成的，但并非一切数据都能产生有意义的信息。[①]

单位或组织的管理层的职责是履行本部门的职能并监督职能履行的情况，以此来实施决策层制定的政策、战略和指示。例如研究机构的科研管理部门，履行对科研工作、科研项目等内容的管理职能；人事部门履行对科研

---

① 张成福、党秀云：《公共管理学》，中国人民大学出版社，2007，第248页。

机构人员的管理职能等。对处在管理层的人员来说，他们更加关注的不是数据本身，而是由数据反映出的组织机构管理运作状况，即有效的信息。通过对信息的管理，管理层能够正确、及时地履行本部门的职责，确保工作的质量和效率。处理信息的能力已被看作一个组织机构最重要的组织能力和管理能力。

在数据管理的应用基础上，计算机技术进一步发展为以信息处理为重点，由此产生了应用于各种目的的管理信息系统（MIS-Management Information System）。管理信息系统创始人戴维斯（Gordon Davis）在其 1985 年的著作《管理信息系统》[1] 中，为管理信息系统做出了如下完整定义："管理信息系统是一个利用计算机软硬件资源以及数据库的人—机系统。它提供信息以支持企业或组织的运行、管理和决策功能。"

信息管理建立在数据管理的基础上，科研机构的管理层可运用管理信息系统，对操作层获得的数据进行分析加工，得到部门机构业务的运作和发展状况，以对科研机构业务活动更好地进行规划、组织、协调与控制。目前，我国社会科学研究机构广泛开发运用了处理各项管理业务的信息管理系统，如科研管理信息系统、人事管理信息系统、财务管理信息系统等。这些管理信息系统对提高管理效率和管理水平起到了积极的影响，当然也存在问题，即管理信息系统针对性单一，一般一个系统只对应一种管理业务，容易造成信息孤岛和数据资源冗余。

决策层是单位和组织管理体制的最高层，为单位组织的运作和发展制定政策和战略，提供导向与指南。相对于管理层，决策层需要的数据和信息更具有高度浓缩性和战略性。在科研机构中，决策层通过了解本单位内部行政运作与科研工作状况的数据和信息，以及来自单位外部环境的数据和信息，例如对科研方向的社会需求，对科研成果运用的反馈等，对科研机构当前与未来的职能实现和战略定位进行决策、规划、调整。

1971 年，美国学者斯科特莫顿（M. S. Scott-Morton）在管理信息系统的基础上提出了决策支持系统（DSS-Decision Support System）的概念。决策支

---

[1] Gordon B. Davis, Margrethe H. Olson, *Management Information Systems*, McGraw-Hill Inc., US; 2nd edition, 1985.

持系统的目的，是在已建立的数据库系统和管理信息系统的基础上，大量使用模型库和方法库（例如各种统筹学模型），以人—机交互的形式对数据和信息进行分析利用，获得战略信息，将普遍的半结构化或非结构化决策过程予以结构化，来支持决策层实现"有信息的决策"和"科学的决策"，帮助提高决策的效率和质量。决策支持系统是信息技术应用在单位组织内部长期发展和积累的结果。

3. 资源共享与成果转化——知识管理

20 世纪 90 年代以来，信息与互联网技术飞速发展和广泛应用产生的影响之一就是"信息爆炸"时代的来临，"知识经济"成为信息时代经济的重要代名词。在这种趋势下，管理学界很快经历了从信息管理到信息资源管理，再到知识管理的观念转变。知识管理是将可得到的海量信息转化为知识，并对知识进行程序化管理，以便于知识的明晰、提取和重复利用。[①] 知识管理理论的形成和发展，一方面是因为信息处理能力的急剧提高和政府、企业、组织机构信息的海量积累；另一方面是因为信息技术带来的工作方式转变和全球化趋势造成了竞争的加剧。在知识经济环境下，组织机构的成功与否不仅取决于采集和处理信息，更加取决于分析和利用信息的能力，即"将信息转变为知识，将知识转化为财富"的能力。知识管理的根本目标就是要通过信息技术，把利用信息、知识和创新的巨大能力赋予个人、企业、组织和社会，这也是信息技术所驱动的社会经济变革之本质所在。[②]

我国社会科学研究机构当前正处于科研管理体制改革的全面实施阶段，知识管理正是其为适应这一发展趋势，所须经历的时代变革之恰当体现。一个基本的知识管理系统通过实现对社科研究资源、信息和成果的收集、挖掘和发布，能够完善社科信息服务能力，促进科研创新、资源共享及合作，推动社科研究成果转化的产业化与市场化，将对研究机构适应社会科学研究服务的现代化发展起到巨大的驱动作用。

目前，知识管理理论已得到广泛的承认，但其技术与在管理领域应用的

---

① 肖博：《试论在情报研究工作中实现知识管理》，《消费导刊》2009 年第 2 期，第 107 页。
② 周宏仁：《信息化论》，人民出版社，2008，第 21、23 页。

发展还处于未成熟的初期阶段。知识管理系统、知识共享、知识转化仍是当前知识管理研究的重点主题，与知识管理密切相关的信息系统与信息管理的研究也是知识管理讨论的重要内容。[①]

（二）信息化应用的指导思想

信息技术在近几十年中持续发展，信息化的应用也不断在广度与深度方面得以延伸，并对信息技术应用的指导思想产生相应的影响。与现代信息技术应用于管理领域的发展阶段相对应，信息化应用的指导思想也经历了计算机化、业务流程再造和机构改造三个发展阶段。[②]

1. 计算机化

计算机化，也叫作"电子化"，是指在计算机应用于生产和管理的过程中，利用计算机的数字化与逻辑运算、信息处理和分析等功能，将原有业务流程中的人工作业部分"计算机化"（Computerization），以达到提高工作效率、提高管理水平的目的。如信息化应用内容中阐述的操作层的数据管理，其本质就是对业务数据的计算机化。计算机化的根本目的，是要把所有计算机能代替人工完成的工作，都用计算机来完成，包括从数据的储存、运算、批处理与实时处理，到管理信息系统对人工信息管理的模拟，再到高端计算的应用，如复杂科学计算和计算机仿真等技术。

迄今为止，在任何实施现代信息技术管理的领域，包括社会科学研究机构，计算机化仍是信息化应用的一个重要目标，也是信息化建设工作的基础。

2. 业务流程再造

"电子化"是信息化应用的基础，而并非信息化本身。实现业务数据、管理信息的计算机化，或基于网络技术开发运用针对业务流程的信息管理系统（MIS），对人工作业实现了计算机仿真，即所谓的"办公自动化"，仍然只是信息化的初级阶段。

现代信息化应用的潜力不仅于此。1990年，哈默（Michael Hammer）和钱皮（James Champy）首次提出了"业务流程再造"（BPR-Business

① 刘志辉、苏娜、张志强：《国外知识管理研究进展分析》，《图书情报工作》2009年第53卷第10期，第92页。
② 周宏仁：《信息化论》，人民出版社，2008，第23页。

Process Reengineering）的概念,[①] 即在人们应用信息技术于生产和管理的过程中，将对原有业务流程计算机化，转向对原有业务流程进行重新设计，使其更精简、更有效、更合理，从而能够更加充分发挥现代信息技术的潜力。

在社会科学研究机构中，对信息的管理已经成为目前科研管理的主要内容。科研管理业务的计算机化和管理信息系统的应用，起着科研机构信息化的支撑作用。但仅以此作为信息化进程的唯一手段，会存在很多问题，如信息管理系统针对性单一，很容易形成信息孤岛，即一个信息管理系统的数据与信息不能与另一个信息管理系统进行共享和交流，各自为政，尽管其针对的业务在实际管理工作中是相互关联的；同时，信息源是多头的，而非唯一的，如人事部门在人事管理信息系统中录入了本单位的人员信息，但同样的信息或信息子集，在科研管理部门的科研管理信息系统里还需再单独录入一次，在财务部门也要为财务管理系统录入一次，后期维护也是各自进行，这就造成了严重的重复劳动、资源浪费，以及数据的大量冗余；如果再加上未以信息化手段全部或部分代替原业务流程，而是双重操作"齐头并进"，那么有可能出现这样的现象：人工劳动量比在传统工作流程中的还大，工作效率却没有明显提高。

这并不是信息化的问题，而是对信息化应用的指导思想没有随着对信息技术的运用而发展。信息的价值在于应用，而应用信息的主体是人。科研机构的管理业务流程是一个有机的整体，在利用现代信息技术的基础上，结合先进的管理理念和方法，对业务流程进行重新设计、监控、改进和创新，消除无效作业与浪费，减少决策与执行之间的延滞，可以获得信息化应用可能带来的最大效益，从而取得最佳的管理效果。[②]

3. 机构改造

随着当前互联网技术的发展和深度普及，人们在任意时间、任意地点都能够以信息技术手段获取几乎任何信息，或与任何人进行通信交流，这使得人们在观念上产生了新的飞跃。信息化应用的指导思想，逐渐转向如何利用

---

① Michael Hammer, James Champy, "Reengineering Work: Don't Automate, But Obliterate", *Harvard Business Review*, 1990, 7 - 8.

② 欧启忠等:《科研管理信息化与业务流程优化研究》,《科研管理》2005 年第 1 期,第 45 页。

包括互联网技术在内的信息技术，对现有工业时代组织机构的组织形态和结构，进行信息化的"机构改造"（Transformation of Organization），使其能够适应信息时代环境下，知识经济与全球化发展的要求。从此意义上看，信息技术已不只是技术手段，更成为包括科研机构在内的所有组织机构的战略资产，如果没有信息技术参与，任何形式的机构改造都无法满足当前社会经济形势下组织机构的发展需求。①

以"政府改造"（Transformation of Government），或称"政府重构"（Restructuring Government）、"政府重建"（Reinventing Government）为例，其改造方向主要为：一是利用现代信息技术，使政府的公共服务进一步以面向居民和企业；二是提高横向资源和服务的共享性，以提高效率和节约资源；三是提高政府在信息化领域的专业化水平，适应信息化改造的需要。②对社会科学研究机构来说，进行信息化机构改造的最终目标，是通过利用现代信息技术，实现现代化、高效率的科研管理；实现社科研究机构的学术服务全面面向社会与市场需求；实现社科研究的更加专业化与精品化、创新性与实用性、时效性与前瞻性；实现社科研究成果转化的充分市场化与产业化；实现学术资源与社科信息在全球化知识资源体系中的共享。

计算机化、业务流程再造、机构改造作为现代信息化应用指导思想的三个发展阶段，并非相互替代的关系，而是相互依存、相互促进的。组织机构根据自身发展与具体信息化应用情况来确定关注的层面，一个唯一不变的原则就是：不为信息化而信息化。应充分发挥现代信息技术的潜力，以获取最大的应用效益。

从以上对信息化应用的内容与指导思想两方面的分析可以看到，信息化的作用和它带来的变革，不仅能从业务层面全方位提高社会科学研究机构的现代化科研管理水平和科研服务能力，而且在宏观上也为研究机构在科研管理改革和全球化知识经济时代中面临的发展挑战提供了机遇，开拓了空间。

---

① 周宏仁：《信息化论》，人民出版社，2008，第26页。
② 周宏仁：《信息化论》，人民出版社，2008，第26页。

二 建设模型

接下来需要探讨的问题是，社会科学研究机构的科研管理信息化建设应该具有什么样的模式。本文尝试以电子政务模型为参考，为社会科学研究机构科研管理信息化建设建立业务模型。

（一）模型结构

当前社科研究的新需求、新挑战之一就是社科学术服务的社会化与市场化。在这样的共识下，可以确定与社科研究机构科研管理相关的业务主体有三个：科研机构——代表机构本身及各职能部门，行使主要的科研管理职能；科研人员——是科研机构的核心力量，是科研管理的服务对象之一；用户——代表社科学术服务对象，也是科研管理服务的另一来源，既包括原有的国家及地方政府，也包括如其他学术科研组织、社会公益组织、企业、媒体甚至个人等来自社会各领域与市场需求的对象群体。

科研机构的管理业务就围绕这三个主体及它们之间的互动展开。在信息化环境中，这三个业务主体的数字化映射，即科研管理平台、资源共享平台和学术服务平台，构成社科研究机构信息化建设的主要模型结构，如图2所示。

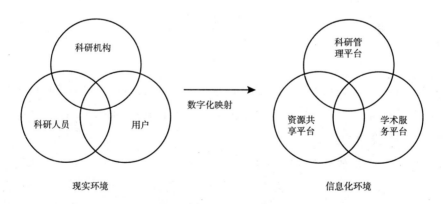

图 2　科研管理信息化模型结构

（二）模型内涵

科研机构内部之间，科研机构与科研人员、用户之间的互动，形成五个既独立又相互关联的科研管理业务领域，如表1所示。

表1 科研机构、科研人员与用户之间互动构成的科研管理业务领域

应方始方	科研机构（Management）	科研人员（Researcher）	用户（Client）
科研机构（Management）	M→M	M→R	M→C
科研人员（Researcher）	R→M		
用户（Client）	C→M		

1. 科研机构内部互动（M→M）

这个领域主要涉及维持机构正常运作的内部各职能部门的业务活动，包括了数据层、管理层和决策层及其之间各项业务数据与信息的采集、处理、传递、使用和反馈。这些活动反映在信息化层面的相关技术，有业务流程计算机化的实施；信息通信技术的使用，如邮件系统、信息平台、视频会议系统等；对各种管理信息系统的应用，如科研管理、人事管理、财务管理、资产管理系统等以及决策支持系统等。

2. 科研机构对科研人员（M→R）

科研机构对科研人员的管理不仅包括人事制度上的常规管理，还包括科研课题、科研成果、科研活动等内容的全程管理与协调；对科研人员的绩效考察与激励；为科研人员提供科研情报资源与工具等。结合当前对社会科学研究机构科研管理体制进行的改革与创新，该领域的活动实质上就是科研机构服务于科研人员，为其进行"知识生产"创造良好的环境，以提高科研水平与科研竞争力。[1]

3. 科研机构对用户（M→C）

为政府决策提供咨询，为企业生产与经营管理、社会公共事业以及社会各领域提供学术服务，是社会科学研究机构的本职任务。随着科研机构面向社会、面向市场的程度不断深化，学术服务对象的用户化趋势越来越明显，科研机构需要更好地满足用户对社科信息与研究提出的各种需求，需要更多

---

[1] 孙晶：《科研管理创新，推进体制机制改革——"第二届社会科学研究管理论坛"综述》，中国社会科学院网站，kyj.cass.cn/Article/953.html，2007年。

地与用户实现互动与合作。

4. 科研人员对科研机构 （R→M）

这个领域的主要内容包括：科研人员服从科研机构的人事制度管理；科研项目与课题的申报、立项、结项、经费等程序需交由科研机构统筹管理；进行学术活动、业务交流需要由科研机构代表或组织协调；向科研机构提出科研所需信息情报、辅助工具等相关服务的意见和建议，科研机构给予协助实施等。

5. 用户对科研机构 （C→M）

除政府、企业、科研院校外，来自社会其他各领域的所有对社科学术服务有需求的用户，都需要有通畅的渠道与社科研究机构建立联系，反映他们具体的服务需求或合作意向；或需要有能够方便快捷地共享、检索、定制所需社科信息资源的手段。社科研究机构要通过设立广泛的交流渠道，建立社科学术服务平台，来保障这一领域活动的进行。

上述由科研管理业务的三个主体互动形成的五个业务活动领域，在信息化建设层面上，反映为对三个信息化平台的建设与应用，以及实现这三个平台之间通过数据共享和平台接口形成的融合互动。这就概括了模型的本质：从实际业务活动出发，通过利用现代信息技术，将业务活动映射到信息化环境中，再把信息化的、优化的运作模式返回实际业务活动。

以模型为指导建立起三个信息化平台，将其应用到科研管理业务主体的活动领域中，通过实现平台之间的融合互动，能够有效减少信息管理应用中可能出现的信息孤岛、数据冗余、资源浪费等状况，进而实现社科信息资源共享向知识管理应用转变。同时，对信息化平台的应用也对科研管理业务三个主体关系的改善起到积极作用，为科研机构进行业务流程再造和机构改造提供动力与支持。

三 实施要素

确立了模型之后，就需要考虑如何实施对三个信息化平台的搭建。信息化推进靠的是"三分技术，七分管理"，[①] 因此，科研机构信息化建设实施

---

① 周宏仁：《信息化论》，人民出版社，2008，第616页。

要素包括了两个方面：一是技术层面对信息技术形式的选用，二是管理层面科研机构对信息化建设的管理投入。

（一）技术形式

近几十年来，现代信息技术发展迅速，信息技术应用形式多种多样。社会科研机构科研管理信息化建设模型中的三个信息化平台，具体需要应用到哪一种形式的信息技术，要根据科研机构实际的发展需求与实施条件来决定，在理论框架讨论中不可能全部涵盖。本文依据社科研究机构科研管理信息化建设模型，结合当前中国社会科学院信息化建设的实际情况，[①] 将科研机构信息化建设所涉及的信息技术形式整理归纳为以下五类。

（1）管理信息系统。包括实现办公手段现代化的计算机化办公辅助工具、系统，机构和部门的各种业务管理信息系统，以及各种决策支持系统、专家系统等。

（2）数据库。包括支持各种业务管理信息系统的后台数据库，以及科研情报、科研成果、信息资源等基于检索功能的综合性或专业性的、面向用户的数据库。

（3）网站。包括开放性的门户网站、信息网站、专题网站、提供增值服务的学术资讯网站，以及机构内部的科研、信息服务网站等。

（4）交流通信。包括电子邮件、视频会议、手机信息平台、公共/专业BBS 及即时通信工具等。

（5）科研辅助工具。基于现代计算机和网络信息技术的科研辅助工具，如地图和地理信息系统 （GIS-Geographic Information System）、e-Science、社会调查支持等。

表 2 简略概括了上述五类信息技术形式在社科研究机构三个信息化平台中的应用体现。

根据表 2 的描述，形成一个关系图，如图 3 所示，显示了社科研究机构科研管理信息化平台，是如何通过对信息技术的应用，在科研管理业务主体的活动领域中发挥作用并融合互动的。

---

① 参见中国社会科学院信息化领导小组办公室：《中国社会科学院信息化建设十年情况汇编》。

表2　信息技术形式在信息化平台中的应用

形式	科研管理平台	资源共享平台	学术服务平台
管理信息系统	机构运作与科研管理业务	业务数据、科研成果共享	—
数据库	业务数据;后台数据库	情报、资源、成果数据库	成果、社科信息、学术资源数据库
网站	内部信息服务	内部科研、信息服务	宣传、信息、学术服务
交流通信	机构运作与科研管理业务	资源、信息共享	合作,信息、学术服务
科研辅助工具	—	资源共享;科研辅助	—

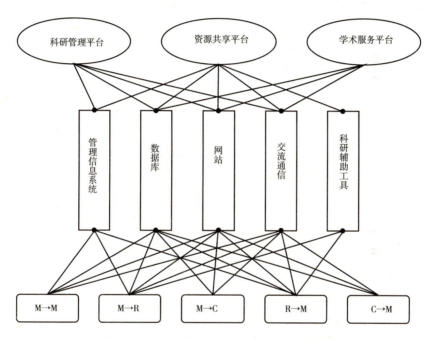

图3　信息化平台、信息技术与业务活动关系

　　信息化平台的融合互动，不仅反映了对应业务主体之间在实际活动中的互动，更体现在所应用的信息技术形式之间数据与信息的公用或共享。社科研究机构的科研管理信息化建设，无论采用哪种信息技术形式，也无论是通过自主开发还是引进技术，只有对平台之间的数据共享和平台接口加以重视，才能真正体现信息化建设的目的与信息化应用的原则，最大限度地发挥信息技术的优势。同时，在对业务数据流及信息处理规范化的过程中，科研管理业务流程的优化模式也会显现，将有助于科研机构进行业务流程再造与

机构改造。

（二）管理投入

所谓"事在人为"，信息技术是信息化的工具、手段，是组织机构现代化改革的战略资产，但如果缺乏有效的管理，任何技术都只是摆设，无法切实发挥其应有的作用。因此，管理投入是信息化建设顺利推进的关键因素。在理论框架层面，社会科学研究机构科研管理信息化建设的管理投入大致可分为这样几个方面的内容：基础设施、需求规划、资金人才、管理变革和长期运行。

1. 基础设施

信息化基础设施，如计算机、服务器、网络设备、网络接入、通信设备等构建信息化环境的基本硬件配置，是组织机构进行现代信息化建设的必需，不仅如此，也是所有组织机构适应当前信息时代社会经济发展趋势，保持竞争优势的基本保障。一个组织机构如果在管理决策上忽略了对信息化基础设施的投入，那它必然会在信息时代的激烈竞争中失去优势。但仅仅关注基础设施的投入，或无的放矢地盲目投入也是不行的。为了赶上信息技术的发展，不断耗费大量投入，建设大量高新技术含量的基础设施，却没有把合适的技术形式应用其中；或是大量引用高新技术含量的应用系统，却不能配合到具体的业务流程中，就造成资源严重浪费，且徒劳无功。我国社科研究机构的信息化建设实施大都还停留在这一表面阶段。

2. 需求规划

国家推进社会信息化，电子政务、电子商务、企业管理信息化相继成型，科研机构也要搞信息化。但信息化建设不是赶时髦，也不是单纯追逐高新信息技术应用。和任何项目实施一样，科研机构信息化建设也要经过需求分析、规划设计、可行性分析、成本分析等管理流程。以模型为原则，首先要明确自身具体需求：从机构决策层的战略需求，到管理层的职能需求，再到操作层的业务需求，其中有哪些问题可以利用信息技术得到处理，以及问题的重要程度，处理问题的困难程度等。通过需求分析，确定信息化建设的功能定位。接下来是对如何实现功能定位的规划设计，选用合适的信息技术形式，计划实施方案，做到充分利用资源，发挥信息技术的功效潜力。然后根据科研机构自身条件、信息技术资源、功能实现的轻重缓急、所需代价和面临风险（如资料丢失、业务中断、涉密信息等），进行可行性和成本分析，确定信息化推进步骤，提出基于技术或管理手段的风险规避方案等。最后方案实施并投入应用后，需要科研机构管理层面上对信息系统各级别用户进行宣传、引导或培训，确保机构的信息化建设发挥应有作用，而不是成为形象工程。

3. 资金人才

信息化建设实施需要资金投入，尤其是初期信息化环境和系统的构建。初期之后，对信息化环境、系统软硬件的维护和升级也需要资金的不断投入。信息化建设在机构战略发展上的重要性已经凸显，科研机构不应再把信息化建设当作临时性任务，或某科研项目的附属内容。科研机构在条件许可的范围内要重视信息化建设经费的专项投入。同样需要专项投入的是信息技术人才的引入。科研机构信息系统的用户是领导、科研管理人员、业务人员、科研人员，他们没有专业技能和专门时间去承担机构信息化建设涉及的各项任务和责任，维护信息系统长期正常运行；全部"一揽子"委托机构外第三方就更加不切实际。只有引入信息技术人才，从专业的角度参与信息化建设管理，才能合理有效地保障科研机构信息化建设的顺利实施与长期运行。

4. 管理变革

信息化建设对科研机构管理投入方面会产生深远的影响，这种影响不仅贯穿信息化建设从实施到运行的整个过程，而且更进一步改变了科研机构的工作方式、管理体制、服务体系和组织结构，也就是前文讨论过的三种信息化应用指导思想的具体体现。管理变革的内容广泛涉及管理投入要素各个方面，但根据信息化建设不同时期的关注重点变化，可将其划分为两个发展阶段：一是建设初期的变革发生阶段，二是步入运行时期的变革延续阶段。在第一个阶段，科研机构管理要特别面临的问题是，如何克服信息化应用的阻力。只要有变革，就会有阻力，在科研机构可能遇到的阻力包括：决策层对信息化意义的了解不足，造成信息化建设实施的投入不力；用户对原有工作习惯与方式的惯性依赖，缺乏使用与技术手段的培训，使得信息化应用效果得不到充分发挥；信息化应用对业务流程的改造要求与组织结构、管理体制发生冲突，可能出现双重业务运作，或信息化应用闲置情况等。科研机构要对这些阻力有充分的认识，做好准备并主动响应信息化建设带来的管理变革冲击。在第二个阶段，科研机构完成内部管理变革后，要关注的问题是如何将管理变革由内向外延续，也就是要让信息化应用的优势从机构内扩大到机构外，这就是变革延续阶段。这是一个长期持续的阶段。这期间科研机构在实施信息化建设管理投入方面的主要任务是：配合信息化应用的指导思想继续深化体制改革，突出科研机构面向社会与市场的学术服务定位；充分利用信息技术资源扩大科研机构影响力，增加科研合作和科研成果转化的机会与渠道；逐步达成建立适应知识经济信息时代发展要求的现代化社会科学研究机构的目标。

5. 长期运行

信息化建设是一项长期、复杂的系统工程，一旦投入运行，对网络、设备、信息系统的维护管理，对数据资源、信息的收集、存储管理，对用户的管理，以及对信息化环境下的业务运行保障的管理，都将成为科研机构的长期责任。科研机构在管理投入上，一方面要重视业务流程的优化再造，适应信息化的工作方式，处理好信息资源、文件资料以传统方式（如纸质媒介）或以信息化方式存储、传递的平衡关系，做好信息化环境风险规避，防止涉密信息泄露。另一方面仍涉及信息化建设管理的制度性投入，让信息化建设管理成为科研机构的一个常规职能单位——其职责的重点在管理，而非技术开发（项目外包、技术引进等仍是信息化实施的重要方式）——以保证科研机构信息化建设的统一性、完整性、实用性和连续性。

综上所述，社会科学研究机构对科研管理信息化建设实施的管理投入，不只是业务层面上的运作，更涉及管理层、决策层以及科研管理体制层面的认识变革、管理变革和制度变革。没有信息化的管理，是落后的管理；没有管理投入的信息化，是无效的信息化。信息化应用与科研机构的管理进步应该是相互影响、相互促进的关系。

四　其他领域的启示

（一）电子政务

电子政务是当代信息化建设最重要的领域之一。其一方面是因为，政府作为社会最大的信息拥有者和处理者，以及最大的信息技术用户，充分利用信息技术能够极大地提高业务运行的效率、有效性和透明度，形成一个更加勤政、廉政、精简和具有竞争力的政府；另一方面也因为，通过应用信息技术能够建立起更好的沟通渠道，推动各级政府向为居民和企业服务的服务型政府转变，提高民众参政议政的能力，从而整体上促进政治、经济和社会的进步。①

以美国为例。美国电子政府起源于 20 世纪 90 年代初。克林顿政府在 1993 年发布国情咨文《建立更为有效的政府：通过信息技术再造政府》，首次对电子政府做出较为全面的描述，为政府机构利用信息技术改进政府业务流程和服务方式，与公众建立客户导向的新型关系提供了政策基础。1994 年，美国政府信息技术小组（Government Information Technology Services）发布《政府信息技术服务前景》，提出要利用信息技术协助政府与客户间的互动，向公众提供更多获得政府服务的机会与途径。1995 年，美国政府修正《文书削减法》（Paperwork Reduction Act），制定了规范电子信息管理的具体措施，包括要求各部门呈交表格必须使用电子方式。1996 年，修正《电子信息自由法》（EFOIA），进一步明确对电子记录的管理，把公民获取政府信息的权力，从访问政府机构记录扩大到包括电子格式信息和网络在线信息。1998 年颁布《政府无纸化办公法案》（Government Paperwork Elimination Act），强化政府利用信息技术提供公众服务。2002 年，颁布《电子政府法案》（E-Government Act），更加明确了电子政府的政策与措施。

美国电子政府的成功经验有以下四个方面值得加以借鉴：①完善的立法体系：美国电子政府的全面实施具有强有力的立法背景；②权威的管理体制：高度重视电子政府的建设，总统亲自倡导、领导，并建立完善的组织管理体系；③清晰的组织架构：电子政府的子系统构建在统一架构上，满足联邦政府信息网络互联互通、信息资源共建共享的目的；④客户导向的服务体系：美国电子政府以客户导向为核心，向客户提供更快捷的公共服务。②

（二）电子商务

互联网的开放性创造了电子商务发展的环境。2002 年，经济合作与发展组织（OECD）对电子商务做出了一个广泛的定义："企业、家庭、个人、

---

① 周宏仁：《信息化论》，人民出版社，2008，第 380 页。
② 周立卓、汪传雷：《美国电子政府成功经验及其启示》，《理论观察》2008 年第 5 期，第 52 页。

政府及其他公共或私人组织之间，通过以计算机为媒介的网络进行的产品或服务的买、卖活动。产品或服务的交易是通过网络实现的，付款和最终递送则可能在网上或网下进行。"①

以行为主体为标准划分，电子商务有三个最重要的应用领域：单位对单位（Business to Business，B2B）、单位对个人（Business to Consumer，B2C）以及个人对个人（Consumer to Consumer，C2C）。其中单位的概念包括了企业、事业单位、公共组织等组织机构；个人即消费者。另外，还可以分出企业对政府（Business to Government，B2G）、消费者对政府（Consumer to Government，C2G）等领域类别。

B2B 电子商务可分为基于互联网（Internet）、基于内部网（Intranet）、基于外部网（Extranet）三种形式。内部网将企业内部各个部门，从设计到生产，从原材料、零部件供应到销售，都联结为一个整体，极大地提高了企业内部商务活动的效率与可靠性；外部网将企业已有的供应、金融、销售关系以计算机联网的方式形成一体，不仅提高了效率，而且降低了商务活动的成本，增强了企业竞争力。B2C 电子商务基于互联网，涉及范围非常广泛，分为有形商品和无形商品两个方面，前者即产品的销售，后者主要是服务的销售。两个最典型的 B2C 电子商务网站，一个是"亚马逊"网上书店（Amazon.com），一个是 eBay 电子商务平台（eBay.com）。C2C 则支持个人在互联网上的交易行为，是一种非常方便的商业活动，发展前景广阔。电子商务所依托的关键技术手段，除了网站、互联网、内部网、外部网、电子邮件、数据库等，还有电子数据交换（EDI）和电子金融转账（EFT）等。②

信息化时代的学术服务，"说白了就是卖产品、卖服务"。③ 社会科学研究机构可以参考电子商务模式，利用相关的信息技术，将科研成果转化与学术服务的提供扩展到电子商务 B2B、B2C，甚至 B2G 领域。这样不仅是为了实现学术服务增值，同时也能为科研水平的提高和科研机构竞争力的增强提

① "Sale or purchase of goods or services between business, household, individuals, government, and other public or private organizations, conducted over computer-mediated networks. Goods and services are ordered over networks, payment and the ultimate delivery may be conducted on or off line." —OECD, *Information Technology Outlook 2002*, 2002.

② 周宏仁：《信息化论》，人民出版社，2008，第 526～528、532 页。

③ 曾军：《超越学术评价：信息化时代的学术服务》，《云梦学刊》2009 年第 4 期，第 29 页。

供强大的驱动力。另外，B2B领域内部网、外部网的联结技术模式，也给科研机构实现内部科研管理业务的信息化统一，以及科研机构之间、科研机构与相关单位之间信息共享与科研合作方式提供了借鉴。

五 小结

本章通过对信息化建设应用需求、建设模型、实施要素及其他领域信息化建设的启示四项内容的讨论，为我国现代化的社会科学研究机构科研管理信息化建设提出了一个较为整体性的理论框架。

第三章 信息化建设案例分析

本章以中国社会科学院工业经济研究所信息化建设作为具体案例，对我国社会科学研究机构科研管理信息化建设成效进行分析研究。

一 建设历程

工业经济研究所（以下简称"工经所"）的科研管理信息化建设，在中国社会科学院全院信息化建设工作开展带动下，于1999年展开。迄今为止，工经所信息化建设发展历程可大致分为起步、热身、加速三个阶段。

起步阶段。最初由工经所副所长作为信息化建设工作单位负责人，委托一名具有信息化知识经验的研究员，在工经所"图书资料室"的配合下进行信息化建设工作。信息化的主要任务是建设一个仅起到宣传作用的工经所对外网站，网站的制作、发布和维护全权外包给所外公司负责。

热身阶段。2003年，工经所将信息化建设任务指派给"图书资料室"，并引入一名信息化专业技术人员，在技术层面上支持开展工经所信息化建设工作。这期间信息化建设的主要任务有：规范对工经所内网络基础设施的管理与维护；建立工经所对外门户网站，扩充栏目内容，加强网站对外宣传与展示科研成果的作用；建立科研资料、科研成果数据库。其中，网站与数据库的建设是以所级科研课题的形式进行的。同时，中国社会科学院计算机网络中心自主开发、引入了多套信息系统，在全院范围推广使用。

加速阶段。2009年，工经所"图书资料室"更名为"信息网络中心"，将科研情报、资料信息服务纳入了信息化建设范畴，以专门部门、专业人员全面负责工经所信息化建设与管理工作，并尝试以信息化手段推动科研成果产业化转化和资源共享平台搭建。该阶段的总体目标是扩大信息化建设内容范围，加强建设力度，让工经所成为同类应用经济、工商管理等社科研究机构科研管理信息化建设的典范。

二 主要形式与应用现状

目前工经所科研管理信息化的建设与应用，主要技术形式有网站、数据库和管理信息系统三种。在详细讨论之前，需要对工经所及整个中国社会科学院的网络环境加以简略说明。

（一）网络环境

由图4可见，工经所网络环境属于中国社会科学院内网的一部分。通过工经所网络接入访问互联网，至少需要经过两道网关。由于建设条件所限，

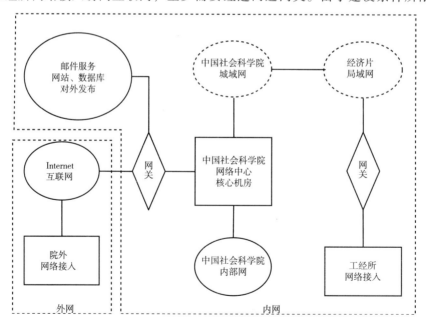

图4 工经所网络环境简略示意

资料来源：据中国社会科学院信息化领导小组办公室《中国社会科学院信息化建设十年情况汇编》。

经济片局域网网关目前只在工作日的工作时间段开放。关闭网关会造成两个主要不便：一是从工经所内无法访问网络，包括内部网与互联网；二是从院外无法获得基于工经所网络提供的相关服务。经济片局域网内其他单位机构也有同样问题。

工经所对外开放的网站与数据库，同中国社会科学院其他大部分单位机构一样，统一架设在内网邮件服务与网站、数据库对外发布系统内，由中国社会科学院网络中心负责维护运行；本单位在内网范围内，通过系统后台界面进行信息、数据的发布维护等工作。部分单位将相关服务外包给第三方，系统架设在了外网。中国社会科学院投入应用的管理信息系统，及内部科研、信息服务网站等，有三种访问方式：①安装在本地计算机上直接访问；②架设于中国社会科学院内部网，通过内网访问；③由第三方提供，需进入互联网访问。所有设于中国社会科学院内网范围的信息系统，都是无法被没有授予网关权限，或无用户账号权限的院外网络用户访问的。

（二）网站建设

工经所对外网站经历了三次改版升级。1999年建设的第一版网站由外包IT公司全权设计、制作、发布、维护，是内容简单的宣传性网站。2003年，第二版网站由工经所引入的信息化专业人员负责设计制作，扩充了栏目和内容。由于网站采用HTML静态网页技术，每次更新信息都需要大量的页面修改，工作量较高，使用效率比较低下。2007年工经所网站第二次改版升级，由工经所提出设计需求，委托IT公司负责制作。第三版网站基于动态技术，工经所授权工作人员通过网站后台编辑系统实时更新网站信息，并可以对网站更新、访问情况进行监控、统计。第三版网站的主要功能是机构宣传、服务信息发布和科研成果展示，工经所开发的数据库也以网站作为入口。

自发布至今，第三版网站获得了很高的社会关注，网站的累计访问量已达1162269人次，其中仅2008~2009年的访问量就有452970人次；"最新科研成果"、"所内动态"、"公告通知"、"科研管理"四个网站主打栏目的总信息量为212条，单条信息平均点击量为1435.8人次；累计点击量在前十位的网站页面如表3所示。

表3　工经所网站点击量前十位页面

	页面名称	栏目	点击量
1	《中国工业经济》	出版机构	48312
2	《经济管理》	出版机构	28374
3	学者风采（照片）	专家学者	22616
4	专家学者（名单）	专家学者	20934
5	联系我们	首页	17243
6	所领导	机构概况	15999
7	研究室介绍	机构概况	10937
8	工业经济系导师名单	研究生专栏	10060
9	本所概况	机构概况	10028
10	正在进行的研究课题	科研管理	7736

以上数据反映出工经所网站在实现其设计功能上，已取得了一定成效，也从一个侧面反映了当前社会对社科研究，尤其是应用经济类研究的关注，以及对相应学术服务的需求。除"最新科研成果"、"所内动态"、"公告通知"、"科研管理"外，网站还设有"对外交流"、"研究生专栏"、"热点讨论"等主要栏目。后三者的总信息量仅有46条，而单条信息的平均点击量已到2822.3人次，受关注程度要高于前四个栏目；自2008年1月1日至2009年10月27日的22个月里，前五个栏目月平均更新信息量有6.2条，后三个栏目仅有0.3条，信息更新频率相差20倍之多。①

问题原因在于机构对网站的利用率不够高。工经所为网站信息发布方式提出了一套程序，由所内各科研、职能部门自主选用、审核、提交需要发布的信息，由信息化工作人员负责发布。但在操作过程中，信息来源最终趋于单一，只有若干人员和部门保持为网站提供信息，其他大部分人员或部门几乎没有任何贡献。这个现象的出现，一方面是由于对网站的发布管理没有形成运作制度，没有责任也就没有动力，另一方面，网站与所内人员业务的关联互动不够，也就是说，管理人员和科研人员没有明显感受到网站为自身带来的好处，因此也缺乏贡献驱动力。同时，网站栏目的内容定位、用户定位模糊，也在一定程度上造成了机构内部对网站利用率不高的结果。

---

① 本节涉及数据的最后统计时间：2010年3月31日。

（三）数据库建设

工经所在信息化建设期间，除引进使用中国知网（CNKI）、清华同方、维普资讯等专业情报数据库外，也购买数据库软件，自主建立了科研资料、科研成果检索型数据库。运行中的工经所自建数据库如表4所示。

表4　工经所自建数据库

序号	名称	文献数	访问权限	检索次数
1	著作书籍题录数据库	87	对外	4644
2	论文研究报告数据库	260	对外	662
3	资料期刊合订本目录数据库	18398	对外	333
4	重要学术活动数据库	69	对外	4509
5	专题资料全文数据库	22357	目录对外	411
6	证券市场内部报告数据库	42	对内	148
7	《每日经济快报》电子版	243	对内	55
8	亚博专论	266	对内	13
9	企业研究数据库	585	对外	693
10	企业名录	53	对外	537
11	企业管理大事记	576	对外	45

注：序号列按数据库创建时间排序。

任何用户都能以访客（GUEST）身份访问对外数据库，对内数据库则需以工经所人员账号登录访问。对数据库的累计访问量：访客为2504人次，工经所人员为49人次；累计数据库检索次数：访客为3556人次，工经所人员为50人次。[①]

从目前情况来看，工经所数据库建设和应用存在以下三个主要问题：（1）建设能力不足。体现在两个方面：①人员不足。数据库建设涉及包括数据采集、挖掘、整理、录入、维护等一系列长期烦琐的操作工作，而工经所数据库建设的操作层人员只有3人，其中仅1人是计算机专业人员；②数据来源不足。工经所数据库的数据来源目前只有所藏资料文献（工经所无图书馆）、定制信息与单项课题成果三个方向，从建设资源共享、学术服务平台的角度来说，是远远不够的，而人员不足因素也给改善这一问题造成阻碍。（2）技术水平不够。工经所采用的数据库服务器软件是封装产品，设计开发程度

[①]　本节涉及数据的最后统计时间：2010年3月31日。

有限，各数据库各自独立，没有共享；并且，虽然软件本身提供了标准二次开发接口，理论上可以和其他指定的信息系统形成互动平台，但工经所不具备相关技术能力，也还没有可构成信息化平台的其他信息系统，因此无法具体实现。和市场上同专业领域的数据库服务比较，工经所数据库建设的技术水平还是低下的。以上两个主要问题直接导致第三个问题，即应用程度不够，从前面的数据就能得到充分体现。作为比较，CNKI 数字图书馆在 2005 年之前的日访问量已超过 100 万人次。[①] 数据差异一方面体现出社会对工经所的科研成果确实有所需求，另一方面也体现了工经所数据库建设竞争力的不足。

（四）管理信息系统应用

工经所目前接触的所有管理信息系统，都是由中国社会科学院以实现办公自动化为目标，在全院范围推广投入应用。包括科研管理系统、电子所务系统、人事信息管理系统、出访/来访网上申报系统等中国社会科学院自主开发的管理信息系统，基于浏览器/服务器（B/S）模式架设在中国社会科学院内部网；引进的有财务管理系统、国有资产管理系统等，是基于本地安装或客户端/服务器（C/S）模式，后者需要接入互联网进行数据操作。中国社会科学院引进管理信息系统，原因之一是服务专业性强，如财务管理软件；原因之二是接受国家机关对事业单位信息系统应用的统一要求，如国有资产管理系统、地税局税务管理信息系统等。

从在工经所的实际应用情况来看，各种管理信息系统确实在功能上实现了"办公自动化"，但却并没有获得降低工作量、提高业务效率、提升管理水平的效果，有的反而起到了相反的作用。总结主要原因有以下四点。

（1）管理信息系统"互不干涉，各行其道"，不同部门使用针对不同功能的系统，其中相同的数据信息，如姓名、身份证号等，都需要各自手工录入、维护，产生了大量重复建设、信息冗余的信息孤岛。

（2）网上网下业务流程"齐头并进"，例如一份报表的提交，在通过管理信息系统网上提交的同时，仍然保留传统报表的纸质、层级提交流程，有的还需要附带提交光盘或磁盘备份。如果报表内容有误，则可能需要重复整

---

① 赵蓉英、邱均平：《CNKI 发展研究》，《情报科学》2005 年第 4 期，www. ndcnc. gov. cn/datalib/qikan/2005/2005_ 08/qikan. 2005 - 07 - 29. 2067968332。

个过程。如此缺乏业务流程整合优化配合的盲目信息化应用，不仅降低了工作效率，也造成了资源浪费。

（3）使用不便。管理信息系统的三种架设模式——本地安装、内网的 B/S 模式及外网的 C/S 模式，使用起来都有不便之处。本地安装的管理信息系统，因为后台数据也是存储在本地计算机上，一旦计算机发生故障造成数据丢失，就需要对所有数据重新录入；架设在内部网的 B/S 模式系统，由于前述工经所网络环境限制，工经所用户无法在局域网网关关闭后访问，如果系统权限也仅限于内网用户使用，那么也无法从外网访问；设在外网的 B/S 模式系统，经常遇到大量用户访问造成网络拥堵的现象，拖缓了工作进度；C/S 模式系统最主要的不便之处，也是由计算机故障造成的未存入服务器的重要数据丢失；另外还有用户使用方法不熟、操作方式不当等问题。

（4）管理信息系统不"管理"。观察发现，机构内用户使用管理信息系统，基本上只是限于程序性要求，被动进行数据信息的录入、维护、提交等工作，也就是将办公业务"电子化"，大量电子化的数据很少有机会成为有效信息，应用到机构管理层、决策层的管理决策活动中。机构的实际管理运作仍然主要以原来的方式进行，信息化建设成了样子，没能发挥出其应有的效益和影响。

三 问卷调查

根据本文提出的信息化建设理论框架，社科研究机构科研管理信息化面向对象的主体是科研机构、科研人员与用户。工经所信息化建设在用户范围内产生了一定影响，尽管数据显示影响力程度有限，但足以反映科研机构信息化对满足用户需求能够起到积极作用。而在科研机构、科研人员方面，工经所信息化建设产生的影响力却收效甚微。针对此情况，本文以工经所在职人员为对象，进行了一次问卷调查，以了解工经所人员对本单位科研管理信息化建设的看法与感受。

（一）基本情况

调查问卷名称为"工业经济研究所科研管理信息化建设用户调查"，问卷具体锁定的调查对象是，其常规工作环境在中国社会科学院内网范围内的在职工作人员。共发送出 67 份问卷，其中，所领导 4 人，占 6.0%；科研管理人员 10 人，占 14.9%；科研人员 49 人，占 73.1%；信息化建设人员 3

人，占 4.5%；其他人员（财会、业务、编辑人员等）5 人，占 7.5%。①

收回有效问卷 26 份，有效回收率为 38.8%。其中所领导 1 份，占 3.9%；科研管理人员 3 份，占 11.5%；科研人员 20 份，占 76.9%；信息化建设人员 1 份，占 3.9%；其他人员 1 份，占 3.9%。

从图 5 可以看出，问卷的发送对象，与实际参与了调查的受访者，在所处工作岗位的人数比例上，相差不超过正负 4%。可以认为，本次调查的结果基本反映了工经所的实际情况。科研人员所占比重最高，超过 70%，说明机构科研管理信息化建设，在机构内的关注重心，将集中体现在科研人员方面。这符合信息化建设理论模型内涵的描述，即科研机构对科研人员的业务活动实质上就是服务于科研人员。

问卷的有效回收率仅为 38.8%，这是否体现了工经所大部分工作人员缺乏对机构信息化建设的重视与关心，本问卷暂时无法作出判断。下面分别从受访者对科研机构信息化建设的认识、需求和应用感受三个方面，对问卷调查结果做基于直观数据的具体说明分析。

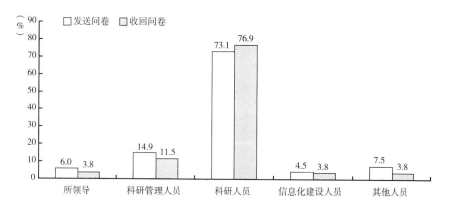

图 5 发送问卷和回收问卷调查对象所在岗位人数比例

（二）对信息化建设的认识

1. 信息化建设的重要性

在社会科学研究机构，科研管理信息化建设是否重要这一问题，受访者的答复情况如表 5、图 6 所示；不同岗位受访者的认同情况如图 7 所示。

---

① 其中有常态兼职人员，以其身兼岗位分别计入，故人数总和大于 67 人。

表5　机构信息化建设重要性调查

单位：人，%

选　项	小计	比例
不重要	1	3.85
一　般	0	0.00
重　要	5	19.23
很重要	20	76.92
合　计	26	100.00

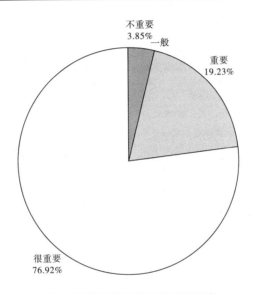

图6　机构信息化建设的重要程度

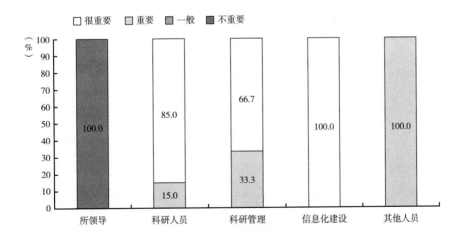

图7　不同岗位受访者对信息化建设重要性认同情况

　　总体来看，超过96%的受访者认为重要或很重要。没有受访者认为信息化建设是无所谓的，但唯一认为不重要的却是所领导，而机构信息化建设的关键之一就是领导的重视与管理，如果没有领导层的足够重视，机构信息化建设是无法有效展开的。

　　2. 信息化建设的作用

　　问卷为受访者提供7个选项，列出了社科研究机构信息化建设可能起到的重要作用，让受访者选择出认可的项，并将选出的项按其作用的重要程度由高到低进行排序。结果如表6所示。

表6　机构信息化建设重要作用排序调查

排序	选项	平均综合得分*	被选率
1	有助于科研的电子资源数据	5.35	100.0
2	研究成果发布、展示与共享的平台	4.62	92.3
3	改善科研管理流程，提高业务效率	4.50	96.2
4	扩大科研机构的对外宣传与影响力	3.50	92.3
5	办公自动化，方便快捷，节约资源	3.46	92.3
6	增加社科研究服务与合作的机会	3.12	96.2
7	研究成果转化的市场化与产业化渠道	2.35	84.6

　　*排序题选项的平均综合得分计算方法为，设有 N 个选项参加排序，答复此题的总人数为 A，选项被排到位置 n（$1 \leqslant n \leqslant N$）的总次数为 a_n（$0 \leqslant a_n \leqslant A$），位置 n 的权值为 $W_n = N - n + 1$，则有

$$选项平均综合得分 = \frac{\sum_1^N a_n W_n}{A}$$ 得分越高表示综合排序越靠前。下同。

　　得分最高的选项是"有助于科研的电子资源数据"，从选项的被选率来看，所有受访者也都认可信息化建设的这一作用。而其他选项仍有受访者不予认可，尤其是排序最低的一项，表明有超过15%的受访者认为，机构的信息化建设对建立研究成果转化的市场化与产业化渠道，并不能发挥作用。

　　（三）对信息化建设的需求

　　1. 信息化应用系统

　　通过总结目前常见的信息化应用技术形式，结合社会科学研究机构的应用需求特点，问卷列出了11项不同类型的信息化应用系统，调查受访者在其工作中，对这11类信息化应用系统的需求程度，结果如表7、图8所示。

表7　信息化应用系统需求程度调查

单位：人，%

选项	不需要	很少用	无所谓	必须用	有需求无途径
门户网站（综合、专业、政府网站等）	2(7.69)	3(11.54)	2(7.69)	19(73.08)	0(0.00)
搜索引擎（谷歌、百度、维基百科等）	1(3.85)	1(3.85)	0(0.00)	24(92.31)	0(0.00)
电子邮件	0(0.00)	1(3.85)	0(0.00)	25(96.15)	0(0.00)
资源服务平台（CNKI、维普等）	0(0.00)	2(7.69)	5(19.23)	17(65.38)	2(7.69)
工经所官方网站	0(0.00)	7(26.92)	4(15.38)	15(57.69)	0(0.00)
即时通信（MSN、QQ等）	5(19.23)	10(38.46)	6(23.08)	5(19.23)	0(0.00)
公共论坛、BBS	4(15.38)	9(34.62)	9(34.62)	3(11.54)	1(3.85)
专业论坛、科研讨论平台	2(7.69)	7(26.92)	6(23.08)	7(26.92)	4(15.38)
个人主页、个人博客	5(19.23)	6(23.08)	12(46.15)	2(7.69)	1(3.85)
科研管理系统（项目、成果、人事等）	0(0.00)	6(23.08)	5(19.23)	13(50.00)	2(7.69)
科研辅助信息系统（GIS、e‑Science等）	0(0.00)	8(30.77)	4(15.38)	9(34.62)	5(19.23)

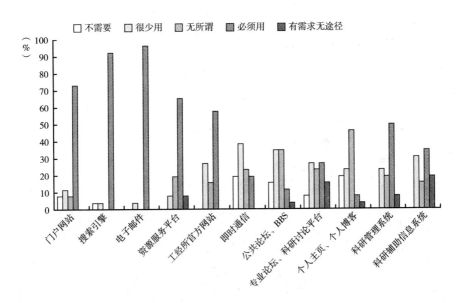

图8　信息化应用系统需求程度

　　调查显示，受访者对门户网站、搜索引擎、电子邮件、资源服务平台、机构网站、科研管理系统这6类信息化系统的需求程度最高；对专业论坛、科研讨论平台以及科研辅助系统也有较高的需求，但同时对这两项选择"有需求无途径"的比例也最高。对其他信息化系统的总体需求程度都比较低。这说明，目前机构内人员应用信息化系统的目的，更偏向获取与共享科研资源信息及实现工作方式的便捷高效。

2. 机构网站

对受访者认为工经所官方网站应该具备哪些功能，及功能重要程度排序的调查结果如表8所示。

表8　机构网站重要功能排序调查

单位：分，%

排序	选项	平均综合得分	被选率
1	学术资源共享（成果发布、数据库等）	4.81	100.0
2	信息发布（新闻动态、学术活动、招生等）	4.12	96.2
3	科研服务平台（科研管理、所务等）	3.81	96.2
4	机构宣传	2.92	84.6
5	成果转化产业化、市场化互动	2.19	80.8
6	综合信息门户（社会资讯、网站链接等）	1.85	80.8

全部受访者都认可"学术资源共享"是机构网站应该具备的最重要的功能。其次重要的功能是"信息发布"与"科研服务平台"，被认可程度也都超过95%。但有超过15%的受访者不认可"机构宣传"、"成果转化产业化、市场化互动"和"综合信息门户"功能。从选项内容分析，这意味着对工经所人员来说，官方网站最主要的任务，应该是面向机构自身，为科研活动和管理运作提供服务；面向机构外用户的服务则居于次要。

这个结论表面上与前述工经所当前网站应用现状所反映的情况有部分矛盾，即当前工经所网站的首要功能定位就是机构宣传，并且从访问情况来看，机构外用户对网站所提供服务的需求也是很大的。但实际可以认为，该偏向性的结果也正表明了当前工经所网站建设的不足，并没有切实满足机构内工作人员对网站功能的要求。

3. 参与意愿

通过询问受访者是否愿意使用机构提供的所需信息化应用系统，以及是否愿意通过机构信息化系统（包括网站、数据库及成果发布系统等）发布展示科研成果，来了解工经所人员在信息化应用需求上，是否对科研机构自身的信息化建设有期望。

如表9、表10所示结果表明，工经所人员对机构信息化建设的支持态度是积极的。表10中"愿意，有条件"一项，受访者填写的条件归纳为两点：①保护知识产权；②不同成果区别对待，区别包括成果形式、涉密级别、公开程度等。

表9　使用机构提供的信息化应用系统意愿调查

单位：人，%

选　项	小计	比例
不 愿 意	0	0.00
被动参与	0	0.00
尝试使用	8	30.77
很 愿 意	18	69.23
合　计	26	100

表10　通过机构信息化系统发布科研成果意愿调查

单位：人，%

选　项	小计	比例
愿意	22	84.62
不愿意	1	3.85
愿意,有条件	3	11.54
合　计	26	100

（四）机构信息化建设应用感受

1. 信息化建设满意度

对当前工经所/中国社会科学院科研管理信息化建设状况，是否符合受访者的期望，调查结果如表11、图9所示。

表11　机构信息化建设是否符合期望调查

单位：人，%

选　项	小计	比例
很不符合	3	11.54
不 符 合	10	38.46
一　般	12	46.15
符　合	1	3.85
很 符 合	0	0.00
合　计	26	100

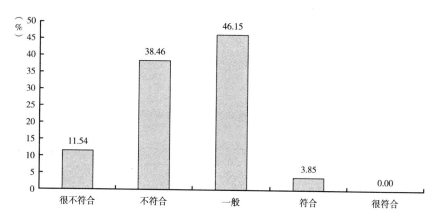

图9　机构信息化建设是否符合期望

如将选项"很不符合"、"不符合"认为是不满意的表示，将"符合"、"很符合"认为是满意，则有50%的受访者对当前机构信息化建设表示了不满意，仅有3.85%的受访者表示满意。选择"一般"的人数比例最高，反映了机构信息化建设并没有在这部分受访者中造成必要的影响，从信息化建设目的角度来看，也可以认为是不满意的体现。

2. 网站应用情况

调查受访者在工作上是否与当前工经所官方网站有关联或互动，结果如表12、图10所示；受访者分不同岗位的应用情况如图11所示。

选项中"无所谓"一项，表示受访者工作上与网站有关联互动，但由于不是本人进行操作，所以并不知晓或不在乎；"被动有"表示受访者在网站信息发布方式的程序性要求下，才与网站有关联互动，而非出于自愿。

表12　与机构网站关联互动情况调查

单位：人，%

选　　　项	小计	比例
完全没有	4	15.38
被 动 有	6	23.08
无 所 谓	6	23.08
经 常 有	6	23.08
需要更多	4	15.38
合　　　计	26	100

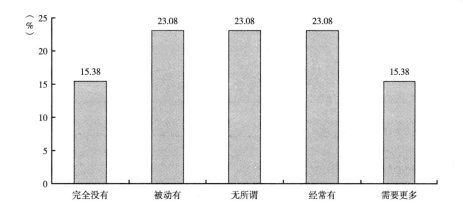

图 10　与机构网站关联互动总体情况

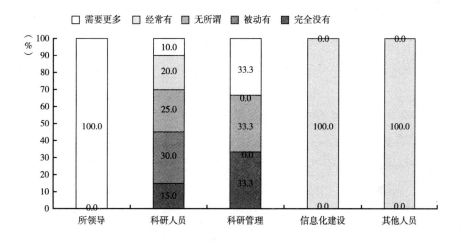

图 11　不同岗位与机构网站关联互动情况

调查结果显示，只有不到 40% 的选择"经常有"和"需要更多"受访者表现出对网站应用的积极性，与前面描述的所内人员对工经所网站利用率不高反映的情况一致；从不同岗位的应用情况看，所领导、科研人员和科研管理人员中，都有受访者表示对网站的应用"需要更多"；科研人员、科研管理人员选择"无所谓"或"被动有"，意味着网站建设需求上需要与两者有互动关联，但因网站自身建设不足，没能起到影响作用。

3. 科研管理信息化系统应用情况

问卷列举了 10 项由中国社会科学院在全院范围推广投入应用的办公自

动化系统和管理信息系统①，调查受访者的知晓情况，结果如表 13 所示，分不同岗位的知晓情况见图 12。

表 13　对机构信息化系统知晓情况调查

选项	小计	比例
哲学人文社会科学综合信息支持系统	7	26.92
中国社会科学院研究人员资源库	6	23.08
中国社会科学院成果资源库	9	34.62
社会调查数据支持平台系统	1	3.85
科研管理系统	10	38.46
电子所务系统	9	34.62
人事信息管理系统	3	11.54
财务管理系统	7	26.92
出访/来访网上申报系统	18	69.23
国有资产管理系统	2	7.69
都不知道	4	15.38

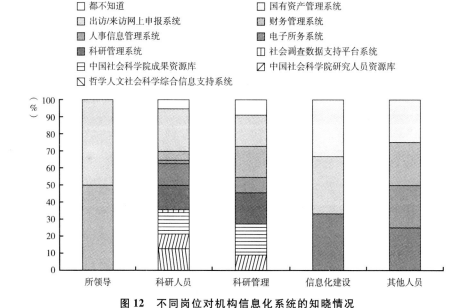

图 12　不同岗位对机构信息化系统的知晓情况

① 中国社会科学院信息化领导小组办公室：《中国社会科学院信息化建设十年情况汇编》。

　　受访者知晓程度最高的信息化系统是"出访/来访网上申报系统"，因为该系统在中国社会科学院实际科研管理业务流程中是制度性必须使用的。另外三项知晓率超过了30%的信息化系统是"中国社会科学院成果资源库"、"电子所务系统"和"科研管理系统"，同样是因为两者在推广初期，也曾要求全体工作人员必须参与进行基础数据录入工作。

　　同时，问卷也调查了受访者是否实际经常使用这10类信息化系统，结果如表14、图13所示。

表14　对机构信息化系统使用频度调查

单位：人，%

选项	小计	比例
哲学人文社会科学综合信息支持系统	6	23.08
中国社会科学院研究人员资源库	1	3.85
中国社会科学院成果资源库	1	3.85
社会调查数据支持平台系统	2	7.69
科研管理系统	7	26.92
电子所务系统	5	19.23
人事信息管理系统	1	3.85
财务管理系统	2	7.69
出访/来访网上申报系统	10	38.46
国有资产管理系统	2	7.69
都不用	7	26.92

　　以知晓率作为参照，实际使用率仍维持在30%以上的信息化系统只有强制应用的"出访/来访网上申报系统"；其他知晓率超过30%的系统，在使用率上大幅下降。所有系统都不使用的人数比例则超过了25%。

　　调查还发现，对信息化系统知晓范围与使用范围最广的是科研人员，其次是科研管理人员，反映出他们对信息化系统的应用需求。科研人员与科研管理人员正是科研管理信息化建设模型中，科研机构业务活动主体的主要构成，两者既是科研机构信息化建设的主要用户，也是对内服务的主要对象，这一理论观点在此得到了验证。

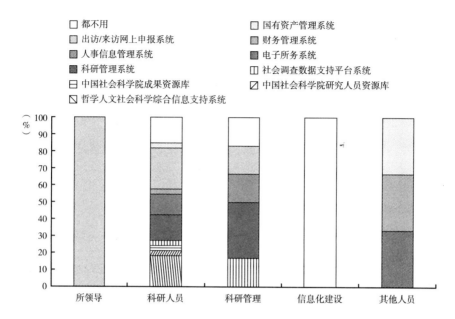

图 13　不同岗位对机构信息系统使用频度

4. 对工作方式的影响

问卷对受访者迄今为止在机构信息化环境中，工作方式发生了多大程度的改变进行了调查。选项中"没有改变"意味着原来的工作方式与信息化环境下的工作方式基本平行存在；"巨大改变"意味着信息化环境的工作方式已取代了原来的工作方式。

调查结果如表 15、图 14 所示；分不同岗位的调查结果如图 15 所示。

表 15　机构信息化建设对工作方式改变程度调查

单位：人，%

选　　项	小计	比例
没有改变	5	19.23
较小改变	5	19.23
半数改变	13	50.00
较大改变	1	3.85
巨大改变	2	7.69
合　　计	26	100

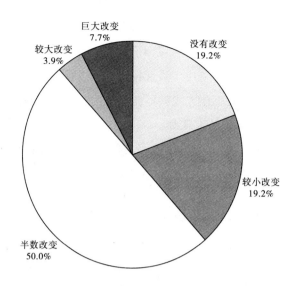

图14 机构信息化建设对工作方式改变程度

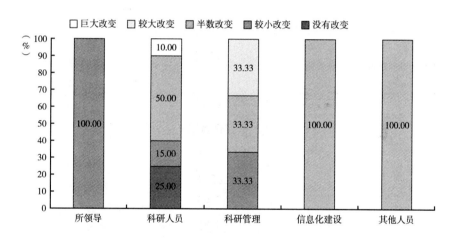

图15 不同岗位信息化环境下工作方式的改变程度

　　有11.6%的受访者选择"较大改变"和"巨大改变"，50%的受访者选择了中间程度的"半数改变"，这是对机构多年信息化建设进展的肯定。但仍有近40%的受访者表示没有改变，或较小改变，其中包括科研人员的40%，科研管理人员的33%，及所领导。之所以如此，如前应用现状中所述，是因为机构进行信息化建设的同时，并没有重视配合信息化应用对业务流程、运作机制进行优化改造，并且"办公自动化"的信息化手段也没有很好地起到降低工作量、提高工作效率的作用。尤其针对科研人员，还有科研情报资源服务信息化建设不足等原因。对他们来说，收集科研情报资源，不管是用传统的方法还是利用现代信息技术，只要没有从机构自身的信息化建设中获得便捷途径，其工作方式就不能被认为是发生了较大改变。

5. 信息化建设发挥作用认同度

受访者对工经所/中国社会科学院当前的科研管理信息化建设具体发挥作用的认同度调查，结果如表 16、图 16 所示。

表 16　机构信息化建设发挥作用认同度调查

单位：人，%

选项	很不同意	不同意	一般	同意	很同意
办公自动化方便快捷，人工效率提高	4(15.38)	3(11.54)	13(50.00)	6(23.08)	0(0.00)
管理信息系统，优化、规范业务流程	3(11.54)	6(23.08)	12(46.15)	5(19.23)	0(0.00)
丰富的电子资源数据	2(7.69)	6(23.08)	6(23.08)	10(38.46)	2(7.69)
科研成果发布、展示与共享的平台	1(3.85)	6(23.08)	11(42.31)	6(23.08)	2(7.69)
扩大了机构的对外宣传力度与影响力	0(0.00)	4(15.38)	12(46.15)	7(26.92)	3(11.54)
成果转化的市场化与产业化渠道	4(15.38)	10(38.46)	8(30.77)	3(11.54)	1(3.85)
增加了社科研究与服务的机会	5(19.23)	5(19.23)	11(42.31)	4(15.38)	1(3.85)

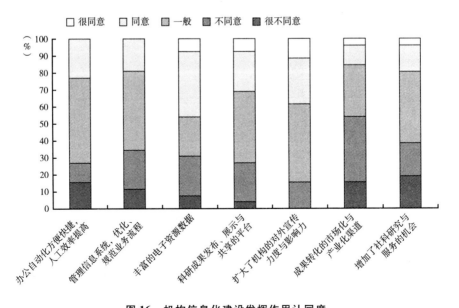

图 16　机构信息化建设发挥作用认同度

将图 16 看作一个升降型的认同度计量表，可以明显地看到不认同的态度占据了主要地位：选择"很不同意"、"不同意"和"一般"的受访者总比例都超过了 50%。也就是说，对调查中列举的机构信息化建设应发挥的具体作用，受访者普遍认为没有实现，或实现得不好。

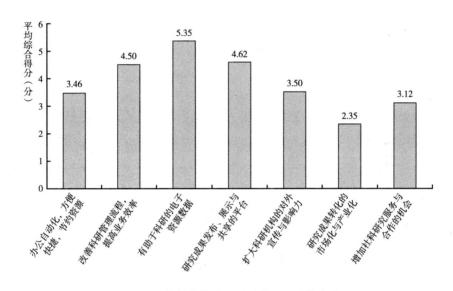

图 17　机构信息化建设重要作用平均综合分

结合前面机构信息化建设重要功能排序调查（见表 8），将得到的选项平均综合得分按表 16 的排序，绘制成图 17，与图 16 作比较观察后发现，受访者对机构信息化建设发挥作用的总体认同度（选择"很同意"和"同意"），与受访者认可的机构信息化建设功能重要性基本是成正比的。这意味着，衡量机构信息化建设是否具有成效的标志之一是机构人员的认同，而机构人员对机构信息化建设成效的认同方式，与他们对信息化建设的认识和应用需求有着密切关联。与此同时，机构人员对信息化的认识和应用程度，也取决于机构信息化建设水平。从这个意义上来说，此调查总体认同度偏低的结果，也显示出了工经所/中国社会科学院当前信息建设水平的不足。

6. 信息化建设薄弱原因

调查受访者认为机构信息化建设没有发挥应有作用的原因，结果如表17、图 18 所示。

表 17　机构信息化建设薄弱原因调查

单位：人，%

选项	小计	比例
领导上不够重视信息化建设工作	8	30.77
组织上缺乏宣传和引导	10	38.46
建设力度不够强	17	65.38
涵盖内容范围不广泛	12	46.15
需求目标不明确	21	80.77
技术水平不够高	11	42.31
信息化思路落后	9	34.62
机构制度、政策支持不够	12	46.15
其他	0	0.00

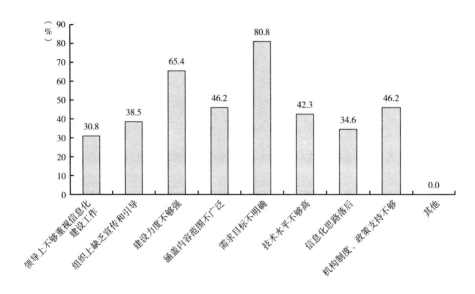

图 18　机构信息化建设薄弱的原因

　　总体上看，是若干原因的同时存在，造成了当前工经所/中国社会科学院信息化建设薄弱的现状。而其中，有超过 65% 的受访者认为"建设力度不够强"，超过 80% 的受访者认为"需求目标不明确"，使得这两个因素成为机构信息化建设发展受阻的最主要原因。两者都不是技术能力方面的问题，而是对信息化建设的认识与管理投入的问题。

7. 意见和建议

问卷最后设置了一道主观题，请受访者对机构信息化建设提出个人的意见和建议。

归纳受访者的答复，有以下五点：①明确需求目标，尤其注重基层研究人员和技术人员的意见；②进行建设总体规划设计，并持续实施建设；③加大资金投入，加强宣传，建设与应用紧密合作；④建立专业数据资料库，注重科研信息共享，为科研工作提供服务；⑤科研管理工作透明化。

四　案例小结

通过以上案例分析，可以将工经所，连带中国社会科学院的信息化建设现状特点总结如下。

工经所/中国社会科学院当前的信息化建设的主要针对形式是机构网站、数据库及管理信息系统三种。机构网站目前主要功能定位是机构宣传、服务信息发布和科研成果展示，影响受众最大的仍是机构外用户。数据库主要面向对象是机构科研人员，也是机构内需求度最高的信息化形式。管理信息系统的应用目的是实现科研工作、机构管理业务的"办公自动化"。参照信息化建设理论模型，社科研究机构的信息化建设，对应科研管理业务主体，具体表现为对三个信息化平台的搭建：对应科研机构业务运作的科研管理平台，对应科研人员的资源共享平台，以及对应社科研究需求用户的学术服务平台。管理信息系统、数据库、机构网站正是这三个信息化平台的核心技术形式。这说明工经所/中国社会科学院的信息化建设，从整体方向把握方面来看，是应该给予肯定的。

但是，工经所/中国社会科学院并没有进一步实现机构信息化建设的平台化。机构对信息化系统的建设应用形态分散，哪一个地方需要实现信息化，就"见缝插针"地在哪个地方建一个系统，而这些建成的网站、数据库、管理信息系统彼此独立运行，没有关联互动。同时，机构对信息化系统的应用力度不够，系统建成后投入实际使用的比例不高，这既是出于系统本身设计建设的不足，也是出于信息化建设与应用没能真正嵌入机构运作、管理业务活动中去。分散的信息化系统不可能形成平台；仅局限于系统的业务"电子化"功能，缺乏实际应用也无法实现机构业务运作在信息化环境中的映射，这样的信息化建设，只能算是为了信息化而信息化。

造成现状的原因，在案例分析中也得到了充分体现。首先就是科研机构对信息化的认识不够。如果从领导到信息化建设实施者，再到使用者，都对信息化的概念、作用和意义没有充分的认识了解，那么信息化建设对科研机构而言，只是个不可不为的任务而已，这种情况下是无法保障机构信息化建设的水平与力度的。

其次，信息化建设的组织与管理投入不够。有效的科研管理信息化建设与机构的运作管理是一个有机整体，要基于明确的实际需求，要有总体的设计规划，要和业务运作流程的整合优化结合起来，再通过有组织地宣传引导应用于实际，这是需要科研机构投入相对集中且较大的组织与管理力量才能顺利实施的工程。

最后，科研机构需要重视对信息化建设的政策支持，正视管理体制与运作机制的变革。有效的信息化建设，需要对机构运作、管理业务流程进行整合优化；有效的信息化应用，也必将对机构提出业务流程再造与机构改造的客观要求。要实现信息化建设的目的，就必须为变革的发生做好积极响应。同时，有力的政策支持，也能为改善机构当前信息化建设的薄弱环节提供重要途径。

第四章　思考与建议

综上所述，本章结合理论框架的内容，为我国社科研究机构科研管理信息化建设提出走出两个误区的建议及一条建设总体思路。

一　走出信息化建设误区

我国社科研究机构的科研管理信息化建设目前存在两个误区。第一是信息化建设的"办公自动化"应用误区。科研机构当前对信息化建设的应用，很大程度上仍只停留在业务运作计算机化的应用初级阶段，并没有将信息化建设深入到实际业务运作活动中，而且孤立的信息化系统也无法形成平台效应。信息化技术应用于管理领域所具备的数据管理、信息管理及知识管理优势完全得不到发挥，在改善科研机构管理水平、提高学术服务方面的作用形同虚设，从而反向又对机构信息化建设的进一步发展造成了阻碍。

第二是对信息化建设的关键是技术还是管理存在认识误区。科研管理信息化建设并非单纯的是对现代信息技术的应用，市场化改革与信息化建设是科研管理改革这枚硬币的两面，两者是一个有机的整体。信息化建设同管理能力一样，已成为科研机构学术服务现代化转变与竞争的重要战略资产。科研机构必须走出把信息化建设只当作机构内部的技术背景，为信息化而信息化的认识误区，要以整体战略的眼光，从基于信息管理到基于知识管理发展的视角，正视信息化建设的意义——它是推动当前社科研究机构科研管理改革、机构现代化发展变革不可忽视的关键主题。

我国社科研究机构信息化建设能否进一步发展，切实有效服务于科研管理体制改革与现代化学术服务，重要的第一步就是要看科研机构能否走出上述两个信息化建设误区。

二　信息化建设总体思路

根据社科研究机构科研管理信息化建设理论框架，本文进一步为走出误区的科研机构总结出一条清晰的信息化建设总体思路，如图19所示。

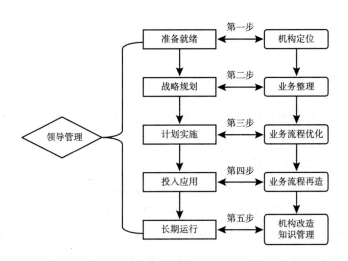

图19　社科研究机构科研管理信息化建设总体思路

第一步，科研机构要充分了解认识信息化建设的作用、意义及影响，明确科研机构的现代化发展方向，为信息化建设的实施做好基础设施准备与思想准备。第二步，为科研机构信息化建设制定战略规划，根据机构业务活动内容确定信息化建设模型，分析并有机整合信息化技术应用、科研管理及学术研究三方面的实际需求，并根据实际情况确定阶段性目标。第三步，依据战略规划开始具体实施，包括技术形式的选用，人员资金的投入，信息化系统的设计、开发或引进，结合信息化系统的功能对原有业务流程进行优化，以及基于知识管理视角对信息化建设成果的有序积累等。第四步，将信息化建设投入应用，要克服各方面阻力以适应信息化环境，并主动进行机构业务流程再造，充分发挥信息化的优势。第五步，信息化建设的长期运行，在该阶段，科研机构不仅要维护前期的建设成果，而且依据战略规划，也由于现代信息技术的不断发展，还将不断重复第三步至第五步；同时，信息化成果积累形成的向知识管理转变的必然趋势，以及信息化应用对传统组织机构形态和结构的冲击，使科研机构需要深入面对知识经济信息时代管理体制改革、机构改造的挑战。

在整个信息化建设进程中，有两个关键需要再次重点突出：一是领导管理，指机构决策层与管理层对信息化建设各个阶段的领导与管理投入，是信息化建设得以顺利实施的关键；二是管理变革与机构改造，始终与信息化建设同步发展、互为驱动，是社会科学研究机构成功实现向现代化学术服务转变的关键。

三　结语

我国社会科学研究机构科研管理信息化建设取得的进展与成就不可否认，但下一步的发展依然任重道远。信息化建设以技术发展为引导，但不是简单的技术问题，它在管理领域发挥的作用与实践的意义远远大于技术手段本身，与组织机构的管理运作、发展变革息息相关。

信息技术还将不断进步，随着新的信息技术形式的产生与应用，信息化建设的内涵也会继续发生改变。社科研究机构在信息化建设手段与时俱进的同时，要始终坚持贯彻信息化建设的根本原则，以战略的眼光最大限度地利用信息化优势，为科研机构不断适应时代发展的需求提供服务。

参考文献

［1］ Gordon B. Davis，Margrethe H. Olson，*Management Information Systems*，McGraw-Hill Inc.，US，2nd edition，1985.

［2］ Michael Hammer，James Champy，"Reengineering Work：Dont Automate，But Obliterate"，*Harvard Business Review*，1990.

［3］ OECD，*Information Technology Outlook 2002*，2002.

［4］ Robin Mansell and Uta When，*Knowledge Societies：Information Technology for Sustainable Development*，Oxford University Press，1998.

［5］ 罗伯特·K. 殷著《案例研究方法的应用》第二版，周海涛等译，重庆大学出版社，2009。

［6］ 罗伯特·K. 殷著《案例研究设计与方法》第三版，周海涛主译，重庆大学出版社，2007。

［7］ 白古拉呼：《某科研组织管理流程优化研究》，天津大学硕士学位论文，2007。

［8］ 陈传夫、曾明：《科学数据完全与公开获取政策及其借鉴意义》，《图书馆论坛》2006 年第 26 卷第 2 期。

［9］ 陈文：《社会科学领域的信息化建设——网站在社会科学领域中的应用》，《中国科技信息》2006 年第 19 期。

［10］ 杜栋编《新编管理信息系统》，中国人民大学出版社，2008。

［11］ 范并思：《社科信息业转型时期我国社科信息事业的战略选择》，《情报资料工作》2001 年第 1 期。

［12］ 顾海兵、王宝艳：《中国国立研究机构：问题与出路》，《学术界》2004 年第 3 期。

［13］ 郭庆婧：《现代科研渴求科技贯通——我国科研信息化市场需求调查分析》，《2006 年行业信息化市场研究及案例分析》，www. cnii. com. cn/20060529/ca357856. htm，2006。

［14］ 国务院：《国民经济和社会发展信息化"十一五"规划》，2006。

［15］ 国务院：《事业单位等级管理暂行条例》，1998 年发布，2004 年修订。

［16］ 何星蓉：《社会科学成果转化产业化对策研究》，《辽宁教育行政学院学报》2008 年第 3 期。

［17］ 胡葛福：《网络环境下的社科信息需求与服务》，《浙江高校图书情报工作》

2001 年第 1 期。

[18] 黄浩涛等:《人文社会科学科研管理平台数据和结构特征分析》,《社会科学管理与评论》2007 年第 1 期。

[19] 黄建国:《国外公益性科研机构的内部管理模式研究》,《工业技术经济》2006 年第 2 期。

[20] 梁秀霞:《信息环境下社科信息服务的社会化》,《大学图书情报学刊》2004 年第 1 期。

[21] 廖萍、张健:《高校科研管理信息系统的优化设计》,《现代情报》2006 年第 9 期。

[22] 刘磊、罗时民:《网络环境下我国社科信息需求的调查统计》,《津图学刊》2003 年第 3 期。

[23] 刘云峰:《我国科研事业单位管理体制改革问题研究》,华中师范大学硕士学位论文,2006。

[24] 刘志辉、苏娜、张志强:《国外知识管理研究进展分析》,《图书情报工作》2009 年第 53 卷第 10 期。

[25] 路鹏等:《我国科学数据共享现状的调查与分析》,《地震》2007 年第 27 卷第 3 期。

[26] 欧启忠等:《科研管理信息化的实践及其管理创新》,《科研管理研究》2006 年第 3 期。

[27] 欧启忠等:《科研管理信息化与业务流程优化研究》,《科研管理》2005 年第 1 期。

[28] 欧阳广通等:《社会科学团体管理信息化研究》,《社会科学论坛》2003 年第 8 期。

[29] 孙晶:《科研管理创新,推进体制机制改革——"第二届社会科学研究管理论坛"综述》,中国社会科学院网站,kyj. cass. cn/Article/953. html,2007。

[30] 王洁民等:《科研机构改革的得失与体制性障碍》,《中国国土资源经济》2005 年第 9 期。

[31] 王泽林:《论社会科学研究成果转化的创新途径》,《中国科技信息》2007 年第 12 期。

[32] 肖博:《试论在情报研究工作中实现知识管理》,《消费导刊》2009 年第 2 期。

[33] 肖志强:《西方国家科研管理的战略化趋势及其启示》,《华中农业大学学报》(社会科学版)2008 年第 1 期。

［34］ 邢迎宾：《对科研机构管理体制改革思路的探索与研究》，《内蒙古科技与经济》2008 年第 13 期。

［35］ 叶茂林：《科技项目管理创新》，社会科学文献出版社，2008。

［36］ 曾军：《超越学术评价：信息化时代的学术服务》，《云梦学刊》2009 年第 4 期。

［37］ 曾伟忠：《科研研究的信息化：e-Science 的产生和发展》，《现代情报》2006 年第 2 期。

［38］ 翟涛：《新公共管理时代对科研管理改革的几点思考》，《科学时报》2006 年第 22 期。

［39］ 张成福、党秀云：《公共管理学》，中国人民大学出版社，2007。

［40］ 张国春：《社会科学科研成果的界定与分类》，《社会科学管理与评论》2003 年第 4 期。

［41］ 赵蓉英、邱均平：《CNKI 发展研究》，《情报科学》2005 年第 4 期，www. ndcnc. gov. cn/datalib/qikan/2005/2005_ 08/qikan. 2005 － 07 － 29. 2067968332。

［42］ 中国社会科学院信息化领导小组办公室编《中国社会科学院信息化建设十年情况汇编》，内部资料，2008。

［43］ 周宏仁：《信息化概论》，电子工业出版社，2009。

［44］ 周宏仁：《信息化论》，人民出版社，2008。

［45］ 周立卓、汪传雷：《美国电子政府成功经验及其启示》，《理论观察》2008 年第 5 期。

导师简介

王钦，管理学博士，研究员。现任中国社会科学院工业经济研究所企业管理研究室主任。兼任中国企业管理研究会常务副理事长。

研究领域：创新型企业理论、产业发展、战略管理、创新管理和政策。

主要研究成果：《中国企业自主创新战略研究》、《中国特色自主创新道路》、《中国产业集群创新发展报告》等。

中国社会科学院信息化绩效评估

作　　者：赫更，中国社会科学院办公厅秘书处主任科
员，中国社会科学院研究生院 2011 届 MPA
毕业生。

指导教师：顾平安

摘　要：随着科技在人类社会中所产生的作用越发明显，技术创新、科学研究的工作也在持续增多，各种科研机构管理工作的工作量不断加大。因此有必要在当前形势下，通过应用 IT 信息技术，实现科研单位的信息化建设，从而达到为决策层提供真实有效的参考数据，提升科研及科研管理水平的根本目的，而这也是以中国社会科学院为代表的科研单位各项工作的大势所趋。

本研究以中国社会科学院信息化建设绩效评估为着眼点，对中国社会科学院信息化建设绩效评估的主体、客体及基本步骤加以论述，运用层次分析法对中国社会科学院信息化建设从四个层次进行绩效评估指标体系的构建并计算权重，通过分析总结中国社会科学院信息化建设的阶段性成果并找到评估中发现的问题，为今后的信息化建设工作提供决策和管理经验。

关键词：信息化建设　绩效评估指标体系　层次分析法

第一章　中国社会科学院的信息化建设
绩效评估的指标设计

一　中国社会科学院信息化绩效评估指标体系的构建

中国社会科学院信息化绩效评估指标体系主要由战略规划、基础设施、信息化成熟度和科研辅助贡献度这四个方面组成。

（一）战略规划方面

战略规划指标主要是指中国社会科学院信息化建设整体的组织机构及规划部署。结合中国社会科学院的实际特点，战略规划方面评估的主要内容包括：组织机构及规划、人力资源及经费支持这三个方面的评估。

组织机构及规划，主要包括组织机构、机构地位和中长期战略规划等。

人力资源保障，主要包括信息化专业人员比例、信息化技术培训计划及措施、信息化技能水平纳入人事考评情况和现有职工信息化技术应用水平等。

经费支持，主要包括信息化经费预算、人均信息化经费增长率和信息化经费占办公经费的比例等。中国社会科学院信息化建设经费占办公经费的比例，在一定程度上体现出信息化建设工作在中国社会科学院整体工作中的地位。

（二）基础设施建设方面

基础设施建设主要包括网络设施、多媒体资源、数据资源和信息安全性。

（三）信息化影响方面

中国社会科学院信息化建设成果在应用过程中，对科研及科研管理工作必然有着不同程度的影响。凡是有利的影响，都可视为信息化建设成果产生的一种效益。有社会效益评估和科研效益评估。

（四）信息化建设可持续性方面

信息化绩效评估时的可持续性问题，比预测时容易看清楚，因为有些影响持续性的问题在几年实践中可能已经显示出来，因而信息化绩效评估应对持续性问题做深入的分析。主要采用预测的方法，即以项目实施过程中的各方面的实际影响，预测项目的未来，有内部持续性因素和外部持续性因素，如表1所示。

二 绩效评估指标体系权重的确定

（一）专家指标评分

由各位专家依据评估规则独立填写指标权重评分表，对指标体系中的各

表 1　中国社会科学院信息化绩效评估指标

战略规划	组织机构及规划	组织机构	是否有独立健全的信息化建设组织机构
		机构地位	信息化建设部门在中国社会科学院所处的位置
		中长期战略规划	是否有相对完善的中国社会科学院信息化建设中长期战略规划
	人力资源	信息化专业人员比例	信息化专业技术人员占全院职工的比例
		信息化技术培训计划及措施	是否有定期的信息化专业技术培训及其具体措施
		信息化技能水平纳入人事考评情况	信息化技能水平是否与职称评定、职务晋升挂钩
		现有职工信息化技术应用水平	现有职工信息化技术应用水平是否能够满足信息化建设成果投入使用的基本要求
	经费支持	信息化经费预算	是否每年财务计划有信息化建设专项经费
		人均信息化经费增长率	人均信息化专项经费的年度增长率
		信息化经费占办公经费比例	
基础设施	网络设施	网络设备及服务器	网络服务器、路由器、交换机等网络设备是否稳定可靠
		网络带宽	网络带宽是否足够支撑现有及未来可预知的数据业务
		网络覆盖率	内部网络是否全部覆盖到
		网络应急响应机制	是否有完备的网络应急响应机制
	多媒体资源	卫星数字传输系统	卫星数字传输系统是否完善
		音视频点播系统	音视频点播系统是否完善
		网络视频会议系统	网络视频会议系统是否完善
		多媒体会议室	是否建有设施齐全的多媒体会议室
		远程教学及诊断系统	是否有完善的远程教学及诊断系统
	数据资源	基础数据资源	现有信息化基础数据资源与中国社会科学院所掌握的数据资源是否匹配
		数据资源存储方式	数据资源存储方式是否满足中国社会科学院海量数据存储的基本要求
		数据规范化管理	是否有完善的数据使用及管理规范
	信息安全性	安全管理制度	是否具有完善的安全管理制度
		网络安全措施	针对网络安全所采取的措施
		数据安全措施	针对数据安全所采用的措施

续表

信息化影响	社会效益	对信息化新技术应用的影响	中国社会科学院信息化建设是否为新技术的应用起到了推动的作用
		对利益相关群体的影响	中国社会科学院信息化建设对相关利益群体的影响
	科研效益	信息化建设所产生的学术价值	中国社会科学院信息化建设是否为同类单位提供了相关的经验及知识
		对人才培养的影响	是否起到促进人才培养的作用
可持续性评估	内部持续性因素	规模因素	是否达到一定规模
		机制因素	中国社会科学院自身机制是否有利于信息化建设的发展
	外部持续性因素	资源因素	中国社会科学院信息化建设的基础数据资源是否稳定可靠易于获取
		资金因素	是否有稳定的资金支持
		政策因素	国家的相关政策对中国社会科学院信息化建设是否有影响

项指标进行评分，评估规则如下：从层次结构模型的第 2 层开始，对于影响上一层每个因素的同一层因素进行两两比较，引入"1—9 比较尺度"，即 aij 的取值范围为 1，2，…，9 和其相反数 1，1/2，1/4，…，1/9，并构建出一系列判断较阵，直到最下层。其"1—9 尺度"含义如表 2 所示。

表 2 "1—9 比较尺度"的含义

尺度 aij	含义
1	ai 与 aj 相比，影响相同
3	ai 与 aj 相比，影响稍强
5	ai 与 aj 相比，影响强
7	ai 与 aj 相比，影响明显强
9	ai 与 aj 相比，影响绝对强
2,4,6,8	ai 与 aj 相比，影响在上述相邻的等级之间
1,1/2,…,1/9	ai 与 aj 相比，影响与上述相反（强均为弱）

（二）采用层次分析法确定权重

经两两比较构建出的矩阵 [15~17]，可由 A 表示，则矩阵为：

$$A = \begin{bmatrix} a_{11} & a_{12} & a_{13} & \cdots & a_{1n} \\ a_{21} & a_{22} & a_{23} & \cdots & a_{2n} \\ \vdots & \vdots & \vdots & \cdots & \vdots \\ a_{n1} & a_{n2} & a_{n3} & \cdots & a_{nn} \end{bmatrix} \qquad \text{(公式 1)}$$

其中 aij 表示 ai 与 aj 对上一级评估元的影响之比。该矩阵属于对称矩阵，有如下性质：

$$\begin{cases} a_{ij} = 1 & \text{当 } i = j \text{ 时} \\ a_{ij} = \dfrac{1}{a_{ij}} & \text{当 } i = j \text{ 时} \\ a_{ij} > 0 & i,j = 1,\cdots,n \end{cases} \qquad \text{(公式 2)}$$

求解每一个矩阵的最大特征根及对应特征向量。

这里我们采用一种近似求解的方法，计算 A 的最大特征根 $\lambda\max$ 和特征向量 W 的步骤如下：

①将判断矩阵 A 中的元素按行相乘，即

$$\prod_{j=1}^{n} a_{ij}(i = 1,2,\cdots,n) \qquad \text{(公式 3)}$$

②由公式（4）计算

$$\overline{W_1} = n\sqrt{\prod_{j=1}^{n} a_{ij}} \qquad \text{(公式 4)}$$

③由公式（5），将归一化得

$$w_i = \frac{\overline{W_1}}{\sum_{i=1}^{n} \overline{W_1}} \qquad \text{(公式 5)}$$

$W = [w_1, w_2, w_1, \cdots, w_n]\ T$ 为所求的特征向量。

④由公式（6）计算 $\lambda\max$，其中 $(AW)i$ 是 AW 的第 i 个元素。

$$\Lambda\max = \sum_{i=1}^{n} \frac{(AW)_i}{nw_i} \qquad \text{(公式 6)}$$

为了防止指标评估时产生相互矛盾的问题，我们还需进行一致性检验。若检验通过，特征向量（归一化后）即为各指标的权重；若不通过，需重新构建比较矩阵，其步骤为：

①计算判断矩阵偏离一致性指标 *CI*：

$$CI = \frac{\lambda\max - n}{n - 1}$$ （公式7）

②判断 *CR = CI/RI* 是否小于 0.1，如是则通过一致性检验。其中 *RI* 是平均随机一致性指标，可以通过查表求得。

计算了各层次的判断矩阵对上一层的相对重要度后，即可从下而上地计算出最上层目标对于二级指标的综合权重。

$$W^0 = \sum_{j=1}^{m} W_i^0 W_j^i$$ （公式8）

第二章 中国社会科学院信息化建设绩效评估的结果及评价

一 中国社会科学院信息化建设绩效评估的结果

经过对多媒体资源管理系统进行专家评分，得出系统运行阶段的评估总分为89.13分。

（一）战略规划方面

中国社会科学院信息化建设工作基本是按照规划设计方案进行。由于中国社会科学院信息化建设需求的变化，在进行中国社会科学院信息化建设工作时，对该系统设计指标提出了更高的要求，优化了部分功能，使得设计更加完善、合理。

（二）基础设施建设方面

应该说中国社会科学院的基础网络设施是较为完善的。

中国社会科学院信息化建设工作是建立在前期科学有效的规划的基础上的，设计规划时较充分地考虑到了自身单位发展需求，通过前期调研，在进行信息化建设可行性报告研究后，信息化建设工作进入设计开发阶段。前期准备工作较为规范、有序，确保了中国社会科学院信息化建设的顺利进行，因此各应用系统也相对比较完备。

随着多媒体技术应用日益广泛，新媒体技术逐步出现，中国社会科学院信息化建设着重强调了多媒体信息的管理与应用及多媒体技术的运用，如考古研究所的远程视频诊断系统在考古现场的应用，多媒体会议室的改建，网络视频会议系统的建立等。

数据资源方面，数据的来源是中国社会科学院自身的研究成果、国家官方媒体以及大众熟知的媒体资源，基础数据资源内容的准确性和权威性很高，这些具有一定实力和影响力的媒体对于信息本身也会有原创性、时效性的要求。

中国社会科学院在信息化建设中，十分注重信息的安全性，规章制度完善，针对性强。

（三）信息化影响方面

中国社会科学院信息化建设的信息内容结合世界各地热点问题策划专题，集中发布专家对哲学、宗教、人文、社会、历史、考古、经济等问题的观点和看法，并点评国际重大时事信息。

中国社会科学院信息化建设中所采集的数据具有专业性、针对性、便于使用等特点，更富有学术价值。网络化将科研应用的时空打破，实现跨越地区的连接，对科研学术研究起到一定的促进作用。研究人员可以足不出户从网络中查找信息和知识，这样使得科研人员获得信息和知识的成本大大降低，对年轻学者开阔视野，拓展思路起到促进作用。

通过信息化建设可以促进单位整合内部资源和外部资源，形成知识管理体系。随着中国社会科学院信息化建设工作的深入发展，可以为管理者和研究人员构建一个具有丰富内涵的知识管理体系。

（四）可持续发展方面

中国社会科学院信息化建设工作从规划之初便制定了部分规章制度，定期更新、维护保证设备安全稳定的运行，为管理协调提供了制度保障。每年定期划拨的信息化建设专项经费，基本可以保证现阶段及未来可预知的后续建设及维护的费用。

二 中国社会科学院信息化建设阶段性成果总体评价

通过对中国社会科学院信息化建设绩效评估的结果进行量化的分析，我们对中国社会科学院信息化建设的阶段性成果有了一个初步的了解。

（一）强有力的组织保证

中国社会科学院信息化建设十余年来，信息化建设始终是中国社会科学院各项工作的重中之重，一直是中国社会科学院的"一把手"工程。

（二）基本的资金支持

信息化建设是一个高技术设备、高智力投入，同时也是需要高资金支持的新型领域。在中国社会科学院信息化建设过程中，在总体资金不足的情况下，由历任院领导直接挂帅的院信息化领导小组，为中国社会科学院信息化建设工作保持稳步健康快速的发展给予了适时适度的资金支持，充分调动起了各方面的积极性和创造性，保证了全院信息化建设的顺利推进。

（三）院所两级的大力支持

各单位在中国社会科学院信息化建设基础数据开发中努力开展工作，保证了中国社会科学院信息化建设基础数据资源的来源。

（四）注重基础设施建设和技术人员的培养

在中国社会科学院信息化建设十余年的发展道路上，始终秉承着"网络是基础、信息是生命、应用是目的、管理是保证、人才是关键"的指导方针。

（五）勇于创新的工作精神

中国社会科学院信息化建设的工作紧跟时代的要求，在信息化建设的新领域，始终坚持以科学发展观为指导，始终保持锐意创新、不断进取的精神状态。

三　对中国社会科学院信息化建设进行绩效评估后发现的问题

总的说来，中国社会科学院信息化建设从体制机制建设到海量数据资源处理以及贯穿信息化建设过程始终的"为中央决策、为支持科研、为社会咨询、为对外宣传"理念，都具有典型的科研学术机构的特点。因此，中国社会科学院的信息化建设工作对同类型的事业单位尤其是科研学术机构具有一定的借鉴意义及理论价值，但在对中国社会科学院信息化建设做了系统的绩效评估后，也发现了如下的问题。

当前，信息化建设已经从 IT 技术支持转变到了科研手段和管理能力，乃至于成为决策依据。在这样不断推陈出新的高新技术领域，按传统管理模式成立的中国社会科学院信息化领导小组，已经无法适应它的发展。从中国社会科学院的实际看，坚持和完善全院统一的管理体制，是信息化建设中达到共建共享目的的本质要求。应该尽快确立一个在中国社会科学院信息化建设中善于组织、能够协调、技术过硬、责任心强的领导机构。中国社会科学院信息化建设现行的编制、体制、机制、制度都已经落后于现实，研究所（中心）的体制杂乱。怎样突破陈旧思想，在新事物面前勇于改革出新，已经成为一件迫在眉睫的大事。

另外，信息化建设工作从规划到阶段性验收，其过程时间比较长，同时信息化建设过程又是一个相当复杂的过程，需求不断变化，人员流动性强，信息化建设又涵盖了多个方面的系统，应用管理也覆盖了信息化建设的全过程，即使到信息化成果应用阶段，许多新的功能还处在不断完善的阶段。

在基础数据信息方面要扩大信息来源，充分利用中国社会科学院先天的数据资源优势，增加信息储量。同时要注意各信息系统之间的关系，建立并完善各信息系统之间的接口，牢牢把好数据质量关，尽量减少数据重复录入所造成的成本支出。这样有利于信息化建设的基础数据资源的整合和综合利用，避免信息孤岛的出现，实现跨越式发展。信息栏目分类更加详尽，增加二级、三级栏目，细化分类。

而且信息化建设牵涉各个单位和方方面面，必须统一思想、统一行动、统一平台、统一开发、共建共享，不可以重复建设，也不可以各行其是。在信息化建设中，必须树立"全院一盘棋"的思想。

在信息化建设初期，缺乏对科研及科研管理人员的宣传，许多工作人员并不知道如何使用，进一步提高服务意识，为用户提供帮助或者基本培训，并提高认知度。

另外，加强理论研究也是今后中国社会科学院信息化建设工作中的一个重点，中国社会科学院的信息化建设应该与自身的定位相符，力争建设成为同类科研机构或事业单位可以借鉴的工程，这就要求中国社会科学院信息化建设的各个方面必须是创新的、领先的。信息化建设是一个新领域，在前进的道路上没有现成的经验和理论可供照抄照搬。而十余年的实践，为中国社会科学院开创信息化建设新局面，尤其是哲学社会科学领域信息化建设的新局面，提供了很好的经验，也为我们开展哲学社会科学信息化理论研究创造了良好的条件。实践催生理论，理论指导实践，这是规律。没有实践的理论是空洞的，缺乏理论指导的实践是盲目的。因此，必须加强理论研究，创建哲学社会科学网络信息化建设理论研究新学科。肩负信息化建设重任的队伍，也应该是出色的信息化理论研究的队伍。

在今后的发展中需不断提升管理水平和管理效率保证项目的可持续发展，让业务流程规范化、简单化、系统化和知识化，为科研人员和管理者提供科研活动中的信息交流和信息积累等工作便利。

导师简介

顾平安，国家行政学院公共管理教研部教授。现任国家电子文件管理专家委员会委员，国家行政学院电子政务研究中心研究员，《电子政务》编辑委员会委员。

研究领域：政府管理、公共政策、电子政务、人力资源、绩效管理。

主要研究成果：《政府发展论》，中国社会科学出版社，2009；《国外电子政府的基本特征》，《新视野》2008 年第 4 期；《面向公共服务的电子政

务流程再造》，《中国行政管理》2008 年第 9 期；《我国公共服务信息化的发展现状与特点》，《理论学刊》2008 年第 10 期；《推进政府公共服务的合同制管理》，《理论前沿》2008 年第 18 期；《大部门体制改革的发展展望》，《福建行政学院学报》2008 年第 5 期；《规范行政服务中心建设　统筹公共服务发展》，《国家行政学院学报》2008 年第 5 期等。

组织部门干部监督

作　　者：王宇，中国社会科学院博士后管委会办公室
副主任，中国社会科学院研究生院 2012 届
MPA 毕业生。

指导教师：张明杰

摘　要：本文主要研究新形势下干部监督工作面临的新问题和新挑战，明确界定了组织部门干部监督的内涵，主要内容包括两个方面，即对领导干部和领导班子的监督，对干部选拔任用工作的监督。

研究结果表明：有针对性地解决组织部门干部监督工作中的主要问题，可以更加有力地发挥干部监督作用，使整个党内监督体系更为完整。赋予组织部门监督职能，是加强和改进干部管理工作的必然要求。同时，也为实现党的十七大提出的提高选人用人公信度的目标提供了组织保障。

关键词：干部监督　选人用人　公信度

第一章　中国社会科学院开展组织部门
干部监督工作的情况

党的十七大以来，中央领导同志着眼于提高选人用人公信度，提出了一系列新思想、新要求。中央组织部成立了干部监督局，专门负责指导全国的干部监督工作。每年召开干部监督工作会议，通报交流全国各省区市和中央国家机关各部门的干部监督情况。按照中央要求，各级组织人事部门要成立干部监督工作部门，有专人负责这项工作。笔者以中国社会科学院开展干部监督工作为例，简要介绍有关情况。

一　中国社会科学院干部监督工作的沿革

1995 年，中国社会科学院对所局级干部的个人收入申报工作作出规定。2003 年，院里制定了《关于建立干部监督工作联席会议制度的意见》（〔2003〕社科党组字 14 号）。同年，还制定了《关于领导干部任前公示制实施办法》，规定对提拔任职的所局干部，在全院范围内公示，更大范围内听取意见。[①] 2005 年，人事教育局在原干部一处的基础上成立了干部任免与监督处，负责指导全院的干部监督工作。2010 年，人事教育局研究制定了《所局级领导干部任职试用期暂行规定》。

二　近几年的主要做法

（1）积极宣传落实"四项监督制度"[②]。人事教育局和监察局联合下发了《关于转发干部选拔任用工作"四项监督制度"和有关要求的通知》，要求院属各单位认真做好学习培训和宣传工作，党委理论学习中心组进行专题讨论，组织处室以上领导干部进行集中学习。建立院所两级干部监督队伍。

（2）开展整治用人不正之风自查。2008 年底至 2009 年初，对中国社会科学院 2007 年以来向院纪检部门和人事教育局反映有关违规用人问题和用人不正之风的举报信件进行了认真清查。

（3）实行所局级领导干部任职试用期制度。为进一步全面考察识别干部，减少用人失察失误，建立能上能下的用人机制。2010 年 11 月下发了《所局级领导干部任职试用期暂行办法》，明确了试用时间、试用期间的待遇、试用结束后的考核办法等。

---

① 参见王苏粤主编《人才强院　制度创新：中国社会科学院建院 30 周年人事人才工作发展历程与回顾》，2008，中国社会科学出版社，第 84 页。

② "四项监督制度"是指中央办公厅在 2010 年 3 月颁布实施的《党政领导干部选拔任用工作责任追究办法（试行）》，以及中央组织部同步印发了《党政领导干部选拔任用工作有关事项报告办法（试行）》、《地方党委常委会向全委会报告干部选拔任用工作并接受民主评议办法（试行）》、《市县党委书记履行干部选拔任用工作职责离任检查办法（试行）》共四项干部选拔任用工作方面的监督制度。

（4）开展所局级领导班子年度考核测评和干部选拔任用"一报告两评议"工作。2010 年 10 月，人事教育局下发《关于做好所局级领导班子和领导干部年度考核测评工作的通知》，部署全院所局级领导班子考核测评和干部选拔任用"一报告两评议"工作。

三　2010 年和 2011 年全院干部选拔任用工作民主测评情况

2011 年 1 月，完成 53 个院属单位的考核测评工作，对领导班子成员 183 人、新提任处室干部 212 人进行了测评；累计发放测评票 4550 张。

2012 年 1 月，完成对全院 55 个单位领导班子和 181 名领导干部的测评，对 54 个单位的干部选拔任用工作和 118 名新提拔处室干部进行了民主评议，累计发放测评票 4471 份。测评结果如表 1、图 1 所示。

表 1　中国社会科学院 2010 年和 2011 年干部选拔任用工作民主测评平均分

单位：分

年份\测评内容	政治方向	履行职能	改革创新	党的建设	选人用人	作风建设/学科建设	服务科研/人才培养	团结协作	完成任务	反腐倡廉	总分
2010	9.7	9.2	8.8	9.2	8.7	9.0	8.9	8.9	9.2	9.2	90.8
2011	9.7	9.3	9.0	9.3	8.8	9.1	9.0	9.0	9.2	9.4	91.7

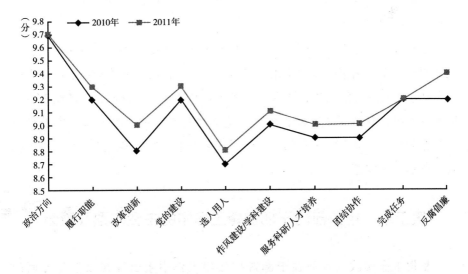

图 1　中国社会科学院 2010 年和 2011 年干部选拔任用工作民主测评平均分

四　对比分析民主测评结果查找不足

通过开展上述有关干部监督的工作，全院的干部选拔任用工作得到了进一步规范和提高，2011 年选人用人满意度较 2010 年有所提升。但是干部监督工作中也存在一些不足。主要表现在以下几个方面。

一是对近些年的干部政策宣传力度有所欠缺。目前，全院对新颁布的政策法规的宣传方式，仅限于下发文件和集中学习等形式，只是在宣传中提出要求，并未对宣传落实的结果进行检查。这种靠受众被动接受的方式，不能反映出宣传的实际效果。组织人事部门很难掌握下属单位是否真正"广而告之"，这主要与宣传方式方法传统、单一有关。从实际工作中看，责任心较强的单位落实宣传任务较好，责任心差的单位并未按照有关要求落实宣传任务，这使得干部工作实际较被动。

二是组织人事干部队伍建设稍弱。组织人事干部从事的工作繁杂，事务性工作多，而且涉及个人利益的内容也很多，工作中很容易触犯一些人的利益。近几年，全院人事干部队伍呈现老龄化趋势，工作累，待遇低，已经成为人事干部队伍建设发展的"瓶颈"，"后继乏人"的现象在某些研究所愈演愈烈，"传帮带"作用不能充分发挥。同时，新补充到人事工作岗位上的新人，缺少系统的培训，对工作的熟悉和掌握完全依靠自身的学习，这也给人事工作带来了阻力。

三是人事工作创新空间狭窄。这是与全国大环境有关的，事业单位改革处在纠结状态，国家政策规定出台相对滞后，现行的干部管理制度已经不能完全适应社会的发展需求，工作中经常出现制度空白的领域，旧的制度不适应实际情况，新的制度还没有出台，这个"真空"期，给人事工作带来新的问题和阻力，如何在这样的环境中找到适合本单位发展的途径是人事工作者亟待思考的问题。

第二章　组织部门干部监督工作中的主要问题及原因

根据工作实践，目前在干部选拔任用工作中主要存在以下几方面的问题。

一 民主推荐不够客观，考察结果失真失实

民主推荐程序是干部选拔任用工作中的必经程序，目的是发扬民主，以选拔出群众公认的干部人选。民主推荐分为民主投票推荐和个别谈话推荐，近年来，中国社会科学院的民主投票推荐范围是所在单位全体人员，个别谈话推荐范围是中层以上领导干部。投票推荐是采用无记名方式，填写选票的人心态各有不同，有的单位投票较为集中，有的单位投票较为分散。较为集中的情况也有区别，组织上期待的结果是候选人得到较多群众的支持，个人表现较为突出，受到大家一致的认可和推举；另外，也存在拉票贿选现象，虽然从表面上看投票结果较为集中，但实际上并未推选出德才兼备的候选人，而是拉帮结派推出的某一帮派的代言人。民主谈话推荐是进一步考察的手段，因为填写选票内容较为简单，不能更多地反映推荐人选的各方面成绩，所以，通过组织与个人的谈话交流，更深入地了解干部的德、能、勤、绩、廉等方面。从实践中看，谈话推荐也有一定的局限性，往往与推荐人选工作中接触较多的人员能够谈出实质性的内容，比如分管领导、相关业务处室的人员等，而同一单位的其他人员，由于工作接触不多，谈出的仅仅是印象，没有更具体的内容。

二 "一把手"权力过大，讨论决定干部任免时不够民主

现行的领导体制，赋予单位"一把手"的权力过于集中。在"党管干部"的原则下，党委书记成为至关重要的人物。由于在单位中的个人升迁、评价与单位"一把手"有直接关系，下属都不愿意违背"一把手"的意志，民主集中制在执行过程中出现了偏差。在讨论干部任免事项时，如果"一把手"提出意见，则很少有人反对，或者对提出反对意见存在顾虑，不能及时提出。集体讨论任免事项往往流于形式，实际上是"一把手"说了算。有的单位在酝酿人选的时候，操作不公开，班子其他成员对拟任人选了解不多，上会讨论人数多，没有充分时间了解推荐人选的情况，草草做出决定。以集体讨论任免事项之"虚"掩盖个人意志之"实"，顺理成章地把目标人提拔任职，给走"上层路线"的人打开方便之门，违背民主意志，脱离群众基础。

三 干部选拔任用工作中存在不公平现象

干部选拔制度在设计上总会存在一些缺陷，再好的制度也需要人去执行，执行过程中会受到其他因素的影响。比如单位在考察干部工作过程中，在推荐人选条件方面的设计是可以人为操作的，选一个什么样的干部，具备哪些条件是可以被设计出来的，为某个人量身定制的条件，天然地排挤了其他有力竞争者。在民主推荐环节，被考察单位也可能制定参加民主推荐人员范围，把存在不同意见的人排除在参会范围之外，使他们没有正常反映意见的渠道，甚至不通知他们参会。公开招聘考试上，也会存在操作不透明，考风考纪不严格，随意性大的问题。靠人情关系，应试者很可能提前得到考试相关的内容，面试环节也会出现人情分，这些对其他人员都是不公平的体现。

四 产生问题的原因

产生上述问题的原因根本在于领导干部岗位相关利益多，权力相对集中，缺少行之有效的监督制度，对单位"一把手"的监督乏力。在现行领导体制下，监督工作形成一种"下级监督上级，小权力监督大权力"的状况，这使监督者很难充分行使监督权。加上公开制度执行不力，监督者很难了解到相关领域的工作进展情况，监督不及时、不到位。被监督者存在一定的特权思想，主观上逃避监督，认为上级监督是对自己的不信任，下级监督是给自己找麻烦，同级监督是同志间不团结的表现。[1]

监督制度设计还需进一步完善和补充，"四项监督"制度颁布实施以来，在干部选拔任用上推行了"一报告两评议"制度，在一定程度上对干部选拔工作监督制度进行了补充和完善，但是在执行层面也出现一些问题。从实践中看，在评议干部是否称职上指标设计不尽合理，没有具体量化指标，原则性问题方面都不会有大的纰漏，评价机制不是十分科学。了解情况的下属人员，对提拔任职的干部也很难作出否定的结论，原因在于领导不提

---

[1] 参见中共湖南省委组织部课题组《加强对干部选拔任用工作全过程监督的思考》，《理论探讨》2003 年 2 月。

升，上面的领导职数就不会出现空缺，也会影响自身的提升和进步，即使存在一定的问题，也不会极力反对而造成任职不成的结果。参评人员范围大，很多不了解新提拔任用的干部情况，即使作了评议，也不能客观真实地反映出评价结论。这些内在的因素，都会造成评价流于形式，无法客观真实地反映新提拔人选是否真正符合新的领导岗位的需求。

对于提拔使用的干部，查出确实不胜任的，或者提拔过程中出现违规操作的，在惩处力度上缺少威慑力。对评价结果的运用，总是慎之又慎，大事化小，小事化了，使人觉得干部监督工作触及不到实质内容，监督工作不重要。一方面，会给监督工作者带来消极的心理，缺少主动开展监督工作的热情；另一方面，群众对监督工作也会失去信心，即使查出问题的干部也得不到有效的处理和惩戒，难以让群众信服，也会打击他们参与监督工作的积极性。

第三章　加强和改进组织部门干部监督的对策

一　学习宣传并举，树立正确的监督意识，营造良好的监督氛围

做好组织部门干部监督工作，首先要打造一支素质高、作风好、责任心强的监督队伍。明确干部监督职能与责权，赋予相应的硬权力，使干部监督工作敢于开展、名副其实。利用各种媒体，如电视、广播、报刊、网络等，积极宣传干部监督政策。公开干部监督制度内容，让群众熟悉和了解监督工作的重要性，树立正确的监督意识。使每个人都积极参与到干部监督工作中来，明确干部的选任工作与单位的发展和个人的前途息息相关。能够认真负责地推举出真正符合岗位需求的领导干部，客观真实地向组织表达个人的意愿，帮助组织部门选好用准干部。对自己了解的违规问题能够客观如实反映，特别是拉票贿选、买官卖官、封官许愿等严重违反选人用人的行为及上级组织部门难以了解到的领域，应通过正常渠道向组织部门反映，共同营造良好的干部监督氛围。同时，监督部门应注意对举报人的保护，对提供有价值的线索的人进行奖励，调动群众参与监督工作的积极性。

二 加大约束力度，规范"一把手"用人行为

领导班子"一把手"权力过于集中，如何发挥班子整体作用，规范"一把手"用人行为，已经成为干部监督工作的重中之重。"一把手"违规用人的起始点就在干部提名阶段，提名通过后进入考察阶段，一般就不会出现大的问题，所以提名是否客观公正，已经成为监督"一把手"用人行为的关键所在。一些地方的做法可以给我们提供一些对策参考。广西壮族自治区规定，当各市和区直单位领导班子出现空缺时，实行各干部处在联系单位范围内分别推荐意向人选的制度，变小范围提名为大范围提名；当各市党政正职、自治区纪委副书记、自治区政府组成部门正职和人大、政府、政协秘书长等重要岗位出现空缺时，实行自治区党委委员、候补委员书面推荐意向人选制度，变少数人提名为多数人提名；在会议民主推荐之前，前置谈话推荐环节，听取层面较高、比较知情对象的推荐意见，变单一推荐为综合分析提名。

三 转变传统监督模式，营造风清气正的干部选任环境

随着社会经济的飞速发展，传统的监督方式已经不能适应实际工作的需要，为切实做好监督工作，发挥监督效能，需要在传统监督模式上有所创新，不仅仅靠检查力度的增加，更应该从监督理念方面考虑，转变传统监督观念。从干部选拔任用工作过程看，整个过程的每个环节都有可能出现人为因素造成的不公，所以，监督工作也应该顺应实际工作的需要，贯穿于整个过程。从考察预告开始，应该做到广而告之，公布参会人员的范围，让符合条件的人尽量到会。在民主投票过程中不仅仅要设立投票箱，还要同时设立举报信箱，公布考察组人员名单和联系方式，畅通参与监督的群众举报渠道。在个别谈话环节，除规定的谈话范围外，有意愿和要求谈话的同志，考察组也应听取意见。在讨论干部任免环节中，监督机构要综合分析近几个年度的领导干部信息，如个人收入申报和有关事项报告材料，收到的举报情况等，做出客观分析，及时向党委提供信息。建立干部监督机构提出意见作为党委讨论干部任免事项重要的参考机制，一旦出现用人失察失误，干部监督机构和干部任免机构要共同承担责任。对查实的问题干部，要坚决予以撤销任命，并建议党委给予相应处分，树立干部监督机构的威信。

导师简介

  张明杰，中国社会科学院法学研究所研究员，博士生导师。1985 年获北京大学法学学士学位；1988 年获中国政法大学硕士学位。2003 年获中国社会科学院宪法政法学博士学位。

  研究领域：主要从事行政法学研究，涉及的领域包括政府信息公开、行政诉讼、行政程序等。

微博与政府危机沟通

作　　者：魏进，中国社会科学院图书馆调查与数据信息中心助理研究员，中国社会科学院研究生院 2012 届 MPA 毕业生。

指导教师：张冠梓

　　摘　要： 政府危机沟通是政府危机管理的生命线，随着微博的兴起与发展，微博与政府危机沟通的关系变得密切。微博作为 Web2.0 时代现阶段的集大成者，成为各种公共危机形成和加剧的重要风险因素之一，给政府危机沟通带来了全面而深刻的影响。开展微博与政府危机沟通研究，已成为中国政府创新社会管理面临的重要课题之一。本文概述了微博环境下我国政府危机沟通的现状，重点论述了微博环境下我国政府危机沟通的突出问题及原因，借鉴了国外政府危机沟通的做法与启示，提出了要加强微博环境下中国政府危机沟通的建设及其策略。

　　关键词： 微博　政府　危机沟通

第一章　微博环境下我国政府危机沟通的
主要问题及原因

一　微博环境下我国政府危机沟通的主要问题

　　微博的异军突起，给政府危机沟通带来了深刻的影响，使得政府不得不面对政府危机沟通中凸显的各种问题。笔者以沟通对象为划分依据，将从政府之间的沟通、政府与媒体之间的沟通、政府与公众之间的沟通三个层面，从政府利用和管理微博两个维度，论述微博环境下政府危机沟通存在的主要问题。

（一）政府之间的沟通问题

政府之间的沟通，也称为政府内部沟通，主要分为上行沟通、下行沟通及平行沟通三种形式。上行沟通主要是指下级的意见向上级反映，即自下而上的沟通。下行沟通指上级对下级进行的自上而下的信息沟通。平行沟通指的是平级政府部门间进行的危机信息的交流。政府内部沟通贯穿于危机事件的潜伏期、爆发期、蔓延期、恢复期的整个过程，在危机沟通中起着导向性的作用。

从我国危机爆发的实际情况看，危机事件往往蕴藏在地方基层政府。从上行沟通看，一些政府官员出于各种原因的考虑，危机面前选择隐瞒或迟报等不作为或不当作为的行为，增大了政府危机处理的难度，造成上行沟通不利。在下行沟通中，因中国政府科层组织庞大，从国务院到省、市、县、乡等各级人民政府，分层分级，节节管辖，上级传递组织的路线、方针、政策及意图等信息在传递过程中难免会发生信息的搁置、误解、歪曲，影响沟通的效果。在平行沟通中，往往是政府的某一个工作部门或议事协调机构或临时成立的机构来应对危机，或因缺乏法定权限，或因机构之间的关系不顺等，易造成平行的部门推诿扯皮，相互"踢皮球"。

（二）政府与媒体之间的沟通问题

媒体是危机沟通的重要信息传播载体。在倡导重视和发挥实时媒体力量的当下，宣传规模已不再是决定性的优势，速度和灵活性才是取胜关键。以微博为代表的新兴网络媒体，打破了传统媒体面向公众宣传的格局，给政府危机沟通带来了以下几方面突出问题。

（1）政府危机沟通手段较单一，依赖传统媒体。长期以来，政府过于重视电视、报纸等传统媒体沟通载体，忽视论坛、微博等网络媒体沟通载体。随着网络重要性的不断强化，以微博为代表的网络媒体在信息来源上更显独立性，并表现出其有别于传统媒体的优势，但在政府危机沟通中未得到充分利用。

（2）未选择最佳危机沟通载体，导致沟通"错位"。对于各类媒体爆发的危机信息，政府有必要对于同一受众群率先利用同一沟通载体进行沟通。然而，政府常常采用"错位"的沟通方式，如对来自微博等网络媒体的危机信息，选用传统媒体进行回应，错过危机沟通的最佳时机，造成沟通效果不理想。

（3）对危机信息走势研判不准，造成谣言传播。新闻在网上传播呈现为指数法则和正态分布法则。政府常不能准确对危机信息发展态势进行研判，给谣言的滋生提供了土壤。微博裂变式的传播，为谣言在极短时间内传遍全国甚至整个世界提供了无限可能。如何应对网络谣言的生成和消解，各国仍在探索中。

（4）政府官员的媒介素养不高，引发新的危机。当前国内政务微博主要由党政机构微博和党政干部微博构成，总体发展水平有限，行业发展不平衡，公安系统微博占据首位。一些政府官员因网络媒介素养低，使用微博不当引发了新危机，如2011年微博曝光的江苏溧阳官员"微博约开房"事件等。

（5）对网络媒体治理建设不佳，造成监管不力。面对微博等新兴网络媒体给社会稳定和政治秩序带来的空前挑战，与英国、美国、韩国等互联网发达国家相比，我国互联网立法滞后，全国性的相关法律法规还未建立健全，在管理体制机制上也未做到创新和超前，不利于政府对网络媒体的管理和控制。

（三）政府与公众之间的沟通问题

公众是危机沟通的参与者和危机管理的监督者。危机发生后，公众的焦点集中在利益问题和感情问题两方面。政府与公众进行沟通主要存在以下突出问题。

（1）政府沟通内容受限，缺乏有限开放。政府危机沟通包含事实沟通和价值沟通。当前西方的一些学者已提出有限开放的沟通，即选择性地告知公众。国内一些政府部门经历公共危机，对于危机信息或瞒报，或漏报，或不报。然而政府越是不愿意公开或全部公开事情真相，就越会产生社会恐慌，阻碍危机沟通。

（2）政府沟通重视宣传，忽视公众反馈。现代社会，知情权与表达权是公民的基本权利。长期以来，中国传统的官民对话体系即"政府说、公众听"的固定程式一成不变，政府已习惯了"一对多"的单向宣传模式。面对网络媒体互动性强的特点，以及公众强烈表达的意愿，政府对公众反馈并未加以足够重视。

（3）政府沟通官腔味浓，缺乏人文关怀。政府危机沟通应持何种态度对于危机事件利益相关人和公众尤为重要。在微博环境下，政府应避免2008年贵州瓮安类似事件再次发生。否则官员缺乏人文关怀，缺席现场指挥应对，易激化公众非理性情绪，加剧了危机负面影响。

（4）政府沟通重堵轻疏，容易激化矛盾。一些政府官员面对危机，常常采取捂、压、盖、拖、躲、推、压、堵、辩等措施，阻碍政府与公众之间的有效沟通，造成严重的社会影响。以2011年"5·26"江西抚州连环爆炸案为例，政府对当事人钱明奇在微博里流露出的极端报复对抗之意视而不见，最终酿成惨案发生。

（5）政府辟谣受到质疑，损坏政府公信力。危机爆发之初，政府是最权威的意见领袖，它享有权威的信息源和强大的信息控制力。通过2011年广东增城群体性事件、日本地震引发国内抢盐事件可以看出，部分公众质疑政府和媒体的辟谣，令谣言大行其道。如何在危机沟通中有效维护政府公信力，值得深思。

二 原因分析

（一）政府危机沟通意识有待增强

政府是否具有危机沟通意识，直接关系到公共危机沟通的效果优劣以及公共危机处置能力的强弱。从短期看，若政府具有良好的危机沟通意识，能够理清思路，迅速决断，制定对策，最大限度地降低危机的负面影响。反之，会加深危机的影响和扩散，给政府危机沟通和管理带来难度。从长远看，若政府具有良好的危机沟通意识，可为危机沟通的治理建设提供重要的基础条件，维护社会的和谐稳定。反之，会引发和加剧危机的爆发，挑战政府的公信力，造成社会动荡不安。经历了近年来各种公共危机事件的考验，政府危机沟通意识较以往已经有了很大改观，但是在社会变革各种社会矛盾凸显、危机频发的背景下，政府危机沟通意识亟待进一步加强。

（二） 政府危机管理理念有待改进

政府危机沟通的目的与危机缩减管理一致，就是要降低和消解风险要素。当前网络社会已逐渐成为现实社会的一面镜子，政府有必要把握住政府危机沟通的核心即信息沟通，努力做到政府内部之间、政府与媒体之间、政府与公众之间危机信息的有限公开。受封闭性的管理理念影响，一些政府官员网络媒介素养较低，不善于学习、利用和管理网络媒介。以微博为例，政府官员不善于学习微博，内心对于微博等新生事物产生排斥，造成网络媒介素养低的恶性循环。政府官员不善于利用微博，一些已经开通微博的政府官员缺乏信息更新及与粉丝的互动，带来了微博网络舆论地带的长期空白。政府官员不善于管理微博，对微博的陌生感使得他们不能准确把握危机信息在微博上的传播规律，管理起来自然力不从心。

（三） 危机沟通体制机制需建立健全

危机沟通体制机制建设是危机管理的重要组成部分。按照缩减危机理论，缩减力是危机管理的核心，强调降低和消除风险。政府危机沟通的根本目的与其是一致的，强调将风险降到最低限度。为了实现这一目的，政府需要建立起一套完备的沟通制度和运行体系，从而减少管理的成本，提高管理的效率，增强管理的效果，保持社会和谐稳定，促进经济快速发展。从我国实际情况看，有待于建立健全危机沟通体制机制，为危机信息沟通提供制度保障。

（四） 危机应对未形成完备的法律保障体系

目前我国处于危机管理的法律法规制定的起步阶段，初步建立了一些国家级、地方级、行业级的法律法规，但还未形成应对危机的较为完备的法律保障体系。首先，我国缺乏统一的国家紧急状态法。世界上美国、法国、日本等一些国家或通过宪法，或通过危专项法，或通过一般性法律确立了紧急状态法。其次，我国缺乏统一的政府信息公开法。英国、韩国、美国、保加利亚等国都先后制定了一系列的公共危机信息沟通管理相关的法律法规。最后，我国互联网法律法规有待健全完善。为加强对互联网的有效管理，有待于探索和建立针对微博等新型网络媒体的法律法规。

（五） 公共危机信息国际交流缺乏

微博的诞生与发展，打破了信息传播的时空界限，为地方性危机迅速酿成全国或全球性危机提供了可能。如 2010 年底以来中东北非地区持续动荡，当地公众通过推特（Twitter）、脸谱（Facebook）、手机等网络终端组织发起示威游行，造成了突尼斯、埃及接连政权突变，导致利比亚陷入战争泥潭，叙利亚、巴林和沙特等国公众示威不断。同时，微博也为各国政府应对公共危机搭建了交流与合作的平台。如中国国家救援队在 2011 年日本地震的救援现场通过微博向网友即时报道灾区的救援工作情况。当前，各国对于微博等网络媒体的管理处在探索之中，尚未形成成熟经验可供参照借鉴。而我国尚缺乏国际的视野和开放的心态，关于公共危机信息的国际交流有限。因此，国内外政府之间有必要开展公共危机信息等内容的国际交流。

第二章　微博环境下我国政府危机沟通的建设及策略

一　加强微博环境下我国政府危机沟通的法律法规建设

当今人类社会进入风险社会，如何有效预防和应对各种危机及突发事件等，成为世界各国政府面临的重大课题之一。面对微博等网络风险因素，建立和完善应急管理法律体系，是政府提升应急管理能力的法律保障。中国政府要建立统一完善的紧急状态法，在此基础上制定和完善有关危机管理的专门法律法规，以保证政府进行危机管理有法可依，有法必依。

首先，有必要制定统一的国家紧急状态法。明确国家实行紧急状态的条件、程序及紧急状态时权力的行使等，并将其作为国内危机管理的纲领性法律文件和制度框架。其次，有必要制定统一的政府信息公开法。确定行政信息公开的内容、程序、形式和方法等，就危机信息传播和沟通等做出明确规定。最后，有必要建立完善互联网法律法规。既要及时对已出台的互联网法律法规进行修订，也要积极开展对微博等网络媒体管理的有益尝试。

二　加强微博环境下我国政府危机沟通的体制机制建设

微博环境下的政府危机沟通，离不开制度和保障机制的建设。从我国政府危机沟通面临的主要问题看，政府有必要建立健全公共危机应急报告制度、公共危机举报制度、公共危机信息分析制度和危机信息发布和反馈制度，进行危机沟通预案机制、舆论引导机制、危机评估学习机制以及社会动员和参与机制的探索与尝试，为政府积极利用微博进行沟通创造良好的制度环境。

其中，建立健全危机沟通预案机制十分重要。当前政府应急预案主要以危机管理为核心，对信息沟通重视不足。政府有必要对危机信息分类制定危机沟预案。政府可针对自然灾害、事故灾害、公共卫生事件和社会安全事件四类主要公共危机，按照危机潜伏期、爆发期、蔓延期、解决恢复期四个不同阶段，以及每类危机信息可能呈现的指数法则或正态分布法则，提前做出32套完备的危机沟通预案（见表1），已备政府有的放矢，采用相应的方案作为沟通依据。

表1　公共危机沟通预案分类

公共危机	自然灾害		事故灾害		公共卫生事件		社会安全事件	
潜伏期	指数法则	正态分布法则	指数法则	正态分布法则	指数法则	正态分布法则	指数法则	正态分布法则
爆发期	指数法则	正态分布法则	指数法则	正态分布法则	指数法则	正态分布法则	指数法则	正态分布法则
蔓延期	指数法则	正态分布法则	指数法则	正态分布法则	指数法则	正态分布法则	指数法则	正态分布法则
解决恢复期	指数法则	正态分布法则	指数法则	正态分布法则	指数法则	正态分布法则	指数法则	正态分布法则

三　微博环境下我国政府危机沟通的策略初探

微博作为网络媒体现阶段产物之一，政府对其要合理引导、科学利用、有效控制，在缩减危机管理的理论支撑下，广泛借鉴国内外利用网络新媒体进行危机沟通的有效做法，积极进行适应我国当前国情的政府危机沟通策略探索。

（一）提倡缩减公共危机管理策略

缩减公共危机管理是微博环境下政府危机沟通的首要和根本目标。微博的快速发展，给社会运行秩序及政府危机沟通管理带来了风险。微博环境下的我国政府危机沟通策略，要全面、灵活运用缩减危机理论，特别要做好危机潜伏期的预防沟通工作，做好危机爆发期的信息传播准确分类工作，做好危机持续期的网络舆论引导工作，做好危机恢复期的总结及经验积累工作等。

（二）加强沟通人才机构建设策略

在社会扁平化发展趋势下，政府有必要设置专门的危机管理机构，采用灵活、协调的扁平化组织架构，减少政府层级，提高效率，增强管理的柔性和灵活性，保证政府内部沟通的通畅。政府有必要通过各种途径深化公众的危机意识，为政府危机管理和危机沟通奠定坚实的基础。中国政府有必要培养危机沟通专业人才，强化合作与控制的管理理念，从而实现危机沟通转变和创新。

（三）提升微博媒介素养策略

为了适应信息化社会，政府官员有必要学习、利用、管理以微博为代表的新媒体。政府官员要善于学习把握以微博为代表的网络传媒的性质、特点、功能、手段、作用、现状和发展趋势，培养对媒体信息的认知、解读、研判能力。在政府"沙盒公约"即政府对政务微博的使用从文字形式、内容等方面提出明确的规范和要求的前提下，了解社情民意、舆情动态，实现与公众、媒体的有效沟通和良性互动。

（四）快速反应即时沟通策略

危机的突发性、紧急性决定了处理危机赢取时间的重要性。目前国内学术界提出了微博"危机黄金1小时"的原则。政府要时刻保持对危机的警惕性，在社会常态时做好对危机的检测和预警工作，制定相对应的预防和沟通政策，以防危机出现时能快速应对。此外，政府要善于及时沟通，秉承主动（Take Your Own Take）、全面（Take It All）、快速（Take It Fast）的"三T"原则，利用微博等媒体及时准确发布权威信息，保障广大公众的知情权，遏制流言传播等内容。①

（五）沟通对象点面结合策略

政府危机沟通要坚持沟通对象的广泛性和针对性相结合。政府危机沟通中要从国内、国外两方面把握沟通对象的广泛性。从国内看，我国政府危机

---

① 《微博之力如何撬动现实》，《人民日报》2011年6月31日。

沟通应加强政府内部、政府外部的沟通，积极运用各类媒介手段，特别是以微博为代表的网络媒体，做好危机信息的传播与反馈。从国外看，我国政府要加强与世界其他国家政府和国际组织的合作与沟通。此外，政府还要注重危机沟通对象的针对性，要着重做好与危机事件利益相关人及危机事件意见领袖的沟通。

（六）沟通内容有限开放策略

政府危机沟通要坚持内容事实与价值的统一。政府在危机沟通中，既要勇于向公众公布危机事件起因、发展、后果等客观存在的事实层面内容，也要善于向公众表达对事件的反思、道歉、沟通、承诺等价值层面的信息。此外，还要坚持开放性与有限性的统一。政府进行危机沟通要把握信息开放与控制的尺度，坚持有限开放策略。涉及危机事实层面的客观内容，尽可能地告知公众，而关于价值层面的信息要谨慎表达，以防引起公众的错误解读。

（七）沟通手段多元丰富策略

政府危机沟通要坚持传统媒体和网络媒体的统一。尽管广播、电视、报刊等传统媒体长期以党和政府的"喉舌"角色，在危机沟通中发挥了重要的作用，但随着微博等网络媒体的影响越来越大，政府有必要采用多元的媒体沟通手段进行危机沟通。在微博互联网生态环境下，汇聚了大量的社情民意，充斥了各种利益诉求。政府可充分利用管理微博，特别是将政务微博作为传统媒体和其他网络媒体的补充渠道，进行危机信息的沟通与反馈。

（八）重塑政府良好形象策略

形象修复理论[①]强调组织危机发生后应该主动承担责任，争取在较短的时间内将组织形象受损的程度与范围控制在最低限度。以 2011 年大连反对 PX 项目游行事件为例，政府官员形象受损后的抵赖和推诿只能在短期内化解危机，一旦事实真相大白造成的则是政府及官员形象的瓦解。面对微博引发和加剧的危机事件，政府有必要在应对危机的同时，重塑政府形象，提高政府公信力。

---

① 形象修复理论，由美国传播学者威廉·班尼特（William Benoit）提出。该理论提出，就像其他有价值的资产一样，声誉或公众形象应该从战略高度去维护。任何社会组织必须最大限度地提高其声誉和形象。修复形象的危机应对模式分为否认、逃避责任、减少敌意、亡羊补牢、自责五大战略方法。

（九）危机管理绩效评估策略

近年来，中国政府高层高度重视构建和谐社会和创新社会管理。在我国垂直型的层级众多的组织架构中，政府绩效评估侧重以 GDP 为核心的经济指标，忽视危机管理的指标，造成了一些地方政府官员难以有效缩减危机风险与损害。政府有必要将危机管理及危机沟通作为重要指标内容引入绩效评估，提倡以社会和谐为重点的绩效评估，从而推进社会管理创新，努力建设和谐社会。

导师简介

张冠梓，男，1966 年 8 月生，山东省兰陵县（原苍山县）人，法学博士，研究员。现任中国社会科学院人事教育局局长，全国青联常委兼哲学社会科学届别组副主任委员、秘书长。

主要研究领域：中国传统法律文化、少数民族法制史、法律人类学与法律社会学。

主要科研成果：《论法的成长——来自中国南方山地法律民族志的诠释》、《作为法的文化与作为文化的法——南方山地民族传统法的演进》、《中国珍稀法律典籍续编》（第九、第十册）、《中国少数民族传统法律文献汇编》（全五册）、《多元与一体：文化背景下的中国法律》、《哈佛看中国》（政治与历史、经济与社会、文化与学术三卷）、《法律人类学：名家与名

著》、《多向度的法：与当代法律人类学家对话》等。先后获北京大学"五四"青年科学论文一等奖、中国法律史学会优秀论文一等奖、中国社会科学院优秀科研成果二等奖和三等奖各一项、第一届中国年法律学术奖（法鼎奖）金奖、国务院颁发的政府特殊津贴、第五届胡绳青年学术奖、第二届政府出版奖提名奖、第六届全国十大杰出青年法学家提名奖等荣誉。

后　记

　　中国社会科学院作为中国哲学社会科学研究的最高学术机构和综合研究中心，在创新工程的强力推动下，正在进行着凤凰涅槃般的重生和再造。这本论文集的诞生，就是时任全国政协副主席，中国社会科学院院长、党组书记陈奎元同志，以及现任中国社会科学院院长、党组书记王伟光同志多年来一直倡导的"科研强院、管理强院、人才强院"三大智库再造战略的直接成果和历史见证。

　　本论文集的作者都是中国社会科学院各职能局或者研究机构的管理骨干，他们通过边工作边学习、融合理论与实践的在职学习方式，既掌握了扎实的公共管理和公共政策理论知识，同时又丰富和验证了自己的实践工作经验，把自己锻炼成为兼具一定研究能力和良好管理沟通能力的"两栖型"智库人才。这种"两栖型"智库人才和专职研究人员的合理配置，是大多数顶级智库工作高效率、社会影响大的一个重要人才保障。

　　这种人才培养和发挥作用的方式令人自然想起美国的兰德公司。兰德公司被誉为现代智囊的"大脑集中营"、世界智库的开创者和代言人，可以说是当今美国乃至世界最负盛名的决策咨询机构。兰德公司培养大批高素质智库人才有一个突出的成功经验，就是选拔高素质在职研究人员和管理人员到自己的兰德研究生院学习政策分析理论和方法，这样做的效果就是把各类专业人员培养成为博中有专、专兼相济的智库型研究人才，把管理人员培养成为兼具政策分析能力和良好管理能力的"两栖型"智库管理人才。

中国社会科学院人事教育局和研究生院面向中青年管理干部联合开展的公共管理硕士专业学位教育培训项目，与美国兰德公司的高素质智库人才培养方式有异曲同工之妙，并且同样收到了极佳的人才培养效果。目前中国社会科学院人事教育局和研究生院两个部门联合进行了三次招生，已经毕业和在读的管理骨干有50余名，他们中的许多人已经在学习期间和毕业之后走上了更加重要的管理岗位，运用学到的政策理论和管理方法有力地推动着中国社会科学院的智库建设。

收录在本论文集中的研究成果就是这些"两栖型"智库人才辛苦奉献的成果，当然也是他们"成色"如何的直接检验。智库研究与一般性学术研究最大的不同是关注现实问题的"问题导向型"研究范式，研究成果具有高度的现实指向，而且生产的知识以影响政府政策推动现实问题解决为目标。智库的"问题导向型"研究一般遵循"问题界定—原因分析—对策建议"的逻辑分析模式，与纯粹追求真理和理论探讨的学术研究不同。

这本论文集的研究大都遵循着"问题导向型"的研究范式，当然所研究的问题都是中国社会科学院在建设发展中的问题，而不是一般意义上的社会问题。这些研究紧紧围绕当前中国社会科学院实施科研强院、人才强院、管理强院三大战略过程中面临的一些突出和重大问题为研究主题，进行了富有价值的思考和探索。总体而言，具有三个方面的突出特点。

第一，选题紧扣当前突出问题。中国社会科学院的新闻发布制度、资助体制、科研管理信息化建设、科研绩效管理体系、人才引进工作、人事制度改革、专业技术岗位分级制、学术性社会团体战略管理等是创新工程推进中面临的重大问题，论文作者发挥自身多年从事相关工作、具有丰富实践经验的优势，论文的应用特色和实践导向突出。

第二，资料翔实丰富。论文作者大多是对其所讨论问题的直接参与者，掌握了丰富的第一手资料。除在论证过程中征引和运用大量第一手实证资料之外，还广泛引用了相关研究成果以及各种文献资料。资料的翔实和全面保证了论文研究的质量。

第三，对策建议具有很强的针对性和可操作性。收录的论文都比较重视实证调查，避免了一般学术研究中空谈理论和政策建议的常见弊病。作者在写作中聚焦于一个问题而不局限于这个问题，对需要进一步研究和解决的重大现实政策难题，通过实证研究和案例分析的方式展开深入讨论，指出的弊端大都能切中要害，提出的思考和政策建议能够有的放矢。

这些"两栖型"智库人才的成长与"问题导向型"研究成果的取得，只是迈出了智库人才培养的一小步，并且这些研究成果也存在这样那样的缺陷和不足。虽然如此，我们毕竟通过这些努力找到了"两栖型"智库人才培养的新模式，更加明确了"问题导向型"的智库研究特点。为此，本书编委会向参与论文编撰和人才培养工作的领导、老师和所有工作人员表示衷心的感谢。

首先，感谢本论文集作者的导师们，正是他们不辞辛劳和高屋建瓴的指导，保证了论文的研究质量。

其次，感谢推动设立并不断完善这种新型人才培养模式的中国社会科学院人事教育局和研究生院领导，他们的远见卓识和勤勉实干，推动着中国社会科学院向着国际顶级智库迅猛发展。

再次，感谢承办具体培养工作的中国社会科学院人事教育局教育处和研究生院 MPA 教育中心参与人才培养和论文编写的所有同志，他们具体细微而又辛劳的工作，为智库人才培养和论文集的出版贡献了智慧和力量。

最后，向参与中国社会科学院公共管理硕士学位项目的所有同志表示感谢，正是在院内外专家的大力支持和热情参与下，中国社会科学院 MPA 教育中心形成了包括授课教师、指导教师和实践导师在内的三支强大的师资队伍，形成了自己享誉全国的独特办学优势。正因如此，在 2012 年 4 月由国务院学位办举行的第三次全国 MPA 教育中心办学院校教学合格评估中，中国社会科学院 MPA 教育中心以绝对的优势荣膺全国第一名。

明确了智库的发展定位，找到了智库人才培养和政策知识生产的特点和规律，在创新工程的指引下，中国社会科学院的新型智库建设正在阔步前行！

本书编委会

2013 年 3 月

图书在版编目（CIP）数据

智库的再造：中国社会科学院管理创新案例分析/张冠梓，
黄晓勇主编. —北京：社会科学文献出版社，2014.9
ISBN 978 - 7 - 5097 - 5100 - 8

Ⅰ.①智… Ⅱ.①张… ②黄… Ⅲ.①公共管理 - 案例 -
文集 Ⅳ.①D035 - 53

中国版本图书馆 CIP 数据核字（2013）第 224515 号

智库的再造
——中国社会科学院管理创新案例分析

主　　编／张冠梓　黄晓勇

出 版 人／谢寿光
出 版 者／社会科学文献出版社
地　　址／北京市西城区北三环中路甲 29 号院 3 号楼华龙大厦
邮政编码／100029

责任部门／皮书出版分社（010）59367127　　责任编辑／张丽丽　王　颉
电子信箱／pishubu@ ssap. cn　　　　　　　　责任校对／岳宗华
项目统筹／谢　炜　　　　　　　　　　　　　责任印制／岳　阳
经　　销／社会科学文献出版社市场营销中心（010）59367081　59367089
读者服务／读者服务中心（010）59367028

印　　装／北京季蜂印刷有限公司
开　　本／787mm×1092mm　1/16　　　印　　张／27.25
版　　次／2014 年 9 月第 1 版　　　　　字　　数／421 千字
印　　次／2014 年 9 月第 1 次印刷
书　　号／ISBN 978 - 7 - 5097 - 5100 - 8
定　　价／89.00 元